습속
용례, 매너, 관습, 모레스, 그리고 도덕의
사회학적 중요성

1

서양편 · 783

습속

용례, 매너, 관습, 모레스, 그리고 도덕의
사회학적 중요성

제1권

월리엄 그레이엄 섬너(William Graham Sumner) 지음
김성한, 정창호 옮김

한국문화사

• 일러두기 •

1. 본서는 프로젝트 구텐베르크 웹사이트(http://www.gutenberg.org/ebooks/24253)에 있는 판본을 번역 원본으로 삼고 미국 뉴욕 Cosimo사의 Cosimo Classics Literature 총서 중 하나로 출간된 Folkways: A Study of Mores, Manners, Customs and Morals를 참고했다.
2. 원본에 있던 미주는 모두 각주로 옮기고, 옮긴이가 넣은 주는 '옮긴이 주'로 표기했다.
3. 인용한 문헌의 원문에 저자가 직접 추가하거나 수정한 부분은 [ ]괄호로 표시되어 있다.
4. 저자가 각주에 인용한 문헌을 한국어판에서는 옮긴이가 원서의 참고문헌에 추가했다.
5. 본문에 인용되어 있는 절은 책 말미 '절번호 찾아보기'를 통해 그 인용 절을 확인할 수 있다. (예: 본서 42절 참조 → '절번호 찾아보기'의 '42.⋯→62'에 따르면 1권 62쪽에 42절이 있음)

옮긴이의 글

『습속(Folkways)』(1906)은 섬너의 대표적인 저술로, 원문의 분량이 700쪽이 넘는 방대한 문헌이다. 그는 책에서 '습속'과 '모레스'에 대한 정의로부터 출발하여 노동, 부, 노예제도, 식인풍습, 원시적 정의(正義), 성(性), 결혼제도, 스포츠, 드라마, 교육과 역사에 이르기까지 폭넓은 사회 현상을 진화론적인 관점을 바탕으로 정리, 소개하고 있다. 책에 대한 적절한 이해를 위해 독자들은 그가 진화론을 받아들이고 있다는 점, 이를 인간 사회에 적용해 보고자 한 점, 아울러 그가 자유라는 이념에 커다란 가치를 부여하고 있다는 점을 염두에 두어야 할 것이다. 책에서 주목해야 할 또 다른 점은 습속과 모레스 등 그가 사용하고 있는 핵심적인 용어에 대한 설명이다. 이러한 용어들은 섬너가 각론에 들어가 성이나 결혼 등 구체적인 주제를 설명할 때 적절한 방식으로 스며들어 있다.

책에서 섬너는 인류가 진화 과정을 거치면서 획득하게 된 본성을 전제하면서, 인간이 이와 같은 본성을 충족시켜 생존을 도모하기 위해 각자에게 주어진 환경 속에서 자신이 가지고 있는 능력을 발휘했고, 이것이 계기가 되어 문화가 만들어졌으며, 결국 오늘날과 같은 거대 사회가 탄생하게 되었다고 생각한다. 이처럼 그는 인간이 주어진 환경 내에서 살아남기 위해 자신의 역량을 발휘하는 지속적인 과정을 통해 문화가 단순한 형태에서 복잡한 형태로 발전해 왔다고 생각하는데, 이러한 생각에서 핵심을 차지하는 개념이 바로 습속(folkways)이다. 습속이란 "필요를 충족시키기 위한 노력에서 유래된 개인의 습관과 사회의 관습"을 말한다. 이는 사회 구성원이 습관적으로 취하는 행동 양식을 말하는데, 섬너에 따르면 인간은 먼 조상으로부터 물려받은 본능을 충족시키기 위해 다양한 활동을 했고, 이러한 활동을 통해 자신을 환경에 적응시키게 된다. 그런데 그 특성상 인간은 불가피하게 집단생활을 하며, 이러한 생활을 하면서 집단 성원 전체가 잘 살아남기 위해 집단행동 양식을, 그리고 공동체 모두에게 도움이 될 수 있는 습관적인 방법을 개발한다. 바로 이것이 습속인데, 이는 인간이 시행착오를 거치면서 갖추게 된 것이다.

이러한 습속이 실질적으로 집단의 안녕에 필요하고 도움이 되는 것으로 간주되면 '모레스'(mores)로 자리 잡게 된다. 이러한 모레스는 집단 구성원의 생각과 행동 등을 통제하는 기능을 하며, 성원들은 이를 받아들이길 강요받고, 이를 어길 경우에는 제재가 이루어질 것을 감수해야 한다. 이러한 모레스는 단지 옳고 그름의 잣대로서의 도덕규범으로서만이 아니라 언어 습관을 포함해 의식주와 관련한 사람들의 수많은 행동 기준으로 작동하게 되는데, 섬너의 『습속』은 바로 이와 같은 습속과 모레스에 대한 생각을 바탕으로 인간사의 다양한 현상들을 설명하고 있다.

＊　　　　＊　　　　＊

책을 관통하는 섬너의 근본적인 입장의 적절함은 차치하고라도 미국 사회학의 효시가 된 이 책의 내용은 섬너가 수집한 방대한 민속지와 역사적인 자료를 읽어보는 것만으로도 충분히 흥미롭고 유익한 읽을거리가 될 수 있을 것이다. 또한 오늘날 '습속'이라는 말이 비교적 흔히 쓰이고 있는데, 이와 같은 단어가 최초로 사용되면서 그 정의가 제시되고 있는 저작이라는 점도 이 책의 흥미를 더하는 부분이다. 이와는 다소 다른 차원이지만 역자는 섬너가 '사회진화론자'로 분류되면서 사회진화론에 대한 온갖 비판에 노출되는 것이 적절한지 가늠해 본다는 차원에서도 책을 읽어볼 가치가 있다고 생각한다. 많은 경우 섬너는 사회진화론자로 분류되면서 이러한 이론에 제기되는 비판을 고스란히 받고 있다. 하지만 이 책을 읽어보면 이와 같은 비판이 섬너의 저술이 상세히 분석된 상황에서 이루어진 것이 아님이 확연하게 드러난다. 다시 말해 2차 문헌을 통해 흔히 알려져 있는 바를 근거로 비판을 할 뿐, 정작 사회진화론의 본령으로 분류되는 저작에 대한 천착이 이루어지고 난 후 가해지는 비판이 아님이 확인된다는 것이다. 사회진화론을 어떻게 정의 내릴지, 그 내용이 무엇인지에 대한 논란의 여지가 적지 않은 상황에서 사회진화론에 대한 일반적인 비판을 그대로 답습하여 섬너를 평가하는 것은 정당하지 않다. 번역자는 사회진화론에 대한 좀 더 정확한 이해와 정리의 차원에서도 이 책을 읽어볼 필요가 있다고 생각한다.

*   *   *

19세기 영어 특유의 난해함, 그리고 동서양과 고금을 오가면서 논의를 전개하는 저자의 박식함을 충분히 따라가지 못하는 역자들의 한계 때문에 이 책이 나오기까지 적지 않은 시간이 걸렸다. 일부 내용은 미국인 몇 명에게 자문을 구해도 그 의미를 정확하게 파악하기가 어려울 정도였다. 그럼에도 주변 분들의 많은 도움 덕에 이렇게 책의 출간으로 번역을 마무리하게 되어 기쁘다. 하지만 다른 한편으로는 책 내용의 난해함이 일부 번역 문장에도 그대로 반영되는 경우가 있는 듯해 독자들께 죄송함이 느껴지기도 한다. 너그러운 마음으로 널리 이해해 주시기 바란다. 책의 처음부터 7장까지는 김성한이, 8장부터 끝까지는 정창호가 번역했다.

* * *

 이 책이 나오기까지 도움을 주신 분들이 적지 않지만 무엇보다도 가족들에게 진심으로 감사를 표한다. 가족의 사랑과 희생이 아니었으면 실로 적지 않은 시간을 투자해야 하는 번역 일에 전념할 수가 없었을 것이다. 가족으로서의 이런저런 아쉬운 점을 숨긴 채 늘 격려만 해 주는 가족들에게 한없는 사랑을 보낸다. 한국문화사 이지은 과장님의 헌신은 결코 잊을 수 없을 것이다. 지금까지 출판을 하면서 과장님처럼 꼼꼼하게 교열을 봐준 경우를 본 적이 없다. 과장님은 건강이 좋지 않아 휴직을 하는 상황임에도 마지막까지 헌신적으로 책의 출간을 책임지셨다. 얼른 건강해져서 다시 함께 일을 할 수 있는 날을 기약해 본다. 마지막으로 인내심을 가지고 기다려주신 한국문화사 관계자분들, 그리고 직간접적으로 도움을 주신 많은 분들께 감사드린다. 이 책의 번역이 관련 분야의 연구와 독자들의 지적 관심을 충족시키는 데에 작게나마 도움이 되길 바란다.

2019년 9월
역자 일동

서문

1899년, 나는 지난 10년 혹은 15년 동안 강의에서 사용해온 자료를 바탕으로 사회학 교과서를 쓰기 시작했다. 이 작업을 하다가 문득 '모레스(mores)'에 대한 나 자신의 견해를 소개하려는 생각을 하게 되었다. 하지만 교과서 어디에서도 이를 언급할 수 없었고, 또 다른 책에서 언급한다 해도 한 장(章) 정도로는 이를 충분히 다룰 수도 없었다. 결국 나는 교과서 작업을 잠시 던져두고 지금부터 이야기할 '습속(folkways)'에 관한 글을 쓰기로 했다. '습속'과 '모레스'에 대한 정의를 살펴보려면 본서 1절, 2절, 34절, 39절, 43절 그리고 66절을 참조하면 된다. 나는 사회학에서 이미 사용하고 있는 단어들에서 유추하여 '습속'이라는 단어를 만들었다. 또한 내가 이야기하고자 하는 내용을 가장 잘 담을 수 있는 단어로 라틴어 'mores'를 선택했다. 책에서 나는 이 라틴어 모레스(mores)를 사회 복리에 도움이 된다는 생각이 포함된 '대중의 용례(usage)'와 '전통'이라는 뜻으로 사용하고 있다(본서 42절 참조). 이는 어떤 권위에 의해서도 조정되지 않으면서 각 개인에게는 이를 따르도록 강제력을 행사한다. 한편 나는 'Ethos(에토스)'라는 단어도 친숙하게 만들고자 했다(본서 76, 79절을 볼 것). 이 책 제목을 'Ethica', 'Ethology' 혹은 'The Mores'라고 하는 것도 좋을 것 같았지만(본서 42, 43절을 볼 것), Ethics는 이미 다른 의미로 사용되고 있고, 다른 용어는 매우 생소했다. '습속'도 생소하긴 마찬가지일지 모르겠지만, 그럼에도 그 의미는 훨씬 분명하다. 여기서 나는 어떤 습속에 쉽게 충격을 받는 사람이라면 습속에 관한 글을 아예 읽지 않는 편이 좋다는 말을 덧붙이지 않을 수 없다. "관습(custom)은 자연의 가르침이다. 이에 뜻이 있다고 말한다면, 우리는 이를 부끄러워해야 할 것이다."(햄릿 4막 7장 마지막) 나는 모든 습속을 진실되게 다루려고 노력했다. 여기에는 우리의 습속과 극단적으로 다른 것도 포함된다. 그러면서 우리의 관례(convention)에 대해서는 그 권위를 인정했고, 응당 받아야 할 존경의 끈을 놓지 않았다.

1장에서 나는 습속과 모레스를 열심히 정의하고, 이들을 상세하게 설명하려고 노력했으며, 이들이 인간 사회에서 어떻게 작동하는지를 분석했다. 2장은 습속이 인간의 이해 관심(interests)과 어떻게 관련되는지, 그리고 이러한 습속이 어떻게 작용하고 또한 영향을 받는지를 보여주고 있다. 이 두 장에서 상세하게 설명하는 주제는 다음과 같다. 첫째, 습속은 인간의 필요를 충족하고자 노력하는 과정에서 탄생한 개인의 습관(habit), 그리고 사회 관습의 총계다. 이들은 초자연적인 존재에 대한 믿음(goblinism)과 사신(邪神)에 대한 믿음(demonism), 그리고 운에 대한 원시 관념들과 뒤얽혀 있으며, 이로 인해 전통으로부터의 권위(traditional authority)[1]를 확보한다. 이어서 이들은 후속 세대에게는 규제 원리로 자리 잡게 되고, 사회적 힘(social force)[2]이라는 성격을 갖추게 된다. 습속이 어디에서 유래했고, 어떻게 발생하는지에 대해서는 아무도 모른다. 습속은 마치 내적인 생명 에너지가 작동하여 성장하듯 성장한다. 이들이

---

[1] (옮긴이 주) 권위의 한 유형으로, 과거로부터 전해 내려오는 전통이나 관습 등을 통해 권위의 타당성을 확보한다.
[2] (옮긴이 주) 사람들의 생활에 영향을 미치며 사회사상 등을 탄생시키는 원인으로 작용하는 사회의 힘.

인간의 의도적인 노력을 통해 바뀔 수도 있다. 하지만 여기에는 일정한 한계가 있다. 시간이 흐름에 따라 습속은 힘을 잃고, 쇠퇴, 사멸하며, 결국 변형된다. 이들이 전성기를 구가할 때는 개인과 사회가 맡은 일에 대한 이들의 통제력이 크게 강화된다. 이 와중에 습속은 세계관과 살아가는 방침에 관한 관념을 만들어내고 성장시킨다. 그럼에도 습속은 유기적인 것도, 물질적인 것도 아니다. 습속은 관계와 관례, 그리고 제도적 장치로 이루어진 초유기적 시스템이다. 습속은 **사회적** 특징을 갖추고 있는데, 이와 같은 이유로 이들은 우리의 탐구 대상이어야 한다. 이와 같은 사회적 특징으로 인해 이들은 사회과학에서 탐구해야 할 주요 대상으로 자리매김한다.

일단 습속에 대한 분석이 이루어지고 나면, 그 결론은 반드시 일련의 사례를 통해 정당화되거나, 혹은 분석을 통해 확증된 바에 부합되는 모레스의 작동 사례들을 제시함으로써 정당화될 필요가 있다. 이러한 정당화가 성공하려면 해당 모레스에 대한 설명이 상세하게 이루어질 필요가 있다. 이렇게 하면서 우리는 해당 사례들의 뚜렷한 영향력과 논쟁적인 가치를 빈틈없이 찾아내야 한다. 제약이 있을 수밖에 없는 지면을 넘어서지 않으면서 세부적인 문제들을 적절히 다루기란 쉬운 일이 아니었다. 내가 제시하는 민속지학[3]적인 사실들은 다른 방법으로 이끌어낸 일반화된 명제를 사후적으로 뒷받침하는 사례가 아니다. 이들은 그러한 일반화된 명제를 이끌어낸 방대한 사실들 중에서 정선(精選)한 것이다. 이외에도 내가 증명하고 보여주려는 계획에 포함한 다른 수많은 매우 중요한 사례가 있는데, 이들은 지면 부족으로 제외할 수밖

---

[3] (옮긴이 주) 민속지학은 질적 연구 방법으로, 이러한 연구 방법에서 연구자는 오랜 기간에 걸쳐 다른 문화 속에서 살아가면서 해당 문화의 자연스런 모습을 관찰하게 된다.

에 없었다. 사신(邪神)에 대한 믿음, 원시 종교, 그리고 요술(witchcraft)[4]은 이에 해당하는 것들이다. 그 밖에 여성의 지위, 전쟁, 진화와 모레스, 고리대금, 도박, 사회 조직과 계급, 매장 관행, 서약, 금기, 윤리, 미학 그리고 민주주의도 내가 제외할 수밖에 없었던 주제다. 이 중에서 앞의 네 주제에 대해서는 글을 썼고, 조만간 별도로 출간하게 될지도 모르겠다. 내게 주어진 다음 과제는 사회학 교재를 마무리하는 일이다.

예일대학교에서
W. G. 섬너

---

[4] (옮긴이 주) 인간을 통해 강제적인 힘으로 작동되는 사악한 모든 힘.

| 차례 |

옮긴이의 글 ·· v
서문 ··· ix

제1장 습속과 모레스의 기본적인 의미 ································· 1
제2장 모레스의 특징 ··· 123
제3장 생존을 위한 투쟁: 도구, 기술, 언어, 화폐 ················ 197
제4장 노동과 부 ·· 267

참고문헌 ·· 290
찾아보기 ·· 314
절번호 찾아보기 ··· 325
옮긴이 해제 ·· 333

2권

제5장 사회선택

제6장 노예제

제7장 낙태, 유아살해, 노인살해

제8장 식인(食人)

3권

제9장 성 모레스

제10장 결혼제도

제11장 사회적 규약

제12장 근친상간

제13장 친족 관계, 혈족을 위한 복수, 원시적 정의, 평화 조약들

제14장 부정과 흉안

4권

제15장 모레스는 무엇이든 올바른 것으로 만들고 또 무엇에 대한 비난이든 방지할 수 있다

제16장 신성한 매음, 아동 희생

제17장 대중적 오락, 공연, 그리고 연극

제18장 금욕주의

제19장 교육, 역사

제20장 생활방식, 덕성 대 성공

제1장 습속과 모레스의 기본적인 의미

습속의 정의와 그 기원의 양태-습속은 사회적 힘이다-습속은 부지불식간에 만들어진다-충동과 본능, 원시적인 우매함, 주술-개선과 일관성을 갖추기 위한 노력-우연히 얻게 되는 이익-모든 기원은 신비에 싸인 채 사라진다-원시 관습에 관한 스펜서의 견해-행운과 불운, 인생의 고난, 선과 행복-구체적인 사례-불멸과 보상-전통과 이의 제약-'미개 사회'라는 개념, 우리 집단과 타인 집단-내집단과 외집단 성원에 대한 정서-자민족중심주의-자민족중심주의의 사례-애국심-쇼비니즘-생존을 위한 투쟁과 삶의 경쟁, 적대적 협동, 네 가지 동기: 굶주림, 사랑, 허영, 그리고 두려움-습속 형성 과정-암시와 암시 감응성(感應性)-교육에서의 암시, 열광-정치 분야에서의 암시-암시와 비판-잘못된 추론 때문에 만들어진 습속-유해한 습속-'참'과 '올바름'이 발견되는 방법-습속은 '올바르다', 권리, 도덕-습속은 '참'이다-세계관과 습속의 관계-모레스의 정의-금기-미개인들은 철학적인 사유를 하지 않는다. 신화, 전설, 사회 복리 관념-상상적인 요소-학교에서 배운 윤리 방침과 성공 지침-요약-모레스의 범위와 방법-한 집단 혹은 시대의 모레스 통합-본 연구의 목적-모레스라는 단어를 사용하는 이유-모레스는 이끄는 힘이다-모레스의 일관성-하위 집단의 모레스-계층이란 무엇인가?-사회적 가치라는 기준으로 등급이 매겨진 계층-계층, 인종, 집단 유대-대중과 모레스-대중과 상류 계층에 대한 착각-사상에 대한 대중의 영향-대중 조직-시민적 자유 하의 여러 제도-일반인-'국민', 대중의 충동-선동-대중을 지배하는 요소-모레스와 제도-법-법과 제도가 모레스와 어떻게 다른가-모레스와 몇몇 이와 유사한 것들 간의 차이-모레스의 장점과 단점은 무엇인가-모레스에 대한 더욱 정확한 정의-의례(ritual)-모레스와 관련된 의례-집단의 이익과 방책-집단의 이해관심과 습속-습속 내에 포함되어 있는 힘(force)-권력과 권리-습속 내에서의 신분-관례화-없어서는 안 될 관례-에토스 혹은 집단의 성격, 일본-중국의 에토스-힌두인들의 에토스-유럽인의 에토스

1. 습속의 정의와 그 기원의 양태

인류학과 민속지학에서 미개인과 미개 사회에 대해 배운 모든 것을 종합해보면 우리는 생존이 삶의 제1과제임을 확인하게 된다. 인간의 출발점에는 사고가 아닌 행동이 있었으며, 삶의 매 순간 곧바로 만족을 얻지 않으면 안 되는 필요가 생겼다. 필요는 최초의 경험이었고, 이러한 필요를 충족시키기 위한 서투른 노력이 곧바로 이어졌다. 일반적으로 인간이 야수 조상에게서 자신들을 이끄는 본능을 어느 정도 물려받았다는 생각은 당연하게 받아들여지고 있고, 비록 증명된 적이 없어도 이는 사실일 수 있다. 실제로 인간이 그와 같은 본능을 물려받았다면 이는 인간의 필요를 충족시키기 위한 최초의 노력을 규제하거나 도왔을 것이다. 유추를 해볼 경우, 우리는 야수가 취한 방식들이 습관이나 경향(predisposition)과 관련된 경로를 만들어냈고, 이러한 경로를 따라 재주나 다른 정신적, 육체적 활동이 용이하게 작동할 수 있게 되었다고 쉽게 가정해볼 수 있다. 실험에 따르면 새로 태어난 동물이 목적과 수단의 관계에 대한 경험을 제대로 하지 못하면, 필요를 충족하려는 노력은 서툴고 어색하게 이루어진다. 이는 동물의 학습을 관장하는 시행착오의 방법이라 할 수 있는데, 이를 겪는 과정에서 동물은 고통, 상실, 그리고 실망을 반복적으로 경험하게 된다. 그럼에도 이러한 경험은 투박하긴 해도 일종의 실험 및 선택의 방법이다. 인간의 최초의 노력은 이와 같은 방식으로 이루어졌다. 인간에게 필요(need)는 추진력으로 작용했다. 쾌락과 고통이라는 두 축은 노력이 이루어지는 한계를 규정하는 미가공의 제약이었다. 우리가 상정해야 할 유일한 정신 능력은 쾌락과 고통을 구분하는 능력이다. 이를 기준으로 일을 하는 합당한 방식들이 선택되었다. 이러한 방식들은 다른 방식에 비해 노고와 고통을 덜 초래하면서 소기의 목적을 잘 충족해 주었는데, 노력이 진행되어 나아갈 수밖에 없는 경로를 따라 습관, 관례, 기술이 발달했다. 한편 생존을 유지하려는 투쟁이 개인이 아닌 집단의 차원에서 이루어졌다. 각각의 집단들은 다른 집단들이 겪은 경험에서 도움을 받았다. 이렇게 하여 가장 편리하다고 판명이 된 방향으로 수렴이 이루어졌고, 결국 모두가 동일한 목적을 달성하기 위해 동일한 방법을 채택하게 되었다. 그 결과는 관습으로 전환되고, 대중현상이 되었다. 본능은 이들과 연결되어 계발되었는데, 그 발달 과정에서 습속이 탄생한다. 젊은이들은 전통, 모방, 그리고 권위를 통해 습속을 습득한다. 습속은 생활하면서 당장에 필요한 모든 것을 곧바로 제공한다. 한 집단 내에서 습속은 제일(齊一)성을 갖추고, 보편적이며, 강제성을 띠고, 변하지 않는다. 시간이 흐름에 따라 습속은 점점 더 임의적이고, 독선적인 성격을, 그리고 강제적인 성격을 나타낸다. 미개인에게 왜 특정한 경우에 특정한 방식으로 행동했냐고 물어보면, 그들은 항상 그들과 그들의 조상이 그렇게 해왔기 때문이라고 답한다. 한편 제재는 망령(亡靈, ghost)[1]에 대한 두려움 때문에 만들어지기도 한다. 사람들은 살아있는 자들이 오랜 습속을 바꾸어 버리면 조상 망령이 화를 낼 것이라 생각한다.(본서 6장을 참조할 것.)

2. 습속은 사회적 힘이다

습속은 사소한 행동을 빈번하게 반복함으로써 탄생하게 된다. 대개

---

[1] (옮긴이 주) 죽은 사람의 혼. 일반적으로 세상에 집착이나 한(恨)을 남겨두고 죽은 사람의 혼은 망령이 되어 이승에서 활동하게 된다.

이는 많은 사람이 일제히 행동함으로써, 혹은 적어도 동일한 필요에 대해 동일한 방식으로 행동함으로써 생겨난다. 습속이 탄생하게 되는 직접적인 동기는 이해 관심(interest)이다. 이러한 관심으로 인해 개인에게는 습관(habit)이, 집단에게는 관습(custom)이 만들어진다. 이렇게 보자면 습속은 가장 원형적이면서 본원적이라 할 수 있다. 습속은 습관과 관습을 통해 그 범위 내에 있는 모든 개인에게 압력을 행사한다. 그 결과 습속은 수많은 부류의 사회현상들이 마땅히 따라야 할, 사회적 힘으로 부상(浮上)하게 된다. 우리는 습속의 가장 초기 단계, 그 과정, 그리고 법칙을 연구해 보아야 할 것이다. 이와 더불어 개개인에 대한 습속의 영향과 개인들의 습속에 대한 반작용도 연구해 보아야 할 것이다. 우리의 현재 목적은 습속을 연구하는 것이다. 우리는 습속을 어떤 사회가 현재와 같은 모습을 하게 된 주요한 힘의 하나로 인정하지 않으면 안 된다. 살아가는 방식 중에서 반복되는 것에는 모두 무의식적인 실험이 포함되고, 이로부터 즐거움이나 고통이 발생한다. 이어서 이를 경험한 인간은 반성을 할 수 있을 경우 이처럼 반복되는 삶의 방식이 사회의 복리에 도움이 된다고 확신하게 된다. 무의식 단계와 반성 단계에서의 경험은 동일하지 않다. 먹을거리를 구하는 방식과 전쟁을 치르는 방식이라는 측면에서 가장 미개한 사람들은 고통스러워도 자신들이 편리하다고 생각하는 바에 따라 행동한다. 어쩌면 사회 복리의 의미를 잘 가르쳐주는 것은, 즐겁고 복리에 도움이 되는 경우보다는, 오히려 이와 같은 경우일지도 모른다. 이처럼 고통스러워도 편리하다고 여기는 바에 따라 행동하는 사례들에 대해서는 경험에 대한 어느 정도 지적인 고찰이 요구된다. 복리에 관한 확신이 습속에 더해지면 이들은 모레스로 전환된다. 그리고 철학적, 윤리적 요소가 더해질 경우 습속은 유용성과 중요성을 인정받게 되는데, 이러한 과정을 거쳐 습속은 삶의 기술과 학문의 원천으로 자리 잡게 된다.

3. 습속은 부지불식간에 만들어진다

우리가 주목해야 할 매우 중요한 사실은 '인간이 필요를 충족하기 위해 했던 최초의 행위들은 각각 독립적이었으며, 즉각적인 충족 이상을 구하지 않았다'는 것이다. 반복적으로 필요를 느끼면서 개인에게는 습관이, 집단에게는 관습이 만들어지게 된다. 하지만 이러한 결과들은 결코 의식적인 노력의 결과로 탄생한 것이 아니며, 미래를 예견하거나 의도해서 탄생한 것도 아니다. 사람들은 이들이 오래 존속하기까지는 그 존재를 인지하지 못하며, 이들에 대한 평가가 내려지기까지는 오랜 시간이 흘러야 한다. 이들이 미래에 있을, 곤란이 예견되는 문제에 대처할 수 있는 규칙들을 이끌어내기 위한 토대로 사용될 수 있을 때까지는 또다시 오랜 시간이 지나지 않으면 안 되고, 더욱 높은 단계의 지적 발달에 도달하지 않으면 안 된다. 이렇게 보았을 때 습속은 인간의 의도나 지혜의 산물이 아니다. 습속은 인류가 무의식적으로 활용하게 된 자연력의 산물과 유사하며, 동물들의 본능적 행동 양식(이러한 본능적 행동 양식은 경험에서 발달했고, 이익을 구하는 데에 최적화된 최종적인 형태에 도달했으며, 전통에 의해 계승되면서 예외나 변형을 허용하지 않는다.)과 유사하다. 그럼에도 습속은 새로운 환경을 만나게 되면 이에 적응하기 위해 제한된 동일한 수단 내에서, 합리적인 숙고나 목적 없이 변한다. 이러한 사실로 인해 모든 시대와 단계의 문화 속 인간 생활이 상당 부분 인류의 선조에게서 계승되어 내려오는 광대한 습속의 지배를 받게 되는 결과가 나타난다. 이러한 인간 생활의 특징은 다른 동물들이 영위하는 생활의 특징을 가지고 있고, 변화가 일어나고 통제를 할 수 있는 층은 오직 최상위층으로 국한되며, 인간의 철학, 윤리, 종교 혹은 다른 지적인 숙고 행위를 통해 어느 정도 바뀌어 오기도 했다. 우리는 사람들이 미개인들에 대해 다음과 같이 이야기하는 것을 들어서 알고 있다. "미개인들의 관습이나 사소한 의례적 용례를 제거하기란 어렵다. 관습은 한 미개인의 행동 전체 - 즉 목욕하기, 씻기, 이발하기, 먹기, 마시기, 그리고 단식하기 등 - 를 규제한다. 미개인은 요람에서 무덤까지 오랜 관습의 노예로 살아간다. 일생을 통틀어 자유도 없고, 독창성도 없으며, 자발성도 없다. 또한 더 높고 나은 삶을 향한 진보도 없고, 자신의 정신, 도덕, 혹은 영혼의 상태를 개선하려고 하지도 않는다."[2] 모든 사람은 자발적인 변화를 도모할 약간의 여지를 허용하면서 이처럼 관습에 얽매여 살아간다.

4. 충동과 본능, 원시적인 우매함, 주술

"모레스(Sitten)는 쾌락 혹은 고통이라는 감정에 좌우된다. 이는 직접 행동을 산출하거나 행동의 원인이 되는 욕구를 불러일으킨다."[3] "충동(impulse)[4]은 본능과는 달리 생물의 속성이 아니다. 모방은 일종의 충동으로, 인간이나 여타 동물들은 다른 인간이나 동물들이 하는바, 특히 동종(同種)을 보고 모방을 하며, 그들의 선조가 동일한 행동을 빈번하게 반복했다면 이를 더욱 쉽게 모방한다. 모방하는 것은 충동이지만 모방

---

[2] JAI, XX, 140.
[3] *Zeitschrift für Völkerpsychologie*, I, 452에 실린 Lazarus의 언급.
[4] (옮긴이 주) 어떤 행동에 대한 욕망의 분출을 심리적으로 자각하는 것.

의 대상은 충동이 아니다. 다시 말해 모방의 대상은 이미 존재하는 것이며, 따라서 모방의 대상은 충동이 아닌 것이다." "만약 본능이 초기 인간 등 살아있는 생명체에 대한 유일한 지배자의 역할을 멈췄다면, 또한 초기 인간에게 자신을 인도해줄 이러한 본능 외에 이미 존재하는 것을 모방할 수 있는 능력이 없었다면, 초기 인간은 생존 경쟁에서 실수를 저질러 자칫 생존이 불가능할 뻔했다. 이러한 인간의 태고의 우매성[5]은 종교와 예술의 궁극적인 토대를 이룬다. 이렇게 말하는 이유는 생존 경쟁이 본능을 넘어선 수준에 이르게 되면 이에 대한 즉각적인 결과로 주술(magic)에서 종교와 예술이 곧바로 탄생하기 때문이다." "의복의 기원을 확인해보고자 할 경우, 혹은 사회관계와 우리가 달성한 바, 예컨대 결혼, 전쟁, 농업, 목축 등의 기원을 밝히고자 할 경우, 또한 자연인들의 심리를 연구해 보고자 할 경우, 우리는 항상 주술과 주술에 대한 믿음을 거쳐 가 보아야 한다. 주술에 속수무책인 사람, 예컨대 종교의식에서 부정(不淨) 탄 사람으로 간주된 사람은 '육체가 재앙을 초래하기' 때문에 성공할 수 없다. 반면 주술의 힘과 주술 준비 과정을 통해 성공한 미개인들은 결국 '고귀하고 훌륭한' 사람으로 자리매김한다. 이들은 [이처럼 성공한 것] 외에 특별히 다른 덕성을 갖추고 있지 않다. 심지어 기술적 숙련성조차도 주술에 대한 믿음의 영향에서 결코 자유로울 수 없었다."[6]

---

[5] (옮긴이 주) 남미 문화 연구자인 독일의 인류학자 프로이스(K. T. Preuss)는 우매하게도 태곳적 사람들이 자신을 무능력한 존재로 인정했으며, 이와 동시에 자신들이 통제할 수 없는 힘이 있다고 믿고, 이러한 힘에 의존하려는 경향을 나타냈다고 하는데, 그는 이와 같은 우매함이 종교 탄생의 기원이라고 주장했다. 그의 이와 같은 입장을 태고의 우매성(Primeval Stupidity) 이론이라고 부른다.

[6] *Globus*, LXXXVII, 419에 실린 Preuss의 언급.

5. 개선과 일관성을 갖추기 위한 노력

필요를 충족하는 방법으로서의 습속은 성공을 거둘 수도 그렇지 않을 수도 있는데, 그 결과에 따라 행복을 산출하기도, 고통을 산출하기도 한다. 습속의 성공 여부는 항상 소기의 목적에 얼마만큼 적절히 적응했는지에 좌우된다. 습속이 그다지 적응적이지 못해 성공하지 못하면 고통을 야기할 텐데, 이는 인간이 더욱 나은 방법을 배우는 계기로 작용한다. 요컨대 습속에 대해서는 (1) 매우 불완전하게 적응이 이루어져 고통이 발생할 경우, 목적을 이룰 더 나은 적응 방법을 확보하기 위한 개선 압력이 가해지게 된다. 또한 습속 간에는 (2) 상호 간의 일관성을 갖추려는 노력이 이루어지기도 한다. 그 이유는 습속 간에 상호 협력과 지지가 이루어져야 비교적 적은 마찰과 대립이 생기면서 모든 습속이 여러 목적을 충족할 수 있게 되기 때문이다. 문명사를 통틀어 산업 형태, 가족 형태, 소유 개념, 권리 구축, 종교의 유형 등은 상호 일관성을 갖추려는 노력이 있었음을 보여주고 있다. 인류 문화를 양분한다면 크게 '동양'과 '서양'으로 나눌 수 있을 것이다. 이들은 각각 전체적으로 일관성을 갖추고 있다. 동양과 서양은 각자 그들 고유의 철학과 정신을 가지고 있다. 이들은 서로 다른 모레스, 관점, 삶의 방식을 지니고 있고, 어떤 사회장치가 유리한가에 대한 서로 다른 생각을 가지고 있으며, 양자는 뚜렷하게 나뉘어 있다. 이들을 비교해보면 우리는 인간사의 커다란 문제 해결 방식에서, 그리고 생활 방침을 좌우하는 현세 생활에 대한 견해에서 그들 간의 차이를 확인할 수 있다. 심지어 두 행성이 하나로 합칠 경우에도 어떤 것이 추구해야 할 대상으로 가치가 있으며, 잘 살기 위해 우리가 취해야 할 가장 합당한 방법이 무엇인가에 대한 생각에서 이들보다 커다란 차이가 나지는 않을 것이다.

6. 우연히 얻게 되는 이익

우리가 시행착오를 통해, 그리고 경험을 통한 오랜 선택 과정을 통해 필요나 관심을 만족시키는 편의적인 방식을 찾아낸 사회 – 본서 1절에서 포괄적으로 서술한 바와 같은 – 의 사례를 발견하려 해도, 이를 발견하기란 불가능할 것이다. 이처럼 실용적이고 실리적인 필요나 관심을 만족시키는 방식은 설령 망령에 의한 제재와 뒤섞인다고 해도 합리적이다. 원시인의 생활방식과 기질은 '합리'와는 다소 거리가 있다. 가장 원초적인 경험에는 비이성적이며 어떠한 적절한 방법으로도 설명할 수 없는 요소가 포함되어 있었다. 우리가 가장 잘 알려진 수단을 최대한 주의를 기울여 사용해도 소기의 목적을 달성하지 못하는 경우가 있다. 반면 전혀 노력을 기울이지 않고서도 커다란 성과를 얻는 경우가 있다. 또한 자기 자신이 아무런 잘못을 범하지 않았음에도 재난을 당할 수 있다. 이는 인생을 살아가면서 경험하는 우연적 요소로, 손상과 손실, 행운과 불운이 이에 해당한다. 이는 인간사에서 절대로 없어지지 않는다. 이는 사람들이 취하는 세계관과 방책에 커다란 영향을 미친다. 행운은 아무런 노력 없이 우연히 무엇인가를 얻어 극도의 번영과 행복을 얻는 경우를 뜻할 것이다. 반면 불운은 매우 열심히, 잘 계획해서 노력을 했음에도 실패하거나 손실을 입는 경우, 혹은 불행해지거나 실망하게 되는 경우를 뜻할 것이다. 사람들은 항상 불운에 더 초점을 맞춘다. 그들은 일상적인 행운을 당연하게 받아들인다. 반면 불운은 사람들의 관심을 붙들고 기억에 남겨진다.

이처럼 살아가면서 겪게 되는 불행은 생활 방침에 가장 커다란 영향을 미치는 우연적 요인이다. 미개인들은 모든 사건을 인간의 행위 혹은 망령과 영혼의 작용 탓으로 돌린다. 사람들이 겪게 되는 행운과 불행은 어떤 우월한 권능이 영향을 발휘하는 데에 따른 것으로 생각하고, 그러한 권능이 인간의 행위를 보고 쾌 혹은 불쾌를 느끼는 데 따라 행운과 불행을 겪게 된다고 생각한다. 이러한 관념들이 합쳐져서 초자연적인 존재에 대한 믿음이 탄생하며, 이는 하나의 완전한 세계관을 제공한다. 생존을 위한 투쟁에는 늘 운이라는 요소가 포함되어 있기 마련이다. 미개인들이 우연적 요소를 무시하고, 실리적 방법만을 이용하여 생존을 위한 투쟁을 계속해 나가지 못하는 이유는 바로 이 때문이다. 지금까지 우연적 요소는 항상 '생존을 위한 투쟁'과 '종교'를 잇는 연결고리 역할을 해 왔다. 생존을 위한 투쟁에서 사람들은 오직 종교적 의례를 통해서만 우연적 요소가 통제될 수 있다고 생각했다. 하지만 망령, 사신(邪神), 그리고 내세 등에 관한 관념은 모두 환상이었다. 이들은 모두 사실과 연결되어 있지 않은, 경험을 빙자해서 임의로 만들어진 구성물이었다. 이들은 시(詩)의 소재가 되었고, 시적인 구성, 그리고 상상을 통한 추론이 이들을 발전시켰다. 이들과 사건들은 인과관계가 아닌 주술로 연결되어 있었다. 이에 따라 사람들은 삶과 그 의미에 대해 미혹된 추론을 하게 되었고, 이는 이후의 행위를 이끄는 신념이 되었으며, 성공 조건에 대한 절대적인 관념으로 자리 잡기도 했다. 종교와 관습의 권위는 하나의 불가분의 의무로 유착(癒着)되었다. 이렇게 보았을 때 실험과 편의에 관한 이 절 첫 문단에서의 진술은 실제 사례에서 직접적으로 이끌어낸 것이 아니긴 하지만, 그럼에도 이는 분석 및 추론의 결과다. 추가적으로 덧붙여야 할 것은 허영과 망령에 대한 두려움이 강렬한 욕구를 만들어냈으며, 이에 관한 욕구의 강도는 인간의 굶주림을 벗어나려는 욕구, 그리고 가족의 필요를 충족시키려는 욕구와 다를 바 없다는 것이다. 습속은 후자뿐만 아니라 전자를 충족하기 위해서도 탄생했던 것이다(본서 9절 참조).

7. 모든 기원은 신비에 싸인 채 사라진다

습속이 생겨난 과정에 관한 이러한 가설이 추론의 요소를 포함하고 있다고 해서 무턱대고 반대할 수는 없다. 모든 기원은 신비에 싸인 채 사라져 버린다. 그리고 어떤 기원에서 신비의 장막을 거둬낼 수 있으리라고 기대하는 것은 무리인 듯하다. 우리는 그 과정에 대한 증거가 확보된 최종 지점에까지 역사의 흐름을 거슬러 올라간다. 다음 단계로 우리는 가장 멀리까지 뻗어 있는 역사 흐름의 행로가 남긴 흔적의 안내 표시에 따라 어둠의 세계 안으로 들어가지 않으면 안 된다. 이것이 화폐, 언어, 가족, 국가, 종교와 권리의 기원을 탐구할 때 취해야 할 방법이다. 우리가 이들 가운데 어느 하나의 기원이라도 파악할 수 있으리라고 기대해서는 안 된다. 관습과 풍속은 산물이고 결과다. 이들 이전에 무엇인가가 있었다. 하지만 우리는 절대로 일련의 과정을 통해 최초에 해당하는 부분을 찾아내거나 확인할 수 없다. 우리가 항상 찾아내기를 갈망하는 '기원'의 구체적인 모습은 오직 분석과 추론을 통해 구성해낼 수밖에 없다.

8. 원시 관습에 관한 스펜서의 견해

스펜서[7]는 "우리는 어떤 미개인에게서도 '관습을 지침으로 삼는 모습'을 발견할 수 있는데, 이는 우리가 출발점으로 삼을 수 있는 유일한 지점이다."라고 말한다. 관습은 사람들이 시간을 거치면서 공동으로 행

---

[7] *Principles of Sociology*, 529절.

한 바의 산물이다. 우리는 그것이 존재하고 있으며, 또한 지배력을 행사하고 있다는 사실을 조사의 최후 지점에서 발견한다. 관습이 언제 시작되었고, 어떻게 지금에 이르게 되었는가? 이것이 어떻게 '애초에' 지침이 될 수 있었는가? 모든 집단행동은 집단이 함께 행동하기를 원하기 때문에 시작된 것처럼 보인다. 무엇이 옳고, 무엇이 최선인지를 집단이 모르면 모를수록 사람들은 자연에서 발생하는 우연한 사건이 주는 암시, 혹은 한 사람의 우연한 행위 혹은 횡행하고 있는 망령 공포의 교의가 주는 암시에 더욱 쉽게 빠져든다. 이와 동시에 사람들의 표류가 시작되는데, 이는 나중에 가서야 교정이 이루어진다. 만약 이것이 사실이라면 모든 사회 문제에서 가장 중요한 작용의 주체는 전통 습속의 계도 하에 놓인 본능적인 행동임이 분명하다. 관습이 모든 행동에 선행할 수는 없기에 우리는 관습이 최초의 행동들에서 탄생하는 모습을 보길 갈망한다. 하지만 이는 불가능하므로 우리는 그 행동이 시작된 후의 행동 과정을 연구한다. 원시 관습의 기원은 항상 신비에 싸인 채 사라져 버린다. 그 이유는 사람들이 행동을 시작할 즈음에는 역사의 소산으로서의 행동을 절대 의식하지 않으며, 자신들이 행하는 바의 역사적 중요성도 의식하지 않기 때문이다. 자신들의 행동이 갖는 역사적 중요성을 의식하게 되었을 때는 이미 그 기원은 먼 과거가 되어 있다.

9. 행운과 불운, 인생의 고난, 선과 행복

자연에는 '성장 혹은 생산', 그리고 '파괴'와 관련된 수많은 상반된 힘이 존재한다. 인간의 이익은 생산과 파괴가 미치는 힘의 영향을 받으며, 어느 한쪽으로 인해 혜택을 받거나 파멸될 수 있다. 이익을 얻고

손실을 피하려면 양자에 대한 올바른 지식이 요구된다. 지식이 충분히 쌓일 때까지는 우연 혹은 요행에 의해 당면한 결과가 나타나게 되는 것처럼 보인다. 절약은 자연스러운 것이 아니다. 오히려 허비가 자연스럽다. 그런데 인간이 이익을 얻으려면 절약과 선택, 그리고 보존을 해야 한다. 그리고 안전을 확보하고 권력을 획득하려면 이에 앞서 자본이 필요하다. 이러한 자본은 선택과 절약에 의해 창출되는데, 이는 물질적 재화를 파괴하는 모든 것의 위협을 받는다. 자본은 인간이 자연에 대한 지배력을 갖기 위한 본질적인 수단이다. 자본을 활용한다는 개념에는 가장 적절한 의미에서 인간이 자신의 복리를 위해 지적 능력을 이용하여 자연의 진행을 적절히 선택하고 배치한다는 의미가 담겨 있다. 이러한 방향으로 나아가기 위해 이루어진 초창기의 노력은 모두 실수로 점철된 실패였다. 인간은 자신들의 허영을 채우려는 충동과 미신을 바탕으로, 그리고 무엇이 자신들에게 도움이 되고 이익이 되는지에 대한 잘못된 이해를 바탕으로 자신들이 원해야 하는 것들, 그리고 보존해야 하는 것들을 선택했다. 이와 같은 실수가 습속으로 도입되어 습속의 일부를 이루고, 습속의 보호를 받게 되었다. 미개한 삶 속에서 사람들에게 유일하게 의미가 되는 것은 실수, 우연적 사건, 그리고 운인 듯이 보인다. 습속의 지배력을 제한하고, 적어도 그 지배 범위와 형태를 바꾸어 놓는 것은 지식밖에 없다. 미개인의 습속은 경솔, 낭비, 부주의로 특징지을 수 있는데, 경험이 축적되고, 지식 또한 증진되면서 더욱 좋은 방법이 가치 있는 것으로 여겨지게 된다. 이후 고통과 손실을 맛보는 과정을 거치면서 신중함, 선견지명, 끈기, 그리고 인내심이 서서히 발전되어 간다. 실수에 따른 결과와 행운이 미치는 영향은 항상 뒤섞였다. 우리가 살펴본 바와 같이, 과거의 사람들은 혼령이 불쾌해하기 때문에 사람들이 인생에서 고난을 겪게 되고, 이와 반대의 상황, 즉 망령의 뜻에 순종하는 선한 행위가 축복과 번영을 불러온다고 생각했다. 선과 행복이 이러한 방식으로 관련된다는 생각이 인간의 신념 내에 확립되고, 양자가 관련된다는 생각을 바탕으로 행복해지는 방법이 고안되었다. 그 방법은 초월력을 향한 존경의 의식(儀式)을 충실히 수행하고, 행운을 가져오는 것으로 생각되는 시간, 장소, 언어 등을 사용하면서 불행을 초래하는 시간, 장소 등을 피하는 것이었다. 비(非)문명인은 모두 이러한 방법을 사용한 데 따르는 구체적인 반응을 요구하고 또한 기대한다. 하지만 그들은 이러한 반응을 얻지 못했고, 실제로 그들의 행복을 얻기 위한 기술은 항상 소기의 결과를 얻는 데 실패했다. 그래서 사람들은 늘 세계관과 관련된 커다란 질문, 즉 '행복과 선의 진정한 관계는 무엇인가'라는 질문을 제기해 왔다. 인간이 이러한 질문에 용기 있게 '아무런 관계가 없다'고 단언할 수 있게 된 것은 불과 몇 세대밖에 되지 않았다. 양자 사이에 상호 관련성이 있다는 견해에 힘이 실리는 시기는 반대의 경험을 하게 될 때, 즉 '사악함은 어떤 경우에도 행복을 가져오지 못한다'는 것을 입증하는 경험을 하게 되는 경우다. 가장 오래된 종교 문학은 헌신이나 복종이 신의 만족을 불러일으키고, 이것이 신의 환심을 사서 인간이 번영하게 된다는 내용의 예배와 기도 문구로 이루어져 있다.[8] 아직도 '나쁜(ill)'과 '악(evil)'이라는 단어는 사악함(wickedness)과 재난(calamity)이라는 두 개념이 뒤섞여 있는 애매함을 여전히 떨쳐 버리지 못했다. 이 두 개념은 연결되거나 결합되어 우리에게 전해졌다. 전통이 구현되고 있는 구체적인 대상은 의례였지 의례가 구현하고 있는 관념이 아니었다.[9]

---

[8] Rogers, *Babylonia and Assyria*, I, 304; Jastrow, in Hastings, *Dictionary of the Bible*, Supplement vol. 554.
[9] Pietschmann, *Die Phönizier*, 154.

10. 구체적인 사례

축복과 저주의 관념들은 인간이 알게 된 커다란 번영과 재난의 사례들을 사후(事後)적으로 설명한 것들이다. 사람들은 신화를 만들어내는 데, 그들은 이를 만들어내는 능력을 이용해 위대한 덕 혹은 죄에 관한 이야기를 고안해내어 번영이나 재난을 설명했다.[10] 그리스인들이 말하는 네메시스(Nemesis)[11]는 인생에서 겪게 되는 행운과 불운에 대한 관찰에서 추론해낸 관념이다. 크로이수스(Crœsus)와 폴뤼크라테스(Polycrates)[12]의 이야기는 대중에게 크게 인기가 있었다. 이 중 폴뤼크라테스는 자신의 모든 영광과 번영을 누린 끝에 리디아(Lydia)의 태수(太守)에게 십자가형을 당했다. 크로이수스는 신을 무마하여 재앙을 피하고자 당대의 종교가 요구하는 바에 따라 인간이 할 수 있는 최선을 다했다. 그는 매우 신앙심이 깊었고 종교의 계율에 따라 생활했다. 이 이야기는 서로 다른 여러 형식으로 전해진다. "왕자는 행복하게 지내는 동안 아낌없이 신들을 모셨다. 그런데도 그는 도움이 절대적으로 필요할 때 신들의 버림을 받았는데, 사람들은 이러한 사실을 보고 황망해 했다."[13] 사람들은 왕자가 왕좌를 강탈한 그의 조상 귀게스(Gyges)[14]의 죄에 대한 대가를 치렀다

---

[10] Pietschmann, *Die Phönizier*, 115.
[11] (옮긴이 주) 그리스 신화에 나오는 복수의 여신. 감내해야 할, 불가피한 벌이나 천벌을 뜻하기도 한다. 여기에서는 피할 수 없는 벌의 뜻으로 사용되고 있다.
[12] (옮긴이 주) 크로이수스: 리디아(Lýdia) 최후의 왕(재위 기원전 560년?~기원전 546년). 소아시아 연안에 위치한 그리스 여러 도시를 정복하면서 세력을 크게 확장했다.
(옮긴이 주) 폴뤼크라테스: BC 537~BC 523년경 사모스섬을 지배한 참주. 해군을 증강하여 해적 행위로 부를 축적했다. 수도(水道)·축항(築港)·헤라 신전 등 3대 유명한 토목공사를 이루었다.
[13] Maspero, *Peuples de l'Orient*, III, 618.

고 말했다. 이처럼 사람들은 신을 최선을 다해 모셨음에도 불행이 닥치는 현상을 설명하기 위해 어떤 죄를 제시할 필요가 있다고 생각했고, 이에 따라 '책임의 세습'이라는 관념을 도입했다. 또 다른 이야기에서는 크로이수스가 신들에게 자신의 재산을 전부 제물로 바치기로 한다. 그는 자신의 모든 재산을 장례용 장작더미 위에 쌓아놓고 그 위로 올라가지만, 비가 내려 불이 꺼진다. 신들이 그만하면 됐다고 생각한 것이다. 이후 크로이수스는 운이 좋게도 퀴로스(Cyros)와 우애를 나눈다. 그럼에도 일부 사람들은 크로이수스가 처하게 된 운명을 들어 선과 행복이 상호 관련된다는 생각을 받아들이지 않았다. 고대 종교에서는 "사람들이 신에게 베풀어주길 바라는 은혜가 전체 공동체에 영향을 미치는 공적인 특징을 가지고 있었다. 사람들은 특히 풍요로운 수확, 가축 무리의 증가, 전쟁에서의 승리 등을 바랐다. 공동체가 번영을 구가하고 있으면 사람들이 한 개인의 곤궁을 보면서 신의 섭리를 불신하지 않았다. 사람들은 그보다는 그러한 고통을 받는 사람이 악을 행하는 자로, 신의 미움을 받는 것이 정당하다고 생각했다."[15] 예후(Jehu)[16]는 엘리사(Elisha)에게서 아합(Ahab) 일가를 멸하라는 명을 받았고, 이를 따랐음에도 예후와 그 일가는 이스라엘에서 피가 흐르게 했다는 이유로 비난을 받았다.[17] 이는 신탁을 따랐지만 죄를 범한 것으로 간주되어 벌을 받은

---

[14] (옮긴이 주) 리디아의 세 번째 왕조인 메름나다이 왕조의 첫 번째 왕. 칸다올레스왕을 죽이고 그 비(妃)와 결혼하여 메름나다이 왕조를 열었다. 밀레토스·수미르나·콜로폰을 공격하고 델피 신전에 공물(供物)을 바쳤다. 키메리아인(人)에 대항하여 아시리아의 보호를 요구했으나 이집트를 도운 탓으로 도움을 얻지 못했으며, 침입해 온 키메리아인에게 살해되었다.
[15] W. R. Smith, *Religion of the Semites*, 259.
[16] (옮긴이 주) 북왕국 이스라엘의 제10대 왕(BC 841~814년)으로 선지자 엘리사의 조언을 받아들여 오므리 왕조를 폐하고 이스라엘 왕위에 올랐다.
[17] 호세아 1장 4절; 열왕기 하 9장 8절.

오이디푸스(Œdipus)의 경우와 유사하다. 야훼는 예언자들의 입에 거짓 신탁을 집어넣음으로써 자신을 화나게 한 자들을 파멸에 이르게 했다.[18] 히즈키야(Hezekiah)는 신에게 간(諫)했는데, 그 이유는 비록 그가 신 앞에서 완벽한 마음가짐으로 처신했고 올바르게 행동했지만 큰 재난을 당했기 때문이다.[19] 시편 제73장에서 저자는 사악한 자의 번영, 그리고 그와 대조되는 자기 자신의 운명 때문에 당혹스러움을 감출 수 없었다. "내가 내 마음을 깨끗하게 하며 내 손을 씻어 무죄하다 한 것이 실로 헛되도다. 나는 종일 재난을 당하며 아침마다 징벌을 받았도다." 그는 사악한 자들이 결국 파멸할 것이라고 말한다. 그는 머리 회전이 빠르지 못하고 무지해서 문제 해결 방식을 찾아내지 못했다. 여기서의 해결 방식이란 사악한 자의 번영은 잠시라는 것이다. 그는 신에게 끝까지 매달린다. 욥기는 선과 행복 간의 관계에 대한 논의를 담고 있다. 십자군 전사들은 이슬람교도들이 승리를 거두는 것에 크게 당혹했다. 신이 자신의 이름과 진실, 그리고 성스러운 명분을 지키리라는 것이 거짓임이 입증된 듯했다. 루이 14세는 자신의 군대가 패하자 자신이 신을 위해 행한 모든 것을 신이 잊어버렸음이 분명하다고 말했다.

11. 불멸과 보상

불멸에 대한 관념은 운, 정의(正義), 그리고 선과 행복의 관계에 대한 관념과 뒤얽혀 있다. 소송은 저승에서 재개(再開)되고, 그곳에서 보상이

---

[18] 열왕기 상 22장 22절; 판관기 9장 23절; 에제키엘 14장 9절; 데살로니카 신자들에게 보낸 둘째 서간 2장 11절.
[19] 열왕기 하 20장 3절.

이루어지는 것으로 추정된다. 고대 그리스의 민속극은 운(運)을 지배적인 관념으로 삼았다. 누군가 번영을 시샘하면 등장인물은 불운을 겪게 되고, 자비를 베풀 경우 행운을 누리게 된다.[20] 그림(Grimm)[21]은 '운'에 관한 1천 개 이상의 고대 독일의 금언, 격언, 속담을 제시한다. 15세기의 이탈리아인들은 선과 행복의 상호 관계에서 커다란 문제점들을 발견했다. 교황 알렉산데르 6세는 역사상 알려진 인물 중에서 가장 사악했으나, 그는 자신이 맡은 모든 일에서 결코 꺾이지 않는 커다란 번영을 누렸다. 이에 대해 생각해볼 수 있는 유일한 설명은 그가 사신(邪神)과 협정을 맺었다는 것이다. 일부 아메리카 인디언들은 인간이 입 밖에 낸 모든 바람이 이루어지는 어떤 시간이 있다고 생각했다.[22] 중간 정도의 문명(half-civilized) 사회에 살고 있는 사람들은 운이라는 관념이 인간사에 가장 커다란 영향을 미친다고 생각한다. 그들은 운을 작동시키는 방안을 강구한다. 그 이유는 모든 이익이 운의 지배를 받고 있기 때문이다. 이에 따라 단어, 이름, 장소, 몸짓, 그리고 그 외의 행동이나 관계들이 운을 통제하기 위해 견지된다. 결혼한 사람들은 행복을 추구하지만 늘 행복하기만 한 것은 아니다. 이 때문에 결혼 예식은 행운을 구하는 행위들과 연결되어 있다. 이들 중 일부는 여전히 조롱의 대상으로 우리 사이에 남아 있다. 인간사에서 우연적 요소라는 사실, 이에 대한 인간의 해석, 그리고 이를 다루기 위한 인간의 노력은 문화사의 커다란 부분을 이루고 있다. 이들은 습속 군(群)을 만들어냈으며, 다른 목적을 이루기 위한 한 요소로 습속에 편입되었다.

---

[20] Reich, *Mimus*, 718.
[21] *Teutonic Mythology*, 1777.
[22] Leland and Prince, *Kuloskap*, 150.

12. 전통과 이의 제약

어떤 미개 집단이건 사회의 연장자나 경험이 풍부한 사람들이 취하는 '방식(ways)'은 분명 커다란 권위를 갖는다. 우리는 이와 같은 온당한 권위가 존경의 관습, 그리고 연장자를 존중하는 예절로 이어진다는 사실을 발견한다. 연장자들은 전통과 그들 선조의 범례(examples)에 완고하게 집착한다. 이와 같이하여 전통과 습관이 뒤섞이게 되는데, 이들은 강한 강제력으로 사회를 고정된 진로로 이끌어가며, 자유를 억압한다. 아이들은 부모가 항상 동일한 관습에 순종하고, 동일한 사람들에게 복종하는 모습을 목도한다. 그들은 연장자들이 어떤 이야기든 마음대로 할 수 있고, 손님이 오면 집안사람들이 서열에 따라, 그리고 고정된 순서로 인사하는 모습을 본다. 이 모든 것은 아이들의 규칙이 되고, 미개 사회의 모든 관습에 정형화된 형식을 부여하는 데 기여한다. "교육과 종족의 규율은 사람들에게 사태를 보는 고정된 방식을 주입하는데, 이러한 방식은 오랜 문화 발전의 응결물이다. 이들은 개인의 의지를 제지하는 족쇄가 되기도 하지만 지속적으로 영향력을 발휘하면서 인디언들의 도덕적 지지대가 되고 있다."[23]

13. '미개 사회'라는 개념, 우리 집단과 타인 집단

여기서 말하는 '미개 사회'란 어떤 영토에 흩어져 살아가고 있는 소규모 집단을 일컫는다. 집단의 규모는 생존을 위한 투쟁에서 겪게 되는

---

[23] *Globus*, LXXXVII, 128.

여러 조건에 좌우된다. 각 집단의 내적 조직은 그 규모에 상응한다. 여러 집단 중의 한 집단은 서로 일정한 관계(친족, 이웃, 동맹, 혼인, 상거래)를 맺을 것이며, 이를 통해 그들은 서로 단결하고, 자신들을 다른 집단들과 차별화하기도 한다. 이와 같은 방식으로 우리 집단 또는 내부 집단인 우리 자신과 그 밖의 다른 모든 사람, 타집단, 외집단 간에 차별화가 일어난다. 우리 집단 내의 내부인들은 서로 평화와 질서를 유지하고, 법, 정부, 그리고 산업 내에서 일정한 관계에 놓여 있다. 그들의 모든 외부인 혹은 다른 집단들과의 관계는 협약으로 조정되는 경우를 제외하고는 전쟁이나 약탈로 맺어지는 관계다. 만약 어떤 집단이 족외혼을 한다면 그 집단 내의 여성들은 어딘가 다른 곳에서 태어난 사람일 것이다. 그 집단 안에서 찾아볼 수 있는 여타의 외부인은 입양된 사람, 손님, 그리고 노예 정도다.

14. 내집단과 외집단 성원에 대한 정서

사람들은 우리 집단 내에서는 서로 동지적·평화적 관계에, 다른 사람들의 집단에 대해서는 적의와 투쟁의 관계에 놓이게 되는데, 이는 서로 상관관계가 있다. 외부자와의 전쟁이라는 긴급 상황이 발생하면 내부가 평화로워진다. 이렇게 되는 이유는 우리 집단이 내부에서의 불협화음으로 인해 전쟁을 치르지 못할 정도로 약해져서는 안 되기 때문이다. 또한 이와 같은 위급 상황에 대처하기 위해 내집단에서는 정부와 법이 만들어지는데, 이는 반목을 피하고 규율을 강제하기 위함이다. 이처럼 전쟁과 평화는 한편으로는 집단 내에서, 다른 한편으로는 집단 간 관계에서 상호 영향을 미쳐 왔고, 서로를 발전시켜 왔다. 이웃이 가까이 있으면 있을수록, 그들이 강하면 강할수록, 싸움이 격렬하면 격렬할수록 각 집단의 내부 조직과 규율은 더욱더 엄격해진다. 그리고 이와 호응을 이루는 정서가 형성된다. 집단에 대한 충성, 이를 위한 희생, 외부인에 대한 적의와 경멸, 내부인에 대한 동료의식, 외부인에 대한 호전성. 이 모든 것이 동일한 상황에서 공통적으로 생겨나 함께 성장한다. 이러한 관계와 정서가 사회의 신념을 형성한다. 이것이 종교와 연결되면 신성화되기도 한다. 타인 집단(others-group)의 사람들은 외부인들로, 그들의 선조와 우리 집단의 선조가 서로 싸움을 벌였다. 우리 집단의 망령은 자손들이 싸움을 계속하는 모습을 즐거운 마음으로 보면서 자손들을 지원할 것이다. 외부인들을 살육하고 약탈하고 노예화하는 것은 덕행으로 간주된다.

15. 자민족중심주의

자민족중심주의는 자신이 속한 집단이 모든 것의 중심이며, 나머지는 자신이 속한 집단을 기준으로 가늠되고 평가된다는 견해를 일컫는 전문 용어다. 습속은 이와 호응을 이루어 내적·외적 관계를 포괄한다. 각 집단은 자기들만의 자존심이나 자만심을 키우고, 자신들의 우월성을 뽐내며, 자신들의 신성(神性)을 찬양하고, 외부인을 경멸의 눈으로 바라본다. 각 집단은 자신들의 습속을 유일하게 옳은 것으로 생각하는데, 다른 집단의 다른 습속을 보게 되면 경멸의 감정이 촉발된다. 이러한 차이에서 모욕적인 언사들이 만들어진다. '돼지 먹는 놈', '소 잡아 먹는 놈', '이단', '깩깩 소리 지르는 놈들'은 경멸과 혐오를 나타내는 언사다. 투피족(Tupis)은 포르투갈인을 지칭할 때 발 둘레가 깃털로 덮인

새를 묘사하는, 빈정대는 언사를 사용했는데, 이는 포르투갈인이 입는 바지를 빗댄 것이다.[24] 우리가 당면한 목적을 달성하기 위해 가장 중요한 사실은 자민족중심주의가 자신들의 습속에 포함된 독특하면서 남다른 모든 것을 과장하고 강화하도록 사람들을 유인한다는 것이다. 이러한 이유로 자민족중심주의는 습속을 강화한다.

16. 자민족중심주의의 사례

뉴기니의 파푸아인은 촌락 단위로 쪼개어져 있으며, 이러한 단위는 적대감, 식인, 사람 사냥, 그리고 언어와 종교 등의 차이에 따라 분리된 상태를 유지하고 있다. 각각의 촌락은 각자 사용하는 언어, 종교, 관심으로 통합되어 있다. 촌락 집단은 혼인관계를 맺음으로써 서로 결합하여 제한적으로 통합을 이루기도 한다. 이러한 집단 단위의 내부에서 맞이한 아내는 완전한 지위를 부여받는다. 반면 외부에서 취한 아내는 그렇지 못하다. 소규모의 집단 단위는 내부적으로는 평화로운 집단이다. 하지만 이러한 단위는 모든 외부인에 대해서는 적의를 나타낸다.[25] 남아메리카의 음바야족(Mbaya)은 자신들의 신(神)이 다른 집단들과 전쟁을 일으켜서 그 집단의 아내와 재산을 탈취하고, 남자들을 살해하면서 살아갈 것을 명했다고 믿었다.[26]

---

[24] Martius, *Ethnographie und Sprachenkunde Amerikas zumal Brasiliens*, 51.
[25] Krieger, *New Guinea*, 192.
[26] Tylor, *Anthropology*, 225.

17.

사람들이 카리브인(Carib)들에게 어디서 왔냐고 물었다. 그랬더니 그들은 "우리만이 인간이다"²⁷라고 답했다. 키오와(Kiowa)라는 이름은 '진짜 혹은 주요 인간'²⁸을 뜻한다. 라프족(Lapp)²⁹들은 자신들을 '사람' 혹은 '인간'³⁰이라고 부른다. 그린란드 에스키모는 유럽인이 자신들에게 덕행과 훌륭한 예절을 배우려고 그린란드로 오게 되었다고 생각한다. 그들이 유럽인을 칭찬하는 최고의 표현은 '그린란드인 못지않게 선량하다' 혹은 '곧 그렇게 될 것'이라고 하는 것이다.³¹ 퉁구스족(Tunguse)³²은 자신들을 '인간'이라고 부른다.³³ 일반적으로 자연인들(nature peoples)³⁴은 스스로를 인간이라고 부르는 것으로 알려졌다. 그들 생각에 타인들은 무엇인가 다른 존재 - 명확히 규정되지 않을 수 있어도 - 이지만 진짜 사람은 아니다. 신화를 살펴보면 그 신화를 받아들이는 사람은 누구나 참 인류의 혈통을 이어받은 종족이다. 신화는 다른 종족의 혈통에 관해서는 설명하지 않는다. 아이누족(Aino)³⁵은 자신들의 종족명이 자신들이 신으로 숭배하는 최초의 인간에게서 유래했다고 생각한다. 그들은 사

---

²⁷ Martius, *Ethnographie und Sprachenkunde Amerikas zumal Brasiliens*, 51.
²⁸ *Bureau of Ethnology*, XIV, 1078.
²⁹ (옮긴이 주) 주로 노르웨이·핀란드·스웨덴 북부와 콜라반도에 사는 소수민족. 순록 사육과 어업에 종사하며, 단신(短身)·단두(短頭)가 특징이다.
³⁰ Wiklund, *Om Lapparna i Sverige*, 5.
³¹ Fries, *Grönland*, 139.
³² (옮긴이 주) 시베리아 동부에 살고 있는 몽골계 종족.
³³ Hiekisch, *Tungusen*, 48.
³⁴ (옮긴이 주) 문명 생활을 하지 않고 자연 속에서 자유롭게 살아가는 사람들.
³⁵ (옮긴이 주) 일본 홋카이도와 러시아 사할린, 쿠릴 열도 등지에서 살아가고 있는 소수민족.

실상 신의 이름을 거꾸로 자신들의 종족명에서 끌어온 것이 분명하다.[36] 종족명이 이와는 다른 의미를 갖는 경우가 있는데, 이때는 항상 이름에 자랑과 긍지가 담겨 있다. 오밤보(Ovambo)라는 이름은 자신들을 부르는 사투리 이름으로, '부자'를 뜻한다.[37] 자민족중심주의를 견지하는 종족 중에서 세상에서 가장 주목할 만한 사람들은 바하 캘리포니아(Lower California)[38]의 세리족(Seri)[39]이다. 그들은 모든 외부인에 대해 의심과 적의의 태도를 견지하며, 외부인과의 혼인을 엄격하게 금하고 있다.[40]

18. 유대인은 전 인류를 그들 자신과 이방인으로 구분했다

그들은 '선민(選民)'이었다. 그리스인과 로마인은 외부인을 '야만인(barbarians)'이라고 불렀다. 에우리피데스(Euripides)[41]의 비극 『아울리스의 이피게네이아(Iphigenia in Aulis)』에서 이피게네이아는 그리스인들이 자유인이지만 야만인들은 노예이기 때문에, 전자가 후자를 지배하는 것은 합당하지만 그 반대는 안 된다고 말하고 있다. 아랍인들은 자신들이 가장 고귀한 민족이고, 다른 모든 인간은 대체로 야만스럽다고 생각했다.[42] 1896년 중국의 교육부 장관과 그의 고문들이 한 권의 편람을 편집

---

[36] *Reports of the National Museum of the United States*, 1890, 432에 실린 Hitchcock의 언급.
[37] Ratzel, *History of Mankind*, II, 539.
[38] (옮긴이 주) 바하 캘리포니아(Baja California)의 영어 이름. 멕시코 북서부에 있는 태평양과 캘리포니아만 사이의 반도.
[39] (옮긴이 주) 북아메리카 캘리포니아만에 있는 티부론섬과 그 부근의 육지인 소노라주에 사는 멕시코 인디언. 주로 수렵 채취와 어업으로 살아간다.
[40] *Bureau of Ethnology*, XVII (Part I), 154.
[41] (옮긴이 주) 고대 그리스의 극작가. 그리스 3대 비극 시인의 한 사람.

했는데, 여기에는 다음과 같은 이야기가 나온다. "중앙의 왕국, 중국 제국은 실로 위대하고 영광스럽다! 중국 제국은 세상에서 가장 크고 부유하다. 세상의 가장 위대한 인물은 모두 중앙의 제국 출신이다."[43] 비록 이처럼 우직하게 표현하지는 않았지만 우리는 모든 나라의 모든 문헌에서 이와 유사한 글귀를 찾아볼 수 있다. 프랑스, 독일, 그리고 미국의 서적과 저널에서와 마찬가지로 러시아의 서적과 신문에서도 러시아의 교화(敎化) 임무가 거론되고 있다. 이들 나라의 서적과 신문은 자국의 교화 임무가 마치 잘 알려져 있는 듯이 전제하면서 언급되고 있다. 각국은 현재 자국을 최고의, 가장 자유로운, 그리고 가장 현명한 문명의 지도 국가이며, 다른 모든 국가는 자신들보다 열등한 것으로 간주한다. 최근 몇 년 동안 미국의 평범한 사람들은 라틴계의 모든 외국인을 '다고(dago)'로 분류하는 습관을 갖게 되었다. 이러한 과정을 거치면서 다고는 모욕적인 말이 되었다. 이 모두는 자민족중심주의의 사례다.

19. 애국심

애국심은 근대국가에서 비롯된 정서다. 이는 보편성이라는 중세의 관념과는 정반대의 입장에 서 있는 정서다. 애국심은 출생 혹은 여타 집단 유대를 매개로 사람들이 속하게 된 공민 집단에 대해 나타내는 충성심을 말한다. 이는 집단의 모든 희망, 과제 그리고 수난에 대해 느

---

[42] Von Kremer, *Kulturgeschichte des Orients unter den Chalifen*, II, 236.
[43] Bishop, *Korea*, 438.

끼는 동료 의식과 협동의 감정이다. 중세의 가톨릭교회는 모든 기독교인을 하나의 내집단 성원으로 만들려 했고, 그들이 모든 이슬람교도나 다른 비기독교인에게 적개심을 갖게 하려 했다. 하지만 이는 결코 현실화될 수 없었다. 대규모 근대국가들이 모양새를 갖추면서 사회적 이해관계를 조정하게 되자, 이들 국가와 관련된 집단 감정이 생겨났다. 사람들은 자신들에게 이익이 될 수 있거나 이익이 되는 제도가 지원과 도움을 요청하면 기꺼이 이에 응했다. 이 시기에 국가는 사람(영주)들에게 바쳤던 충성을 자신에게 귀속시켰고, 민족에 초점이 맞추어졌던 집단적인 허영심/자만심이나 반감을 자신에게로 돌렸다. 근대인에게 애국심은 가장 중요한 의무이자 가장 고귀한 감정 중의 하나가 되었다. 애국심은 국가가 개인에게 해준 것에 대해 개인이 국가에 빚을 지고 있다는 느낌이며, 근대인에게 국가는 자신의 안전과 복리 조건들을 충족시켜주는 여러 시민 제도의 집합체다. 대중은 항상 애국심을 가지고 살아간다. 그들의 애국심에는 오랜 자민족중심적인 질시, 자만심, 잔인성, 그리고 야망 등이 매우 강력한 요소로 자리 잡고 있다. 군중에게서 이러한 감정은 쉽게 일깨워진다. 이는 대중적인 감정임이 분명하다. 그런데 폭넓은 지식을 갖추고 보게 되면 이러한 감정은 늘 사실에 바탕을 두고 있지 않음이 밝혀진다. 우리는 선이고 타인들은 악이라는 주장은 절대로 참이 아니다. 역사, 문학, 여행, 그리고 학문 등을 통해 사람들은 세계인이 된다. 그리하여 모든 국가의 선택된 계층들이 손을 잡게 된다. 그들은 서로 결혼을 하기도 한다. 이 경우 국가를 단위로 한 구분은 그 중요성을 상실하게 된다. 모든 국가는 모두에게 동일한 안전과 복리 조건을 제공한다. 여러 시민 제도의 기준은 동일하거나 동일하게 되어가는 경향을 나타내며, 각국은 시민의 지위와 기회를 최대한 균등하게 제공하면서 자부심을 느낀다. 어떤 종류의 집단이건, 그 집단은 개별

성원들에게 집단의 이익을 방어하는 데 협조할 것을 요구한다. 집단의 이익에 열정을 보이지 않고, 노력하지 않으며, 희생하지 않는 사람은 어떤 집단이건 비난의 대상이 된다. 이처럼 중세에 그토록 강력했던 집단 혹은 집단 우두머리에 대한 충성심이 근대국가와 정부에 대해서도 가능한 한 최대로 유지된다. 집단의 이익을 도모하기 위해 헌신 의무를 강제하고자 할 경우, 집단의 힘이 이용되기도 한다. 이 경우 판단력은 배제되고 비판이 묵살되는 일이 이어진다.

20. 쇼비니즘[44]

애국심이 악덕으로 퇴락할 수 있다는 사실은 이러한 악덕을 일컫는 단어인 쇼비니즘(chauvinism)이 고안되었다는 사실로 확인할 수 있다. 이는 호전적이면서 으스대는 집단의 자기과시를 이르는 단어다. 이는 개인의 판단과 성품에 막대한 영향력을 행사하며, 전체 집단은 당대를 장악하고 있는 도당(徒黨)의 뜻에 따르게 된다. 이로 인해 행동 결정에서 이성과 양심을 대신하여 슬로건과 경구(警句)가 판을 치게 된다. 애국에 관한 편견이 우리의 사고와 판단을 곡해한다는 사실은 잘 알려져 있는데, 우리의 교육은 이에 대항하여 우리를 지켜줘야 한다.

21. 생존을 위한 투쟁과 삶의 경쟁, 적대적 협동

생존을 위한 투쟁은 삶의 여러 조건 속에서, 그리고 살아가기 위한

---

[44] (옮긴이 주) 맹목적, 광신적, 호전적 애국심을 뜻한다. 국수주의(國粹主義)라고도 한다.

경쟁과 연결되어 이루어짐이 분명하다. 삶의 조건은 가변적인 환경 요소들에 좌우된다. 예컨대 삶을 지탱하는 데 필요한 자원들의 공급 상황, 이러한 자원들을 활용하는 데서의 어려움, 기술 발달의 상태, 지형, 기후, 기상 등의 상황은 삶에 도움이 되거나 그 반대로 작용한다. 생존을 위한 투쟁은 한 개인과 자연이 그 일부로 존재하는 곳에서 이루어지는 과정이다. 개인은 자신의 생존을 유지하는 데 필요한 것을 환경으로부터 취하는 과정에 관여하게 된다. 생존을 위한 경쟁의 당사자는 인간, 그리고 다른 생명체들이다. 인간은 서로 경쟁하거나 자신들과 연결된 식물군, 그리고 동물군과 경쟁을 벌인다. 살아가기 위한 경쟁이란 대항하고, 적대하며, 상호 배제를 하는 것이며, 개인은 자신의 생존을 위해 투쟁하려는 노력을 기울이는 과정에서 다른 생명체와 관계를 맺게 된다. 이렇게 보았을 때, 살아가기 위한 경쟁은 사회를 구성하는 요소이자 사회 조직이 만들어지는 조건이기도 하다. 존재하고 경쟁하는 대상의 수는 또 다른 삶의 조건이다. 어떤 시대나 장소에서 사람들이 처하게 되는 삶의 조건들은 그 시대와 장소에서 살아가는 다수의 사람에게 동일하며, 생활 방침에 관한 문제 또한 마찬가지다. 이는 이익 충족을 위한 노력이 대중현상이 되는 이유가 무엇이며, 또한 습속의 탄생으로 이어지는 이유가 무엇인가에 대한 또 다른 한 가지 이유다. 다수가 존재할 경우 개인적·사회적 요소들은 항상 상호작용을 한다. 만약 누군가가 자연에 맞서 생존을 위한 투쟁을 해나가려 한다면, 그에게는 다른 사람들도 동일한 환경에서 동일하게 행동하고 있다는 사실이 중요한 조건이 된다. 이때 양자택일의 문제가 발생한다. 먼저 그와 다른 사람들의 이익이 지나칠 정도로 서로 충돌하여 모두가 실패하게 될 수 있다. 둘째, 그들이 제휴하여 협력함으로써 자연에 대항하는 노력을 더욱 강력한 힘으로 승화시킬 수 있다. 후자와 같은 방법을 선택함으로써 산업 조직이 만들어지게 된다. 이를 만들어내는 과정에서 위기는 부단히 발생하며, 인간은 그 조직을 훨씬 복잡하고 더욱 포괄적인 힘을 가진 것으로 무제한적으로 상승시키려 한다. 이익은 개인과 삶의 조건 간의 작용과 반작용 관계에서 얻어지며, 이러한 관계 속에서 개인은 발전을 하게 된다. 만약 순조롭게 진행되기만 한다면 이와 같은 발전을 이루는 삶을 좋은 삶이라 할 수 있을 것이며, 이를 통해 개인은 자기실현을 하게 될 것이다. 이렇게 말하는 이유는 우리 각자가 자신이 가진 소질을 계발함으로써 출세할 수 있고, 지위와 권력도 얻을 수 있다고 생각할 수 있기 때문이다. 하지만 모든 자연이 투쟁과 경쟁의 무질서 상태에 놓여 있다고 생각하는 것은 잘못일 것이다. 제휴와 협력은 어떤 경우에도 필요하다. 이에 따라 심지어 매우 낮은 형태의 생활에서도 서로 의존하여 협조하기 위해 협력 체제를 구축하고 있는 모습이 발견된다. 제휴는 각각의 구성원들이 희생되는 경우에도 이루어질 수 있다. 경쟁과 제휴는 유기체와 초유기체의 전 영역을 오가면서 이루어지는 두 가지 형태의 삶의 연합 방식이다. 이러한 사실을 무심히 지나쳐 버리면 수많은 사회학적 오류에 빠지게 된다. 제휴는 조직이 작동하는 데서 핵심요소에 해당한다. 조직은 힘을 증강하기 위해 만든 탁월한 고안물로, 수많은 동등하지도, 유사하지도 않은 단위들이 공동의 목적을 위해 연합을 이룬 것이다. 맥기(McGee)는 남서부 애리조나주에 있는 파파게리아(Papagueria) 사막에 대해 다음과 같은 이야기를 들려준다.[45] "사막에 서식하는 대부분의 동식물은 서로 도우며 조화를 이루면서 함께 살아가고 있다(그는 이를 상세히 설명한다). 그 이유는 그들의 에너지가 서로의 대결에 쓰이기보다 물 부족으로 인해 만들어진 혹독한 환

---

[45] *American Anthropologist*, VIII, 365.

경 조건에 대항하는 데 더 많이 쓰이기 때문이다. 이와 같은 공동체적인 조화를 도모한다고 해서 개체성이 상실되지는 않는다. … 실제로 종의 영속이 개체의 존속과 그다지 밀접하게 관련되지 않는 지역과 비교해볼 때, 이곳 동식물의 개체성은 그러한 지역에 비해 훨씬 뚜렷하게 나타난다." 바로 이러한 이유로 그는 사막에서의 '생명 연대'를 이야기하고 있는 것이다. "선인장의 일종인 사구아로(saguaro)는 겉모습뿐만 아니라 실제로도 괴물이다. 이는 식물과 동물 간의 이종(異種) 혼합의 산물이며, 설령 생존을 위한 것은 아니라고 해도 그 생활사의 형태가 동식물 간의 공생에 의존하고 있다."[46] 세리족(Seri)은 다소 어설픈 금기를 만들어 펠리컨을 보호한다. 이와 같은 금기를 갖게 된 이유에 대해서는 알려지지 않았다. 그들이 산란기를 고려해서 배려를 하는 것도 아닌 듯하고, 금렵기를 정해 놓고 있는 것도 아닌 듯한데, 그럼에도 그들에게 아무런 제한이 가해지지 않는다면 그들은 펠리컨을 단시간 내에 멸종시켜 버릴 것이다. 그들이 펠리컨과 알을 너무 좋아하기 때문이다. 지금까지 이러한 방식의 공모(共謀)를 적대적 협동(antagonistic coöperation)이라고 불렀다. 이러한 협동은 두 사람 또는 두 개의 집단이 더욱 큰 공동의 이익을 충족하기 위해 결합하면서 이루어지며, 이렇게 하면서 그들 사이의 세세한 이익 충돌이 억제된다. 사막의 식물과 동물은 그곳에 존재하는 모든 물을 놓고 경쟁을 벌인다. 하지만 그들은 마치 사유(思惟)를 통해 목표를 정하기라도 한 것처럼 그러한 상황에서 생존하기 위해 최대한 유대를 이룬다. 이와 다를 바 없는 방식으로 협력하는 동물들의 사례는 많다. 농부들은 까마귀와 울새를 금기를 만들어 보호한다. 그 이유는 이들이 곤충을 잡아먹기 때문이다. 이들이 곡식과 과일을 망쳐

---

[46] 또한 *Bureau of Ethnology*, XVII (Part I), 190도 참조할 것.

놓기도 하지만 그들이 제공하는 서비스를 고려해 묵인해준다. 사하라 사막에 사는 사람들에 대한 폼므롤(Pommerol) 부인의 말에 따르면 마을 거주민과 유랑민은 계급과 인종을 기준으로 상대에게 적대적이지만, 이익을 얻는 문제와 관련해서는 서로 제휴한다. 유랑민은 피난처와 은신처가 필요함에 반해 마을 거주민은 심부름해줄 사람과 운송을 맡아 줄 사람이 필요하다. 이로 인해 계약, 다툼, 싸움, 습격, 복수와 관련한 유대가 맺어지며, 공동 약탈을 기획하기 위한 타협이 이루어지기도 한다.[47] 적대적 협동은 고도 문명사회에서는 가장 생산적인 결합 형태다. 이는 고도의 이성적 행위로, 공동 작업으로 더욱 커다란 이익을 얻기 위해 이보다 중요성이 덜한 적대 관계를 눈감아주는 행위다. 정당들은 끊임없이 적대적 협동을 하지 않을 수 없다. 이러한 협동 방식은 정치가의 술수 중에서 부동(不動)의 방책이다. 우리는 어떤 의회제도 내에 존재하는 커다란 '정당'들과 '파벌'들 간의 차이를 적절히 파악할 수 있어야 한다. 그 차이란 정당들이 공공의 복리에 가장 본질적이라고 생각하는 것을 위해 약간의 의견 차이를 덮으면서 제휴하는 데 반해, 파벌은 분열되고 약간의 의견 차이에도 또다시 분열된다는 점에 있다. 사소한 차이를 억누른다는 것은 곧 정서적 요소를 억누른다는 것을 의미하는데, 파벌은 감정이 가장 강렬하게 작용하는 편협한 현안들을 부각하는 데 초점을 맞춘다고 말할 수 있다. 이에 반해 정당의 정책은 느낌과 정념의 작용을 훨씬 통제하려 한다.

---

[47] *Une Femme chez les Sahariennes*, 105.

22. 굶주림, 사랑, 허영, 그리고 두려움

동일한 생활 조건에 있는 일정한 수의 인간을 나란히 놓고 비교해보면, 인간을 행동하게 하는 네 가지 커다란 동기가 있다. 굶주림, 성욕, 허영, 그리고 두려움(망령이나 신령에 대한)이 그것이다. 이들 각각의 동기의 기저에는 이익이 놓여 있다. '삶'이란 물질과 사회적 환경 모두에 들이는 행동과 노력의 행적으로, 한 사회 내에서 이익을 충족시키는 과정이라 할 것이다. 이러한 노력에 포함된 잘못과 오해가 아무리 크다고 해도, 그 목적하는 바는 항상 이득(advantage)과 편의(expediency)다. 이득과 편의라는 목적을 충족시키려는 노력은 나란히 간다. 이렇게 말하는 이유는 이들을 얻기 위한 조건과 이들을 통해 얻게 되는 이익이 동일하기 때문이다. '인간은 그들의 동물 선조에게서 심신의 특징과 본능, 재주 혹은 소질을 물려받았으며, 이들이 인간의 먹을거리, 성, 교제, 그리고 허영심의 문제를 해결하는 데 도움을 준다'는 의견은 현재 인정을 받고 있으며, 옳을 수 있다. 그 결과 대중현상이 나타나게 된다. 즉 유사성, 동시 발생, 그리고 상호 기여의 추세가 나타나는 것이다. 그리고 이러한 추세가 습속을 탄생시킨다. 습속은 무의식적으로, 조정이 이루어지지 않은 채 자연 발생한다. 물론 어느 시대든 능력 있는 사람이 지도력을 발휘했다는 사실도 믿어야 한다. 하지만 습속을 주도적으로 고안한 사람이 누구인지는 알지 못한다. 습속은 시기를 막론하고 늘 탄생한다. 습속은 역마차 시대에도 있었으며, 이와 같은 이동 수단과 적절히 조화를 이루었다. 전차는 도시의 수송 방식에 적합한 삶의 방식들을 탄생시켰다. 전화는 그 누구도 고안하거나 강요하지 않는 삶의 방식을 만들어냈다. 그럼에도 그러한 방식은 그 도구 사용과 관련된 관심을 간편하게 충족시키기 위해 고안되었다.

23. 습속 형성 과정

습속은 우리의 눈앞에서 항상 형성되고 있을 수 있다. 하지만 막상 우리가 이러한 과정을 분석하는 일은 매우 어렵다. 군중에게는 일종의 '마음'이 있는 것처럼 보이는데, 이는 군중을 구성하는 개인의 마음과는 다르다. 실제로 일부 사람들은 이와 같은 입장을 받아들였다. 강한 정신들은 자기 암시(autosuggestion)를 통해 여러 관념을 만들어낸다. 이러한 관념은 암시(suggestion)를 매개로 널리 퍼져서 마음에서 마음으로 전달된다. 사람들은 이러한 관념들과 조화를 이루는 행동들을 모방한다. 사람과 사람 사이에서는 의견이 서로 교환된다. 이는 일종의 발전 과정이다. 새로운 암시가 매 순간 도입되어 실행되며, 이들은 기존의 것과 결합한다. 이러한 암시가 새로운 단계에 이르면 그때마다 사람들의 마음을 사로잡을 장점의 수가 늘어날 것이다. 위대한 발명은 바로 이와 같은 과정을 통해 탄생한다고 할 것이다. 이를 통해 사람들은 지식을 얻게 되고, 지식은 또다시 확대된다. 이러한 과정을 이끄는 힘과 관련해서 군중은 그 성원들의 힘을 모두 합한 것보다 큰 신비로운 힘을 가지고 있는 듯이 보인다. 이러한 현상을 설명하기 위해서는 협력이 이루어진다는 사실, 그리고 군중 속에서 작동하게 되면 매우 생산적이 되는 암시가 계속적으로 주어진다는 점을 인지하는 것만으로도 충분할 것이다. 이러한 과정은 잠재적인 힘을 이끌어내고, 분산된 것을 한 곳으로 집중시키며, 채택된 것을 입증하고 수정하여 오류를 제거하고, 조합을 통해 무엇인가를 구성해낸다. 이러한 사실만으로도 집단의 작용으로 얻게 되는 이득이 충분히 해명되며, 우리는 민족심리학(Völkerpsychologie)[48] 이

---

[48] (옮긴이 주) 민족심리학의 창시자 분트(W. Wundt)에 따르면 민족에는 민족정신

론을 통한 설명을 잉여적이라는 이유로 거부해야 할 것이다. 전 문명사를 통틀어 습속은 이상에서 설명한 과정을 통해 탄생했다.

암시와 암시 감응성이라는 현상은 어느 정도 관심을 가져볼 필요가 있다. 그 이유는 한 집단의 구성원들이 계속적으로 이들을 통해 서로에게 영향을 미치고 있으며, 커다란 대중현상이 이들을 통해 설명되는 경우가 매우 흔하기 때문이다.

24. 암시와 암시 감응성[49]

군중 심리로 불리는 것은 특정 암시 현상으로 이루어져 있다. 함께 모인 다수의 사람, 특히 동일한 감정으로 열광하고 있거나 동일한 이해관계로 인해 자극을 받은 사람들의 경우 서로에게 충동을 전달하고, 이에 따라 충동의 총계가 매우 커진다. 다시 말해 모든 정신 상태와 정서의 힘이 사람에서 사람으로 전달됨으로써 크게 증가한다는 것이다. 이는 의심의 여지가 없는 사실이다. 특히 이 정신 상태와 정서에 대해 공통의 감정과 이해관계를 가진 많은 사람이 일치하여 협력하려는 정서를 가지고 있다면 더욱 그러하다. "우리가 '암시적(suggestive)'이라고 부르는 작용에는 우리의 사고 과정이 따르지 않을 수 없게 되는

이 있는데, 이는 개인 정신의 상호작용의 결과물이다. 이러한 정신은 개인의 정신과 별개로 존재하는 것은 아니지만, 개인 정신을 단순히 합산해 놓은 것은 아니며, 개인 정신의 작용만으로는 설명될 수 없다. 민족심리학에 따르면 민족정신의 발달 법칙은 개인의 정신생활에 대한 고찰을 통해서는 드러나지 않는다. 이러한 법칙은 민족정신의 산물인 언어, 신화, 종교, 예술, 관습, 법률 등에 대한 연구를 통해 확인할 수 있다.

[49] (옮긴이 주) 암시에 반응하는 능력.

심리적 강제라는 요소가 포함된다."⁵⁰ 우리가 행했거나 들은 것은 우리의 마음을 점유하게 된다. 이 때문에 우리는 이로부터 다른 곳으로 마음을 돌릴 수가 없다. 다수의 사람들이 의견을 같이한다면 충동은 어떤 경우에도 승리가 보장된다. 우리는 그저 '괜찮을 거야(Ça ira)'라고 생각하게 되는 것이다.⁵¹ 이 상황에서 다수의 사람과 함께 움직인다는 의미에서의 열정의 전율이 느껴진다. 거기에 숙고나 사려란 없다. 그래서 집단 내에 속해 있는 개인이 행하려는 것과 비교해보았을 때, 군중은 더 좋은 일을 하게 될 수도 있고, 더 나쁜 일을 하게 될 수도 있다. 폭력적인 사형(私刑, lynch)을 가하는 사례들은 개인들이 따로 있다면 행하거나 동의할 가능성이 극단적으로 희박한 일들을 어떻게 군중이 행할 수 있는지를 보여준다. 군중이 개인보다 지혜와 덕을 더 많이 갖추리라는 보장은 없다. 실제로 군중 속의 개인들은 교육을 통해 획득한 모든 현명한 판단력을 거의 항상 내팽개치고, 열광, 열정, 동물적 충동 혹은 야만적 욕망의 지배를 받는다. 군중은 언제나 기본 신조, 편견, 사랑과 증오, 그리고 선호하는 주제 등에 대한 공동의 자원을 가지고 있다. 이러한 공동의 자원은 동일한 자극으로, 모든 사람에게 동시에 작동한다. 집합체로서의 이러한 정서 반응은 커다란 감정의 태풍이고, 의지에 영향력을 행사하는 커다란 충동으로 작용한다. 불길한 예감(omen)과 모든 대중적인 미신은 이러한 방식으로 군중에게 커다란 영향력을 행사한다. 불길한 예감은 "자기들만 가지고 있는 준거(準據)(egoistic reference)"⁵²의 한 사례다. 예를 들어 어떤 군대는 일식(日蝕)이 일어났다

---

⁵⁰ Stoll, *Suggestion und Hypnotismus*, 702.
⁵¹ (옮긴이 주) 프랑스 혁명 때의 유행가. 가사에 ça ira(=it will go)라는 후렴이 있음.
⁵² Friedmann, *Wahnideen im Völkerleben*, 222.

고 전쟁을 중단한다. 먹을거리를 구하려고 집을 나선 어떤 사람은 도마뱀이 가던 길을 가로질러 갔다고 하여 집으로 돌아온다. 각각의 경우에 일어난 자연에서의 사건은 그 군대나 개인에게 경고나 지시로 해석되고 있다. 이로 인해 별다른 원인 없이 인간이나 국가에 대한 중대한 결과가 초래될 수도 있다. 좌우명(watchwords)이 갖는 힘은 이와 단단히 결합되어 있는 일련의 암시에서 생겨난다. 중세에는 '이교도'라는 단어가 근본적으로 사악하다는 서슬 퍼런 암시적 의미를 획득했다. 17세기에는 동일한 암시적 의미가 '마녀'와 '반역자'라는 단어와 연결되었다. 18세기에는 '자연'이 순수성과 정당함이라는 커다란 암시적 의미를 획득했으며, 이는 아직 그 의미를 상실하지 않았다. 오늘날 '진보'는 우리에게 지나칠 정도의 하중을 주는 암시성을 지닌다. 암시 감응성(感應性)(suggestibility)이란 암시의 영향에 빠지기 쉬운 특징을 말한다.[53] "암시 감응성이란 아무런 동기 없이, 어떠한 생각이라도 받아들여 이를 동화하고, 결국에 가서는 이를 신속하게 행동, 감동, 그리고 금지로 바꾸는 뇌의 자연스러운 능력이다."[54] 이는 사람마다 그 정도에서 커다란 차이가 있으며, 서로 다른 군중에게 서로 다른 정도로 나타난다. 얼마만큼 암시 감응성이 있으며, 어떤 종류의 암시 자극에 반응을 일으키게 되는지는 어느 국가의 군중인지에 따라 저마다 차이가 있을 것이다. 사람들이 모방을 하는 것은 암시 감응성 때문이다. 심지어 자살까지도 암시와 모방 때문에 유행한다.[55] 배가 난파되었을 때처럼 위기에 직면해 누구도 어떻게 해야 할지 모를 때, 한 사람의 행동이 암시 감응성을 자극해

---

[53] Binet는 *La Suggestibilité*에서 암시 감응성을 교육에 활용하는 방법을 다루고 있다.
[54] Lefevre, *La Suggestion*, 102.
[55] Funck-Brentano, *Le Suicide*, 117.

모방을 하게 함으로써 모든 사람을 이끌 수 있다. 암시에 걸리기 쉬운 사람의 마음은 비판이나 숙고를 배제하는 방향으로 나아가기 쉽다. 연합, 유비, 반복, 그리고 연속 등의 주요 과정에 관한 기술을 익힌 사람은 누구나 이들 과정을 고무하는 방법을 통해, 그리고 선택된 자료를 제공하여 설득함으로써 사람들을 현혹할 수 있다. 어떤 주도(主導)적인 관념이 받아들이는 사람들이 계속될 것이라고 기대하는 일련의 관념들에 의해 암시될 수 있다. 이렇게 되면 설령 그 암시의 연관이 끊겨도 이를 알아차리지 못하게 된다. 르네상스 시대에는 아무리 계몽을 위해 노력해도 사람들이 점성술의 미혹을 이겨내지 못했다. 그 이유는 점성술이 미래를 알고자 하는 열정적인 환상, 그리고 격렬한 욕구에서 힘을 얻고 있었기 때문이며, 또한 이러한 점성술이 자신들에 앞서 살아간 사람들에 의해 굳어진 오랜 신념으로, 이들 견해의 권위가 저항할 수 없을 정도로 강하게 당대의 모든 신념과 편견에 암시되어 있었기 때문이다.[56]

25. 교육에서의 암시, 열광[57]

부모와 선생들은 아이들을 양육할 때 암시를 활용한다. 사회적 우위를 점하고 있으면서 이를 누리고 있는 사람들은 늘 암시를 의도적으로 혹은 의식하지 않고 사용한다. 그들이 하는 것은 무엇이건 모방의 대상이 된다. 습속은 암시를 통해 개인에게 영향력을 행사한다. 습속이 모

---

[56] Burckhardt, *Die Kultur der Renaissance in Italien*, 512.
[57] (옮긴이 주) 많은 사람이 동시에 보이는 비이성적인 흥분된 정서 상태.

레스로 상향될 때는 더욱더 암시의 방법으로 개인에게 영향력을 행사하게 되는데, 그 이유는 이 경우 습속이 사회적 복리에 기여한다는 암시가 이루어지기 때문이다. 처음에는 개인이 장점에 대한 자신의 판단을 기준으로 삶의 방식들과 의견들을 거부할 수도 있다. 하지만 반복적으로 암시가 이루어지면 개인은 이에 친숙함을 느끼게 되고, 처음에 거부감을 일으켰던 특징의 영향도 무뎌지게 된다. 이의 익숙한 사례는 의복의 유행과 은어(slang)에서 찾아볼 수 있다. 의복이 새롭게 유행할 초기에는 어색하고 볼품없거나 꼴사나워 보인다. 하지만 시간이 흐르면서 새로운 의복에 대한 이와 같은 첫인상은 매우 흐릿해지게 되어 결국 모두가 유행에 따르게 된다. 새로운 은어는 저속해 보인다. 하지만 사람들은 어느새 이를 사용하고 있다. 인도에서 남근상은 너무 흔하게 볼 수 있어서 누구도 그 의미에 관심을 두지 않는다.[58] 암시성을 무화시킬 수 있는 이와 같은 친숙함의 힘은 암시가 갖는 힘이 그다지 강력하지 않다는 증거가 된다. 관습화될 경우에도 암시의 효과가 감소하며, 어쩌면 완전히 없어져 버릴 수도 있다. 범죄, 악, 공포, 과도한 모험 등에 대한 글을 읽는 것은 해로운 일이다. 왜냐하면 친숙함이 이와 같은 것들이 만들어낼 혐오적인 암시를 감소시키기 때문이다. 사기꾼들, 그리고 동료들의 생각을 특정 방향으로 이끌고 가려는 사람들은 암시를 활용한다. 대개 그들은 암시의 심층 원리를 이해하지 못하면서도 이에 대한 활용 기법을 매우 훌륭하게 발달시킨다. 암시 기법은 선동가와 가두 정치 연설가가 활용하는 기술 중의 하나다. 어떤 직위에 임명되길 원하는 사람이 대표자 회의가 열리기에 앞서 연설을 했다. 중대하고 곤란한 문제가 정당을 동요시켰다. 그는 이 문제에 대해 솔직하게,

---

[58] Nivedita, *Web of Indian Life*, 212.

그리고 충분하게 자신의 입장을 밝히겠다고 말하면서 이야기를 시작했다. 그는 다음과 같이 말했다. "하지만 먼저 나는 내가 민주당원임을 밝히고자 합니다." 이로 인해 그는 우레와 같은 박수갈채를 받았다. 이어서 그는 자신이 당에 공헌한 바를 자랑하기 시작했으며, 중요한 문제에 대해서는 한 마디 말도 없이 연설을 끝냈다. 그리고 그는 어렵지 않게 지명을 받았다. 마녀 박해도 암시에 근거를 두고 있었다. 그 당시의 사람들은 다음과 같이 생각했다. 마녀가 있다는 것은 '누구나 알고 있는 사실이다.' 만약 그렇지 않다면 화형에 처한 사람들은 무엇이었단 말인가? 프랑스의 필리프 4세는 성전기사단 기사(騎士)들이 이교도였다고 사람들을 믿게 하고 싶었다. 하지만 사람들은 이를 쉽게 믿으려 하지 않았다. 그러자 왕은 이교도의 시신을 불태웠는데, 이때 그는 성전기사단 기사의 시신도 땅에서 파내서 불태우게 했다. 왕이 암시를 이용해 그들이 이교도였다는 생각을 유발한 것이다.[59] '그들이 말하는' 바, '모두가 행하는' 바, 그리고 '모두가 알고 있는' 바 등은 사람들에 지배적인 영향을 주는 암시다. 종교 부흥운동은 암시를 매개로 일어난다. 중세의 채찍질과 춤은 암시의 사례다. 사실 모든 대중적인 열광(manias)은 암시를 이용해 설명해야 한다. 종교 단체들은 그들 스스로에 대해, 특히 그들의 자녀, 비교적 열광적이지 않은 구성원들에게 상징, 그림, 상(像), 행렬, 희곡 연출, 축제, 유물, 그들의 영웅에 대한 전설 등을 이용해서 암시를 준다. 중세에는 십자가에 못 박힌 예수상이 예수의 죽음을 생생하게 이해시키는 종교적 암시의 도구였다. 잘 알려진 다수의 사례 속에서 군중의 정념은 이러한 암시로 인해 매우 난폭한 행동을 하는 수준에까지 이르렀다. 상징과 상(像) 또한 암시를 이용해 종교적 열정을

---

[59] Schotmüller, *Untergang des Templer-Ordens*, I, 136.

자극한다. 수도원에서처럼 다수가 함께 행동하면 대중현상이 나타나는데, 그 결과 수도원에서의 광란적 유행, 그리고 공산주의 파벌의 터무니없는 언행 등이 나타난다.[60] 동일한 주제에 관심이 있는 다수의 사람과 학자 집단은 함께 모여 서로 암시를 주고받는다. 이렇게 함으로써 그들 각자가 가지고 있는 모든 관념이 모두를 위한 공동의 축적물로 전환된다. 북극 지역 사람들은 정신질환을 가지고 있는데, 이로 인해 그들은 암시에 현혹되기 쉽다. 그곳 여성들은 사춘기를 겪기 전에 히스테리로 고통을 겪는다. 이후 그녀들은 '귀신 홀림(possession)' 현상을 나타내며, 그리하여 춤을 추고 노래를 부르는데, 더 이후에는 강경증(catalepsy)[61]을 나타내기도 한다.[62]

26. 정치 분야에서의 암시

오늘날 암시의 책략과 도구가 활용되기에 적절한 가장 커다란 분야는 정치의 장(場)이다. 전반적으로 과거 50년 남짓한 기간 동안 모든 국가가 대중화되었다. 대중의 생각, 집단들이 선호하는 의견, 통속적 문구, 그리고 당대에 널리 퍼져있는 생각이나 감정의 습관에 부합되면, 암시는 용이하게 이루어진다. 우리는 신문, 대중문학, 그리고 대중 연설 등에서 이러한 특징을 이용하여 암시를 작동하게 하려는 노력을 확인할 수 있다. 신문, 대중문학 등은 좀처럼 무엇인가를 바꾸려 하지 않는다. 많은 경우 이들은 사람들이 받아들이고 있는 관념에 빌붙는다.

---

[60] Regnard, *Les Maladies Epidemiques de l'Esprit*.
[61] (옮긴이 주) 발작 등에 의해 근육이 경직 상태에 놓이게 되는 증후군.
[62] *Globus*, LXXXV, 262.

재치 있는 암시 기술은 중요한 정치 기술 중의 하나다. 케사르의 시신을 앞에 두고 한 안토니우스의 연설은 이의 고전적인 사례 중 하나다. 오늘날 정치, 특히 선거에서는 암시를 위한 오랜 도구들 – 깃발, 상징, 의식(儀式), 그리고 축하연 – 이 재차 활용되고 있다. 애국심은 기념일, 순례, 상징, 노래, 낭송 등에 의해 체계적으로 배양된다. 오늘날의 광고는 매우 주목할 만한 또 다른 암시의 사례다. 이들은 광고업자가 바라는 반응을 얻어내기 위한 방식으로 독자의 심금을 울리도록 교묘하게 고안되어 있다. 대중 잡지의 광고면을 살펴보면 대중 사이에서 유행하는 신념이나 관념이 무엇인지를 확인할 수 있다.

27. 암시와 비판

다른 불순한 의도 없이 사용되기만 한다면 암시는 지식이나 행동 원칙을 가르치기에 좋은 고안물이다. 다시 말해 가장 넓은 의미에서의 교육에 도움이 된다는 것이다. 암시를 제한하고 교정하는 것은 비판이다. 인간은 비판을 통해 속임, 정서, 그리고 오류로부터 보호를 받는다. 비판 능력 함양은 교육의 주요 임무 중의 하나다. 사람들은 범죄 혐의가 있는 자가 실제로 유죄라는 암시에 저항하기가 어렵다. 사형(私刑)을 가하는 사람들은 일반적으로 이러한 암시에 압도되며, 특히 그 범죄가 이를 저지른, 알지 못하는 사람에 대한 감정을 강하게 고조시키는 가증스러운 것이라면 더욱 그러하다. 이러한 암시에 저항하려면 비판 능력이 요구된다. 우리의 사법제도는 증거에 대한 검토가 이루어질 때까지 이러한 암시의 영향을 받지 않기 위해 고안되었다. 교육을 받은 사람은 광고, 신문, 연설 그리고 이야기가 주는 암시에서 거리를 두어야 한다.

현명한 사람은 군중이 열광과 감정으로 들끓고 있을 바로 그때 군중을 떠날 것이며, 자기 스스로 판단을 내리기 위해 홀연히 자리를 뜰 것이다. 요컨대 암시 감응성과 대조를 이루는 특성은 개성과 인품이다. 자기 암시(autosuggestion)에는 어떤 사람이 '어떤 생각에 압도되는' 경우나 '문득 무엇인가를 하고 싶다는 생각이 드는' 경우가 모두 망라된다. 하지만 자기 암시라는 단어가 더욱 엄밀하게 적용되는 대상은 고정 관념이나 사고 습관이다. 사람들은 자극이 느껴질 때 기생충이 있다고 임의로 추정하고, 기생충이 있다는 이야기를 들으면 자극을 느끼게 될 것이라고 임의로 가정한다. 말을 더듬는 것에 공포를 느낄 경우 말더듬이가 된다.[63] 수면 중인 사람이 잠에서 깨지 않은 상태에서 파리를 쫓는 경우가 있다.[64] 어떤 마음 상태에 있거나 역할을 맡을 경우, 우리는 마치 그 마음가짐이나 역할을 하는 사람들의 행동을 들어 알고 있는 것처럼 행동한다.[65] 자신의 생각을 교정하거나 자기 자신의 관념을 선택하려면, 또한 고정 관념을 거부하려면 매우 잘 훈련된 판단이 요구된다. 최고의 비판은 자기 자신에 대한 비판이다.

28. 잘못된 추론 때문에 만들어진 습속

한편 습속은 우연에 의해 형성되어 왔다. 다시 말해 이는 잘못된 지

---

[63] (옮긴이 주) 말을 더듬는 것에 공포를 느낄 경우 사람들은 실제로 말더듬이가 아니라고 해도 자기 암시를 통해 자신이 말더듬이라고 반복해서 생각하게 됨으로써 실제 말더듬이가 된다는 것.
[64] (옮긴이 주) 실제로 파리가 없는데도 자기 암시를 통해 마치 파리가 있는 것처럼 생각해 잠을 자는 사람이 파리를 쫓는 경우가 있다는 말.
[65] Lefèvre, *Suggestion*, 98.

식에 바탕을 둔, 비합리적이고 부조리한 행동을 매개로 형성되었던 것이다. 몰렘보(Molembo)[66]에서 한 포르투갈인이 죽었는데, 그의 죽음에 바로 이어서 페스트가 발생했다. 그 후 원주민들은 가능한 모든 수단을 동원해 어떤 백인도 자신들의 나라에서 죽지 못하게 하려 했다.[67] 니코바르(Nicobar) 제도(諸島)[68]에서 막 도자기를 제조하기 시작한 몇 사람의 원주민이 죽었다. 그 기술은 폐기되었고, 다시는 활용되지 않았다.[69] 어떤 마을에서 백인들이 부시먼[70]에게 단추로 장식된 지팡이를 권위의 상징으로 주었다. 그 지팡이를 받은 자는 그 지팡이를 자식에게 물려주고 죽었는데, 그 자식도 얼마 있지 않아 죽었다. 이를 본 부시먼은 모두가 죽지 않기 위해 그 지팡이를 백인들에게 되돌려주었다.[71] 최근까지도 마다가스카르(Madagascar)[72] 중앙 지역의 큰 마을에서는 불연성 재질로 건물을 짓지 못했다. 오랜 편견 때문이었다.[73] 에스키모인 일행이 사냥에 나섰지만 사냥감을 구하지 못했다. 그중 한 사람이 썰매로 되돌아와 개의 넓적다리를 먹기 위해 집어 들었다. 그가 넓적다리뼈를 손에 들고 원래 있던 곳으로 되돌아가던 중 물개와 마주쳤는데, 결국 그 물개를 사냥했다. 그 후 그는 사냥을 나갈 때마다 넓적다리뼈를 손에 들

---

[66] (옮긴이 주) 아프리카 르완다 북쪽.
[67] Bastian, *San Salvador*, 104.
[68] (옮긴이 주) 인도 벵골만의 열도. 북쪽으로 안다만 제도가 있고, 행정구역상으로 인도의 안다만 니코바르 제도에 속한다.
[69] Ratzel, *Anthropogeographie*, II, 699.
[70] (옮긴이 주) 남아프리카 보츠와나와 나미비아에 걸쳐 있는 칼라하리 사막에 사는 민족. 평균 키가 약 150cm이고, 고수머리이며, 황갈색의 피부에 광대뼈가 불거져 있다.
[71] Lichtenstein, *South Africa*, II, 61.
[72] (옮긴이 주) 아프리카 남동쪽 인도양에 있는 섬나라.
[73] Sibree, *The Great African Island*, 301.

고 다녔다.[74] 말라카(Malacca)반도[75]에 있는 벨렌다(Belenda)의 여성들은 생리 중에는 가능한 한 집에서 가장 가까운 곳에 머문다. 그들 중 대다수는 대문을 잠그는데, 왜 이러한 관습을 지키게 되었는지 모른다. "이는 지금은 잊힌 어떤 미신 때문임이 틀림없다."[76] 야쿠트족(Yakuts)[77]이 처음으로 낙타를 보고 얼마 있지 않아 그들 사이에서 천연두가 발생했다. 그들은 낙타가 병의 원인이라고 생각했다.[78] 야쿠트족 여성이 동족결혼을 했다. 얼마 있지 않아 그녀는 눈이 멀게 되었다. 사람들은 이를 옛 관습을 어겼기 때문이라고 생각했다.[79] 이러한 사례는 얼마든지 수집할 수 있다. 이들은 자연인들이 어떻게 추론을 하는지를 보여준다. 하나의 사실이 다른 것에 이어질 경우 후자가 전자 때문에 발생했다고 추론하는 것이 그들의 관습인 것이다. 상당수의 관습은 저주(evil eye)의 관념으로 그 기원을 추적해볼 수 있으며, 그보다 더 많은 관습은 부정(不淨, uncleanness)이라는 의례적 관념으로 그 기원을 추적해볼 수 있다.[80] 문명인들은 우연히 그 기원을 발견했는데, 만약 그렇게 하지 못했더라면 그 어떤 과학적 탐구도 앞서 언급한 습속의 기원을 발견할 수 없었을 것이다. 우리는 앞의 사례들이 수많은 불합리하고 앞뒤가 맞지 않는 습속의 기원을 예증하고 있다고 생각해야 한다. 우리는 문명국가의 역

---

[74] *Bureau of Ethnology*, XVIII (Part I), 325.
[75] (옮긴이 주) 말레이반도. 동남아시아에서 남북으로 길게 뻗어 있는 반도. 동쪽으로는 남중국해를 사이에 두고 보르네오섬이, 서쪽으로는 믈라카 해협을 사이에 두고 수마트라섬이 있음.
[76] *Zeitschrift für Ethnologie*, XXVIII, 170.
[77] (옮긴이 주) 레나강 중류, 오레크마강 하류 등 동시베리아의 타이가·툰드라 지대에 사는 투르크계 민족. 대부분이 러시아 정교와 샤머니즘을 믿는다.
[78] Wilken, *Volkenkunde*, 546.
[79] Sieroshevski, *Yakuty*, 558.
[80] 본서 14장을 보라.

사에서도 '우연한 역사적 사건', 가령 공주의 허영심, 왕의 결함, 민주제의 변덕, 정치가나 고위 성직자의 은밀한 사랑 등에서 관습의 기원이 발견된다는 사실을 알고 있다. 우리는 다른 시대의 제도를 통해 이들 중 그 어떤 것도 결정, 행동 또는 이해 관심에 영향을 미치지 못한다는 사실을 확인할 수 있다. 하지만 그럴 경우 생활방식을 결정하는 힘은 동호회, 상거래 조합, 기업협동, 거래에서의 경쟁자, 배후 조정자, 정치가 그리고 정치적 광신도들에게 이전될 수 있다. 하지만 이러한 경우에도 여전히 원인과 기원은 탐구의 범위를 벗어나 있을 수 있다.

29. 유해한 습속

정말 유해한 습속들이 있다. 이들에 대해서는 그 뚜렷한 이유를 흔히 제시할 수 있다. 누군가가 사망했을 때 그의 물건들을 폐기하는 것은 내세라는 관념에서 직접 이끌려 나온 습속이다. 사람들은 죽은 사람이 현세에서 원한 바와 동일한 것을 저세상에서도 원하고 있다고 추측한다. 어떤 사람이 죽었을 때 그의 물건을 폐기하는 것은 자본의 커다란 낭비였다. 이는 살아있는 사람들의 이익에 막대한 부정적인 영향을 미쳤고, 문명의 발전을 크게 저해했음이 분명하다. 죽은 자를 위한 것으로 생각하는 한에서, 우리는 이러한 관습을 묘, 사원, 피라미드, 의식, 제물, 성직자를 지원하기 위한 모든 노동과 자금 지출과 동일하게 분류해야 한다. 초자연적인 존재에 대한 믿음은 '이승의 이해 관심을 지배하는 내세에서의 이해 관심'이라는 관념을 만들어냈다. 풍부한 먹을거리 중에서 먹어서는 안 되는 것이 흔히 있었는데, 이런 경우 이러한 금지로 인해 먹을거리가 제대로 공급되지 못하는 해악이 나타났다. 염소의 살코기를 먹지 않는 부시먼 부족이 있다. 염소가 그 지역에서 가장 수가 많은 가축임에도 말이다.[81] 토템 신앙(totemism)이 존재하는 곳에서는 토템 동물[82]을 먹는 것에 대한 일정한 금기가 있다. 토템 신앙이 진정으로 지향하는 바가 무엇이건, 이는 풍부한 먹을거리 공급에 관한 사람들의 이익에 막대한 영향을 준다. "암소를 신성시하는 풍습의 기원은 인도유럽계 인종의 원시 유목 생활에서 찾아보아야 할 듯하다." 왜냐하면 이는 이란인들과 힌두스탄 인도인[83]에게 흔한 관습이기 때문이다.[84] 리비아인들은 수소를 먹지만 암소를 먹지 않는다.[85] 페니키아인과 이집트인 또한 마찬가지였다.[86] 어떤 경우에는 사람들이 음식 금기의 의미를 알 수 없다. 이러한 금기는 순전히 임의적으로 만들어낸 것일 수 있다. 무함마드는 도마뱀을 먹지 않았다. 그 이유는 그가 도마뱀을 모습이 변형된 이스라엘인 일족의 자손이라고 생각했기 때문이다.[87] 반면 악어, 비단뱀, 코브라, 그리고 인간에게 해를 주는 동물들을 죽이지 못하도록 막는 보호 금기는 그 동기가 무엇이건 사람들의 이익을 저해했다. "남부 인도 전역을 통틀어 뱀, 특히 코브라를 의도적으로, 혹은 우발적으로 죽인 자는 모두 현세건 내세건 세 가지 방법의 벌 중의 하나, 즉 자식이 생기지 않거나, 나병이나 눈병에 걸려 벌을 받게 되리라는 확고한 믿음이 자리 잡고 있는 듯하다."[88] 이와 같은 믿음이 있는

---

[81] Ratzel, *History of Mankind*, II, 276.
[82] (옮긴이 주) 미개 사회의 사람들이 자신들의 부족 또는 씨족과 특별한 관계가 있다고 믿음으로써 신성하게 여기게 된 특정한 동물. 각 부족 및 씨족 사회 집단의 상징물이 되기도 한다.
[83] (옮긴이 주) 인도의 힌두스탄 평원에서 살아가고 있는 인도인.
[84] W. R. Smith, *Religion of the Semites*, 299.
[85] Herodotus, IV, 186.
[86] Porphyrius, *De Abstinentia*, II, 11; *Herodotus*, II, 41.
[87] W. R. Smith, *Religion of the Semites*, 88.

곳에서는 사람들이 코브라를 죽이기보다는 살려주는 데 더 많은 관심을 갖는다. 인도는 유해한 모레스의 사례를 실로 많이 찾아볼 수 있는 나라다. "인도에서는 모든 인도주의적 성향이 부풀려지고 과장된다. 이 세상 어떤 나라도 이처럼 보수적인 전통을 유지하고 있는 곳은 없다. 그럼에도 이처럼 종교적 변화와 성쇠를 많이 경험한 나라는 존재하지 않는다."[89] "매년 수천 명이 병으로 죽어 갔는데, 만약 적절하게 영양을 공급하고, 자연과학에서 처방한 약물을 제공했다면 이들은 회복되었을 것이다. 그들은 자신들이 믿는 종교가 이러한 약물을 금하고 있다고 추정했다." "20 이상을 거의 세지 못하고, 알파벳을 모르는 사람들은 하층 계급의 사람들이 요리한 음식을 먹으니 차라리 죽는 편이 낫다고 생각한다. 그들은 이러한 음식이 우상에게 제공되어 정화되지 않는 이상 불결하다고 생각하는 것이다. 또한 그들은 12~13살을 넘은 미혼의 여아를 집에 두는 불명예를 참느니 차라리 딸을 죽이는 편이 낫다고 생각한다."[90] 마지막의 경우는 모레스에 의해 책무와 의무의 규칙이 정해진 사례다. 여기서 사람들의 이해 관심은 헛된 생각의 지배를 받게 된다. 카스트의 규칙은 모든 카스트 구성원에 의한 배척이라는 방법을 통해 제재를 가한다. 이러한 규칙들은 흔히 매우 유해하다. "카스트의 권위는 기록으로 남아 있는 계율, 전설로 내려오는 우화나 설화, 지도자와 사제의 명령, 관습과 관례, 신자들의 변덕과 편의에 어느 정도 좌우된다."[91] 카스트 규칙의 해악은 매우 커서 최근 들어서는 이의 일부, 특히 항해에 관한 규칙은 폐기되고 있다. 이러한 규칙을 폐기한다는

---

[88] Monier-Williams, *Brahmanism and Hinduism*, 324.
[89] 위의 책, 101.
[90] Wilkins, *Modern Hinduism*, 299.
[91] 위의 책, 125.

것은 힌두인에게 커다란 이익이다.[92] 과부와 아동의 결혼에 관한 힌두의 습속 또한 사회적으로 유해한 것으로 간주되어야 한다.

30. '참'과 '올바름'이 발견되는 방법

불에 너무 가까이 손을 둔 미개인은 고통을 느끼면서 손을 뒤로 뺀다. 그는 열방사 법칙에 대해 아무것도 모른다. 하지만 그는 마치 그러한 법칙을 알고 있기라도 한 듯이 본능적으로 그와 같은 법칙에 따라 행동한다. 만약 그가 먹을거리로 삼으려고 어떤 동물을 잡고자 한다면 그 동물의 습성을 연구해야 하고, 그러한 습성에 맞게 고안된 장치를 준비해야 한다. 만약 이것이 실패하면 자신의 관찰이 '참'이고, 고안된 장치가 '옳은' 것이 될 때까지 재차 시도를 해보아야 한다. 습속 내에서 실천과 관련이 되고, 직접적으로 활용되는 모든 요소는 상식, 자연 발생적인 판단력, 직관 혹은 다른 어떤 독창적인 정신적 재능을 통해 확보되는 것처럼 보인다. 이러한 요소들은 이성적(혹은 합리적)이면서 실용적인 것처럼 보인다. 대개 신화 속에서는 신 혹은 문화 영웅의 가르침에서 이와 같은 궁극적인 이성적 요소가 확인된다. 오늘날의 신화에서는 이를 '자연적인(natural)' 것이라고 설명하고 있다.

채택된 방법들은 항상 사실에 준해 실로 '참'되고 '올바른' 것이어야만 한다. 그렇지 않으면 이들은 소기의 목적을 달성할 수 없기 때문이다. 그럼에도 사실에 준한다는 것이 참과 올바름의 본원적인 개념은 아니다.

---

[92] JASB, IV, 353.

31. 습속은 '올바르다', 권리, 도덕

　습속은 모든 이해 관심을 충족시키는 데 활용되는 '올바른(right)' 방식이다. 이렇게 말하는 이유는 이들이 전통이며, 실제로 존재하기 때문이다. 이들은 생활 전반에 널리 퍼져있다. 사냥을 할 때, 아내를 구할 때, 자신의 모습을 나타낼 때, 질병을 치료할 때, 망령을 경외할 때, 동료나 모르는 사람을 대할 때, 아이가 태어났을 때, 출정 길에 오를 때, 회의를 할 때의 행동 등 있을 수 있는 모든 경우에 대한 올바른 방식이 있다. 그러한 방식들은 부정적인 측면에서 규정되는데, 즉, 금기에 의해 규정되는 것이다. '올바른' 방식이란 조상들이 활용했고, 또한 전수해준 방식을 말한다. 전통은 그 자체가 정당한 근거로 받아들여진다. 이는 경험을 통한 검증을 바탕으로 견지되는 것이 아니다. 올바름의 개념은 습속 내에 존재한다. 이는 습속을 벗어나 있지 않고, 독립된 기원을 갖는 것도 아니며, 습속을 검증하기 위해 가져온 것도 아니다. 습속이라는 테두리 안에서는 그것이 무엇이건 올바르다. 그 이유는 그러한 것들이 전통이고, 이에 따라 그 안에 조상 망령의 권위가 포함되어 있기 때문이다. 습속에 도달하면 우리는 분석의 막바지에 이르게 된다. 모든 습속 내에서 올바름과 당위(ought) 개념은 동일한데, 이의 가볍고 무거움은 현안이 되는 이해 관심의 중요성에 따라 차이가 있다. 조화를 이루고 협력 행동을 해야 할 의무는 다른 문제들에 비해 망령에 대한 두려움을 느낄 때, 전쟁을 하고 있을 때 훨씬 커진다. 이런 상황에서는 집단의 이익이 위협받게 된다고 여겨지기 때문에 사회적 제재가 더욱 엄격해진다. 일부 용례에는 올바름과 당위의 요소가 단지 미세하게만 포함되어 있다. 올바름과 의무 개념은 망령에 대한 두려움이나 내세관과 연결되어 사회 복리 개념으로 최초로 발달했는데, 그 결과 이러한 분야에서도 습속이 모레스로 최초로 발전했을 것으로 보인다.

생존 경쟁에서 집단이 힘을 가지려면 평화가 반드시 요구되는데, '권리'는 이러한 평화가 유지될 수 있도록 집단 내 동료들에게 부과된 상호 타협의 규칙이다. 이렇게 보았을 때 권리는 '자연적인' 것일 수도, '신이 부여한' 것일 수도 없으며, 어떤 의미에서도 절대적인 것이 아니다. 어떤 시기에 한 집단이 받아들이는 도덕(morality)은 습속들 내의 올바른 행위를 규정하는 금기와 관념의 총계다. 이렇게 보자면 도덕은 절대로 직관에 의해 획득된 것일 수 없다. 이들은 역사적인 것이고, 제도적인 것이며, 또한 경험적인 것이다. 세계관, 생활 방침, 올바름, 권리, 그리고 도덕은 모두 습속의 산물이다. 이들은 현실 생활이라는 조건 안에서, 생존 투쟁을 수행하기 위한 노력에서 얻은 쾌락과 고통의 경험을 반성하면서 탄생한 것이며, 그러한 경험을 일반화한 것이다. 그 일반화의 초기 형태는 매우 조잡하고 모호했다. 이들은 모두 민간전승에 구현되어 있으며, 우리의 철학과 학문은 모두 이로부터 발전되어 나왔다.

32. 습속은 '참'이다

어떤 세계관과 연결해보자면 습속은 필연적으로 '참(true)'이다. 고통은 인간이 생각하지 않을 수 없도록 한다. 사람들은 고난을 겪으면서 숙고하게 되었고, 이러한 고난으로 인해 사람들은 장래를 생각하게 되었다. 정신은 더딘 발달 과정을 거쳤는데, 이러한 과정은 고통스러운 경험이 발달을 불가피하게 만들 때까지는 시작도 하지 않았다.[93] 지구

---

[93] Fritsch, *Die Eingeborenen Süd-Afrikas*, 57.

상의 모든 미개인은 거의 예외 없이 동일한 사고 노선을 따랐다. 사람들은 죽은 자들이 망령이 되어 저승에서도 마치 이승에서처럼 살고 있다고 믿었다. 그들의 생각에 망령은 살아있는 사람들과 다를 바 없는 필요와 취향, 그리고 정열 등을 가지고 있었다. 경험을 넘어선 이와 같은 관념은 인류가 정신 능력을 획득하게 되는 출발점이었다. 하지만 이들은 신념이었을 뿐, 이성을 통해 얻은 확신은 아니었다. 살아있는 사람들은 망령들에 대한 의무가 있었고, 망령들은 권리를 가지고 있었다. 그들은 자신들의 권리를 행사할 권능을 가지고 있기도 했다. 이에 따라 살아있는 자들은 망령을 어떻게 모셔야 하는지를 배워야 했다. 이와 같은 상황에서 사람들은 하나의 완전한 세계관, 그리고 이로부터 도출되는 생활 방침을 터득하게 된다. 고통, 상실, 그리고 질병을 겪게 되면 다음과 같은 의문이 생긴다. 누가 이런 일을 우리에게 행했을까? 세계관(world philosophy)이 이에 대한 답변을 제공한다. 고통스러운 경험을 함으로써 '망령이 화가 난 이유가 무엇이며, 우리가 그들을 달래기 위해 무엇을 해야 하는가?'라는 의문이 들었을 때, 이에 대한 '올바른' 답변은 망령을 두려워하는 관점에 적절히 맞추라는 것이었다. 이에 따라 모든 행동은 망령에 대한 두려움, 조상의 권위, 금기, 그리고 습관에 의해 만들어진 세계관에 부합되도록 강제되고 훈련이 이루어졌다. 습관과 관습을 매개로 복리에 관한 실천 원리가 만들어졌으며, 초자연적인 존재에 대한 믿음과 관련한 종교 이론이 확립되어 발전하기도 했다.

33. 세계관과 습속의 관계

신념 체계와 관습이라는 요소 중에서 어느 쪽이 우선하고, 또한 원인으로 작용하는지를 결정하기 위해 이들 요소를 분리하기란 불가능에 가깝다. 우리가 내릴 수 있는 최선의 판단은 습속과의 관계라는 측면에서 보았을 때 신화적 세계관은 창조적인 역할을 하기보다는 규제적인 역할을 한다는 정도다. 습속과 신화적 세계관은 상호 영향을 주고받는다. 이러한 세계관과 연결된 신념은 선을 그어서 습속이 넘어가선 안 될 범위를 정한다. 망령을 만족하게 한다는 관념에서, 또한 아이가 많지 않으면 전사(戰士)들을 충분히 확보하지 못할 것이라는 관념에서, 아이가 너무 많으면 먹을거리를 충분히 공급하지 못하리라는 견해 등 편의와 관련된 관념에서 사회 복리에 대한 조야하고 막연한 관념들이 만들어졌다. 복리 관념은 이러한 신비적, 공리적인 생각을 일반화함으로써 탄생했다.

34. 모레스의 정의

참됨과 올바름이라는 요소들이 복리에 관한 신조로 발전해 나가게 되면, 습속은 또 다른 국면으로 접어들게 된다. 이때 습속은 추론을 제시할 수 있게 되고, 새로운 모습으로 발전을 이루며, 인간과 사회에 건설적인 영향력을 널리 발휘하게 된다. 우리는 이들을 모레스(mores)라고 부른다. 모레스는 습속으로, 여기에는 습속이 성장하면서 암시한, 습속 속에 본래부터 갖추어져 있는 사회 복리에 대한 철학적·윤리적 일반화가 포함되어 있다.

35. 금기

불가피하게도 모레스는 상당 부분 행해서는 안 되는 것을 지시하는 금기(taboos)로 이루어져 있다. 이들은 어느 정도 후손들의 어떤 행동 때문에 감정이 상했을 망령에 대한 신비적인 두려움의 지배를 받는다. 하지만 금기에는 행동 중에서 경험을 통해 달갑지 않은 결과가 초래된다는 사실을 알게 된 것들도 포함되는데, 특히 여기에는 먹을거리 구하기, 전쟁, 위생, 혹은 인구의 증감 등과 관련된 행동들이 포함된다. 단정적인 규칙들과 비교해보았을 때, 이 금기들에는 항상 철학적인 요소가 더 많이 포함되어 있다. 이렇게 말하는 이유는 이 금기들에는 '어떤 행위가 망령을 불쾌하게 할 수도 있다'와 같은, 근거에 대한 설명이 포함되어 있기 때문이다. 원시적인 금기가 만들어지는 것은 인간의 삶이 위험에 둘러싸여 있다는 사실과 밀접한 관련이 있다. 사람들은 독초(毒草)를 피하는 등 먹을거리를 구하는 데 제약이 있을 수밖에 없다. 식욕은 지나치지 않도록 억제되지 않으면 안 된다. 체력과 건강은 위협받지 않아야 한다. 한편 금기는 여러 세대를 거치면서 축적된 지혜를 전하는데, 그 지혜는 거의 항상 고통, 손실, 질병, 그리고 죽음 때문에 터득되어 왔다. 또 다른 금기들에는 집단에 해가 될 것에 대한 금지가 포함되어 있다. 성(性), 재산, 전쟁, 그리고 망령에 관한 계율(laws)은 이러한 특징을 갖추고 있다. 이들에는 항상 사회를 보는 관점이 어느 정도 포함되어 있다. 이들은 신비적이거나 공공복리에 도움이 되는 것들이며, 양자가 뒤섞여 있기도 하다.

금기는 크게 (1) 보호적인 것과 (2) 파괴적인 것이라는 두 개의 종류로 나누어 볼 수 있을 것이다. 이들 중 일부는 보호와 안전을 지향함에 반해, 다른 것들은 억압과 근절을 지향한다. 여성들은 남성들에게 유해하거나 위험할 수 있다는 이유로 자신들에게 주어지는 일부 금기에 따르며, 남성이 행해야 할 의무 혹은 남성이 직면해야 할 위험에서 벗어나 있는 다른 금기에 따르기도 한다. 금기에서의 이와 같은 차이 때문에 금기는 선택적으로 영향력을 발휘하며, 문명의 진행 과정에 영향을 미친다. 이러한 금기에는 사회 복리에 관한 판단이 포함되어 있다.

36. 미개인들은 철학적인 사유를 하지 않는다, 신화, 전설, 사회 복리 관념

미개인들이 자신들의 삶의 경험을 철학적으로 사유해 본다고 생각해서는 안 된다. 그러한 사유는 우리의 방법이지 그들의 방법은 아니다. 그들은 사물들의 원인, 의미 혹은 궁극적인 관계에 관한 어떤 이론도 만들어내지 않았다. 하지만 그들은 신화를 만들어냈으며, 흔히 그 안에서 매우 철학적인 관념들을 제시하고 있다. 하지만 그들은 이를 구체적이면서 사적(私的)인 방식으로, 또한 극적이면서 사실적인 방식으로 표현했다. 그들은 고통과 질병을 두려워했고, 때문에 그들은 고통과 질병을 피할 방안(device)으로 습속을 만들어냈다. 그들이 이러한 방안으로 마련해 놓은 것은 망령과 저세상에 대한 애매하고 조야한 신념에 따라 고안된 의례 행위다. 우리는 이러한 방안과 신념 간의 관계를 규명해서 이를 어떤 철학적 형태의 명제로 전환한다. 하지만 미개인은 결코 그렇게 한 적이 없다. 그들의 신화, 전설, 속담, 그리고 격언을 살펴보면 우리는 그들이 사물들 간의 파악하기 어려운 관계를 생각해내지 못한 것이 아님을, 그리고 숙고가 결여되지 않았음을 알 수 있다. 하지만 그 방법은 우리의 것과는 완전히 다르다. 사회 복리에 대한 관념 또한 마찬가지다. 그들이 사회 복리를 의식적으로 내세우지는 않았지만 이에 대한 관념이 부족하지는 않았다. 그들은 망령이 모두에게 크게 화가 나서 내린 천벌인 역병, 또는 이웃 집단과의 전쟁에서 거둔 승리 등을 통해 사회 복리에 대한 관념을 최초로 습득했다. 바탁족(Bataks)의 전설 중에는 한때 남성들이 부계 자매의 딸과 결혼했지만 불운이 이어졌고, 이에 따라 그러한 결혼이 금기시되었다는 전설이 있다.[94] 이와 같은 추론이 이루어지고 있다는 사실, 그리고 본서 28절에서 언급된 사례들은 생활 조건으로서의 사회 복리 개념, 그리고 이것이 어떻게 국가, 그리고 법률과 연결되어 있는지를 보여준다.

37. 상상적인 요소

지식은 정신 능력을 이용하여 사실과 사건을 바르게 이해하는 것, 그리고 이들 간의 관계를 정확히 추론하는 것으로 이루어져 있다. 인간이 지구상에서 더 잘 살게 된 것은 대체로 지식을 갖추게 되었기 때문이다. 이렇게 보았을 때 잘 살기 위한 힘을 키우는 데 가장 중요한 과정은 경험 혹은 관찰과 지적인 과정(사실에 대한 분별력을 갖추고, 전후 사실들 간의 관련성과 상호 의존성, 그리고 사실에 대한 합당한 결과를 규명하는) 간에 이루어지는 상호 순환임은 의심의 여지가 없다. 그럼에도 우리는 이러한 과정이 매우 치명적인 오류를 범하기 쉽다는 사실을 알고 있다. 예컨대 상상력이 이성의 작동을 방해하면서 인간에게 무엇을 추구해야 할 것인지를 제안하기도 했다. 이는 인간의 에너지를 낭비하고 분산시켰다. 특히 관찰과 연역의 상호 순환 과정은 망상을 불러일으키는 헛된 생각과 미신으로 인해 방해를 받았다. 결과적으로 인간은 아름다움, 영광, 시심(詩心), 열광적 수사, 쾌락, 명예, 모험, 그리고 환상을 구하기 위해 복리와 현실에 등을 돌렸다. 모든 시대의 모든 집단은 '이상'을 가지고 있었고, 그들은 각자 그러한 이상을 추구했다. 이는 마치 사람들이 공중으로 거품을 불어 올리고, 그 아름다운 색에 황홀해져서 이를 잡으려고 뛰어오르는 모습과 유사했다.[95] 분석과 추론 과정

---

[94] *Bijdragen tot de Taal-Land-en Volkenkunde van Nederlandsch Indië*, XLI, 203.
[95] (옮긴이 주) 있지도 않은 무엇인가를 중요하다고 생각하면서 추구하는 모습을 비유적으로 표현하고 있다.

을 거치다 보면 그 과정에서 매우 치명적인 오류가 문을 열고 들어온다. 우리는 모든 행동이나 사건에 대한 경험에 주목하고, 그 의미를 탐구한다. 우리는 다시 그러한 경험을 하게 될 때 최선의 방안이 무엇인지를 확실하게 추론해 낸다. 이것이 우리가 잘 살기 위해 해야 할 일이라는 것은 말할 것도 없다. 우리는 이러한 과정을 통해 행동, 사고, 행동이라는 진행이 끊임없이 반복되고 있음을 확인할 수 있다. 그런데 우리가 자만, 미신, 억측, 또는 상상이 주는 암시와 두 번째 단계를 혼동해버리고, 또한 이와 같은 상황에서 행할 수 있는 최선의 것에 대한 우리의 확신에 그러한 암시가 개입하는 것을 허용하며 오류를 범하게 된다. 바로 이와 같은 일이 초자연적인 존재에 대한 믿음을 경험에 대한 설명으로 채택했을 때, 그리고 올바른 삶을 위한 규칙으로 취했을 때 일어났으며, 이후 계속 반복해서 오류를 범하게 되었던 것이다. 사람들은 사색적이고 경험을 넘어선 관념들을 바탕으로 특정한 세계관을 갖게 되었고, 생활 방침과 의무에 관한 규칙들이 이로부터 도출되어 과정의 제2단계, 즉 행동, 사고, 행동으로 이루어지는 단계에 도입되었다. 정신 과정에서 나타날 수 있는 모든 오류와 착오가 그 시대의 모레스로 진입한 것이다. 한 시대의 논리는 다른 시대의 논리와 다르다. 모레스를 연구하는 주요한 실용적인 목적 중의 하나는 모레스 안에서 확인되는 전통으로 내려오는 오류, 교조의 확산, 논리적인 오류, 망상, 그리고 사람들이 획득하려 애쓰는 재화에 대한 당대의 잘못된 평가가 작용하는 방식을 식별해 내는 데 있다.

38. 학교에서 배운 윤리 지침과 성공 지침

비록 사색에 바탕을 둔 가정과 교조적인 추론이 앞에서 서술한 해악을 초래했지만, 그럼에도 현재의 세계관은 투박한 교정과 순화 방법을 통해 이들로부터 탄생한 것이며, 현재 우리의 인생관을 지배하고 있는 '위대한 원리'도 이들로부터 이끌려 나왔다. 그 어떤 현대의 문명인도 거부할 수 없는 윤리 원리(진실성, 사랑, 명예, 이타성) 또한 확정되었다. 철학과 윤리 분야에서의 전통적인 신조들은 서로 간에, 혹은 현대의 관념과 전혀 유연하게 조정이 이루어지지 못하고 있다. 우리는 두 개의 대립하는 삶의 지침 간의 전쟁 속에서 살아가고 있다. '책이나 학교에서 배운 윤리 지침'과 '성공 지침' 간의 투쟁이 그것이다. 동일한 사람이 어떤 경우에는 결과를 무시하고 학교에서 배운 윤리에 따라 행동을 하다가, 또 다른 경우에는 결과가 행위를 지배하는 성공 지침에 따라 행동한다. 다르게 말하자면 전자를 이야기하면서 후자에 따라 행동하는 것이다.[96]

39. 요약

우리는 지금까지의 예비적인 분석을 다음과 같이 요약할 수 있을 것이다. 집단 내의 인간은 일정한 생활 조건에 놓여 있다. 그들은 자신이 처해 있는 생활 조건에서 필요로 하는 바가 서로 유사하다. 어떤 환경 속에서 우리가 필요로 하는 바는 굶주림, 사랑, 허영과 공포 등으로 불리는 이름에 포함되는 이해 관심으로 나타낼 수 있다. 이러한 이해 관심들을 충족하기 위해 동시에 이루어지는 수많은 노력은 습속으로 규정할 수 있는 대중현상을 만들어낸다. 이러한 현상은 동일성과 반복성

---

[96] 본서 20장을 보라.

을 나타내고, 이와 동시에 널리 나타남으로써 습속으로 규정된다. 습속에는 쾌락과 고통이 따르는데, 둘 중 어떤 것이 따르게 될 것인지는 얼마만큼 소기의 목적에 잘 부합하는지 여부에 따라 달라진다. 사람들은 고통을 느낄 때 행동과 복리 간의 어떤 관계를 숙고하고 관찰하게 된다. 이 시점에서 널리 받아들여지는 세계관(초자연적인 존재에 대한 믿음과 더불어 출발한)이 설명과 추론을 떠올리게 하고, 이들이 편의에 관한 판단과 뒤얽히게 된다. 그럼에도 이러한 습속은 올바른 삶, 그리고 복리를 달성하기 위한 삶의 방침을 알려주는 기본 원리로서의 임무를 맡게 되는데, 이때 습속은 모레스로 전화된다. 모레스는 고통 없이 필요를 충족하고자 하는 노력 속에서, 추론을 통해 세계관이나 규칙으로부터 발달할 것이다. 이처럼 습속은 개선을 거치면서 상호 일관성을 갖추어 나가게 된다.

40. 모레스의 범위와 방법

이 책이 견지하는 입장은 집단 내의 사람들이 이익을 충족하는 데 가장 광범위하게 영향을 미치고, 가장 근본적이며, 가장 중요한 작동 방식으로 작용하는 것이 습속이라는 것이다. 이와 더불어 이 책은 습속이 만들어지는 과정이 사회 혹은 집단에 관한 기초적인 현상이 나타나게 되는 데서 가장 중요한 과정임을 보이고자 한다. 사회생활은 습속을 만들고 이를 적용하는 것으로 이루어지는데, 사회과학은 이들에 대한 연구라고 말할 수 있을 것이다. 인간이 서로 가까운 곳에서 생존을 위한 투쟁을 벌이고 있다면 서로에 대한 관계는 상호 반응(적대 관계, 경쟁 관계, 동맹 관계, 강압, 그리고 협력 관계)으로 이루어지며, 이로부터 사회적인 연결과 결속이 나타나게 된다. 다시 말해 개인들과 하위 집단들이 서로를 접하면서 지위가 어느 정도 고정되고, 그들 간에 서로를 대하는 순서와 방법들이 대략 확립되는데, 이를 통해 집단 내 모든 성원의 이익이 충족되는 것이다. 이는 동물의 경우도 다를 바 없다. 특히 사회생활을 하는 곤충들은 인접해 있는 이해 관심, 그리고 살기 위한 행동을 조정하면서 살아가는데, 그들은 연결과 응결(concretions)이라는 형식을 통해 이를 조정하며, 그들의 삶은 이의 매우 발달된 결과다. 사회적 응결을 습속의 결과라고 여기는 이유는 생존을 위해 개별적으로 분투하는 인간이 스스로 의식하지 못하는 사이에 연합하고, 조직을 이루며, 습관과 제도를 구축하기 위해 협력하기 때문이다. 그 누구도 사전에 의도하지도, 계획하지도, 이해하지도 못했음에도 이들은 어느 정도 시간이 흐른 후 완전한 발전을 이루어 현실이 되어 있다. 이들은 마치 '조상'들이 만들어낸 것인 양 거기에 있다. 전쟁, 노동, 종교, 오락, 가정생활 그리고 시민 제도에서 확인되는 이와 같은 관계와 행동의 응결에는 신념, 인생관(신화, 민간전승), 그리고 올바른 행동과 의무(금기)에 관한 계율이 포함되어 있다. 습속 형성이 아주 조금씩 이루어진다고 해서 습속이 만들어지는 일이 하찮은 것은 결코 아니다. 사람들은 각자 앞서 있었던 것에서 이끌어낸 의무를 이행하면서, 또한 전통적인 관습의 권위에 의해 후대로 전승될 바를 조건화하면서 자신의 개별 행동을 통해 한 개의 원자를 어떤 구조에 부착한다. 이렇게 만들어진 구조는 자연적인 것이 아니고 사회적, 제도적인 것이다. 이는 그 자체로 정의되고 연구되어야 하는 하나의 범주다. 이러한 범주 속에서 관습이 연속성과 응결성, 그리고 일관성을 만들어내게 되는데, 이에 따라 '구조'라는 단어가 관계망, 그리고 사회적 기능과 뗄 수 없는 관계에 있는 규정된 지위들에 적절하게 적용될 수 있게 된다. 습속을 만드는 과정은 결코 다른 과정으로 대체되거나 변하지 않는다. 이러한 과정은 문명의 출발에서 그랬던 것처럼 현재에도 계속되고 있다. '풍습(use and wont)'은 항상 모든 사람에게 그 힘을 행사한다. 풍습은 이내 친숙해지고, 대중은 무의식적으로 이에 따라 행동하게 된다. 되풀이되는 모든 경우에서 반복해서 행해지는 관습 행동에 의해 동일한 효과가 만들어진다. 사회 활동의 범위가 크게 넓어질 수 있고, 이익이 확장되고 증진될 수 있으며, 욕구를 충족시킬 자원들이 한층 더 풍부해질 수 있다. 또한 사회적 협동 과정이 더욱 복잡해질 수 있으며, 계약과 술책이 수많은 이익을 충족시키기 위해 관습의 자리를 차지할 수 있다. 하지만 그 사례가 대중의 생활방식이나 이익에 부합되면 습속은 그 사례를 바탕으로, 그리고 그 사례를 둘러싸고 발전을 이룰 것이다. 이러한 발전은 문명의 초기부터 일어난 것으로 서술되어온 바와 동일한 과정을 거치게 될 것이다. 전쟁 수행 방식은 새로운 무기와 투구의 발명과 더불어 변화해 왔으며, 지배력과 중요성을 지닌 습속으로 성장해왔다. 수공업 공장 시스템은 그 안에서 직공이 생활을 영위하는 습속들을 만들어냈고, 이로 인해 공장 도시는 상업 도시 혹은 농촌 마을과 다른 면모를 갖게 되었다. 아마포를 대신해 면을 사용하게 된 것은 오늘날의 습속에 커다란 영향을 미쳤다. 동력과 기계의 활용은 모든 계층이 갖는 안락함에 대한 기준을 바꾸어놓았다. 이런 상황 속에서도 습속은 온갖 변화 형태를 거치면서 그 특징과 권위를 계속 유지한다.

41. 한 집단 혹은 시대의 모레스 통합

현상에 대한 동일한 해석을 더욱 발전시키면, 우리는 역사상의 변화가 주로 생활환경의 변화 때문에 일어난 것임을 깨닫게 된다. 이러한 상황에서 습속이 변한다. 이어서 새로운 삶의 방식을 정당화하려는 노력의 일환으로 새로운 철학과 윤리 규칙이 고안된다. 오늘날의 수많은 모레스는 모두 중세의 철학과 윤리에서 발전된 것이다. 모레스는 대규모 세속국가, 세계 무역, 신용 제도, 임금과 임대 계약, 멀리 떨어진 대륙으로의 이주 등의 시스템에 적합하도록 발달되어 왔는데, 이는 한 사회의 생활 전반을 포괄하면서 한 시대를 특징짓는 용례, 예절, 관념, 신념, 습관 그리고 제도 등을 규제하는 규범으로 자리 잡았다. 인도, 칼데아(Chaldea),[97] 아시리아(Assyria),[98] 이집트, 그리스, 로마, 중세, 현대는 모레스가 서로 다른 생활환경을 통합한 사례로, 이로 인해 이들 사회는 완전하면서도 뚜렷한 개성을 갖추게 되었다. 이와 같은 사회 상황에서는 '그 시대와 장소의 모레스에 부합한다'가 어떤 현상에 대한 가장 합당한 이유다. 역사가들은 습속이 이와 같은 결정력을 발휘한다는 사실을 항상 우연히 파악했다. 오늘날 학자들은 모레스가 우연적이지도, 종속적이지도 않다는 입장을 견지한다. 모레스는 최고의 지위에 있으며, 지배적인 특징을 가지고 있다. 때문에 관례, 관습, 혹은 제도에 대한 과학적 논의는 이들의 모레스와의 관계를 추적하는 데 초점을 맞추며, 사회의 위기와 변화에 대한 논의는 이들과 생활 조건 변화의 관계, 혹은 그러한 조건 변화에 모레스가 새로이 조정하는 모습을 보여주는 데 초점을 맞춘다.

---

[97] (옮긴이 주) 기원전 612년에 건국된 제국으로, 바빌로니아 남부를 가리키는 고대의 지명. 신바빌로니아 왕국이라고도 불림. 구약성서에서는 칼데아를 바빌로니아와 동의어로 사용하고 있다.
[98] (옮긴이 주) 메소포타미아 북부 지역에서 티그리스강 상류를 중심으로 번성한 고대국가.

42. 본 연구의 목적

'민습연구(Ethology)'는 매너(manners), 습관, 용례, 그리고 모레스를 포괄하는 연구를 지칭하는 데 편리하게 사용할 수 있는 용어다. 여기에는 이들이 형성된 방식, 성장 혹은 쇠퇴하는 방식, 그리고 이들의 목적인 이익에 영향을 미치는 방식에 대한 연구가 포함된다. 그리스인은 '에토스(ethos)'를 어떤 집단이 다른 집단과 차별화되고 개성화되는 특징적인 관례, 관념, 기준, 그리고 규약을 총칭하는 용어로 사용했다. '윤리(ethics)'는 에토스에 속하는 것이었으며, 올바름의 기준이 되는 것들을 의미했다. 로마인은 '모레스'라는 단어를 '가장 넓고 풍부한 의미에서의 관습'이라는 의미로 사용했다. 여기에는 관습이 복리에 기여한다는 관념, 그리고 전통적이면서 신비한 제재 방법을 갖추고 있으므로 매우 권위 있고 신성하다는 관념이 포함되어 있었다. 오늘날의 국가가 이러한 단어들, 그리고 이들 속에 내재되어 있는 중요한 암시를 상실하게 되었다는 사실은 매우 놀라운 일이다. 영어에는 'mores'에서 파생되어 나온 명사가 없고, 모레스에 상당하는 단어도 없다. 불어의 *mœurs*는 '모레스'와 비교해보았을 때 담고 있는 바가 많지 않다. 독어의 *Sitte*는 mores를 나타내지만 매우 불완전하다. 현대인들은 도덕(morals)과 도덕성(morality)을 하나의 독립적인 영역으로 만들어 종교와 철학 그리고 정치와 어깨를 나란히 하게 했다.[99] 이와 같은 의미에서의 도덕은 불가능하고 비현실적인 범주다. 이는 존재하지 않으며, 존재할 수도 없다. '도덕'이라는 단어는 모레스에 속하거나 이에 귀속된다는 것을 의미한다.

---

[99] (옮긴이 주) 도덕 내지 도덕성은 하나의 독립된 분야가 아니라 종교의 도덕성, 정치의 도덕성처럼 독립적인 분야의 옳고 그름과 관련한 특징에 해당하는데, 이를 잘못 파악하고 있다는 것.

이 때문에 도덕이라는 범주는 도덕과 별개의 어떤 대상과의 관계 속에서만 정의될 수 있다. 한 민족의 에토스와의 연결 고리를 상실한 윤리학(ethics)은 어떤 기본 원리에 근거해 당대의 옳음과 그름 개념을 체계화하려는 시도다. 일반적으로 이러한 시도는 절대적인 교의에 바탕을 두고서 도덕을 확립하고, 그리하여 이러한 도덕을 보편적이고, 절대적이며 영속적인 것으로 만들고자 한다. 역시 일반적인 이야기지만 어떤 것을 '도덕적이다' 혹은 '윤리적 일반 원칙과 관련된다'라고 하는 것은 그것을 '고차원적'인 것으로 간주한다는 말과 다를 바 없다. 윤리적 일반 원칙을 사용해서 논쟁하는 사람들은 자신과 자신의 견해가 남다른 권위를 갖는다고 생각한다. 이러한 논의 방법은 사회와 관련된 주제를 다룰 때 가장 많이 활용되는데, 사실에 대한 건전한 연구에 미치는 폐해가 막심하다. 이러한 방법 때문에 사람들은 사회과학을 형이상학의 지배하에 두게 된다. 이러한 남용은 정치경제학의 영역에서 매우 두드러졌는데, 이로 인해 정치경제학은 윤리학적 탐구로 논의가 전환되어 버림으로써 진지한 학문 분야가 갖는 특징을 대부분 상실해버렸다.

43. 모레스라는 단어를 사용하는 이유

그리스어 의미에서의 'ethica', 혹은 위에서 정의한 바로서의 'ethology'는 우리가 연구하고 있는 대상의 이름으로 적절하다 할 것이다. 우리가 집단의 에토스를 연구하는 목적은 여러 집단에서의 에토스 발생, 에토스의 힘과 영향력, 에토스가 집단 구성원들에게 작동하는 여러 방식, 그리고 이(ethica)의 다양한 속성을 파악하기 위해서다. 'ethology'는 매우 생소한 단어다. 이는 풍자 희극에서의 매너, 관습, 그리고 모레스를 제시하기 위한 양식으로 사용되어 왔다. 대체로 보았을 때, 라틴어 단어 'mores'는 다른 어떤 단어보다도 우리의 목적에 활용하기에 편리하고 가용성이 있다. 왜냐하면 이러한 단어에는 '복리와 관련된 옳고 그름의 습속'이라는 의미가 담겨 있기 때문이다. 위에서 제시한 분석과 정의는 역사 속에서 지배력을 갖는 힘을 적절히 인식해야 한다는 점을 보여주고 있다. 이러한 지배적인 힘은 모레스 안에서 무엇이 행해질 수 있고, 어떤 방법이 활용될 수 있는지에 대한 조건을 이루고 있다.

44. 모레스는 이끄는 힘이다

물론 위에서 밝힌 견해는 철학이나 윤리학이 사회와 역사에 창조적이고 결정적인 힘을 제공한다는 견해와 상반된다. 이러한 견해는 그리스 철학에서 우리에게 전수되었으며, 매우 오랫동안 널리 퍼져있었기 때문에 오늘날의 모든 논의가 이에 따른다. 철학과 윤리는 독립적인 학문으로 연구가 이루어지고 있으며, 여기에서 이끌어낸 결과는 권위를 갖는 금언의 형식으로 사회를 다루는 학문과 정치적 수완, 그리고 법률에 도입되었다. 민족심리학(Völkerpsychologie), 사회정책학(Sozialpolitik), 그리고 다른 중간적 형태의 학문도 있는데, 이들은 형이상학이 사회를 다루는 학문에 대한 지배력을 유지하려고 얼마만큼 투쟁해 왔는지를 보여준다. '역사적 의미', 시대정신(Zeitgeist),[100] 그리고 이와 유사한 의미를 갖는 다른 용어들은 모레스의, 그리고 사회를 다루는 학문에서 모레스가 갖는 중요성을 어느 정도 의식하고 있는 단어들이다. 철학과 윤리

---

[100] (옮긴이 주) 시대정신이란 어떤 시대에 살고 있는 사람들이 보편적으로 갖추고 있는 정신자세나 태도를 말한다.

학도 습속의 산물이라고 할 수 있을 것이다. 이들은 모레스에서 추출한 것이며, 결코 독창적이지도 창의적이지도 않다. 이들은 이차적이고 파생적인 것들이다. 이들은 대개 행동, 사고, 행동의 연쇄에서 제2단계에 개입한다. 이때 철학과 윤리학은 해악을 초래한다. 그럼에도 이들이 창조적이라는 주장, 혹은 적어도 규제력을 가지고 있다는 주장은 어느 정도 근거가 있다. 하지만 위대한 인간 무리의 실질적인 발전은 사실 어떤 위대한 철학이나 윤리 원칙으로부터의 연역이 일구어낸 결과가 아니다. 이는 현재의 조건에서 더욱 나은 삶을 영위하기 위한 작은 노력이 결집된 결과다. 이와 같은 노력은 대다수의 구성원에 의해 무한정 반복되며, 습관, 그리고 단결 행동을 통한 협력을 매개로 득세하게 된다. 그 결과로 만들어진 습속은 강제성을 띠게 된다. 모든 사람은 습속을 강제로 따라야 하고, 습속은 사회생활을 지배한다. 이 경우 습속은 참되고 옳은 것으로 보이며, 복리를 지향하는 규범으로서의 모레스로 부상한다. 이로부터 신념, 관념, 신조, 종교, 그리고 철학이 탄생하게 되는데, 이들은 어떤 문명 단계에 놓여 있느냐에 따라, 그리고 어떤 방식으로 숙고하고 일반화하느냐에 따라 달라진다.

45. 모레스의 일관성

한 시대의 모레스가 일관성을 갖는 경향이 있음은 이미 언급한 바 있다(본서 5절). 사람들이 행동을 일반화하여 '원리'를 만들어낼 수 있을 때 이러한 경향이 크게 강화된다는 사실은 의심의 여지가 없다. 이러한 사실은 원리가 인과적으로 도출된다는 오늘날의 믿음을 적절히 설명해준다. 평등을 위한 열정, 어디에서나 이루어지는 방법으로서의 계약, 그리고 인도주의 감정 등은 현대 사회의 유익한 요소이다. 이들은 어디에서 왔을까? 이러한 감정들은 분명 모레스로부터 탄생했고, 일관성의 원리에 따라 모레스로 되돌아간다. 인간 생명의 존중, 잔인함과 유혈에 대한 전율, 고통, 괴로움 그리고 빈곤에 대한 연민(인도주의) 등은 노예제 폐지, 형법과 교도소의 개혁, 억압받는 사람들에 대한 동정과 같은 행동을 뒷받침하는 '대의(大義)'로 작동했다. 그럼에도 인도주의는 생활 조건의 변화에서 탄생한, 인도주의와 다소 거리가 있는 모레스를 일반화해 놓은 것이었다. 어떻게 인도주의가 부상했는지에 대한 최종적인 설명은 사람들이 새로운 땅을 획득함으로써, 또한 기술이 진보함으로써 자연을 통제하는 인간의 힘이 더욱 증진뇌었기 때문이라는 것이다. 서로 더는 엎치락뒤치락하지 않게 되자 인간은 살아가기 위한 경쟁을 용이하고도 무리 없게 만드는 관념과 제도를 기꺼이 채택하려 했던 것이다.

46. 하위 집단의 모레스

한 사회 내의 각 계층이나 집단은 자신들만의 모레스를 가지고 있다. 이는 지위, 직업, 산업 계층, 종교와 철학의 파벌, 그리고 그 외 사회의 다른 모든 하위문화에 적용되는 이야기다. 개인은 이들 하위 집단(subgroups)의 둘 혹은 그 이상에 동시에 속해 있다. 이에 따라 절충과 중립화가 이루어지게 된다. 또 다른 모레스들은 전반적인 사회 구성원들이 공통적으로 받아들이는 것들이다. 모레스는 한 계층에서 또 다른 계층으로 전달되기도 한다. 계층이라는 개념의 의미에 대해서는 좀 더 정확성을 기할 필요가 있다.

47. 계층(class)이란 무엇인가?

골튼(Galton)[101]은 자신이 엄밀하게 정의하지 않은 하나의 기준을 이용하여 사회를 분류했다. 그는 "사람들에게 주어진 타고난 재능"을 기준으로 사회를 분류했던 것이다. 우리는 지적 능력, 명성, 사회적 성공, 사회 활동을 통해 얻는 수입 혹은 사회적 가치 등으로 이러한 타고난 재능을 이해하면 될 것이다. 아먼(Ammon)은 이러한 생각을 수용·발전시켰다. 그는 이를 도표를 통해 나타냈는데, 다음의 도표가 그것이다.[102]

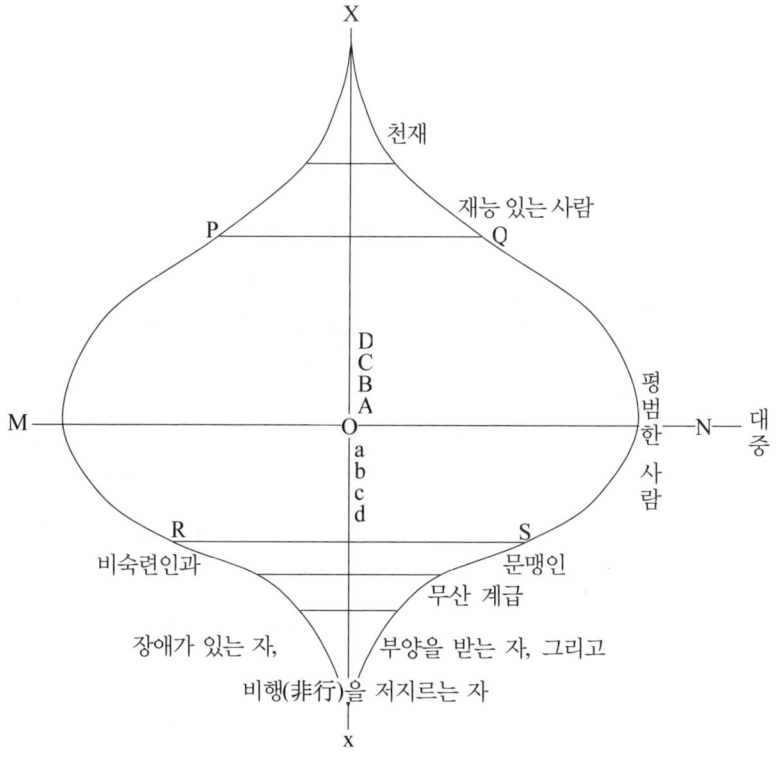

---

[101] *Hereditary Genius*, 34.
[102] Ammon, *Gesellschaftsordnung*, 53.

48.

신체적 특징(신장, 체중)을 기준으로 다수의 사람을 측정하고 분류하면, 우리는 그 결과를 확률 오차 곡선으로 설명할 수 있다. 사실 이처럼 설명할 수 있음은 자명한 이치다. 서로 다른 정도의 힘과 저항력을 갖는 다수의 사람이 동일한 영향을 받아 행동하면, 그들 중 대부분은 동일한, 평균치 정도의 자기실현을 이룰 것이고, 그 외 나머지 소수의 사람들은 자신의 힘과 저항력에 걸맞는 자기실현을 이룰 것이다. 이러한 사실은 통계적으로 매우 빈번하게, 그리고 극히 다양한 신체적 특성과 연결되어 입증이 이루어져 왔는데, 우리는 측정 단위가 없어서 측정할 수 없거나 통계적으로 분류할 수 없는 마음, 성격의 모든 특성에 대해서도 이러한 이론적 틀이 타당하다고 추론해볼 수 있을 것이다.

49. 사회적 가치라는 기준으로 등급이 매겨진 계층

사회적 가치를 기준으로 사회 집단을 분류하면 가장 중요한 이해 관심을 분류의 기준으로 삼는다는 장점은 있으나 사회적 가치를 측정할 단위가 없어서 문제가 복잡해진다. 이 경우 우리는 결코 사회적 가치를 통계적으로 입증할 수 없을 것이다. 사회적 가치는 대체로 정신 능력과 직접 관련이 있는데, 이밖에 상식, 건강, 그리고 기회(운) 등의 다양한 광범위한 요인들도 포함시켜야 할 것이다. 가장 단순한 분석에 따르면, 사회적 가치에는 네 가지 요소가 있다. 지적, 도덕적, 경제적, 그리고 육체적 요소가 그것이다. 하지만 이들은 뒤섞여 있다. 만약 이들 중 하나가 높은 정도로 나타나고 다른 것들은 낮은 정도로 나타난다면, 전체는 조화를 상실하여 크게 장점을 갖추고 있다고 말할 수 없게 된다. 최고의 사회적 가치는 설령 낮은 등급이라 해도 그 조합이 조화를 이루어야 할 것이다. 사회의 입장에서는 재능과 상식을 갖춘, 근면하고 인내심이 있는, 그리고 도덕적 기준을 가진 인간이 도덕적으로 책임감이 없고 부지런하지 못한 천재에 비해 더 가치가 있다. 사회적 가치는 세속적인 성공, 그리고 산업 조직에 기여한 바로 얻는 수입과도 밀접한 관련이 있으며, 사회에 별다른 기여를 하지 않는 천재는 사회적 가치를 갖지 않는다. 한편 학술적 업적을 낸 사람, 그리고 최고의 가치를 갖는 학문과 예술 서적들을 출간한 저자에게 전혀 보상이 주어지지 않는다면 시장의 보상, 그리고 수입은 사회적 가치를 불완전하게 반영하고 있을 따름이라고 생각해볼 수 있다. 이 모든 한계를 참작한다 해도 사회적 가치는 구체적인 관념이며, 특히 부정적인 사회적 가치를 구현하고 있는 사람들(빈민, 부랑인, 사회적 낙오자, 무능자)을 평가하는 데서 구체적이다. 결함이 있는 자, 부양을 받는 자, 그리고 비행을 저지르는 자와 같은 계층들은 이미 충분히 차별화되었고, 이에 따라 통계적 계산의 대상이 되고 있다. 나머지 계층은 단지 정도라는 측면에서 차이가 있다. 요컨대 모든 사람을 이 가치에 따라 등급을 매기고 측정한다면, 그 결과는 확률 오차 곡선으로 설명할 수 있을 것이다. 나는 도표에서 Xx를 수직축으로 정해 놓고, 세로 좌표들은 균등하게 분할해서 그 위에 새겨 놓았다. 이렇게 함으로써 이 분할들이 사회적 논의에서 우리가 사용하는 '위'와 '아래'라는 단어의 의미에 부합하게 된다. 여기서 선분 MN은 최대 다수를 나타내는 선이 된다. O로부터 최대 다수 선 위로 OA, OB 등으로 균등하게 나누어서 다양한 정도의 사회적 가치가 표시되고, O로부터 아래쪽으로도 동일한 방식으로 나누어서 최대 다수가 나타내는 사회적 가치보다 낮은 등급의 사회적 가치가 표시된다. 최상위에는 소수의 천재가 위치한다. 이들 밑에는 재능 있는 사람들이 포함된 또 다른 구간을 새겨서 표시할 수 있을 것이다. 밑바닥에는 장애가 있는 자, 부양을 받는 자, 그리고 비행을 저지르는 자의 계층이 있고, 이들은 사회의 부담이 되고 있다. 그들 위에는 또 다른 계층인 무산 계급이 있는데, 이들은 오직 자식을 낳는 방법을 통해서만 사회에 기여한다. 이러한 계층의 사람들은 일정한 직업이 없다. 그럼에도 이러한 분류가 이루어지는 바로 그 시점에는 누군가에게 의존하고 있지 않다. 이들은 '무산 계급(proletarian)'이라는 용어가 가장 적절하게 들어맞는 유일한 대상이다. 이들의 바로 위에는 또 다른 뚜렷한 계층, 즉 자활을 하고 있지만 숙련되지 않은 문맹자들이 위치한다. 다음으로 PQ와 RS 사이에 있는 사람은 모두 평범한 사람들로, '대중'을 구성하는 것은 이들이다. 모든 신생국에서는, 그리고 오늘날의 중부 유럽에서는 하층으로부터 PQRS라는 상위의 층으로 올라서는 매우 강한 추세를 확인할 수 있다. 이러한 추세가 만들어지게 된 것은 보편 교육의 영향이다. 한 시대의 재능 있는 사람들은 열악한 환경에서 태어나는 경우가 매우 흔하다. 하지만 사회적 척도라는 측면에서 그들은 자신들의 능력에 부합하는 지위를 차지하는 데 성공한다. 물론 자녀와 손자가 퇴보하는 반대의 흐름이 있는 것도 사실이다. 이 도표는 MN을 기준으로 위아래가 대칭을 이루지 않는 것으로 그려졌다. 그 이유는 대칭이 시사하는 것과 비교해보았을 때, 현재 그 어떠한 문명사회도 PQRS 상층(하층 전문가와 반(半)전문가 계층)의 비율이 크기 때문이다.[103] 이렇게 보았을 때 MN선은 일종의 최빈수(最頻數)(mode)[104]이며, MN선상의 계층은 사회에

---

[103] 아몬(Ammon)은 도표를 대칭으로 만들었다.
[104] (옮긴이 주) 통계집단에서 가장 많이 나타나는 변량의 값. 모드라고도 한다.

서 최대 다수를 이루는 계층이다. 우리는 이러한 계층을 준거로 삼아 한 사회를 다른 사회와 비교해볼 수 있을 것이다.

50.

골튼은 전 역사를 통틀어 천재의 수를 대략 400명으로 추정했다. 이들의 상당수는 같은 혈통 사람이었다. 그는 백만 명 중 450명을 '당대의 사람'으로, 그리고 백만 명 중 250명을 이들 가운데 더욱 뛰어난 사람으로 추정했다. 그는 후자에 속해 있는 사람이 '매우 독창적 과업을 성취하거나 여론을 이끄는 사람으로, 자신의 이름을 매우 빈번하게 알린 사람'이라고 밝히면서 이들을 정의하고 있다. 그는 걸출한 사람은 백만 명 가운데 오직 한 사람뿐이라고 말하고 있다. 반면 영국이나 웨일스에서는 400명 중 한 명이 백치 혹은 치우(癡愚)이고, 이들 중 30%는 교육을 받아 정상인의 3분의 1 정도의 능력을 갖출 수 있고, 40%는 정상인의 3분의 2 정도의 능력을 갖출 수 있다. 또한 이들 중 25~30%는 대중의 범주에 들어갈 수 있다. 이들의 상위에는 가족이 대중에게 알려지길 바라지 않는 천치들이 있다. 이어서 그들의 상위에는 던드레리(Dundreary)[105] 유형이 포진한다.[106]

---

[105] (옮긴이 주) 귀족 던드레리는 1858년 톰 테일러(Tom Taylor)가 쓴 「우리의 미국 사촌(Our American Cousin)」이라는 희곡의 등장인물이다. 그는 마음씨는 좋지만 무식한 귀족의 전형이다. 여기에서 말하는 던드레리는 이와 같은 유형의 사람들을 이야기한다.

[106] Hereditary Genius, 25, 47.

51. 계층, 인종, 집단 유대

분류 대상 집단의 규모가 크면, 특히 인종, 종족, 민족처럼 유전적 구성단위일 경우에는 계열 내에서 별다른 차이가 없다. 반면 개인들은 자신의 특징을 이루는 차이에 따라 각자 자신의 자리를 차지한다. 어떤 두 사람도 인류학적으로 같을 수 없듯이, 어떤 두 사람도 사회적 가치가 같거나 동등할 수 없다고 생각해야 할 것이다. 어떤 기준이건, 그러한 기준에서 보았을 때 모든 인간이 같거나 동등해야 한다는 것은 인간의 본성에 관한 모든 사실, 그리고 인간 생활의 모든 조건과 상반된다. 어떤 기준에 따라 판단을 해보면 어떤 집단도 재차 나누어지고, 이에 속한 구성원들은 대체로 동등하다. 이처럼 동등하게 분류되는 이유는 이와 같은 분류가 완전하지 못하기 때문이다. 우리가 이를 좀 더 세밀하게 구분해서 논의해보면 하위 구분은 또다시 하위의 단위로 구분이 이루어진다. 여기서 우리는 딜레마에 빠진다. 우리는 범주 없이 인간을 서술할 수 없다. 그런데 우리가 범주를 계속 더욱더 정교하게 만들어가다 보면 이들 각각의 범주에는 마침내 오직 한 사람만 남게 될 것이다. 여기서 실용적인 중요성을 갖는 두 가지의 면모가 드러난다. 이는 심층 연구에서 활용할 수 있는 과학적 개념을 제공해준다. 첫째, 분류는 전체 집단 내에서 한 명의, 혹은 하위 집단의 상대적 위치를 우리에게 알려준다. 이것이 '계층'의 의미다.[107] 둘째, 사람들 간의 특징적인 차이

---

[107] 라푸지(Lapouge)는 "서로 다른 역사시대, 그리고 전 세계를 통틀어 동일 국민의 계층들 간의 인종 차이는 상이한 국민들의 유사한 계층들 간의 차이에 비해 훨씬 크며", "동일 집단의 상이한 계층들 간에는 상이한 집단 사이에 비해 더욱 커다란 인종 차이가 있을 것"이라고 단언한다.(*Politisch-Anthropologische Revue*, III, 220, 228). 그는 계층(class)에 대한 자신의 정의를 제시하지 않고 있다.

로부터 개성과 인격이라는 관념이 무엇인지를 확인할 수 있다. 인종이라는 개념은 현재 쓰이는 바와 같이 어떤 특징의 평균 주변에 밀집된 집단을 일컫는다. '인종'이라는 단어를 사용하는 데는 상당한 혼란이 야기된다. 왜냐하면 실제로는 가령 인종을 생각할 때 피부색의 평균치 혹은 최빈치를 염두에 두면서 막상 인종을 정의하려 할 때에는 인종 사이의 경계를 기준으로 삼으려 하기 때문이다. 유전적으로 동일한 집단이 서로 결속하고, 화합하며, 단결한다는 것은 매우 주목할 만한 사실이다. 이러한 사실에는 신비로운 힘의 활동이 감추어져 있는 듯하다. 하지만 주사위를 굴리는 것이 신비롭지 않은 것처럼, 이 또한 사실상 신비로운 것이 아니다. 이와 관련된 모든 명제는 최종 분석을 통해 확인해보면 결국 동일한 명제임이 확인될 것이다. 예컨대 접하게 될 확률이 가장 높은 것은 가장 수가 많은 것이다. 마찬가지로 일어날 가능성이 가장 큰 것은 일어날 개연성이 가장 큰 것이다. 19세기 중엽에 이르러 집단 연대와 내적인 상호 관계가 주목받기 시작했는데, 특히 그 집단의 규모가 크고 혈연으로 맺어져 있다면 더욱 그러한 연대와 관계가 돈독했다. 이때 사람들은 초자연적이고 지대한 영향력을 지닌 법칙이 발견되었다고 생각했다. 이와 같은 생각은 오래전 폐기되었다. 한 상자 속에 네 개의 주사위가 있고, 각각의 주사위 표면에 1부터 6까지의 점이 찍혀 있다고 가정해보자. 이때 네 개의 주사위가 동시에 6이 나오는 경우는 네 개가 동시에 1이 나올 확률과 동일하다. 주사위 네 개를 던져 나오는 가장 빈번한 눈의 합은 14이고, 이러한 합이 나오는 경우는 146가지 경우가 있을 수 있다.[108] 사회적 가치의 구성요소인 지적, 도덕적,

---

[108] (옮긴이 주) 주사위 눈의 합의 최솟값은 $1+1+1+1=4$, 최댓값은 $6+6+6+6=24$, 눈의 합이 14인 경우는 가령 첫 번째 눈이 2, 두 번째가 3, 세 번째가 4, 네 번째 눈이 5가 나오는 경우다. 이처럼 합이 14가 나오는 경우가 가장 흔한데, 이러한

육체적, 경제적 요소를 네 개의 주사위로 대신하고, 그 등급이 점으로 표시된다고 가정해보자. 주사위 4개의 눈이 모두 6이 나올 확률은 1296번 던졌을 때 한 번 정도다. 그리고 가장 빈번한, 합이 14가 나오는 146가지 경우 중 72가지 경우에서 6이 한 번 나온다. 이처럼 6이 한 번 나오고 다른 세 개의 주사위에서 다른 숫자가 나오는 경우는 (온갖 싸구려 볼거리로 가득 찬) 다임(dime) 박물관[109]에 헤라클레스 같은 (걸출한) 존재가 포함되어 있는 것과 비슷한 경우일 수 있다. 146가지 경우 중 72가지 경우는 조화롭지 못하지만 그럼에도 다른 숫자보다 우위에 있는 6과 같은 강력한 특징적 요소가 포함되어 있다.[110] 그런데 사회 문제에서는 사회적 가치의 동등한 합계(equal sums)가 매우 고르지 못한 요소들의 합인지 조화로운 요소들의 합인지는 전혀 중요하지 않다. 그리하여 백만 명으로 이루어진 어떤 집단에서 X쪽에 위대한 천재 한 명이 나올 가능성과 x쪽에 완전한 백치가 한 명이 나올 확률은 동일하다. 최빈치에서 수가 그렇게 많은 이유는 사회적 가치가 그 요소들이 매우 달라도 그 합계는 동일한 사회적 요소들의 합이기 때문이다. O를 기준으로 상하로 동일한 거리에 위치한 두 층위의 사람들은 그들의 유용한 힘과 저항 범위라는 측면에서 수적으로 동일하다. 그러나 교육을 통해 이들의 수적인 동등함이 무너지며, 이와 더불어 재분배가 이루어지지 않을 수 없게 하는 새로운 요소가 도입된다. 골튼[111]은 다음과 같이 제안한다. "앞의 도표에서 어른이 되었을 때 V, W 혹은 X의 부류에

수는 전체 1296(6×6×6×6)가지 경우 중 146가지 경우에 나온다.
[109] (옮긴이 주) 19세기 말 미국에서 인기 있던 오락물 중심의 박물관으로, 기형인 사람이나 동물이 전시되거나 서커스나 마술쇼가 진행되는 장소를 가리킨다.
[110] Ammon, *Gesellschaftsordnung*, 49.
[111] PSM, LX, 218.

속하게 될 사람들을 어릴 적에 확인할 수 있으며 그들을 돈으로 살 수 있다면, 국가가, 가령 영국의 입장에서는 많은 돈을 들여 그들을 사서 영국인으로 양육하는 것이 엄청난 이득이 될 것이다." 파(Farr)는 농업에 종사하는 노동자의 아기가 갖는 자본 가치를 5파운드로 평가하고 있다. 양육되어 X계층의 성원이 되는 아기는 수천 파운드의 자본 가치를 가질 것이다. 이러한 자본 가치는 서로 다른 정도의 자연적 장점을 갖춘 토지의 자본 가치와 유사하다. 하지만 이러한 가치는 아직 전혀 개발되지 못하고 있다.

52. 대중과 모레스

모레스에 대한 고찰에서 대중은 매우 중요하다. 역사를 주도했던, 혹은 선택된 계층들은 역사 속에서 여러 세대 사람들의 활동과 방침을 관장했던 사람들이다. 그들은 어떤 시기에는 한 가지 기준으로 보았을 때, 다른 시기에는 다른 기준으로 보았을 때 다른 사람들과 차별성이 있었다. 그들은 초기 사회에서부터 계승됨으로써 견지되어온 지위 덕에 위신과 권위를 갖출 수 있었다. 그들이 살던 시대의 기준에서 보았을 때의 장점과 사회적 가치는 단지 미소하게, 그리고 우연하게 그들 지위의 구성요소로 편입되었을 따름이다. 이들 계층은 그들 나름의 모레스를 가지고 있었다. 그들은 자신들의 선택에 따라 스스로의 삶을 규제하는 힘을 어느 정도 갖추고 있었다. 이러한 힘은 현대 문명인들이 주로 부를 획득함으로써 얻길 갈망하고 분투하는 대상이다. 역사를 주도하는 이러한 계층들은 여러 목표를 정해 놓고, 이를 충족시키는 방법을 고안해 왔다. 대중은 그들이 취하는 방식들을 모방해 왔다. 이 계층은 사치, 불성실 그리고 악덕을 행하는 방식뿐만 아니라 세련됨, 문화 그리고 생활 기술이 나아갈 방향까지도 주도했다. 그들은 변동을 야기했다. 대중은 사회 피라미드의 밑바닥에 있는 대규모 계층이 아니다. 그들은 사회의 핵심이다. 그들은 보수적이다. 그들은 자신들이 느끼는 대로의 인생을 받아들이고, 전통과 습관에 따라 살아간다. 다시 말해, 특정 사회의 대중은 대부분 마치 동물처럼 전적으로 본능적인 삶을 살아가고 있는 것이다. 특권 계층과 귀족들은 사회를 장악하는 힘을 계속 유지하고자 관습과 제도의 변화에 저항하는데, 우리는 이들의 이와 같은 보수적인 태도에 현혹되어서는 안 된다. 대중의 보수적인 태도는 그 종류가 다르다. 이러한 태도는 이익 때문에 취해지는 것이 아니라 그저 본능이다. 이러한 태도는 타성 때문에 취해지기도 한다. 변화가 있으면 사람들은 일상과 습관을 타파하기 위한 새로운 노력을 해야 한다. 그래서 변화는 성가시다. 한편 대중은 일단 이루어진 '개선'을 더욱 확장시킬 힘을 갖추고 있지 못하고, 자신들의 필요를 더욱 잘 충족시킬 변화의 단계를 계획할 힘도 갖추고 있지 못하다. 어떤 시대, 어떤 사회가 견지하는 모레스의 특징은 대중이 상류 계층의 삶의 방식을 신속하게 모방하느냐 아니면 주저하느냐에 의해 규정될 것이다. 역사가들에게는 '역사상 실재한 계층들의 모레스가 대중 속으로 침투되어 오늘날까지 남아 있는가?'라는 질문이 매우 중요하다. 그들은 기록 가운데서 이에 대한 증거를 찾는다. 대중은 사회의 모레스를 실질적으로 전달하는 사람들이다. 그들은 전통을 실어 나른다. 습속은 대중의 살아가는 방식이다. 대중은 상류층의 영향력이나 지도력을 받아들이고 모방한다. 하지만 그들은 자신들이 이전에 획득한 관념과 경험의 통제를 받으면서, 오직 그러한 것들이 적합하다고 판단할 경우에만 그렇게 한다. 그들은 상위 계층, 외국인, 문학, 신흥 종교에서 전달되는 품격과 행위의 기준을 받아들일 것이다. 하지만 그들은 자신들이 받아들이는 바를 무엇이건 자신들의 것으로 동화하고, 이를 자신들의 모레스의 일부로 만들며, 그러고는 전통을 매개로 이를 후대로 물려주고, 완전하게 보전하며, 다시는 폐기하려 하지 않는다. 결과적으로 문필 계층의 저작들이 대중의 신념, 관념, 취미, 기준 등을 전혀 드러내 보여주지 않을 수 있다. 초기 기독교 세기들의 저술은 대중의 신념, 그리고 그들의 실천 가운데 담겨 있었을 당대의 모레스에 대해 거의 아무것도 보여주지 않는다. 모든 집단은 자신들에게 제시된 신흥 종교에서 자기 집단의 전통 모레스에 동화될 수 있는 것만을 추려낸다. 기독교는 유대인, 이집트인, 그리스인, 독일인, 그리고 슬라브인에게 매우 이질적이었다. 어떤 사람들이 자신들에게 제시된 바대로 철학적, 종교적 가르침을 수용한다고 생각하거나, 설교자들의 책에 기록되어 있는 이러한 가르침을 곧이곧대로 받아들인다고 생각하는 것은 커다란 실수라 할 것이다. 대중의 모레스는 이처럼 갑작스럽고 대규모로 이루어지는 교의 상의 가르침을 매개로 한 변화를 받아들이지 않는다. 동화(同化) 과정은 완만하게 이루어지며, 각각의 단계는 모두 이러한 완만한 동화 과정의 영향을 받는다. 이러한 영향은 변경을 촉발한다. 상류 계층이 채택한 바는 그것이 좋건 나쁘건, 여러 세대가 지난 후 대중 가운데 널리 확산되어 있음을 발견할 수 있다. 하지만 이처럼 확산되어 있는, 상류 계층이 채택한 바는 그동안 습속이 이룬 모든 변천의 최종적인 결과로 나타나는 것이다. "공동체의 모든 계층에 확산되었다는 사실, 이것이 고대 로마의 부패에서 가장 두려워할 특징이었다."[112] "르네상스 시대와 마찬가지로 지금도(로마가톨릭의 복고 운동에서) 악덕은 위에서 아래로 흘러내리고, 그

---

[112] Lecky, *History of European Morals from Augustus to Charlemagne*, I, 262.

해악이 다수의 사람에게 침투한다."[113] 변화를 만들어내는 것은 상류 계층이고, 전통 모레스를 후대로 전하는 것은 대중이다.

53. 대중과 상류 계층에 대한 착각

대중이 어떤 불가사의한 지혜나 영감을 가지고 있고, 그러한 힘으로 상류 계층이 제공하는 바에서 무엇이 현명하고, 옳으며, 좋은 것인지를 선택한다고 생각하는 것은 잘못이다. 또한 대중으로부터 사전에, 혹은 요구에 맞춰 어떤 계획된 변화나 혁신에 대한 판단을 얻을 방안도 없다. 대중은 현자(賢者)가 아니다. 만약 생활하면서 겪게 되는 여러 문제에 대한 어떤 답변을 얻을 수 있다면 이는 오히려 상류층 쪽에서 얻을 수 있을 것이다. 사회의 두 계층의 특징이 이와 같기에 양자는 모두의 선(善)에 도움이 될 수 있도록 협력할 것이다. 어느 한쪽도 사회를 지배하기 위한 권리 혹은 더 좋은 자격을 갖추고 있지 않다.

54. 사상에 대한 대중의 영향

50년 전 다윈은 일부 지식을 공동의 저장고에 집어넣었다. 그가 살던 시대의 농민이나 직업인들은 이와 같은 유형의 일을 한 바가 전혀 없다. 대중이 사상과 관련해서 한 일은 마치 주화를 단순한 금속 평원반이 될 때까지 마멸시켜 만질만질하게 만들 듯이, 사상(思想)을 문질러

---

[113] Symonds, *Catholic Reaction*, I, 455.

모조 화폐로 만들어버리는 것이다.[114] 예를 들어 대중은 다윈이 '인간은 원숭이에서 유래했다'고 말한 것으로 이해한다. 대중에게는 오직 이와 같은 유형의 그럴싸한 암시와 요약된 내용만이 통용될 수 있다. 지식인들은 항상 사상을 다시 주조하려 하고, 적어도 이에 어느 정도의 진실을 부여하기 위해 노력한다. 러스킨(Ruskin)은 예술 평론에 대한 어떤 생각을 널리 유행시켰다. 이는 교양 있는 계층 모두에게 스며들어 지금도 그 영향력이 감지된다. 하지만 이들이 대중화됨으로써 50년 이내에 어떻게 변했는지 살펴보라. 시간이 조금 흐른 후 가구와 가옥 장식과 관련한 새로운 신조(信條)를 담은 서적이 발간되었다. 대중은 이러한 신조를 흡수했는데, 이처럼 흡수된 신조가 대중에게 어떤 영향을 미쳤는지 살펴보라. 이스트레이크(Eastlake)는[115] 기계 작업을 원하지 않았지만 기계는 그대로 사용되었다.[116] 사물을 기울게 하는 게 유행이라면 새로운 신조는 과연 사물을 기울게 할 수 있고, 만약 이스트레이크가 못이 외부로 노출되어야 한다는 개념을 대중에게 주입했다면 새로운 신조는 이를 모든 제작물에 반영되게 할 수 있다. 사고하고 이해하는 것은 너무 어려운 작업이다. 만약 누군가가 대중을 비난하길 원한다면 자신의 경우를 돌아보게 하라. 이때 그는 자기 자신이 지적으로 추구하는 바만을 생각하고 또한 이해하고 있음을 파악할 수 있게 될 것이다. 그는 다른 모든 지식 분야에까지 심혈을 기울이지는 못할 것이다. 그는 다른

---

[114] (옮긴이 주) 대중은 심오한 사상이 드러내고자 하는 심도 있는 통찰을 받아들이고자 하기보다는 자신들의 입맛에 맞게 사상을 변조하여 편의에 따라 활용하려 한다는 말.
[115] (옮긴이 주) 19세기 말의 영국 태생의 건축가이자 가구 디자이너.
[116] (옮긴이 주) 이스트레이크 디자인의 특징은 나뭇결 자체를 가구 장식으로 삼았고, 이를 수공으로 제작했다는 점이다. 가구업체는 앞을 다투어 이스트레이크의 디자인을 모방하여 자연적인 나뭇결을 기계로 흉내 냈다.

문제들에 대해서는 대중의 한 사람이며, 대중이 행하는 대로 행한다. 그는 상위 계급의 잡지나 신문에서 알게 된 상투어, 고정된 방식, 유행어를 사용한다.

55. 대중 조직

서로 동등한 관계에 있는 대중은 사실상 가망 없는 야만인에 다름 아니다. 자연 상태의 인간이 모두 동등하다고 하는 18세기의 관념은 잘못된 측면이 크다. 우리가 상상하는 바와 같이 평등한 사람들이 그와 같은 자연 상태에 존재했을 수 있다. 하지만 그들은 사회를 형성할 수 없었을 것이며, 기껏해야 2~3명이 무리를 지어 흩어져서 헤매고 다녀야 했을 것이다. 그들은 결코 문명의 기술을 발전시킬 수 없었을 것이다. 그와 같은 유랑민 무리로부터 내재적인 힘이 자연적으로 발달하여 우리가 소유하고 있는 모든 문명이 생겨났다고 생각하는 경우가 있는데, 이러한 통속적인 믿음은 전혀 근거가 없다. 대략적으로 보았을 때 지위의 고하가 없는 평등한 인간 무리들은 얼마 있지 않아 전멸하거나 노예가 된다. 그들은 조직과 규율을 경험하지 않으며 살아가는데, 오직 종속 상태에 놓이게 되거나 정복을 당했을 때에 한해 이를 경험하게 된다(흑인과 인디언들이 이에 해당한다). 오직 연령과 성별만이 유일한 차이점인 유랑민들은 생존을 유지할 수 없다. 그들은 오직 정복하거나 정복을 당해야만 존속이 가능하기 때문에 싸운다. 한 유랑민 집단이 종속되어 통제를 받게 되면 이들은 그때부터 정복자들을 위해 토지를 경작하는 노동자, 정복자들이 쓸 금고를 채워줄 납세자, 화약을 얻기 위해 식량을 제공하는 사람 또는 선동정치가를 위한 투표자로 존재할 따름이다. 그들은 착취의 대상이다. 어떤 경우에는 완력을 가진 집단임에도 무력하고 우둔하며, 다른 경우에는 암시나 충동 때문에 어리석음과 재난에 빠져든다. 대중이 유익한 행동을 하게 하려면 조직, 지도력, 그리고 규율이 없어서는 안 된다. 이러한 사실을 무시하면, 우리는 우리가 창출해 놓은 상황에서 파벌과 두목의 탄생을 목도하게 될 것이다.

56. 시민적 자유(Civil Liberty)[117] 하의 여러 제도

여러 제도는 당대의 모레스에 상응하는 질서, 숙고, 평화, 이해관계 간의 대립 조정, 그리고 정의(正義) 등에 부합되도록 만들어져야 한다. 이러한 제도들은 시민적 자유 안에서 착취를 종식시키고, 이해관계의 조화를 가져온다. 그런데 이러한 제도는 어디에서 유래하는가? 대중은 결코 이러한 것들을 만들어낼 수 없다. 이러한 제도는 지도적 인물들과 계층들이 선택하는 모레스에서 만들어진다. 이러한 제도는 사회 내 집단의 힘을 조정하면서, 가장 중요한 것으로 간주하는 이익에 도움이 되는(그들이 그렇다고 생각하는) 방향으로 집단의 힘을 이끌어간다. 생활환경이 변하면 충족해야 할 이익도 변한다. 위대한 발명과 발견, 신대륙 개척, 새로운 방식의 농업과 상업, 통화와 재정 장치의 도입, 개선된 국가 조직 등이 사회의 경제력과 국가의 자율권을 증진한다. 국가가 이루고자 하는 주요 목표 중의 하나는 산업과 관련된 이익이 군대와 군주의 이익을 대신하도록 만드는 것이다. 이는 어떤 '진보'의 경향 때문이라기보다는, 지배자의 입장에서 보았을 때 산업주의가 더욱 크고

---

[117] (옮긴이 주) 법의 한도 내에서 말하고 행동할 자유.

다양한 만족을 주기 때문이다. 이를 위한 가장 중요한 조건은 **권력**의 증대다. 서로 다른 계층은 새로운 권력을 쟁취하기 위해 투쟁한다. 평화는 필수적인데, 그 이유는 평화가 없다면 그 누구도 권력을 누릴 수 없기 때문이다. 타협, 이해관계의 조정, 적대적 협동(본서 21절을 볼 것), 조화 등이 이루어지고, 여러 제도는 규제 과정으로, 또한 장치로 작동하는데, 이로 인해 시스템이 싸움을 대체하게 된다. 역사의 흐름 속에는 오류, 어리석음, 이기성, 폭력, 그리고 교활함이 가득했고, 지금도 크게 달라지지 않았다. 여기서 중요한 논점은 대중이 문명사회를 개선하여 그 안에서 인간이 인간에 의해 착취되는 경우가 어느 정도 제약될 수 있는, 또한 시민적 자유의 여러 제도 아래서 개인의 자아실현이 크게 확대되는 하나의 활약 무대가 될 수 있도록 애써 노력하거나 진전을 이루려 한 적이 전혀 없었다는 점이다. 이를 수행한 것은 역사상의, 선택된 계층인데, 대개 이들은 그 행위 결과를 의도하거나 예견해서가 아니라, 전혀 다른 목적, 아마도 계층의 이기적인 목적을 고려하여 이를 수행했을 것이다. 한 사회는 부분으로 이루어진 전체다. 모든 부분들은 각기 행동에 관한, 그리고 사회의 고통 분담에 관한 합당한 몫이 있다. 모든 부분들은 각자 사회 속에서 이루어지는 생활과 일들에 기여한다. 우리는 이러한 부분들이 행한 모든 것에서 나타나게 된 모든 결과를 물려받는다. 어떤 결과는 좋고 어떤 것은 나쁘다. 유용한 일만을 하고 도움이 될 수 있는 희생만을 한 계층과, 쓸데없이 짐만 되고, 해악만을 미치는 계층을 딱 꼬집어서 말하기란 전적으로 불가능하다. 지금까지 행해진 모든 것(all)은 모든 사람(all)이 행한 것이다. 이 이외의 어떤 견해도 합리적이지도, 참되지도 못하다는 점은 분명하다. 이렇게 말하는 한 가지 이유는 행하는 바와 관련된 오늘날의 사람들의 의지와 의도는 그들이 행하는 바의 내일의 결과와 별다른 관련성이 없기 때문이다. 우리에게 계승된 바로서의 종교, 결혼, 재산 혹은 군주제 등은 이기성과 폭력이 이들의 역사와 얽혀 있다. 하지만 그렇다고 해서 이들이 '악이다' 혹은 '비난이나 경멸의 대상이다'라고 판단하는 것은 사회철학자들이 순간적으로 갖는 느낌 중에서 가장 터무니없는 것 중의 하나다.

57. 일반인

모든 문명사회는 최하층 대중에게 수반되는 무지, 빈곤, 범죄, 질병이라는 무거운 부담을 안고 가야만 한다. 이러한 사회에는 모든 사회 정책에 뚜렷한 입장을 취하지 않는 대규모의 무리가 대중의 중심을 차지하고 있다. 이들은 타성과 전통에 젖어서 살아간다. 그들은 사납지는 않지만 천박하고, 마음이 좁으며, 편견의 지배를 받는다. 그럼에도 그들이 해악을 끼치는 것은 아니다. 그들은 진취적인 정신이 부족하고, 좋고 나쁨을 판단하는 데 자극이 되지 못한다. 이러한 무리가 범죄를 저지르는 일은 별로 없다. 그들이 가지고 있는 고정 관념이나 편견에 호소하면, 그들은 자극을 받기도 한다. 이들의 모레스는 그들보다 상위에 있는 계층들과 접촉하면서 영향을 받는다. '대중화' 작업은 바로 이와 같은 접촉을 이끌어내는 데 있다. 만약 하위분류 집단의 분포가 균형을 이루고 있지 못하다면, 중간층은 그 사회의 수학적 평균치나 수학적 최빈도 부근에서 형성된다. '일반인', '평균인', '보통사람'은 최빈치에 속하는 사람이다. 최빈치에 속하는 사람과 민주 정치와 관련된 시설, 예컨대 연단(演壇), 신문, 공공 도서관 사이에는 끊임없는 반작용이 일어난다. 이러한 작용을 통해 습속이 조종되고 보존된다. 현대 국가의 모든 제도와 문헌이 지향하는 바는 최빈치에 속하는 이러한 사람을 만족시키는 것이다. 평범한 사람의 목표는 이와 같은 시설과 문헌들에서 자신이 마음에 들어 하는 바를 얻어내는 데 있다. 선정적인 신문이 잘 팔리고, 다른 모든 신문을 대체하는 이유는 보통사람들이 좋아하기 때문이다. 삼류 소설이 잘 팔리는 이유는 평범한 사람들의 아내와 딸이 좋아하기 때문이다. 통속 잡지의 광고는 평범한 사람들에게 초점을 맞춘다. 이러한 광고는 평범한 사람이 원하는 바를 보여준다. '익살스러운 기사'는 평범한 사람의 유머 감각에 맞춰져 있다. 이렇게 보았을 때, 이 모든 현상은 평범한 사람의 특징을 보여주는 징후(symptoms)다. 이들은 평범한 사람이 '믿고 있는' 바를 보여주고, 그의 편견을 강화한다. 만약 모든 예술, 문학, 법률, 그리고 정치적 힘이 평범한 사람들에게 맞추어져야 한다면 그들이 누구이며, 어떤 특징을 갖추고 있는지가 어느 정도의 차이를 만들어낼 것이다. 사회에서 그가 속해 있는 계층이 전체 모레스의 특징을 결정한다.

58. '국민', 대중의 충동

다수를 차지하는 중간 계층이 다른 층에 독립해서 조직을 이루고 있다면 민주국가에서 지배력을 갖는 것은 그들이다. 이들은 특별한 기술적인(technical) 의미에서 '국민'을 이루는 계층으로, 국민이라는 표현은 오늘날 정치에서 널리 사용되고 있다. 그들은 국민이 가지고 있는 '지혜'에 관한 제퍼슨 류(Jeffersonian)의 신조(信條)를 적용할 수 있는 바로 그 대상이다. 하지만 국민은 결코 독립적인 조직이 아니다. 바꾸어 말하자면 '국민'은 결코 정치권력을 행사하는 단체로는 존재하지 않는다는 것이다. 한 집단의 중간 계층은 자신들의 생활방식과 생각에 부합되는 자극을 느낄 경우 열광하게 될 것이다. 이들 집단은 중요 인물들에 집착하고, 일화를 즐기며, 가벼운 정서를 좋아하고, 자신들의 덕행에 대해 자랑스러워한다. 어떤 사람이 이러한 계층에서 대중성을 확보한다면, 그 사람의 이름이 이러한 층의 사람들에게 주게 되는 자극은 불가항력적이다(제퍼슨과 잭슨처럼). 중간 계층은 상징이 주는 의미에 크게 영향을 받는다. 예컨대 '국기(國旗)'는 맹목적인 숭배 대상으로 발전할 수 있으며, 열광이 이를 둘러싸고 조성될 수 있다. 이들에게는 국기에 대한 집단적 자부심이 매우 강하게 나타난다. 상황이 평탄하고 물질적 안녕이 매우 잘 보장되면 중간 계층은 애국의 감정과 신념을 기꺼이 가지려 한다. 중간 계층의 특징, 그리고 생활방식에서 촉발되는 자발적이면서 모두가 하나같이 느끼는 어떤 자극이 계기가 되어 이러한 계층에서 동요가 일어나면 단지 최소한으로 조직을 갖추어도 엄청난 결과가 초래될 수 있다. 아리스토텔레스가 목도한 바처럼 "약간의 번영과 일부 관념들은 대중을 격발시키는 효소(酵素)다. 이것이 기회를 제공하고 출발의 계기를 만들어내며, 이 경우 발전은 필연적으로 이어진다."[118]

59. 선동

대중이 느끼는 모든 충동은 그 성질상 돌발적이고, 일시적이다. 대중을 계몽하려는 그 어떤 체계적인 기획도 성공적으로 수행된 적은 없었다. 지금까지의 교육 캠페인은 교육을 하려면 시간이 필요하다는 사실

---

[118] Gumplowicz, *Sociologie und Politik*, 126.

을 무시하는 오류를 포함하고 있었다. 교육은 삶의 부차적인 것으로 취급되어서는 안 되며, 소기의 원하는 결과를 얻기 위해 6개월간 이루어지는 주요 사업처럼 여겨져서는 안 된다. 교육 캠페인은 비민주적이다. 이러한 캠페인은 어떤 한 명이 교사이고, 다른 누군가가 학생임을 시사한다. 이는 단지 대중의 관심을 백일하에 드러내고, 대중의 편견을 더욱 견고히 하는 결과를 낳을 따름이다. 한편 선동은 좋아하는 생각, 숨은 광신 등에 능숙하게 호소하는데, 이는 대중을 우르르 몰려들게 할 것이다. 중세에는 이에 대한 사례가 다수 있다. 마흐디들(Mahdis),[119] 그리고 다른 이슬람 예언자들은 이러한 유형의 놀라운 현상을 창출했다. 중서부 3~4개 신문사의 체계적인 노력으로 1878년에 있었던 은(銀) 선동은 미국 지폐법 개정안이 대중화시키려 한 통화 개념에 문제를 제기하기 위한 것이었다.[120] 어느 사회에서나 대중의 잘못된 생각이나 정열에 능숙하게 호소함으로써 열광과 광란이 나타나게 할 수 있다. 그런데 무엇이 이와 같은 열광과 광란의 가능성을 제약할까? 그 답은 모레스에 있다. 모레스는 어디까지가 상식인지를 정하고, 대중이 익숙해져 있는, 수단과 방법 준수에 관한 습관을 정한다. 대중 선동이 무모하고 의심스러운 방법인 것은 바로 이와 같은 이유 때문이다. 일반 대중은

---

[119] (옮긴이 주) 이슬람(교)의 구세주. 원래 '바르게 인도하는 자'를 뜻한다. 이슬람에서는 마흐디를 종말이 다가왔을 때 출현하여 이 세상에 평안을 가져다주는 존재라고 믿고 있다.
[120] (옮긴이 주) 은 선동: 미국 남북전쟁 후 북동부가 기선을 잡은 미국 정부는 국제무역에 유리하도록 금본위제를 도입하고자 1873년 화폐주조법을 개정해 은화 주조를 중단했다. 이후 미국 국내 물가가 하락하며 경제불황이 닥치자, 농산물 가격이 오르는 인플레이션을 바랐던 농장주들과 은(銀) 광산 소유자들을 중심으로 은화를 부활시켜야 한다는 논의가 활발해졌다. 그 결과 1878년 블랜드-앨리슨 법(Bland-Allison Act)이 미국 의회를 통과했다. 골자는 보조화폐로서 은을 부활시킨 것으로, 재무부가 매달 200만~400만 달러어치의 은을 매입해 금화와 1대 16의 비율로 교환되는 은화를 주조하게 되었다.

통속성을 갖는 위대한 판관(判官)이다. 그들은 채택이나 거부의 방법을 통해 모레스 변화에 대한 모든 제안의 운명을 최종적으로 결정한다. 이러한 대중은 안정성을 갖추려 하면서 중용을 취하려 한다. 대중 선동은 일반 대중의 판단을 허물어 버리고, 상당히 다른 특징이 요구되는, 독창적이면서 창조적인 기능을 일반 대중에게 도입한다.

60. 대중을 지배하는 요소

대중은 스스로가 가지고 있는 여러 요소가 행사하는 지배적인 영향력에 좌우된다. 민주국가에서 위기가 발생하면 MN(68쪽의 도표를 볼 것)에 가장 가까운 최대 다수의 계층에 관심이 집중된다. 하지만 쟁점이 되는 현안이 자신들의 관심이나 허영심에 직접 호소하는 경우가 아닌 이상, 대중은 좀처럼 스스로 결정하는 힘을 갖지 않는다. 나아가 이들 계층은 그들의 바로 위 혹은 바로 밑의 계층과 결합하지 않으면 지배력을 발휘할 수가 없다. 이렇게 보았을 때 대중 PQRS에게는 항상 대중의 어떤 부분이 전체 대중을 움직일 것인지가 중요한 문제다. 좀 더 구체적으로 말해, 대체로 문제는 'A 혹은 B를 통과하는 선 위의 계층이 어떤 성격을 갖추고 있으며, 이들이 나머지 PQRS와 어떤 관계에 놓여 있는가?'다. PQRS 계층의 상위 부분이 고용주로, 이보다 낮은 부분이 피고용인으로 이루어져 있다면, 그리고 이들이 서로 증오하면서 싸움을 벌인다면 사회의 결속력과 공감대는 더는 힘을 발휘하지 못할 것이고, 그 사회의 모레스는 불화, 격분, 성마름으로 특징지어질 것이며, 정치적 위기가 어느 정도 심각한 수준에 이르게 될 것이다. 왜냐하면 정당들이 얼마 있지 않아 여러 계층의 분파들과 의견을 맞출 것이기 때문이다. PQRS의 상층 부분은 호화롭지는 않지만 안락한, 그러면서도 문화와 지성을 갖추고, 최상의 가족 모레스를 갖춘 계층으로 구성되어 있다. 이들은 일반적으로 강한 도덕심, 공공 정신, 그리고 책임감이 있는, 교육을 잘 받은 계층이다. 만약 우리가 야망과 교육 덕에 현대 문명국가에서 이루어지고 있는 PQRS의 낮은 층에서 상층으로의 이동에 대해 잘못 생각하는 것이 아니라면, 우리는 다음과 같이 생각해볼 수 있다. 사회적 가치를 지니는 사회의 모든 요소들이 노력과 극기를 통해 개발되고 단련된 이래, 이러한 요소들에 의해 상위 대중층의 힘이 지속적으로 강화되고 있다. 그 결과 대중에 관한 정책 결정에서 상위 대중층이 차지하는 비중이 얼마만큼 되는가는 흔히 공공의 복리에 결정적인 영향을 미친다. 반면 사회 변동이 가장 격렬한 충동성을 갖는 경우는 RS의 바로 위 계층에게 대중이 지배되는 경우다. 혁명적이라고 일컬어질 수 있는 활동이나 정책은 이들 계층에서 나타난다. 비록 다른 경우에는 이들 계층이 이유와 사실을 무시하면서 대중의 전통에 가장 완고하게 집착하지만 말이다. 오늘날의 노동조합주의(trade unionism)[121]는 RS 바로 위에 위치한 대중의 구역에서 그 유래를 찾아볼 수 있는 일종의 사회관이자 정책 프로그램이다. 프랑스 혁명은 최상층 대중에서 시작되었고, 이들의 통제력은 차례로 하층으로 전달되어 최종적으로 최하위층에 이르렀다. 이리하여 폭도들이 대도시의 빈민가에 결집하게 된 것이다.

---

[121] (옮긴이 주) 자본주의 제도를 인정하면서 노동 운동의 목표를 임금인상과 노동 조건의 개선 등 노동자의 경제적 지위 향상으로 제한하려는 노동조합 운동에 관한 사상. 이러한 입장은 노동조합의 정치적 기능을 부정한다.

61. 모레스와 제도

제도와 법은 모레스로부터 만들어진다. 제도는 개념(생각, 관념, 신조, 이해 관심)과 조직으로 이루어진다. 여기서 조직이란 일종의 틀이나 장치를 말하며, 특정 국면에서 규정된 방법으로 협력하기 위해 배치된 다수의 직원을 말한다고도 할 수 있다. 조직은 특정 개념을 신봉하며, 이러한 개념을 사회 속에서 살아가는 인간들의 이익에 도움이 되는 방식으로 사실의 세계와 행동의 세계에 도입할 방편들을 제공한다. 제도는 점차 성장하거나 법제화된다. 제도가 점차 성장하는 경우는 모레스를 탄생시킨 본능적인 노력을 매개로 모레스 안에서 그 모양새가 갖추어질 때다. 이러한 노력이 오랫동안 이루어지면서 명확하면서도 구체적인 모습으로 전환된다. 재산, 결혼, 그리고 종교는 가장 기본적인 제도다. 이들은 습속에서 비롯되어 관습이 되었다. 이들은 설령 조야한 복리 개념이라고 해도 추가됨에 따라 모레스로 발전을 이루게 된다. 이어서 이러한 제도들은 규칙, 규정된 행동, 그리고 활용되어야 할 장치라는 측면에서 더욱 명확하고도 구체적인 모습을 갖추게 된다. 이러한 과정을 통해 조직이 만들어지고, 제도가 완성된다. 법제화된 제도들은 이성의 고안과 의도의 산물이다. 이러한 제도들은 고도의 문명에 귀속된다. 은행은 미개의 상태까지 기원을 거슬러 올라갈 수 있는, 관례에 바탕을 두고 만들어진 신용 제도다. 경험에 대한 이성적 반성의 인도를 받아 인간은 널리 통용되게 된 용례를 체계화하고 정리했고, 그리하여 법이 규정하고, 국가 권력이 제재하는 실질적인 신용 제도가 만들어진 시대가 왔다. 번영을 누리면서 힘을 발휘하는 법제화된 제도 중 다른 것이 섞이지 않은 것들을 찾아보기란 어렵다. 어떤 목적을 위해 무에서 하나의 제도를 고안하고 만들어내기도 무척 어렵다. 미국

헌법에 규정되어 있는 대통령 선거인단은 그 한 사례다. 이 사례에서 사람들은 이러한 고안물에 정신이 팔려 버렸고, 이로 인해 국민의 민주적인 모레스는 입안자들이 원래 계획한 바와는 전혀 다른 무엇인가로 전환되어 버렸다. 간혹 합리적 측면이 제도 안에 너무 크게 자리 잡고 있어서 모레스 내에서의 그 기원을 역사적인 탐구 방식 이외의 다른 방식으로는 확인할 수 없지만, 모든 제도(입법부, 법원, 배심제, 주식회사, 증권거래소 등)는 모레스에서 출발한다. 소유권, 결혼, 그리고 종교는 지금도 거의 전적으로 모레스의 범위 내에 있다. 원시 상태의 인간 사회에서는 남성들이 가능하다면 아무 때나 여성을 붙잡아 차지하려 했을 것이다. 남성은 우월한 힘이라는 자신이 지닌 최고의 정당화 방법을 이용하여 이러한 행동을 했다. 그러나 그의 행위로 인해 그가 속한 집단과 여성이 속한 집단 간에 싸움이 일어날 수 있었고, 이로 인해 그의 동료들에게 해악을 끼칠 수 있었다. 이 때문에 그들은 여성 포획을 금하거나 이에 대한 조건을 달았다. 그 한계를 넘어 개인이 전과 다름없이 완력을 사용하는 경우도 있었다. 하지만 그의 동료들은 이에 대해서는 더는 책임질 필요가 없었다. 이러한 조건 하에서 그가 여성을 붙잡아 차지하는 데 성공하면 그가 누리는 혜택은 배가되었을 것이다. 사로잡은 여성에 대한 그의 통제는 절대적이었다. 제한된 조건에서 '생포'는 전문적이고 제도적인 것이 되었고, 이로부터 권리가 생겨났다. 여성은 관습이 정한 지위를 부여받았고, 그들의 지위는 실제 포로와는 커다란 차이가 있었다. 사회와 그 제재 하에서 결혼은 한 남성과 한 여성이 맺는 제도적 관계였는데, 남성은 여성을 규정된 방식으로 얻었으며, 이때 여성은 '아내'가 되었다. 오늘날의 모든 문명사회에서 그렇듯이, 이러한 여성의 권리와 의무는 모레스에 의해 정해졌다.

62. 법

법률 제정 행위는 모레스에 그 기원을 둔다. 하등 문명에서는 모든 사회의 규제가 관습과 금기를 통해 이루어지며, 그 기원을 알 수 없다. 실증과 고찰, 그리고 비판의 단계에 도달할 때까지는 실정법을 제정하기가 불가능하다. 이러한 지점에 도달하기 전까지는 오직 관습법 혹은 불문법만이 존재한다. 관습법은 어떤 삶의 원칙을 성문화하거나 체계화한 것을 말한다. 하지만 이는 여전히 관습의 단계에 머물러 있다. 마누(Manu) 법전과 유스티니아누스(Justinian) 법전은 그 사례다. 조상에 대한 존경심이 매우 약해져서 실정법을 제정하여 전통 관습에 개입하는 일이 더는 잘못이 아니라고 여겨질 때까지는 법 제정이 가능하지 않다. 이러한 시기에 이르러서도 법 제정에는 저항이 있으며, 과도기 단계를 거치는데, 이 단계에서는 해석을 통해 전통 관습을 새로운 사태에 확대 적용하면서 해악을 막는다. 하지만 법률은 현존하는 모레스에서 존립 기반을 구해야만 하며, 법률이 설득력을 가지려면 모레스와 조화를 이루지 않으면 안 된다는 점이 얼마 지나지 않아 분명해지게 된다.[122] 모레스 안에 있던 것들은 경찰의 규제 안으로 들어가고, 이후 실정법에 편입된다. 간혹 '여론'이 경찰의 규제를 재가하고 승인해야 한다는 주장이 제기되기도 한다. 하지만 이러한 의견은 불충분한 분석에 근거한 것이다. 규제는 모레스에 따라야 하는데, 그 이유는 대중이 규제를 지나치게 허술하거나 엄격하다고 생각하지 않아야 하기 때문이다. 도시와 시골의 규제는 동일하지 않다. 이에 따라 가령 어느 한쪽 주민이

---

[122] "테오도시우스와 호노리우스 치하에서의 황제의 칙령과 칙답서는 감지하기 어려운, 그리고 은근히 저항할 수 없는 보편적인 사회적 필요 혹은 정서에 의해 무력화되었다." – Dill, *Roman Society from Nero to Marcus Aurelius*, 255.

만들어놓은 알코올음료에 관한 법률을 다른 쪽에 적용하면 성공을 거두지 못한다. 음주 장소, 도박 장소, 그리고 매음굴에 대한 규제는 앞에서 이야기한 바와 같은 단계를 거쳤다. 어떤 문제를 모레스 하에 남겨둘 것인지, 아니면 이를 관장하는 경찰의 규제를 제정할 것인지, 혹은 이를 형법상의 규제 대상에 포함할 것인지는 항상 편의상의 문제다. 내기, 경마, 위험한 운동, 전차, 그리고 차량과 관련된 문제는 현재 명문화된 법이 제정되는 과정을 거치고 있다. 이들은 구체화되어 있지 않은 모레스의 통제를 벗어나 있는 듯이 보인다. 법률이 제정되면 관습의 융통성이 희생되고, 관습의 자율 대응이 자동적으로 이루어지지 않게 된다. 그럼에도 법 제정은 구체적인 제재 방법을 제공한다. 법은 의식적으로 목적을 염두에 두게 되면서 제정되는데, 사람들은 사회 내에서 그와 같은 목적을 실현할 구체적인 방안을 마련할 수 있다고 생각한다. 이어서 금지가 금기의 자리를 대신하며, 처벌은 복수보다는 제재를 가하기 위해 고안된다. 서로 다른 사회, 혹은 서로 다른 시대의 모레스는 사회의 목적을 실현하기 위해 얼마만큼 기꺼이, 그리고 자신감을 가지고 실제로 법 제정이라는 방법을 사용하는지 여부에 따라 서로 다른 특징을 나타낸다.

63. 법과 제도가 모레스와 어떻게 다른가

습속이 제도나 법이 되면 그 특징이 바뀌고, 이에 따라 모레스와 구분이 이루어져야 한다. 모레스에는 감정과 신념의 요소가 내재되어 있다. 이에 반해 법과 제도는 합리적이고 실용적인 특징을 가지며, 더욱 기계적이고 공리적이다. 양자 간의 커다란 차이는 모레스가 명확한 방식이 없고 규정되어 있지도 않음에 반해, 제도와 법은 구체적으로 존재한다는 특징을 갖는다는 점이다. 습속에는 세계관이 내재되어 있다. 이것이 명확하게 겉으로 표현되면 전문적인 철학이 된다. 객관적인 견지에서 보았을 때 모레스는 기존의 생활 조건 아래서 복리에 실질적으로 기여하는 관습이다. 법과 제도 하의 행동은 의식적이고 자발성을 갖는다. 이에 반해 습속 하에서는 행동이 항상 무의식적이고 비자발적이다. 이에 따라 이때의 행동은 자연적 필연성(natural necessity)이라는 특징을 나타낸다. 교육을 통한 숙고와 회의(懷疑)는 행동과 동기 사이의 이와 같은 자연발생적인 관계를 흔들어 놓을 수 있다. 실질적인 규범으로서의 법이 채택되면 법은 모레스를 대체한다. 이렇게 보았을 때 모레스는 법과 법정이 효율적으로 자신의 역할을 하지 못하는 곳에서 영향력을 발휘한다. 모레스는 법이나 경찰의 규제가 이루어지지 않는 공동생활 속의 광범위한 분야를 아우른다. 또한 모레스는 광범위한 미지의 영역을 포괄하며, 전혀 통제되지 않는 새로운 영역으로까지 그 영향을 미치는데, 이러한 방식으로 모레스는 시간의 흐름에 따라 새로운 법과 경찰 규제를 탄생시킨다.

64. 모레스와 몇몇 이와 유사한 것들 간의 차이

의도적인 연구나 이성적이면서 의식적인 반성의 산물, 자발적인 제휴를 통해 공식적으로 채택한 계획, 의식적으로 선택한 합리적인 방법, 근거를 바탕으로 한 명령과 금지, 그리고 구체적으로 이루어지는 온갖 관례적인 조정 등은 모레스에 포함된 것들이 아니다. 이들은 그 자체에 내재해 있는 이성적이고 의식적인 요소 때문에 모레스와 차이가 있다.

우리는 용례(usage)와 모레스 또한 구분할 수 있을 것이다. 용례는 복리에 관한 원칙이 포함되어 있지 않지만, 모든 사람이 이를 통해 무엇을 할지 알고 있는 한에서 생활에 편의를 제공하는 습속이다. 예를 들어 동양인들은 존경을 표할 때 머리는 모자 등으로 가리지만 발은 노출한다. 하지만 서양인들은 반대다. 존경을 표하는 것과 이 용례들 사이에는 아무런 본래적이면서 필연적인 관계가 없다. 하지만 용례가 존재하고, 모든 사람이 이를 알고 준수하면 사람들은 이익을 보게 된다. 만약 사람들의 충분한 이해를 얻어서 확립되었다면 어떤 삶의 방식이든 이는 다른 방식들과 다를 바 없는 가치를 갖는다. 공공 예절로서의 습속은 모레스에 속한다. 이렇게 말하는 이유는 이와 같은 습속이 그 나아갈 방향을 결정하는 복리와 실질적으로 관련되기 때문이다. 예의범절과 겸손에 관한 습속은 때로는 전적으로 인습적이고, 때로는 본래적으로 실질적이다. 유행, 변덕, 뽐냄, 겉치레, 이상(理想), 열광, 대중적인 망상, 어리석은 행동, 그리고 악습들은 모레스에 포함되어야 한다. 이들은 특유의 성질을 가지며, 특유의 영향력을 행사한다. 아무리 다른 시대 사람들에게 보잘것없고 어리석게 보인다 해도, 이들은 더욱 잘 살고자 하는, 어떤 이익을 충족하고자 하는, 혹은 어떤 좋은 일을 이루고자 하는 시도 방식을 담고 있다. 과장을 일삼는 광고업자들은 관심을 얻기 위한 술책을 사용하고, 대중의 약점과 어리석음에 호소한다. 저널리즘의 방법, 선거운동의 수단, 정치운동에서의 웅변적이고 열광적인 과도한 언행, 오늘날 사람들을 기만하기 위해 사용하는 방법과 선정적인 방법들은 모레스의 고유한 부분이 아니고 오늘날의 모레스의 모습을 짐작하게 하는 징후들(symptoms)[123]이다. 이들은 사회의 모든 구성원이

---

[123] (옮긴이 주) 겉으로 드러나는 낌새.

잘 살기 위해 협력하여 일궈낸 공동 노력의 산물이 아니다. 이들은 타인의 마음에 암시를 주려는, 창의력을 동원하여 만들어낸 의식적인 고안물이다. 모레스는 그 시대, 그 사회의 신념, 관념, 기호, 욕구 등의 밑바탕이 되는 사실이라 할 것이다. 이 모든 행동 양식은 모레스에 호소하고, 모레스는 이들의 존재를 입증한다.

65. 모레스의 장점과 단점은 무엇인가

다음과 사실을 깨닫는 것은 매우 중요하다. 한 시대와 장소의 사람들 입장에서는 그들 자신의 모레스가 항상 좋은 것이다. 달리 말해 자신들이 받아들이는 모레스의 좋고 나쁨에 대해서는 의문의 여지가 있을 수 없는 것이다. 그 이유는 선과 악의 기준 자체가 모레스 내에 있기 때문이다. 생활 조건이 바뀔 경우 전통적인 습속은 고통과 손실을 야기할 수 있고, 이전과는 동일한 선(善)을 야기할 수 없다. 이때 평안함과 안락함이 사라져 버림으로써 복리에 대한 판단이 의심스러워지고(예컨대 신(神) 혹은 군사력 혹은 건강이 주는 만족에 의심이 제기되고), 결국 모레스가 담고 있는, 사람들이 의식하지 못하는 세계관이 의심을 받게 된다. 이러한 모레스에 대해서는 후대에 평가가 내려지게 될 것이며, 또 다른 사회 역시 그러한 모레스에 대해 평가를 할 것이다. 모레스에 대한 학문적, 역사적 연구를 하면서 우리는 이로부터 교육적 가치를 확보할 수 있길 바란다. 이러한 교육적 가치는 사회적으로 어떤 것이 좋거나 나쁜 효과를 발휘하는지와 관련한 자극 혹은 경고가 되는 데서 발견된다. 우리는 이와 같은 교육적 가치를 통해 유아살해, 노예제 혹은 요술과 같은 현상을 오랜 '학대'와 '악습'이라고 하여 거부하거나 무시할 수 있게 되고, 이들을 되풀이해서는 안 되는 어리석은 행동으로 간주하여 개혁 운동을 통해 척결할 수 있게 된다. 물론 이와 같은 과정을 통한 행동이 커다란 실수가 될 수도 있다. 어떤 시간과 장소에서 채택되고 있는 모레스 안의 모든 것은 그 시간과 장소에서는 정당한 것으로 간주되어야 한다. '좋은' 모레스는 그 상황에 잘 적응한 것들이다. '나쁜' 모레스는 그처럼 적응이 이루어지지 않은 것들이다. 언뜻 보기와는 달리 모레스는 생각보다 정형화되지 않았고, 변하지 않는 것도 아니다. 그 이유는 모레스는 상황과 이해관계에 더욱 완벽하게 적응하는 방향으로, 그리고 더욱 완벽하게 조정하는 방향으로 부단하게 움직이고 있기 때문이다. 집단 내의 사람들이 그들 자신의 이익에 손해를 미치려고 관습을 만들거나 유지하는 경우는 결코 없다. 물론 그들이 자신들에게 무엇이 이익이며, 어떻게 이를 충족시킬 수 있는지와 관련해서 수많은 오류를 범해온 것은 분명 사실이다. 하지만 그들은 항상 자신들이 할 수 있는 한 최대로 자신들의 이익에 도움이 되는 바를 지향해 왔다. 이러한 사실은 모레스 연구자들에게 관점을 제공한다. 모레스 안의 모든 것은 연구자들에게 동일한 면모를 보여준다. 이들은 모두 교훈과 경고를 준다. 또한 이들은 모두 권력, 그리고 복리와 동일하게 관련을 맺고 있기도 하다. 이들 안에 포함되어 있는 잘못은 이들을 구성하는 요소다. 우리가 이들을 연구하는 이유는 이들 중 일부를 받아들이고, 나머지를 비난하기 위해서가 아니다. 이들은 모두 존재했고, 또한 사용되었다는 사실만으로도 모두 동등하게 관심의 대상이 될 자격을 갖추었다. 이들에 대한 연구의 주요 목적은 이들이 이익과 조정을 이루는 방식, 이들의 복리와의 관계, 그리고 조화로운 생활 방침 체계 내에서의 이들 간의 협조 방식 등을 탐구하는 데 있다. 한 시대의 인간에게는 '나쁜' 모레스란 존재하지 않는다. 전통적인 것, 그리고 통용되고 있는 바가 곧 당위의 기준이다. 대중은 이러한 문제들에 전혀 의문을 제기하지 않는다. 일부 사람들이 의심과 의문을 제기한다면, 이는 습속이 이미 그 안정성을 상실하기 시작했으며, 모레스의 규제적 요소가 그 권위를 상실하기 시작했음을 보여주는 것이다. 이는 습속이 새로운 조정 상태로 나아가고 있음을 시사한다. 마녀 박해는 모레스의 극단적인 어리석음, 사악함, 그리고 터무니없음을 보여준다. 하지만 17세기에는 최고의 인사들마저도 마녀가 존재하며, 이들을 화형에 처해야 한다고 생각했고, 이를 전혀 의심하지 않았다. 그 시대의 종교, 치국책(治國策), 법 체제, 철학, 그리고 사회체제는 모두 이러한 믿음을 유지하는 데 도움이 되었다. '모든 인간은 평등하며, 국가 내에서 사람들은 다른 사람과 동등한 정치권력을 가져야 한다'는 교의가 19세기 정치적 교의와 사회관의 정점(頂點)이었던 것과 마찬가지로, 마녀 박해에 대한 생각은 여러 신념과 확신 간의 자가당착적인 모습이라기보다는 오히려 그 당대의 신념과 확신의 정점이었다. 이렇게 보았을 때 습속이 미친 좋은 결과, 혹은 나쁜 결과에 대한 우리의 판단은 이들의 역사적 현상에 대한 연구, 그리고 이들의 장점과 그 근거들에 대한 연구와 분리되어야 한다. 이에 대한 판단은 과거를 되돌아보기 위해서가 아니라, 미래를 위한 계획과 신조를 세우는 데 도움이 되기 때문에 의미가 있는 것이다.

66. 모레스에 대한 더욱 정확한 정의

이제 우리는 모레스를 더욱 완전하게 정의할 수 있을 것이다. 모레스는 한 사회에서 인간의 욕구와 욕망을 충족시키고자 널리 취해지고 있는 행동 방식이다. 여기에는 그러한 방식에 내재해 있는 좋은 삶에 대한 신념과 관념, 그리고 규칙과 기준이 포함된다.

이와 같은 요인이 포함된다는 점을 고려한다면 모레스는 한 사회 혹은 한 시기에 고유한 성격(에토스)적 특징이라 할 수 있다. 모레스는 원기를 돋우면서 길잡이 역할을 하기 위해 추상 세계에서 행동의 세계로 돌아와서, 인생을 살아가면서 겪는 모든 절박한 상황에서의 사고방식에 스며들어 통제를 가한다.

"모레스는 어떤 숙고보다 앞서 존재했던 개인의 정치적, 사회적, 종교적 행동을 규제하는 주체다. 의식적인 고찰은 모레스의 최악의 적이다. 이렇게 말하는 이유는 모레스가 아무도 의식하지 못한 상태에서 탄생하여 아무도 의식하지 못하는 목적을 추구하기 때문이다. 이러한 목적은 대개 우회적이면서 긴 과정의 고찰을 거치고 난 후에야 비로소 파악된다. 의식적인 고찰이 모레스의 적이라고 말하는 또 다른 이유는 모레스가 숙고의 간섭을 받지 않으면서 널리 수용되고 확산되어야 편하게 활용될 수 있다고 흔히 가정되기 때문이다."[124] "모레스는 한편으로는 전적으로 자연스러운 필요[예컨대 먹거나 자는 등의]를 표현하거나 충족하는 것이 아닌 한에서, 다른 한편으로는 개인의 독단적인 의지에서 독립해 있고, 일반적으로 훌륭하고 타당하며, 적절하고 가치 있는 것으로 받아들여지는 한에서 한 집단의 용례(usage)다."[125]

67. 의례[126]

---

[124] v. Hartmann, *Phänomenologie des sittlichen Bewusstseins*, 73.
[125] *Zeitschrift für Völkerpsychologie*, I, 439에 실린 Lazarus의 언급.
[126] (옮긴이 주) 일정한 형식에 따른, 일정한 규율을 가지는 행위. 대부분 문화적으로 유형화된 집단행동이다. 때로는 종교의례, 즉 성스러운 것을 숭배하기 위한 유형

모레스를 발전·확립시키는 절차를 의례(ritual)라고 한다. 우리의 모레스에서는 의례가 상당히 낯설며, 이에 따라 우리는 그 힘을 그다지 인식하지 못한다. 반면 미개 사회에서는 의례가 널리 행해지는 활동 방식이며, 원시 종교는 전적으로 의례와 관련된다. 의례는 훈련, 그리고 훈련을 통해 조정된 습관이 완전한 형식을 갖추게 된 것을 말한다. 권위에 의해 정해지고, 사유가 결여된 채 기계적으로 반복되는 행위가 의례로 자리 잡는다. 유아나 어린이가 의례에 따르게 되면 그들은 절대로 그 영향을 평생 벗어나지 못한다. 골튼[127]은 자신이 어렸을 때 왼손이 오른손보다 가치가 없다는 이슬람의 의례적인 관념을 접했고, 이를 결코 극복할 수 없었다고 밝히고 있다. 우리는 양육 방식에서, 예의와 공손함에서, 그리고 모든 형태의 규정된 행위에서 의례의 영향을 살펴볼 수 있다. 에티켓은 사회의 의례다. 의례란 용례를 손쉽게 따르는 것을 말하지 않는다. 이는 상세하고 꼼꼼한 규칙에 엄격하게 따르는 것을 말한다. 이는 예외나 일탈을 허용하지 않는다. 규율이 엄격하면 할수록 행동이나 품성에 미치는 의례의 힘은 더욱 커진다. 동물을 훈련하거나 아이들을 교육할 때 이들에게 효과를 발휘하는 것은 기계적인 순서의 완벽성, 불가피성, 불변성, 그리고 가차없음이다. 그들은 어떤 예외 혹은 일탈을 결코 경험해서는 안 된다. 의례는 언어, 몸짓(gestures), 상징, 그리고 신호(signs)와 연결되어 있다. 이들 사이에는 연계(association)가 이루어지며, 의지가 동의하는지와 무관하게, 반복적으로 주어지는 신호에 따라 행위가 반복된다. 이러한 현상은 연계와 습관으로 설명할 수 있다. 의례는 그것이 주기적일 때, 그리고 이것이 음악, 운문 혹은 다른

화된 행위만을 의미하기도 한다.
[127] *Human Faculty*, 216.

리드미컬한 예술과 연결될 때 더 큰 힘을 얻는다. 주기적인 단계들이 반복될 경우 여러 행동들이 의례적으로 되풀이된다. 밤낮의 바뀜은 생존 투쟁 속에서 동시대의 수많은 사람에게 자고 깨는 것, 일과 휴식의 주기를 만들어낸다. 계절 또한 작업의 주기를 만들어낸다. 한편 의례가 유용성, 편의성 혹은 복리라는 관념을 구현해 낼 수도 있다. 하지만 의례는 항상 형식화되는 경향이 있으며, 의례에 구현된 관념은 다만 어렴풋이 의식될 따름이다. 원시적인 치료법에도 의례가 포함되는데, 이는 아주 최근까지도 근절되지 않았다. 이 경우 환자는 치료약을 쓰는 것뿐만 아니라 의례를 수행할 것을 지시받기도 한다. 이러한 의례로 인해 신비적 요소가 도입된다. 이러한 사실은 의식(儀式)이 산출해내는 주술 효과가 의례와 관련되어 있음을 적절히 예시해준다. 모든 의례는 의식적이고 장엄하다. 이는 신성시되는 경향이 있고, 이와 연결되는 대상을 신성하게 만드는 경향이 있다. 때문에 미개 사회에서는 의식을 통해 경외감과 권위에 대한 복종 의식과 전통에 대한 순응 의식이, 또한 징계에 대한 위협을 통해 협조 의식 등이 주입된다. 의례는 끊임없이 암시를 작동시키고, 이러한 암시는 곧바로 행동에서 가동된다. 이렇게 보자면 의례가 사람들의 감정을 유발하긴 해도 교리를 강제로 주입하는 것은 아니다. 의례는 가장 기계적으로 이루어질 때, 그리고 아무 생각도 촉발하지 않을 때 그 힘이 가장 강하다. 의례에 치우치게 되면서 그러한 의례가 한때 가지고 있던 교의적 의미는 사라지게 되지만, 이와 관련된 습관은 계속 남아서 지속된다. 원시 종교는 의례적인 특징을 갖추었는데, 종교가 의례적이기 때문이 아니라 의례가 종교를 만들기 때문에 그러하다. 의례는 행해야 할 무엇이지 결코 생각하거나 느껴야 할 대상이 아니다. 사람들이 항상 규정된 생각을 하고, 규정된 정서를 느낄 수 있는 것은 아니다. 그럼에도 그들이 항상 규정된 행동을 할 수는 있다. 이러한 행동은 또다시 연계(association)를 통해 이와 연결되어 있던 새로운 마음과 감정을 키운다. 특히 의례나 음악, 노래, 연극 등에 의해 자유로운 상상이 쉽게 영향을 받는 어린 시절에는 그렇게 된다. 그 어떤 신조, 도덕률, 그리고 과학적 증명도 어릴 적부터 형성된 행동 습관, 그리고 이와 연계된 감정과 마음 상태만큼 남성과 여성에게 영향력을 행사할 수 없다. 이슬람은 의례의 힘을 잘 보여준다. 사람들은 기도와 규정된 무릎 꿇기 의례를 치르고자 그 어떤 업무도 중단한다. 브라만교도도 매일 정성을 들여 의례를 준수한다. 그들은 이를 위해 아침에 두 시간, 저녁에 두 시간 그리고 정오에 한 시간 동안 의례를 행한다.[128] 수사와 수녀들은 반복되는 의례를 예외 없이 수행함으로써 이를 습관화했고, 이것이 주는 정서적 효과를 개발할 절호의 기회를 갖게 되었다. 그들은 이를 통해 최고조의 종교적 만족감을 느껴왔다.

68. 모레스와 관련된 의례

모레스는 우리 모두가 의식하지 못하는 사이에 참여하는 사회적 의례다. 노동 시간, 식사 시간, 가족생활, 남녀 간의 사회적 만남, 예의범절, 오락, 여행, 휴가, 교육, 정기간행물과 도서관 이용, 그리고 생활에서 겪게 되는 다른 수많은 시시콜콜한 것과 관련해 현재 채택되고 있는 습관은 모두 이러한 의례에 해당한다. 모든 사람은 각기 모두가 행하는 바에 따라 행동한다. '모두가 행하는 대로 행하라'는 대다수의 사람이 모든 상황에서, 그리고 우리 모두가 대다수의 상황에서 따라야 할 규칙

---

[128] Wilkins, *Modern Hinduism*, 195.

으로 충분할 것이다. 우리는 암시와 연계를 통해 우리 모두가 행하는 바에 지혜가 담겨 있고, 이것이 유용하다고 생각하게 된다. 수많은 습속은 우리가 준수하는 규율의, 그리고 일상적 관례와 습관의 밑바탕이 되어 준다. 만약 우리가 이들 모든 경우에 대해 습속 안에서 행동하기에 앞서 판단을 내리지 않으면 안 된다면, 그리고 항상 이성적으로 행동하도록 강요당한다면 그 부담을 견디기 어려울 것이다. 우리는 너무나도 고마운 습관과 관습 덕에 이러한 어려움을 벗어나게 된다.

69. 집단의 이익과 방책

집단은 의식적, 무의식적으로 집단이 잘 살게 되는 기준을 선택한다. 집단은 자신들이 어떻게 살아갈 것인가를 계획하고, 목적을 채택하며, 이를 통해 집단의 자기실현이 이루어지길 기대한다. 역사를 주도하는 계층들은 이러한 집단의 계획과 행동에 관한 결정을 채택하고, 집단 구성원들에게 이를 따를 것을 요청한다. 그리스인들은 어떤 시기에는 트로이를 멸망시킨다는 국가 목표에, 다른 시기에는 페르시아인의 정복에 대항한다는 국가적 필요성에 도취해 있었다. 로마인들은 카르타고와의 경쟁을 오직 하나의 국가만이 살아남게 되는 투쟁으로 생각했다. 스페인은 이베리아반도 내 무어족(Moors) 정치세력을 전복시켜 그들을 모두 기독교인으로 교화하려고 노력했는데, 그 일환으로 순수 '기독교' 국가(교조적인, 그리고 기독교적 조직이라는 의미에서)가 되는 것을 국가의 목표로 삼는 데까지 훈육이 이루어졌다. 이들은 커다란 대가와 희생을 치르면서 결국 무어족과 유대인을 추방했다. 독일과 이탈리아는 수세대 동안 통일 국가가 되고자 하는 국가적 희망과 바람을 가지고 있었다. 미국에서는 통일 국가가 되려는 바람이 먼로주의[129]를 공식화하거나 해석하려는 일부 시도를 매개로 국가 정책과 계획으로 자리 잡을 수 있었다. 낮은 수준의 문명사회에서는 집단의 이익과 목적이 무엇인지가 비교적 확실하지 못하다. 우리는 미개한 종족들이 특히 인접 집단들과의 관계 속에서 집단의 이익에 관한 관념을 형성하고, 집단 방책을 채택하는 경우가 흔하다고 생각해야 한다. 이로쿼이족(Iroquois)[130]은 일단 자기들끼리 동맹을 맺은 후, 인접 종족들과 전쟁을 치렀는데, 이는 그들을 복속시키거나 평화 계약을 맺도록 강제하기 위함이었다. 폰티악(Pontiac)[131]과 테쿰세(Tecumseh)[132]는 북미 인디언들을 통합하여 북미에서 백인을 추방하기 위한 인종과 관련된 노력을 기울였다.

70. 집단의 이해 관심과 습속

어떤 집단이 목표를 가지고 있다면, 그 목표는 항상 집단이 지향해야 할 이해 관심이 무엇인지를 구체화하며, 이러한 이해 관심은 습속의 발달 과정에서 개인의 이해 관심을 지배한다. 어떤 집단이 평화를 지향하고 근면을 권하는 목표를 채택할 수도 있다. 하지만 이와 같은 유형

---

[129] (옮긴이 주) 미국 대통령 제임스 먼로가 천명한 입장. 여기에는 유럽 열강이 미 대륙을 더 이상 식민지화하지 못하도록 하는 내용이, 그리고 미국이나 멕시코 등 아메리카 대륙의 주권 국가에 대한 다른 국가의 간섭을 거부하는 내용이 담겨 있다.
[130] (옮긴이 주) 북아메리카 동부 삼림지대에 살았던 아메리카 인디언.
[131] (옮긴이 주) 오타와족의 추장으로, 1760년대 영국 정부에 대한 미국 원주민 저항 전쟁의 지도자였다.
[132] (옮긴이 주) 북아메리카의 토착민인 쇼니족의 지도자.

은 역사적으로 매우 드문 사례다. 대개 미국은 신생국가가 제공하는 기회를 발판으로 문맹자와 비숙련 계층이 경제적으로 자립할 수 있는 상태로 성장할 수 있는 사회 환경을 조성하는 일을 커다란 사회적 목표로 삼는다고 일컬어져 왔다. 또한 그 무엇도 이러한 정책의 변동을 불러일으킬 수 없으며, 이러한 생각이 정치제도나 국민의 정치적 신념 안에 확고히 자리 잡고 있다고 일컬어져 왔다. 하지만 불과 몇 년이 지나지 않아 미국은 세계적인 강대국이 되고자 하는 야심에 휩싸였다. (여기서 세계적인 강대국이란 지구상의 어떤 곳에서도 살펴볼 수 있는 모든 이해 관심의 불일치를, 그리고 국가 정책의 충돌을 해결하기 위해 관여할 것이라 여겨지는 국가를 말한다.) 민주국가가 이를 지향하는 행동을 하는 것에 대해서는 놀랄 이유가 전혀 없다. 그 이유는 다른 정치 형태와 비교해보았을 때, 민주국가는 그 기능이 제한된다는 어떠한 주장에 대해서도 분개할 것이 분명하기 때문이다. 미국은 세계적 강대국의 특징을 갖추는 방향으로 나아가면서 호전적인 국가가 되었다. 과거에 '집단이 지향하는 목표'를 가지고 있었던 국가들도 호전적으로 되었다. 심지어 이들 국가는 상업과 산업에서도 전쟁에 휘말리게 되는 정책을 추구했다(베네치아,[133] 한자,[134] 네덜란드). 집단의 이익은 개인의 이익에 우선한다. 따라서 집단의 목표를 선택하고 결정하는 일은 매우 중요한 기능이며, 이는 개인의 복리에 매우 커다란 영향을 미치게 된다. 사회나 국가의 이익은 완곡하게 표현된다. 하지만 우리는 이러한 표현

---

[133] (옮긴이 주) 이탈리아 북부 아드리아해 북쪽 해안에 있는 항구 도시로, 베네토주의 주도다. 118개의 작은 섬으로 이루어졌으며 7~8세기 무렵부터 무역 도시로 성장하여 중세 말에는 동지중해 무역을 독점했다.

[134] (옮긴이 주) 중세 중기에 북해와 발트해 연안의 독일 여러 도시가 뤼베크를 중심으로 상업상의 목적으로 결성한 동맹.

을 의혹의 눈길로 바라보아야 한다. 이러한 이익은 사실상 지배층의 이익이 되기 십상이고, 지배층 외의 다른 계층들은 그들의 이익에 봉사하도록 강요당한다. 반면 올바른 지식과 건전한 판단에 바탕을 두고 있는, 실로 위대하고 지적인 집단의 목표는 모든 개인이 긍정적인 교육 효과를 얻게 되는, 활기차면서도 지속성을 갖춘 특징을 모레스에 불어넣을 수 있다. 이를 위한 핵심이 되는 조건은 집단의 목표가 '정확한 지식, 그리고 실로 건전한 판단에 바탕을 두어야 한다'는 것이다. 이익은 실재적이어야 하고, 전체의 이익이어야 하며, 이를 충족할 수단에 관한 판단은 정확해야 한다.

71. 습속 내에 포함되어 있는 힘[135]

여기서 우리는 힘(force)의 개입도 목도하게 된다. 습속에는 늘 힘이라는 커다란 요소가 포함되어 있다. 이러한 요소로 인해 경험을 거치면서, 긴급한 상황에 대처하기 위해 발달한, 편의적 수단으로서의 습속 이론은 이론상의 변화를 겪게 된다. 족장이나 주술의(呪術醫, medicine men)[136]가 관장하는 사회 조직은 힘을 증진시켜 그 사회의 이익을 도모하고자 했다. 이보다 고차적인 정치 조직의 경우도 마찬가지다. 만약 잔 갈레아초 비스콘티(Gian Galeazzo Visconti)[137] 혹은 체사레 보르자(Cesare Borgia)[138]가 이

---

[135] (옮긴이 주) force는 '권력' 또는 '힘'으로 번역되는데, 이 중에서 전자는 남을 복종시키거나 지배할 수 있는 공인된 권리와 힘, 특히 국가나 정부가 국민에 대하여 가지고 있는 강제력을 이름에 반해, 후자는 구체적인 주체가 정해지지 않은 강제력을 칭한다. 여기에서는 force를 행사하는 뚜렷한 주체가 없기 때문에 '힘'이라고 번역했다.
[136] (옮긴이 주) 주술을 행함으로써 병을 치료하는 의사.

탈리아를 하나의 전제국가로 통합할 수 있었다면 이어지는 400년 혹은 500년 동안 반도가 행복하고 번영을 이루는 역사를 써내려갔을 것이며, 결국 오늘날과 다를 바 없는 정체(政體)를 갖추었을 것이다"라는 생각은 받아들일 만하다. 하지만 족장, 왕, 사제, 전사, 정치가, 그리고 그 외 다른 관리들은 그들 자신의 이익을 집단의 이익으로 바꾸어 놓고, 사회 조직이 자신들의 이익을 위해 움직이고 싸우게 하려고 자신들이 가지고 있는 권위를 사용했다. 힘은 사회 그 자체의 것이며, 지배계층 혹은 지배자들은 이를 관리한다. 힘은 모레스의 일부로 편입되며, 모레스의 구성요소로 자리 잡는다. 흑인종의 모레스, 그리고 모든 이슬람교도의 모레스 안에는 독재의 요소가 포함되어 있다. 모든 형태의 재산, 결혼, 그리고 종교에는 힘이라는 요소가 포함되어 있다. 하지만 모레스 중에서 가장 대규모로 힘이 행사되는 경우는 단연 노예제로, 이때 힘은 일부 사람들을 강제하여 특정 사람들의 이익을 도모하는 데 활용된다. 일단 집단의 목표를 정하고, 집단의 정책을 결정하고 나면 역사를 움직이는 계층들은 그 사회 자체의 힘을 이용하여 모든 사람이 개인의 이익을 돌보지 않고 묵묵히 자신들을 따르면서 단호한 방식으로 일하고 싸우도록 강제한다. 그들은 규율과 의례라는 수단을 동원하여 그와 같은 방향으로 사람들을 이끈다. 서로 다른 종류의 모레스들 내에서 힘은 서로 다른 책략에 의해 감추어져 있다. 힘은 상존하고 있으며, 잔인하고 잔혹한 힘은 우리가 받아들이고 있는 모든 모레스의 발전에 대규모로 침투해 있다. 이는 심지어 우리가 가장 고귀하고 훌륭하다고 생각하고

---

[137] (옮긴이 주) 초대 밀라노 공작(1395년)이고, 르네상스 여명 이전인 후기 중세의 밀라노를 통치했다.
[138] (옮긴이 주) 교황 알렉산드로 6세의 서자. 마키아벨리는 『군주론』에서 그를 이상적인 전제군주로 보았다.

있는 모레스에도 대규모로 침투해 있다.

72. 권력과 권리

근대 문명국가가 갖추고 있는 최고 형태의 정체(政體)와 법규에는 모두 권리 개념이 대폭 들어가 있으며, 이 때문에 이들 국가는 흔히 법치국가라고 불린다. 우리의 정치 이념은 이와 같은 개념에 초점을 맞추고 있으며, 사회에 관한 우리의 논의는 모두 권리를 둘러싼 주장과 논쟁의 형식을 띠고 있다. 권리에 대한 교의의 역사를 살펴보면 우리는 사람들이 권리를 독립해서 존재하는 자명한 것으로 생각해 왔으며, 이러한 생각이 특히 미개 사회에 널리 퍼져있었음을 확인할 수 있다. 권리는 권력과 상반되는 것으로 알려져 있기도 하다. 하지만 이처럼 상반된다고 생각하는 입장은 우리의 모레스와 이전 세대들의 모레스가 서로 대립한다는 사실을 확인해주고 있을 따름이다. 사실 '정치철학의 모든 논점에 대해 우리가 생각하는 방식은 권리 개념에 의해 정해진다'는 것이 우리 모레스의 특징이다. 하지만 지금까지 권력 이외의 그 무엇도 권리를 만들어내지 못했다. 그리고 우리가 권력에 선거나 법정 판결을 포함한다면(우리가 그래야 한다고 생각하듯이) 오늘날 권리를 산출해낼 수 있는 것은 권력 외에 아무것도 없다. 우리는 이 문제에 대한 이전의 견해와 그 이후의 견해를 구별하지 않으면 안 된다. 우리가 어떤 행동을 하려 하고 있고, 그 행동을 할 권리에 대해 논쟁을 벌이고 있다고 가정해보자. 사실 이 중에서 어떤 한쪽을 지지하기 위해 끌어올 수 있는 권력은 그 행동을 할 권리와는 아무런 상관관계가 없다. 그럼에도 어떤 일이 행해졌고, 이것이 권력에 의해 확립되면(다시 말해 어떤 권력도 이를 뒤집지 못할 경우), 이는 우리가 알고 있는 유일한 의미의 권리로 자리 잡게 된다. 이러한 사실로부터 침해되지 않는 권리라는 개념이 이끌려 나올 것이다. 이는 그 안에 내재되어 있는 힘이 그 역할을 한 것이다. 이렇게 되지 않으면 권리는 전혀 보증받지 못할 것이다. 우리는 사람들과 정당들이 어떤 일이 일어난 것에 대해 항의하고 비난하고 호소하는 것을 목도하는데, 그들이 말하는 것은 '권리'가 아닌 권력일 따름이다. 선거는 어떤 정책을 시행할 힘을 갖는 사람을 결정한다. 선거에 패한 정당은 집권 정당이 시행하는 이러한 정책의 잘못과 부정을 공공연하게 공격한다. 이러한 일은 실제로 벌어지는데, 이는 일종의 전쟁이고, 정복이며, 약탈이라 할 것이다. 모든 사람은 세금을 내고, 병역 의무를 다해야 하며, 그 외 그에게 요구될 수 있는 다른 의무를 다함으로써 사회의 정책에 협조하지 않으면 안 된다. 소송에 대한 판결이 이루어질 경우 일방의 당사자는 이의를 제기하고 불만을 갖는다. 그는 늘 '올바름'과 '권리'를 말한다. 하지만 그는 묵묵히 판결에 따르지 않을 수 없다. 그 결과는 실질적이고 참되다는 의미에서 옳은 것이라고 일컬어진다. 그런데 우리는 일련의 결과들이 무한정 탄생하고, 이러한 결과들이 실제적이고 정당한 권리를 창출하거나 조건 짓는다는 사실에 주목해야 한다. 이렇게 하는 것이 우리가 생각하는 소기의 목적을 더욱 잘 이룰 수 있는 방법이다. 오늘날 많은 사람은 소유의 기원에는 강제력이 개입되었으며, 이에 따라 소유에 대한 권리가 없고, 정의롭지도 않다고 주장한다. 그들은 결혼이나 종교에 대해서도 동일한 주장을 하려 할 것이다. 일부는 국가에 대해서도 동일한 이야기를 한다. 1845년에 있었던 미국과 멕시코의 전쟁은 일반적으로 정당하지 못한 전쟁으로 간주되고 있다. 하지만 이러한 생각이 당시 멕시코가 양도한 영토 내에서 맺은 협약과 이를 통해 얻게 된 모든 종류의 권리, 그리고 멕시코와의 평화협정으로 얻은 영토와 여기에서 획득한 지위에 동반되는 권리에 영향을 미칠 수는 없다. 인류의 전체 역사는 그 권리 및 정당성에 관한 의문과 논쟁, 그리고 비판에 열려 있는 일련의 행위들의 연속이다. 하지만 모든 역사의 흐름은 이들 행위의 결과를 묵묵히 감내하면서 앞으로 나아가지 않을 수 없었다. 흔히 '권리'에 관한 논객들은 세상이 계속 굴러가야 하고, 논쟁이 종지부를 찍어야 한다는 사실을 간과한다. 이에 따라 논쟁은 항상 강제로 마무리된다. 이러한 마무리는 권리와 올바름에 대한 나름의 기준을 가지고 있는 사람들에게 어느 정도 불만을 남긴다. 이러한 불만을 누르는 것은 어떤 종류의 힘이다. 결론적으로 과거에 존재했고, 현재에도 존재하는 모든 권리를 만들어낸 것은 힘이라 할 수 있을 것이다. 우리가 잘못되었다고 생각하여 과거에 행해진 무엇인가를 번복, 개혁 혹은 변화시킬 것을 제안한다면, 이는 새로운 문제이자 새로운 사례로, 이와 같은 새로운 문제에 대해서는 새롭게 접근해야지 이전의 견해는 문제 해결에 도움이 되지 않는다. 우리가 역사상의 사례를 연구하고 이들에 대한 판단을 내리는 것은 새로운 미래에 있을 일들을 위해서이며, 이를 통해 우리는 더욱 현명하게 행동할 수 있게 될 것이다. 현재 사회에서 일어나고 있는 모든 것에 힘이 광범위하게 개입되고 있음을 깨닫는다면, 우리는 문명의 전 역사를 통해 힘이 작동하는 범위를 알게 된다고 해도 그다지 놀라지 않을 것이다. 오늘날의 모레스가 갖는 두드러진 특징이라 할 수 있는 권리, 의무 개념을 습관적으로 사용함으로써 우리는 사회 문제에 대한 막연하고도 불가능한 꿈을 꾸게 된다. 이 상황에서 우리는 형이상학적 개념이 실현될 수 있다고 생각하며, 이와 같은 개념을 실제적인 것으로 간주한다.

73. 습속 내에서의 신분

습속 개념을 온갖 정도의 중요성을 갖는 수많은 용례(usage)로 생각해 본다면, 다시 말해 생활 속의 모든 이해 관심을 포괄하고, 젊은이를 위한 교훈들을 만들어내며, 생활 방침을 구현하고, 품성을 형성하며, 매우 막연하고 구체화되지는 않았지만, 그럼에도 망령에 대한 두려움에 의해 제재가 이루어져 변화가 불가능한 세계관을 포함하는 의미로 습속을 본다면, 우리는 습속이 위압적인 억제력을 발휘해 사회 구성원을 항상 옭아매고 있음을 알 수 있다. 습속은 신분(status)을 만들어낸다. 집단, 혈연, 가족, 이웃, 서열, 그리고 계층 가운데 일원으로서의 위치가 그러한 신분의 사례다. 모든 남녀의 권리와 의무는 신분에 의해 정해진다. 그 누구도 어떤 신분에 편입될지에 대한 선택권을 갖지 못한다. 예를 들어 과거에는 적령기가 되면 모든 사람이 결혼을 했다. 결혼이 무엇을 의미하고, 남편과 아내의 권리와 의무가 무엇인지는 신분에 의해 정해졌다. 그 누구도 관습에 따른 관계를 변경할 수 없었다. 제도 및 계약과 구별되는 것으로서의 신분은 습속의 직접적인 산물이다. 각각의 신분은 주요 이해관계의 중심핵으로, 그 주위를 습속이 둘러싸고 있다. 신분은 출생으로 결정되는데, 이것이 도움이 되는 경우도 있고, 방해가 되는 경우도 있다. 하지만 이것이 결코 자유는 아니다. 현대에 와서 신분은 더는 유지될 수 없게 되었고, 우리의 모레스는 자유로운 상태에서 맺는 계약이라는 형태로 성장했다. 현대 문명국가에서는 대중이 힘을 발휘함으로써 신분이라는 개념이 사라졌다. 그럼에도 우리는 법과 제도에 의해 정의되고 보증되는 신분 아래서 생활하고 있는데, 때문에 우리는 역사적으로 실정 제도의 기초가 되고 있고, 지금도 여전히 모레스의 작동 방식에 영향을 미치고 있는 신분이라는 요소를 파악하고 이해할 필요가 있다. 결혼(합법적 결혼 또는 동거)을 한 남녀도 일종의 신분을 갖춘 것이다. 실제로 결혼은 모레스의 통제를 받는다. 법은 결혼을 정확하게 규정하고, 이에 대한 제재를 가한다. 하지만 법은 항상 모레스를 표현하고 있다. 남녀는 계약을 맺어 결혼 관계로 접어든다. 결혼 관계로 접어드는 양식(결혼식)은 관습에 의해 정해진다. 법은 단지 결혼을 재가해줄 따름이다. 사회적 권리와 의무와 관련해서는 어떤 남녀도 법에 규정된 신분과 다르게 나름의 계약을 통해 결혼 생활을 변조할 수 없다. 법이 규정하는 결혼 개념에는 성(聖)과 속(俗)의 형식적인 절차가 개입하는데, 이로 인해 모레스 내에서의 신분이라는 의미의 결혼 개념은 그 의미를 유지할 수 없게 된다. 개인은 친족 집단, 부족, 민족 혹은 국가 안에서 태어나고, 이에 따른 권리와 의무가 규정되는 지위를 갖는다. 시민으로서의 자유도 이러한 사실에 준해 정해진다. 다시 말해 이러한 사실을 벗어나서는 안 되며, 그 이상의 모호한 형이상학적 추상화에 따라서는 안 된다는 것이다. 총체로서의 습속은 사회 환경을 이룬다. 습속 안에서 태어난 사람은 모두 습속과 서로 타협하는 관계로 편입되어야 한다. 그는 습속의 영향 아래 놓이게 되며, 이는 그가 그 안에서 자아실현을 일궈내야 하는 생활환경 중의 하나다. 자유가 어떠한 의미를 갖건, 자유가 절대로 사회 환경에서의 해방, 혹은 사람들이 그 안에서 태어난 모레스의 영향에서의 해방을 뜻할 수 없음은 확실하다.

74. 관례화

전통적인 습속이 이성적 혹은 윤리적 검토의 대상이 되면, 이들은 더는 소박하고 무의식적인 것이 아니게 된다. 이때 우리는 이들이 조악하고, 터무니없으며, 적절치 못한 것임을 발견할 수 있게 된다. 그럼에도 이들은 관례화되면서 여전히 보존될 것이다. 관례화(Conventionalization)는 만약 그것이 아니라면 부정되고 금기시될 것을 묵인해주는 일련의 조건을 창출해낸다. 이와 같은 특별한 조건은 실제로 만들어질 수 있고, 단순한 상상으로, 모두가 존중하면서 진실로 생각하기로 동의한 것에 불과할 수도 있다. 아이들이 놀이에서 무엇인가가 존재하고 있다든가, 무엇인가가 어떤 방법으로 존재한다고 '가정할 때', 그들은 관례화를 활용하고 있는 것이다. 일부 사실이 일상적인 금기의 작동을 막을 경우 예외적인 상황이 창출된다. 고풍스러운 용례는 모두 그러한 경우로, 이들은 현재의 기준에 부합되지 않지만 고아(古雅)함을 갖추었기에 계속 사용된다. 셰익스피어나 성서의 언어에는 오늘날 금기시되고 있는 것들이 포함되어 있다. 다른 수많은 경우에서와 마찬가지로, 이 경우에도 관례화는 '현재 활용되는 타당성의 기준이 침해되었음을 외면'하는 데서 가능해진다. 생리 작용 처리 방법과 화장실 사용법도 관례화에 포함되는데, 이는 심지어 미개한 문명에서도 마찬가지다. 관례화는 일상적인 금기를 침해했다는 사실을 무시하는 데서 이루어진다. 교육을 잘 받고 자란 사람들은 말(언어), 복장, 예절 등의 실수에 관례화를 적용할 만반의 준비가 되어 있다. 동화, 우화, 소설, 연극 등에서는 짐승이 사람처럼 말할 수 있다고 설정하는 경우처럼, 모든 것들이 일정한 관례적인 이해를 따를 것이라 생각된다. 신화에서는 이러한 관례화가 반드시 필요했다. 신화를 연구할 때 우리는 신화를 믿었던 사람들이 신화에 접근할 때 사용한 관례적 가정에 대한 지식을 갖추고 있어야만 한다. 오늘날의 힌두인들은 자신들의 신화 이야기를 관례화하고 있다.[139] 신이 행

---

[139] Wilkins, *Modern Hinduism*, 317.

했다고 언급되는 것에 대해서는 현재의 인간에게 적용되는 기준이 아닌 다른 기준이 적용된다. 신화 상의 모든 것은 신화 그 자체의 논리 속에 존재한다. 이에 따라 신의 행위에 대해서는 어떤 이성적 판단이나 윤리적 판단도 내려서는 안 된다. 그와 유사한 인간의 행위에 대해서는 그러한 판단이 이루어질 수 있을지 모르지만 말이다. 또한 이야기나 연극 공연의 결과로 예견되는 도덕의 타락도 관례화로 인해 방지된다. 신이 행한다고 해서 인간도 행할 수 있다고 추론할 수는 없는 것이다. 5세기의 그리스인들은 자신들의 신화를 이론적으로 설명했고, 그렇게 함으로써 신화를 파괴해버렸다. 중세에는 사람들이 당대의 기준에 따라 교회나 성직자를 판단하지 않는 관례화의 영향 하에 있었다고 일컬어진다. 아주 많은 사람이 이러한 관례화에 유념했으며, 이에 따라 그들은 교회 내의 악덕과 죄악에 분개하지 않았다. 이처럼 관례화가 개입하여 '일상적인 모레스의 영역'으로부터 구미에 맞게 변경이 가해진 규칙과 기준의 도움을 받아 '보호를 받거나 용납이 이루어지는 특별한 영역'으로 사례들을 이전하는 것은 매우 중요한 의미를 지닌다. 이는 모레스 내에서 살펴볼 수 있는 일관되지 못한 수많은 현상을 설명한다. 이러한 과정을 거침으로써 외설적이지 않은 벗은 모습, 호색적이지 않은 부정(不貞)한 이야기가 있을 수 있게 되는 것이다. 우리는 성서, 특히 일부 구약성서의 이야기에서 관례화의 사례를 보게 된다. 극장은 관례화의 여러 사례를 보여준다. 방백, 입구와 출구, 그리고 무대에서의 기교 등은 관례화에 대해 관객이 찬동할 것을 요구한다. 무대복은 다른 곳에서는 용납되지 않을 것이다. 문학이나 학문에서의 회화적 표현이 모레스의 예의범절, 품위 등과 충돌을 피할 수 있는 것은 관례화 때문이다. 모든 예술 작품에는 관례화가 어느 정도 개입된다. 문명화되지 않은 사람들, 그리고 별로 교육을 받지 못한 사람들은 어떤 그림이 무엇을 나타내거나 의미하는지 말할 수 없다. 왜냐하면 그들은 회화 예술의 관례화에 익숙하지 않기 때문이다. 고대의 농신제(農神祭)와 사육제(謝肉祭)는 허용되는 특정 기간이 있었고, 그 기간 동안에는 관례화에 의해 일상적인 사회적 제약이 풀렸다. 미국인의 독립 기념일인 7월 4일은 다른 때 같으면 허용되지 않을 시끄러움, 위험, 그리고 성가심이 허용되는 날이다. 우리가 이를 허용하는 이유는 '그날이 7월 4일'이기 때문이다. 결혼식의 역사는 관례화의 사례를 여럿 보여준다. 이러한 의식이 행해질 때는 농담이나 익살이 용납된다. 그런데 이들이 너무나 성가시게 되었고, 이에 따라 사람들은 여기에 반발하여 이로부터 도피하는 방법을 강구하게 되었다. 목욕, 스포츠, 연극 혹은 작업에 쓰이는 복장은 관례화의 보호를 받고 있다. 어떤 상황이 당대의 용례(usage)의 변화를 요구하는 경우가 있다. 이때 관례화는 관용을 베풀면서 그 변화의 한계를 정하기도 하고, 예외적 경우를 위한 새로운 법칙을 만들어내기도 한다. 이는 금기와 유사하며, 실제로 이는 고도의 문명사회에서는 금기의 형식을 취한다. 이는 금기와 마찬가지로 두 가지 측면, 즉 파괴적이거나 보호적인 측면을 가지고 있다. 관례화는 불쾌감이 느껴질 수 있는 것에 대한 불쾌감을 없애주고(어떤 일이 오직 관례화에 의해 정해진 조건에서만 행해질 수 있을 경우), 다른 경우에는 금지되었을 것에 관용의 태도를 견지할 수 있게 한다. 낮은 수준의 문명사회에서 금기로 자리 잡고 있는 존경, 숭배, 성스러움, 고결함 등은 높은 수준의 문명사회에서는 관례화된다.

75. 없어서는 안 될 관례

관례에 따르는 사람들은 종종 참되지 못하고 위선적이라는 비난을 받는다. 자연스러워야 한다는 것이다. 체면을 차리는 것은 인습 존중의 태도를 모두 집결해 놓은 것이라는 이유로 종종 조롱의 대상이 된다. 관례화된 것 중 계속 존속되는 것은 생활 속에서 시시콜콜한 문제들을 부드럽고 순조롭게 만드는 방안을 실험하고 경험하는 데 따른 결과다. 이들은 없어서는 안 된다. 우리가 이들을 폐기하려 한다는 것은 의복을 포기하는 것과 다를 바 없다고 말할 수 있을 것이다.

76. 에토스 혹은 집단의 성격

이 장에서 습속과 모레스에 관해 서술한 모든 것은 '집단의 성격'이라는 관념과 연결된다. 이는 그리스인이 에토스라고 칭한 것, 즉 한 집단이 다른 집단과 구별되는 차이가 만들어지는 독특한 특징의 총체를 말한다. 동남아의 수많은 국가는 오랫동안 그들 외부의 다른 사람들과 친밀한 접촉을 하지 않고 서로 고립되어 살아왔다. 그러면서 그들은 전통 습속의 규율이나 고정적인 규칙에 얽매여 왔다. 이러한 규율이나 규칙은 자신의 이익을 위해 전제정치를 자행하는, 중앙 정치권력이 개입하는 영역을 제외한 나머지 모든 사회적 이해 관심에 개입했다. 그 결과 일본, 중국, 인도는 견고하고 안정적이며 매우 명확한 단위 집단으로 발전해 왔으며, 능동성과 수동성이 동시에 강하게 나타나고 있다. 일본의 지배층은 50년도 채 되지 않은 시간 내에 자신들의 전통적인 모레스를 자발적으로 포기하고 서양의 모레스를 채택했다. 그럼에도 그들이 이렇게 함으로써 그들 자신의 고유한 에토스를 상실한 것 같지는 않다. 이러한 사례는 역사적으로 유일하며, 놀라움을 불러일으킨다. 1904년 러시아와의 전쟁에서 이들 국민은 한 집단이 하나의 강력한 에토스를 가졌을 때 무슨 일이라도 할 수 있음을 보여줬다. 그들은 서로를 이해했고, 마치 한 사람처럼 행동했으며, 죽음에 대한 두려움을 억제할 수 있었다. 서양의 전술가들에게는 군대가 타격을 입어 도망가기 전까지 포화 속에서 감당할 수 있는 사상자의 비율에 대한 규칙이 있었다. 그런데 이러한 규칙이 일본인에게는 적용되지 않았다. 그들은 최후의 일인까지 버텼다. 뤼순항(Port Arthur)[140]에서 최강의 요새에 대항하면서 보여준 그들의 용맹성, 그리고 만주 전장에서 보여준 그들의 용맹성은 모든 기록을 넘어섰다. 그들은 모든 국민이 자발적으로 그 무엇도 누설하지 않겠다고 공모(共謀)한다면 육·해군의 작전을 은폐하는 방식에서 어떤 결과가 나타날 수 있는지를 보여주고 있다. 이는 수많은 세대를 거치면서 변하지 않은 모레스를 통해 훈육이 이루어진 민족에서 살펴볼 수 있는 특징이다. 바로 이것이 중세 교회가 유럽에 도입하기를 바랐던 바였다. 하지만 일본은 지배자나 지배계급이 자신들의 이익을 도모하기 위해 전제정치를 하지 않으면서도 이와 같은 목적을 달성했다. 물론 일본은 개인의 자유를 허용하지 않고 있으며, 서구적 의미의 자유 개념을 도입함으로써 어떤 결과가 나타나게 될 것인지는 좀 더 두고 보아야 한다. "대장장이는 모루에 앉아서 서양의 대장장이가 오랜 숙련 없이는 사용할 수 없는 망치를 휘두르면서 일을 한다. 목공은 자신의 이상한 대패와 톱을 밀지 않고 당기면서 일을 한다. 항상 왼쪽이 바른 면이고, 오른쪽은 그른 면이다. 또한 잠금장치를 열거나 잠글 때 우리가 습관적으로 잘못된 방향이라고 생각하는 쪽으로 열쇠를 돌리지 않으면 안 된다." "양손을 사용하여 일격을 가할 때, 검객은 찌르는 순간 자기 쪽에서 칼을 상대방의 방향으로 밀어내지 않고 자기 쪽으로

---

[140] (옮긴이 주) 중국 랴오닝성 다롄시의 항구.

칼을 끌어당긴다. 다른 아시아인들과 마찬가지로 검객은 쐐기의 원리가 아니라 톱의 원리에 따라 이를 사용하는 것이다."[141] 일본인들은 가족 간에 예의가 바르다. 심지어 동물 학대가 이루어지는 경우도 거의 없는 듯하다. "우리는 농부들이 자신들의 말이나 소 옆을 인내심을 가지고 터벅터벅 걸으면서, 채찍이나 막대기를 사용하지 않고, 말 못 하는 그의 동료가 무거운 짐을 나르는 일을 도우면서 마을로 돌아오는 모습을 보게 된다. 짐수레를 운전하거나 끄는 사람들은 매우 짜증 나는 상황에서도 느려빠진 개나 얼빠진 닭을 짓밟지 않고 오히려 그들이 가는 길을 비켜준다."[142] 예의범절은 세련되고, 가다듬어졌으며, 철저히 지켜졌다. 오래전부터 공손함은 모든 지위를 통틀어 널리 퍼져있다.[143] "일본인들은 스스로 규율을 정했다. 국민들은 차츰 자신들의 사회 환경을 만들어냈다."[144] "[옛날에는] 품행에 대한 매우 정교한, 그리고 가차 없는 규제가 이루어졌다. 이러한 규제에 성별과 계급에 따라 각기 다르고 무수한 등급이 있는, 복종과 관련한 것들만이 있었던 것은 아니다. 이러한 규제에는 심지어 얼굴 표정, 미소 짓는 방식, 숨을 쉬는 행동, 앉고, 서고, 걷고, 일어서는 방식에 관한 것까지 있었다."[145] 모든 발화(언설)에 대해서도 의복, 식사, 생활방식에 대한 가차없고 세세한 통제와 다를 바 없는, 적극적인 동시에 소극적으로, 그러나 소극적이기보다는 훨씬 더 적극적인 방식으로 규제가 이루어졌다. 교육은 매우 다양한 언어상의 예법 체계를 만들어냈는데, 이에 따라 수년간의 훈련을 받지

---

[141] Hearn, *Japan*, 11.
[142] 위의 책, 16.
[143] 위의 책, 391.
[144] 위의 책, 199.
[145] 위의 책, 191.

않으면 누구도 이에 숙달할 수 없다. 일본의 사치 금지법, 특히 소작농에게 부과된 이 법에 대해 우리가 이 법의 일반적인 특징보다는 인정사정 보지 않는 치밀성, 다시 말해 세부 사항이 갖는 흉포함 때문에 경악하게 되는 것은 당연하다. "일본에서는 일부 고위 권력가를 제외하고는 개인의 집이 성(城)이라는 주장을 할 수 없다. 보통사람이라면 그 누구도 문을 잠그고 다른 사람을 들어오지 못하게 할 수 없다. 모든 사람의 집은 방문자를 위해 열려 있어야 하고, 낮 동안에 문을 닫는다는 것은 지역 사람들에 대한 무례이며, 변명의 여지가 없는 병으로 간주될 수 있다. 오직 대단한 권력가만이 자신들에게 접근할 수 없게 하는 권리를 갖는다. … 어떤 사람은 단 한 번의 중대한 잘못으로 갑자기 공동의 의지에 반하는 위치에 홀로 놓이게 될 것이다. 즉 그는 고립되면서 철저하게 배척되는 것이다." "흥미롭게도 [현대적] 재건[146]은 사람들이 위기에 직면했을 때 보여주는 [적응]을 위한 본능적 행위, 즉 급변하는 상황에 대응하여 내적 관계를 재조정하는 모습을 적절히 예시해 보여준다. 이 국가는 오랜 정치체제가 새로운 조건에서는 무력하다는 사실을 알아차리고 그 체제를 바꾸었다. 일본은 자신들의 군사 조직으로는 국가를 방어하기가 불가능하다고 생각하여 조직을 개편했던 것이다. 일본은 예측하기 어려운 필요가 발생하면 기존의 교육 체계가 무용하게 되리라는 것을 알아차렸고, 그 체계를 바꾸었다. 이와 동시에 그들은 불교의 힘을 무력화시켰다. 그렇게 하지 않으면 당시 요구되는 새로운 발전을 심각하게 저해할 수 있었기 때문이다."[147] 여기에 일본인들과 상거래와 금융 거래를 한 사람들이 이러한 거래에서 일본인들이 믿

---

[146] (옮긴이 주) 여기서 현대적 재건이란 메이지유신을 가리키는 듯하다.
[147] Hearn, *Japan*, 107, 187, 411.

음을 주지 못하고 교활하다고 보고하고 있음을 덧붙여야 한다. 일본인들이 이러한 특징을 "근본적으로 바꾸지" 않으면, 이는 가까운 미래에 있게 될 발전에 중대한 결과를 초래하게 될 것이다.

77. 중국의 에토스

일본인들은 기능인의 습관에서 귀족의 태도와 군사 조직에 이르기까지 완전하고, 일관되며, 권위를 갖는, 그리고 우리의 것과는 크게 다른 에토스의 한 사례를 뚜렷하게 보여준다. 우리는 중국인에 대해서도 유사한 이야기를 할 수 있다. 그들 또한 완전하고 견고한 에토스를 가지고 있으며, 이는 일반적으로 일본인의 것과 유사하다. 그럼에도 그들의 에토스는 독자적인 특징과 특유의 차별성을 갖추고 있는 듯하다.[148] 기본적으로 일본인의 에토스는 아주 먼 옛날부터 호전적이었다. 이에 반해 중국인의 에토스는 산업을 육성하고 물질을 지향하는 경향이 있다.

78. 힌두인들의 에토스

힌두인 또한 확연하게 눈에 띄는 에토스를 가지고 있다. 그들은 이를 '카르마(kharma)'라는 이름으로 부른다. 니베디타(Nivedita)는 이를 '국가적인 올바름'으로 번역할 수 있을 것이라 말한다. 이는 "우리가 인도의 혹은 범국가적인 습관으로 알고 있는, 여러 수준의 도덕, 지적 능력,

---

[148] Williams, *Middle Kingdom*; Smith, *Chinese Characteristics*.

경제, 산업, 정치, 가정에서의 복잡한 작용과 상호 작용의 전 시스템에 적용된다. … 인도의 농민들은 파탄족(Pathan),[149] 무굴족(Mogul),[150] 그리고 영국인을 각각 이에 대해 어떤 태도를 취하는가에 따라 평가한다."[151] 한 집단의 에토스는 항상 어떤 다른 집단의 삶의 방식을 비판하는 관점이 된다.

79. 유럽인의 에토스

우리는 유럽의 여러 나라 국민에게 적용하고 있는 '국민성(national character)'이라는 개념에 익숙해져 있다. 하지만 이들 국가는 각자 자신의 에토스보다는 유럽인 일반의 에토스를 갖추고 있다. 그 이유는 유럽의 여러 국가가 지난 2천 년 동안 서로에게 많은 영향을 미쳐왔고, 이에 따라 이들에게는 지엽적인 편차가 포함된, 혼합된 에토스가 있을 따름이기 때문이다. 오늘날 기독교는 유럽인의 카르마(kharma)[152]로 불린다. 고대 세계에서는 이집트와 스파르타가 가장 선교히면서도 뚜렷한 에토스를 가진 두 집단이었다. 근대 유럽의 역사에서는 베네치아의 에토스가 이러한 특징을 보여준 가장 두드러진 사례다. 이들 사회의 에토스 중 그 어떤 것도 도덕적 힘과 사회적 건전성이라는 요소가 우위를 점하

---

[149] (옮긴이 주) 아프가니스탄 남동부, 파키스탄 북서부에 사는 종족으로 파슈토(Pashuto)어를 사용한다.
[150] (옮긴이 주) 16세기경 인도에 침입한 몽골족 및 그들의 자손.
[151] Nivedita, *Web of Indian Life*, 150.
[152] (옮긴이 주) 사물의 질서나 이치, 또는 기준을 말하는데, 인도의 각 카스트 구성원들이 취해야 할 적절한 자연적, 사회적 태도와 방식에 관한 기준이 있듯이, 유럽인에게는 기독교가 이와 같은 기준을 제시한다는 뜻.

지는 않았다. 그럼에도 이러한 사회의 역사는 강력한 에토스에서 비롯된 고도의 안정성을 보여준다. 러시아는 유럽의 다른 어느 국가보다도 완전하면서도 차별성을 갖는 에토스를 지니고 있다. 비록 표트르 대제 이래 국가 에토스의 전통과 한계를 타파하고, 서구 유럽의 에토스를 채택하려다 보니 약점이 생기고 혼란이 초래되었지만 말이다. 강력한 에토스가 갖는 커다란 힘이 무엇인지는 분명하다. 우리는 어떤 집단의 에토스에 대해서든 면밀한 연구와 비판을 해보아야 한다. 에토스는 선과 악에 대한 절대적인 지배력을 갖는다. 근대의 학자들은 에토스에 속하는 많은 것을 인종의 문제에 귀속시키는 오류를 범했다. 그 결과 천성과 양육 중 어느 것이 더 중요한지에 대한 논쟁이 발생하게 되었다. 다른 학자들은 '국민의 정신(soul of the people)'을 탐구하여 '집단 심리학(collective psychology)'[153]을 고안해 내고자 하고 있다. 이러한 탐구는 개인들에게는 이제 더 이상 적용되지 않는 방법들을 집단에 재차 적용해 보고자 한다. 역사가들은 에토스를 탐색하면서 이러저러한 나라 '국민'의 역사를 서술해 보고자 노력해 왔다. 에토스는 집단들을 개별화하여 따로 분리시켜 놓는다. 그 반대는 세계동포주의다. 에토스는 자국에 대한 자만심과 맹목적 애국주의로 변질될 수 있다. 산업주의(Industrialism)[154]는 외부 집단과의 통상 관계를 확대함으로써 이러한 경향을 약화시킨다. 산업주의는 투쟁 정신과 더 조화를 이루는데, 이로 인해 일본인들은 전쟁을 단순한 폭력처럼 좋아하게 되었다. 그들의 종교는 전체 폐쇄 집단을 공고하게 결속된 상태로 유지시키기 위한 결집력이라는 요인 외의 나머지 모든 특성을 상실해버리게 되었다.

---

[153] (옮긴이 주) 사회 집단 속에 있는 어떤 현상이 개인의 행동에 미치는 영향, 그리고 사회 집단의 행동을 연구하는 분야.
[154] (옮긴이 주) 농업생산 중심의 사회를 공업사회로 전환시키려는 사상 또는 정책.

제2장 모레스의 특징

모레스는 사실에 준하는 권위를 갖는다 – 남부사회의 흑인과 백인 – 모레스는 기록되지 않는다 – 모레스의 관성(慣性)과 경직성 – 지속성 – 종교의 변화에도 아랑곳하지 않는 지속성 – 로마법 – 로마법이 이후의 모레스에 미친 영향 – 가변성 – 뉴잉글랜드의 모레스 – 혁명 – 모레스를 바꾸어 놓을 가능성 – 러시아 – 러시아와 미국에서의 해방 – 임의적인 변화 – 일본의 사례 – 힌두인들의 사례 – 요제프(Joseph) 2세의 개혁 – 다른 시대의 모레스 채택 – 어떤 변화가 가능한가 – 모레스에서의 이탈, 집단 정통성 – 새로운 모레스를 만들어 내기 위한 은둔과 고립, 퀘이커교도들 – 사회 정책 – 타락하고 나쁜 모레스, 진보하거나 쇠퇴하는 모레스 – 사례 – 정도를 벗어난 모레스 교정 – 모레스의 진보 혹은 쇠퇴 – 번영기 그리스인들의 기질 – 그리스인의 염세주의 – 그리스인의 쇠망 – 스파르타 – 번영이 가져다준 낙관론 – 개인과 모레스 간의 대립 – 이전과 이후 모레스 간의 대립 – 모레스를 놓고 이루어지는 집단 간의 대립 – 포교와 모레스 – 포교, 그리고 갈등 관계에 놓인 모레스 – 선동에 의한 모레스의 변경 – 대중의 변덕스러운 이해 관심 – 집단이 어떻게 동질(同質)화되는가? – 융합(Syncretism) – 사회 관리 기술이 장에서는 새로운 종교나 새로운 '법', 다시 말해 새로운 사회체제(본서 80~87절)에 저항하는 모레스의 관성적인 면과 완고한 측면, 그리고 지속적인 측면을 탐구해볼 것이다. 이어서 우리는 바뀐 생활 조건에서 혹은 변혁기에 모레스가 얼마만큼 변화를 일으키는지를 고찰해볼 것이며(본서 88~90절), 일본, 인도 그리고 요제프 2세의 개혁 사례를 검토하면서 지적(知的)인 노력으로 모레스에 변화를 일으킬 수 있는지를(본서 91~97절), 그리고 자신을 변화시켜 다른 집단 혹은 다른 시대의 모레스를 채택할 가능성(본서 98~99절)에 대해 연구해볼 것이다. 다음으로 우리는 개인 혹은 분파가 당대의 모레스에 대해 부정적인 태도를 취하면서 이와 의견을 달리하는 경우를 고찰할 것이며(본서 100~104절), 모레스가 교정될 가능성(본서 105절) 등을 검토할 것이다. 이어서 우리는 등락하는 경제 변동에 상응하는 모레스의 커다란 추세, 즉 낙관주의와 비관주의에 대해 고찰할 것이며(본서 106~111절), 계속해서 포교 문제에 주목하면서 개인과 모레스 간의 대립, 이전과 이후 모레스 간의 대립, 모레스와 관련한 집단들 간의 대립을 다룰 것이다(본서 112~118절). 마지막으로 우리는 모레스 내에서 변화를 촉발하는 요인인 동요를 고찰하고, 모레스 내에서 변화가 초래되는 방식들, 특히 융합(syncretism)에 대해 고찰하게 될 것이다(본서 119~121절).

80. 모레스는 사실에 준하는 권위를 갖는다

모레스는 과거로부터 우리에게 계승된다. 각각의 개인은 마치 공기 속에서 태어나듯 모레스 속에서 태어난다. 아기가 숨쉬기 시작하기 전에 공기를 고찰해보지 않는 것과 마찬가지로, 개인은 모레스에 대해 고민해보지 않고 비판하지도 않는다. 모든 개인은 모레스에 대해 깊이 생각해볼 수 있게 되기 전에 이미 그 영향을 받으며, 모레스에 의해 주조되기도 한다. 그런데 적어도 오늘날만큼은 비판을 벗어나는 전통은 없으며, 단지 그러한 전통이 우리에게 계승되었다는 이유만으로 받아들이는 경우는 없다고 반론을 제기하는 사람들이 있을 수 있다. 하지만 우리가 전적으로, 혹은 거의 전적으로 여전히 모레스의 영역 내에 포함되어 있는 것들의 사례를 다루어 본다면, 그들이 잘못 생각하고 있음을 확인할 수 있다. 사람들 중에는 일부일처제 결혼에 대해 논의해보고자 하는 자유연애론자가 있다(본서 374절). 우리는 그들을 그저 사악한 삶을 살아가는 사람들이라고 생각해서는 안 된다. 그들은 우리가 물려받은 결혼에 대한 관습이나 관념을 합리적으로 논의해보자고 요청한다. 그들은 이러한 결혼이 결코 우리가 믿고 있는 바처럼 훌륭하고 고결한 것은 아니라고 말한다. 하지만 그들의 입장이 심도 있는 관심의 대상이 된 적은 전혀 없다. 또 어떤 사람들은 편의라는 측면에서 일부다처제를 옹호하는 이야기를 해보고자 한다. 하지만 그 누구도 그들의 입장에 귀를 기울이려 하지 않는다. 또 다른 사람들은 재산에 대해 논의해보려 한다. 하지만 그들의 입장을 옹호하는 문필 활동이 어느 정도 이루어지고 있음에도, 재산, 유산, 상속에 관한 논의가 공공연하게 이루어진 적은 없다. 재산과 결혼은 모레스의 영역에 속한다. 모레스의 무의식적이고 감지할 수 없는 움직임을 제외하고는 그 무엇도 이들을 변화시킬 수 없다. 종교는 원래 모레스의 문제였다. 그러다가 이것이 사회제도, 그리고 국가의 기능으로 편입되었다. 현재 이는 대부분 모레스의 영역으로 되돌아왔다. 오늘날 종교적 신조나 실천을 강제하기 위한, 처벌이 동반되는 법은 효력을 상실했다. 이에 따라 우리는 종교에 대해 원하는 대로 생각하고 행동할 수 있다. 이렇게 보았을 때 오늘날 종교를 공격하는 것은 '우리 시대의 사회적 관행에 부합하는 행동'이 아니다. 현재 무신론을 옹호하는 출판물은 모레스에 의해 금기시되고 있으며, 이러한 출판물에 대해서는 이전보다 훨씬 효과적으로 통제가 이루어지고 있다. 이들은 아무런 논쟁을 불러일으키지 않는다. 민주주의는 미국의 모레스에 속한다. 이는 미국의 물질적, 경제적 상황의 산물이다. 이를 논의하거나 비판하기란 불가능하다. 이는 대중성을 갖추었기 때문에 칭송되고 있으며, 열광적인 수사로 치장되는 대상이다. 그 누구도 민주주의를 완전히 허심탄회하게, 그리고 진지하게 다루지 않는다. 그 누구도 귀족정치나 독재정치를 분석한 것처럼 민주주의를 감히 분석하려 하지 않는다. 그의 말을 들으려 하는 사람은 없을 것이며, 그런 말을 하려는 사람은 능욕만 당할 것이다. 이 모든 경우에 우리가 주목해야 할 사실은 대중이 모레스에 반하는 논의는 어떤 상황에서도 귀를 기울이지 않고 반대한다는 점이다. 어떤 것은 모레스로부터 법률이나 현실의 제도로 전환이 이루어져야 비로소 논의나 합리화가 이루어질 수 있다. 모레스에는 우리가 모레스를 논의하고자 할 때 이를 판단하는 기준으로서의 규범이 그 안에 포함되어 있다. 마치 자신도 모르는 사이에 걷고, 먹고, 숨 쉬는 것을 배우는 것처럼, 우리는 모레스를 부지불식간에 습득한다. 대중은 결코 어떻게 걷고, 먹고, 호흡하는지를 배우지 않는데, 이와 유사하게 그들은 왜 모레스가 오늘날의 모습을 하게 되었는지를 전혀 알지 못한다. 대중이 그럴 수밖에 없는 이유는 우리가 삶을 의식하는 데 눈을 떴을 때는 이미 전통, 풍습 그리고 습관이라는 속박 속에 자신들을 붙잡아두는 사실로 모레스를 목도하게 되기 때문이다. 모레스는 그 안에 개념, 교리, 격언 등이 포함되어 있지만, 그럼에도 모레스는 현재의 사실로 존재한다. 모레스는 현재 진행형으로 존재한다. 이들은 현재와 관련이 있을 뿐, 어떻게 되어야 하는가, 될 것인가, 될 수 있을 것인가 혹은 과거에 어떠했는가 하는 것과는 관련이 없다.

81. 남부사회의 흑인과 백인

　남북전쟁 이전에 남부 주에 살던 백인과 흑인은 서로를 대하는 행동과 감정에 관한 습관을 형성하여 살고 있었다. 그들은 평화롭게 조화를 이루며 살았고, 각각은 전통적, 관습적 방식 속에서 성장했다. 그런데 남북전쟁이 발발하면서 법적인 권리가 사라졌고, 두 인종은 이전과는 다른 관계 속에서 살아가는 방식을 터득하게 되었다. 백인들은 결코 오랜 모레스를 버리지 않았다. 아직 살아있는 사람들은 미련과 애정을 가지고 사회의 오랜 용례, 그리고 관습적인 정서와 느낌을 회고하고 있다. 두 인종은 아직 새로운 모레스를 만들어내지 못했다. 그들은 법 제정을 통해 새로운 질서를 확립하고자 했지만 이러한 시도는 실패를 거듭했다. 이는 결과적으로 법 제정을 통해서는 모레스를 만들어낼 수 없음을 확인해주었을 따름이다. 한편 우리는 모레스가 사회 변동이나 부조화의 상태에서 형성되는 것이 아니라는 사실도 알 수 있다. 최근 새로운 상황 속에서 형성되고 있는 모레스에 어떤 추세가 나타나고 있다. 이러한 추세는 인도주의자들이 희망하고 기대한 바와는 거리가 멀다. 두 인종은 그 어느 때보다도 서로 거리가 멀어지고 있다. 새로운 규약(code)에서 가장 두드러진 특징으로 들 수 있는 것은 '흑인과 교제'하는 백인은 누구라도 배척당하고 경멸당할 수 있다는 점이 강조되고 있다는 것이다(본서 114절 말미를 볼 것). 일부 사람들은 이러한 문제에 개입하여 제재를 가해 보고자 한다. 그들은 진행되고 있는 사태에 대해 자신들의 윤리적 입장을 개진한다. 하지만 그가 누구이건 중재는 분명 불가능하다. 우리는 커다란 자연적 격동을 그저 방관할 수밖에 없는 사람들과 유사한 처지에 놓여 있다. 흑백 문제의 결과는 사실과 힘이 요구하는 바에 따를 것이다. 우리는 그 결과를 미리 예견할 수 없다. 마치 마르티니크섬(Martinique)[1]의 화산 폭발이 아무런 윤리적 요소를 포함하고 있지 않듯이, 그 결과 또한 윤리적 견해에 따라 달라지지 않는다. 백인과 흑인의 모든 신념, 희망, 에너지, 그리고 희생은 습속을 새로이 형성하는 데 필요한 요소이며, 이를 통해 두 인종은 상생하는 방법을 익히게 될 것이다. 습속이 만들어지는 과정을 추적해볼 경우, 우리는 언제 어느 때건, 과거의 모습, 혹은 누군가가 당위로 생각한 모습이 현재의 모습에 미치는 영향이 미미하다는 사실을 매우 뚜렷하게 확인할 수 있다. 한때 모레스였던 것은 기억 속에 남아 있는 과거다. 누군가가 당위로 생각하는 모레스는 그가 바라는 꿈이다. 우리가 다룰 수 있는 유일한 모레스는 현재의 것이다.

82. 모레스는 기록되지 않는다

한 사회는 상이한 모레스를 가진 어떤 다른 사회와 접촉할 때까지, 더욱 고등한 문명사회의 경우는 문헌을 통해 정보를 획득할 때까지 자신들의 모레스를 전혀 의식하지 못한다. 하지만 문헌은 대중이 아닌 지식 계층에 영향을 미치는 데 그치며, 사회는 결코 의식적으로 모레스를 형성하는 작업에 착수하지 않는다. 초기 단계에서는 모레스가 융통성이 있고 유연하다. 하지만 시간이 흐르면 이들이 경직되고 고착화된

---

[1] (옮긴이 주) 카리브해 연안에 있는 섬.

다. 모레스는 마치 유기체인 양 성장하여 힘을 얻고, 퇴락하고 쇠퇴하다가 결국 사멸한다. 각각의 단계들은 영향을 받는 사람들의 이성과 의지와는 무관하게, 내재해 있는 필연성에 의해 다음 단계로 나아가는 듯이 보인다. 하지만 이러한 변화들은 항상 모레스를 사회의 상황과 이해 관심에 적응시키려는, 혹은 모레스를 그 사회 내 지배 요소들에 더욱 잘 적응시키려는 압력에 의해 일어난다. 한 사회는 모레스를 연대기의 방식으로 기록하지 않는다. 왜냐하면 그 사회가 모레스를 주목하지도, 의식하지도 못하기 때문이다. 어느 시대 혹은 사람들의 모레스를 파악하고자 한다면, 우리는 우연한 기회에 확보되는 참고문헌이나 비유, 여행자의 관찰 등에서 정보를 찾아보려 해야 한다. 일반적으로 모레스에 대한 더욱 많은 정보를 제공하는 것은 역사적 기록보다는 소설, 희곡 작품 등이다. 구약성서에서 바빌론 유수[2] 이전 유대인의 모레스에 대한 그림을 구성해내기란 매우 어렵다. 17세기 북미 영국 식민지의 모레스를 완전하고도 정확하게 그려내는 것 또한 매우 어렵다. 일상적인 과정이 무너지지 않는 한, 모레스는 식사, 잠자러 가는 것, 일출 등이 기록되지 않는 것과 동일한 이유로 기록되지 않는다.

83. 모레스의 관성(慣性)과 경직성

우리는 모레스를 생활 전반을 포괄하고, 생활의 모든 이해 관심에 도움이 되는 용례의 방대한 시스템으로 파악해야 함을 알게 되었다.

---

[2] (옮긴이 주) 바빌로니아가 유대 왕국을 정복한 뒤 유대인을 바빌론으로 강제로 이주시킨 사건.

아울러 우리는 모레스 내에 전통과 관행, 그리고 습관을 이용한 자체적인 정당화 방식이 포함되어 있으며, 모레스가 신비적인 제재 방법을 통해 받아들여지게 된다는 사실도 알게 되었다. 이와 같은 신비적인 제재 방법은 이성적 고찰을 통해 모레스가 나름의 철학적, 윤리적 일반화 방식으로 발전(이는 진리와 옳음의 '원칙'으로 승격되는데)하게 되기 전까지 계속 유지된다. 모레스는 신세대에게 무엇인가를 강요하고 제재를 가한다. 모레스는 사유를 자극하지 않으며, 오히려 그 반대다. 사유는 이미 이루어졌고, 이는 모레스에 구현되어 있다. 모레스에는 자체 수정을 위한 어떠한 대비책도 전혀 포함되어 있지 않다. 모레스는 삶의 문제에 대한 질문이 아니라 이에 대한 답이다. 모레스는 최종적이며 변할 수 없는 모습으로 자신을 드러내 보이는데, 이렇게 말하는 이유는 모레스가 '진리'로 제시되는 답을 제공하기 때문이다. 오늘날의 과학적 세계관이 나타나게 된 것은 불과 한두 세대 사이인데, 그전까지 스스로가 일시적이거나 불완전하다는 사실을 받아들이고, 더 많은 지식을 통해 내일을 바꾸어나갈 수 있음을 인정하려 했던 세계관은 존재하지 않았다. 지금까지 어떤 통속적인 세계관 혹은 생활 방침도 이러한 시각에서 제시되지 못했다. 그럴 경우 너무 커다란 정신적인 부담을 안게 되는 대가를 치러야 했을 것이다. 우리가 우리 것보다 훨씬 열등하다고 생각하는 모레스를 소유하고 있는 모든 집단은 우리가 우리 것에 만족하고 있는 것과 마찬가지로 자신들의 모레스에 상당히 만족하며 살아가고 있다. 모레스의 옳고 그름은 살아가는 환경, 그리고 그 시간과 장소에 부합되는 이해 관심에 얼마만큼 순응했는지에 전적으로 좌우된다(본서 65절). 이를 기준으로 보았을 때, 모레스에 대한 어떤 의문도 제기되지 않고, 모든 것이 모레스 안에서 자연스럽게 조화를 이룰 경우, 우리는 이를 안락과 번영의 표지로 삼을 수 있다. 동남아 여러 국가는 모레스가 얼마만큼 지속성을 가지고 있는지를 적절히 보여준다. 이들 국가의 모레스는 그 안에서 안정성과 경직성이라는 요인이 지배적인 위치를 차지하고 있다. 망령에 대한 공포와 조상 숭배는 교조적인 권위, 엄격한 금기, 그리고 무거운 제재를 통해 모레스의 지속을 확고하게 뒷받침하는 경향이 있다. 이때 모레스는 그 자연스러움과 활력을 잃게 된다. 이들은 판에 박힌 것이 되어버리는 것이다. 모레스는 자신에 포함된 모든 관계를 편의성에 넘겨주며, 그 자체가 목적이 되어버린다. 이때 모레스는 이해 관심이나 상황에 대한 고려가 이루어지지 않은 채, 강제적인 권위에 의해 강요된다(카스트, 유아 결혼, 미망인으로 남는 것이 그 예다). 모레스가 이러한 병폐의 지배하에 놓이게 되면, 그 사회는 어떤 사회이건 다시 소생하기에 앞서 허물어져야 한다. 이처럼 병폐 상태에 놓인 모레스 하에서는 모든 학습의 초점이 모레스의 범형(範型)을 확립했던 옛 현인의 말씀을 상기하는 데 맞춰지게 된다. 그들의 이야기는 '성스러운 말씀'이며, 현재의 이해 관심이나 어떤 합리적 고찰과는 무관하게 복종해야만 하는 일종의 행동 원칙이다.

84. 지속성

모레스 중 아시아인의 것들은 극단적으로 완고하다. 하지만 모레스에는 어떤 경우에도 지속성이라는 요소가 그 특징으로 자리 잡고 있다. 이들은 융통성이 있으면서도 끈질기다. 하지만 일단 모레스가 친숙해지고 지속적으로 활용되면서 확립되면 모레스는 변화를 거부한다. 사람들이 잘 이해하고, 일상화되며, 논의의 여지가 없으면, 모레스는 사회 질서에 안정성을 부여한다. 인구가 적은 새로운 식민지에서는 모레스가 완고하지도, 엄격하지도 않다. 사람들에게는 많은 '자유'가 주어진다. 식민지는 항상 모국의 모레스가 전통으로 자리 잡고 있으며, 사람들은 이를 존경심을 가지고 소중히 여긴다. 하지만 모국의 모레스는 결코 식민지의 상황에 적절히 적용될 수 없는데, 이에 따라 식민지의 모레스는 이질적이며, 항상 끊임없는 변화의 노상에 놓이게 된다. 그 이유는 식민지 개척자들은 새로운 나라에서 살아가는 방법을 계속 터득해 나가는데, 이 상황에서 자신들을 지도해줄 전통이 부재하며, 모국의 전통은 장애가 되기 때문이다. 새로운 나라에서 양육된 사람이 모국을 방문하게 되면, 그는 모국 모레스의 '보수성'을 느끼게 된다. 그는 사람들이 뻣뻣하고, 자신들의 방식에 매몰되어 있으며, 멍청하고, 배우려는 의지가 없다고 생각한다. 반면 모국 사람들은 그를 미숙하고, 통명스러우며, 교양이 없다고 생각한다. 그는 의례를 알지 못하는데, 이러한 의례는 어떤 책으로도 집필될 수 없지만, 그럼에도 이에 대한 지식은 오랜 경험에 의해 획득되는 것으로, 이는 그 사회 성원으로서의 적절성을 드러내는 표지다.

85. 종교의 변화에도 아랑곳하지 않는 지속성

매슈스(Mattews)는 만단족(Mandan)[3] 마을에서 캐틀린(Catlin)이 70년 전에 목격하고 자신의 그림에 포함시킨 것과 정확히 동일한 봉헌 조상(造像)을 봤다.[4] 그동안 만단족은 전쟁과 질병으로 대부분 절멸했고, 남은 사람들은 교화되어 기독교인이 되었다. 중앙아메리카 인디언의 모레스는

---

[3] (옮긴이 주) 미국 미주리 북부에 거주하는 인디언.
[4] *New Series American Anthropologist*, IV, 3.

사람들에게 중용과 자제를 가르친다. 그들의 오랜 종교에는 이러한 특징의 규정들이 포함되어 있었고, 사람들은 수백 년이라는 세월이 흘렀음에도 이러한 규정을 여전히 기독교 하에서 따르고 있다.[5] 성경에서 우리는 오랜 모레스와 새로운 종교 체제 간의 두세 차례 반복되는 갈등을 확인할 수 있다. 소위 모세의 체계는 서아시아의 모든 셈족에게 공통적이었던 오랜 모레스 체계를 대체한 것처럼 보인다. 예언자들은 야훼 종교의 개혁이 필요하다고 설교하는데, 이는 사실상 과거로부터 계승된 전통 모레스에 반대하고 있는 것이다.[6] 예언자들 이야기의 가장 두드러진 특징은 사람들이 포기하지 않으려는 모레스에 대해 그들이 적대적인 입장을 취한다는 것이다. 바빌론 유수 이후까지도 일신교는 확립되지 않았다.[7] 성경 이야기는 전통 모레스가 재현되고 있음을 잘 보여주고 있을 뿐만 아니라, 이러한 모레스가 갖추고 있는 생명력, 대중성, 그리고 확산성을 적절히 드러낸다. 모레스가 이와 같은 특징을 가지고 있음으로써 '의례적인 일신교'가 '옛 모레스의 잔재', 그리고 '사신(邪神)에 대한 믿음(demonism)'이 지배 요소의 하나였던 대중 종교'와 결합하게 되었던 것이다. 신약성서는 종교가 새롭게 부활하고 개혁하는 모습을 적절히 보여주고 있다. 유대인은 지금까지도 옛 모레스가 지속성을 갖추고 있음을 보여주고 있다. 기독교는 이교도와 유대인의 모레스를 새로운 종교 시스템으로 새롭게 조정함으로써 탄생하게 된 종교다. 이와 같은 대중 종교가 사실상 사신(邪神)에 대한 믿음의 크나큰 부활임이 재차 확인되었다. 대중은 자신들의 모레스를 거의 바꾸지 않고 그대로 유지했다. 모레스가 종교를 지배했던 것이다. 이에 따라

---

[5] *Globus*, LXXXVII, 130.
[6] "Religion of Israel," Hastings, *Dictionary of the Bible*, Supplement volume.
[7] Tiele, *Geschichte der Religion im Alterthume*, I, 295.

유대의 기독교와 이방인들의 기독교는 수백 년 동안 서로 각기 구별할 수 있는 모습으로 남아 있게 되었다. 로마인들은 유아를 제물로 마치는 카르타고인들(Carthaginians)[8]의 의식(儀式)을 근절시킬 수 없었다.[9] 로마법은 로마인들의 모든 생활 기술과 모레스가 구현된 결과물이었다. 그들의 모레스는 게르만족의 것과 달랐는데, 종교를 매개로 로마의 체제가 게르만족에게 전달되자 갈등이 초래되었다. 사실상 로마법을 통해 게르만족의 모레스를 개조하는 과정은 전혀 완결되지 못했으며,[10] 오늘날의 게르만의 모레스는 로마법에 대항하는 과정에서 탄생했고, 로마법에서 자유롭게, 합리적으로 선택한 내용만을 받아들인 것이라고 말할 수 있을 것이다. 게르만 국가에서의 결혼은 가정 내에서 이루어지는 가족 의식(儀式)이었다. 성직자 제도가 굳건하게 확립된 이후에도 결혼을 성직자의 의식으로 만들 때까지는 수백 년이 흘러야 했다.[11] 우리는 오늘날의 독일 농민들의 용례에서 수많은 이교도의 관념이나 관습의 잔재를 발견할 수 있다.[12] 영국에서는 게르만 모레스가 로마법의 영향을 오직 제한적으로만 받아들였다. 영국인은 피지배인을 다루는 로마인의 정책을 채택했다. 그들은 피할 수 있을 경우 지방의 관습에 관여하지 않았다. 이는 현명한 방책이었다. 왜냐하면 그 무엇도 습속에 간섭하는 것과 같은 불만을 사람들에게 품게 하는 것은 없기 때문이다. 모레스의 지속성은 흔히 잔재들에서 확인된다. 예를 들어 그 의미가 잊힌, 뜻을 알 수 없는 의례, 농담, 연극, 패러디, 그리고 풍자 글, 전형

---

[8] (옮긴이 주) 고대 페니키아인들이 북아프리카의 튀니스만 북 연안에 건설한 식민 도시 카르타고의 주민. 로마인들은 이들을 포에니(페니키아인)라 불렀음.
[9] 위의 책, 242.
[10] Stammler, *Stellung der Frauen*, 3.
[11] Friedberg, *Recht der Eheschliessung*.
[12] *Zeitschrift für Volkskunde*, XI, 272.

화된 단어와 문구, 심지어 어떤 축제에 등장하는 정해진 형식의 케이크, 정해진 음식 등은 모레스의 지속성을 보여주는 잔재다.

86. 로마법

로마법에서는 모든 것이 황제에게서 비롯된다. 그는 모든 권위의 소유자이며, 명예의 근원이고, 모든 법률의 창시자, 그리고 모든 분쟁의 조정자이다. 이 법에 대한 연구를 통해 훈련을 쌓은 법률가들은 국가의 모든 기능을 군주제 국왕의 행위, 권력, 그리고 권리로 파악하는 방법을 익혔다. 그들은 봉건제도를 무너뜨렸으며, 로마법이 시행되는 곳이라면 어디건, 또한 로마법이 법체계에 크게 영향을 준 곳이라면 어디건 절대주의 왕조 국가를 건립하는 데 도움을 주었다. 교회 또한 로마법을 채택하는 데 커다란 관심을 가졌다. 왜냐하면 로마법에는 4~5세기 기독교인 황제의 교회 법제가 포함되어 있었으며, 교회법이 로마법의 정신과 형식을 모방했기 때문이었다. 유스티니아누스 법전의 규정은 개인의 권리 문제를 다루기에 안성맞춤이었는데, 결과적으로 그 규정은 자체가 가지고 있는 장점 탓에 아무런 제약 없이 잘 발전했다.[13] 작센 법전(Sachsenspiegel)에서는 부부간의 재산에 구분을 두지 않았는데, 이는 두 사람이 소유하고 있는 모든 것이 가정 경제에 사용하기 위한 공동 자본임을 의미했다. 이혼을 하면 재산은 가지고 온 측에 반환되었다. 이러한 조정 방식은 이후 많은 지역에서 다양한 형태의 실질적인 재산 공동체가 만들어지는 데 기여했다. "중세 법학자가 로마법을 도입함으

---

[13] Scherr, *Deutsche Kultur- und Sittengeschichte*, 171.

로써 가장 큰 피해를 준 것은 바로 이와 같은 재산권 조정에 관한 부분이었다. 이렇게 말하는 이유는 게르만의 관념과 가장 강하게 대조를 이룬 것은 특히 이 문제에 관한 부분이었기 때문이다. 게르만 민족의 저항은 독일 대부분의 지역에서 여전히 활용되는 수많은 지방법 체계에서 살펴볼 수 있다. 유감스럽게도 이를 모든 곳에서 살펴볼 수 있는 것은 아니며, 동일한 모습을 살펴볼 수 있는 것도 아니다."[14]

87. 로마법이 이후의 모레스에 미친 영향

북유럽을 통틀어 십일조는 여러 국가가 기독교로 개종하고자 할 때 전통 모레스와 새로운 체제 사이에 가로놓인 장애물이었다.[15] 십일조 제도의 권위는 로마의 시스템에서 유래했다. 십일조 제도는 교회가 채택했고, 교회가 확산된 곳이라면 어디건 함께 이전하여 채택되었던 로마법에 포함되어 있었다. 시민법이 부활된 이후 십일조 제도는 국가 건립에 커다란 도움을 주었다. 하지만 국가의 건립은 교회에는 결코 긍정적이지 못한 작업이었다. 국왕이 거느리는 법률학자들은 사회 내의 모든 것이 국왕에 속한다는 체제를 시민법 안에서 찾아냈다. 이때 국왕은 권력과 권리, 그리고 명예의 원천이었다. 법률학자들은 새로운 왕조 국가의 왕들을 위해 이러한 관점을 채택했고, 로마법의 권위에 의거하여 절대 왕조를 수립했다. 이는 교회와 봉건 귀족에게는 결코 긍정적이지 못한 변화였다. 그들은 성문법과 제도, 규정된 권력을 선호

---

[14] Stammler, *Stellung der Frauen*, 8.
[15] Wachsmuth, *Bauernkriege*, in Räumer, *Historisches Taschenbuch*, V.

하는 자신들의 편을 여러 도시에서 찾아냈다. 스텁스(Stubbs)[16]는 웨스트민스터 법령(Statute of Westminster, 1275년)의 형식에 대해 이야기하면서, 이를 '당시 영국법을 확고하게 장악하고 있던' 법률가들이 '왕은 자신의 권능에 의해 입법할 수 있다는 원칙'을 도입하고 있던 증거로 간주하고 있다. 로마법은 농민이나 기능공, 다시 말해 자유롭지 못한, 혹은 자유를 잃어버린 모든 사람에게 무자비한 태도를 취했다. 노르만법은 색슨족의 최하위층 자유민을 노예로 만들어버렸다.[17] 이와 유사한 방식으로, 노르만법은 대중의 권리와 기본적인 자유에 대한 내용이 포함되어 있는 모든 튜튼족 모레스와 대립하게 되었다. 슈타믈러(Stammler)[18]는 율법학자와 성직자들의 노력에도 불구하고 로마법이 게르만족들의 피와 살이 되지 못했다고 주장한다. 다시 말해 로마법이 게르만족들의 민족 모레스를 완전하게 대체하지 못했다는 것이다. 결혼한 사람들의 재산 처분에 관한 사례는 로마법이 게르만의 모레스에 결코 승리를 거둘 수 없었다는 한 사례로 제시된다.[19] 이 문제를 놓고 과거의 모레스와 새로운 방식 간에 타협이 이루어졌는데, 이를 로마가톨릭이 승인했다.

88. 가변성

모레스의 지속성 못지않게 주목해야 할 특징으로 들 수 있는 것은 모레스의 가변성과 변이성(variation)[20]이다. 비록 그 유사성이 중요한 것

---

[16] *Charters*, 449.
[17] Stubbs, *History*, II, 453.
[18] *Stellung der Frauen*, 3.
[19] 본서의 86절 참조.

은 아니지만 우리는 여기서 '생명계에서 살펴볼 수 있는 유전과 변이'와 '모레스' 사이의 흥미로운 유사성을 발견할 수 있다. 모레스의 변이가 나타나는 이유는 아이들이 자신들이 받아들인 바와 동일한 모습으로 모레스를 후대로 전달하지 않기 때문이다. 아버지가 사망하고 나면, 그가 교육한 아들은 설령 의례를 계속 이어가고 일정한 방식을 반복한다고 해도, 아버지와 동일하게 생각하지도, 느끼지도 않는다. 예컨대 안식일 준수, 부모와 자식, 하인, 아내와 남편 등을 대하는 방식, 휴일, 오락, 사치를 부리는 방법, 결혼, 그리고 이혼, 술 마시는 방법 등은 우리가 살아가는 시대에서 세대를 거쳐 가며 일어나는 모레스의 변화를 쉽게 파악할 수 있는 것들이다. 장기간을 놓고 보면 심지어 아시아에서도 모레스의 변화가 감지된다. 모레스가 변하는 이유는 환경과 이해관심이 변하기 때문이다. 널리 퍼져있는 교의와 금언은 진실성이 입증되지 않는다는 사실이 알려졌다. 또한 확립되어 있는 금기가 무용하거나 유해한 제약이 된다는 점, 한 마을 혹은 식민지에 적합한 용례들이 대도시나 국가에는 적합하지 않다는 점, 공동체가 가난했을 때는 수많은 것이 적합하지 않지만 부유해지면 적합해진다는 점, 새로운 발명이 더욱 경제적이면서 건전한 새로운 생활방식을 창출한다는 점 등이 확인된 바 있다. 번영을 이루려면 모레스가 적당한 정도의 견고함을 갖추어야 한다. 하지만 모레스는 충분히 탄력적이면서 융통성을 갖추어야 하기도 한다. 이해 관심과 생활 조건의 변화에 순응하기 위해서다. 예컨대 목축인 혹은 농사를 짓는 사람들이 사냥감이 풍부한 새로운 나라로

---

[20] (옮긴이 주) 원래 생물학에서 사용되는 용어로, 같은 종에서 성별, 나이와 관계없이 모양과 성질이 다른 개체가 존재하는 현상을 말한다. 섬너에 따르면 동일한 모레스 내에서도 편차가 나타나게 되는데, 그는 이를 모레스 내에서의 변이라고 표현하고 있다.

이주해 가면 수렵 생활로 되돌아갈지도 모른다. 퉁구스족(Tunguses)[21]과 야쿠트족(Yakuts)[22]은 북방으로 이주해 갔을 때 실제로 그렇게 되었다.[23] 북아메리카 개척 초기의 많은 백인은 '인디언화' 되었다. 그들은 인디언들의 생활방식을 취했다. 이란인들은 힌두스탄의 인도인에서 분리되어 나와 농업에 종사하는 사람들이 되었다. 그들은 새로운 종교와 모레스를 채택했다. 힘센 적들을 두려워했던 사람들은 나무 위, 호수 가운데, 동굴, 그리고 공동 가옥에서 거주했다. 중세의 농노제는 농민들을 자신의 소유지에 강제로 묶어두는 데 필요했기 때문에 탄생했다. 내야 할 부과금을 고려한다면 소유지는 농민들에게 실질적인 부담이었고, 강제로 예속하지 않으면 농민들이 도망쳐 버리려 할 수밖에 없었다. 중세 후기에 이르러 이러한 시골뜨기들(villain)이 자신의 소유지에 대한 소중한 권리와 재산권을 갖게 되었다. 이렇게 되자 그들은 소유지에서 쫓겨나지 않을 권리를 보장받길 원했다. 중세 초에는 농작물에 피해를 주는 사냥감을 죽여서 농민의 수확물을 보호하는 것이 영주의 의무였다. 후기에는 이러한 사냥감을 죽이는 것이 영주의 독점적인 권리가 되었다. 이처럼 생활환경은 변한다. 경제적 국면도, 경쟁의 상황도 변한다. 이해 관심도 이들과 함께 변한다. 현재 동남아시아에서 일반적으로 살펴볼 수 있는 바처럼, 모레스가 신비한 제재 방법을 갖는 신조에 의해 의식(儀式)과 관련된 의무로 고착되지 않는 이상, 모레스는 모두 상황에 순응한다. 일단 모레스가 새로운 생활 조건에 순응하고 나면 무엇이

---

[21] (옮긴이 주) 동부 시베리아나 중국 등지에 분포된 몽골계의 한 종족이다. 광대뼈가 나오고 코가 솟고 눈이 검으며 모발은 흑색이다. 황인종에 속한다.
[22] (옮긴이 주) 투르크계 종족으로, 레나강 중류, 오레크마강 하류 등 동시베리아의 타이가·툰드라 지대에서 살고 있다.
[23] Hiekisch, *Tungusen*, 31; Sieroshevski, *Yakuty*, I, 415.

각 분파의 권리이고, 무엇이 행위의 옳고 그름인지가 새롭게 이끌려 나온다. 철학자들은 자신들의 체계를 따르는데, 이는 그들이 모레스보다 앞에 두고 있는 일부 사유 구조(이는 철학자들이 모레스가 관계들을 확립한 후에 파악하게 된 것이다)를 이용하여 새로운 행동과 사유 질서를 구축하려 하는 체계다. 고정화된 모레스가 새로운 이해 관심과 필요에 순응하지 못하면 위기가 닥친다. 모세(Moses), 조로아스터(Zoroaster),[24] 마누(Manu),[25] 솔론(Solon),[26] 리쿠르고스(Lycurgus),[27] 그리고 누마(Numa)[28]는 신화에 나오는, 혹은 역사적으로 실재한 문화 영웅들로, 이들은 그와 같은 위기를 새로운 '법'을 제정함으로써 타개했고, 사회를 다시 활성화한 것으로 알려진 인물들이다. 죄를 짓지 않던 조상들이 따랐던 모레스 재건이 필요한 이유를 설명하려면 신 혹은 영웅의 개입에 관한 가공된 이야기가 필요하다.

89. 뉴잉글랜드[29]의 모레스

초기 뉴잉글랜드 청교도의 규약은 대부분 폐기되었다. 그러면서 행

---

[24] (옮긴이 주) 불을 신성시하는 토속 신앙을 바탕으로 하는 배화교의 창시자인 자라투스트라의 영어 이름.
[25] (옮긴이 주) 인도 신화에 나오는 인류의 시조.
[26] (옮긴이 주) 그리스 아테네의 입법가이자 정치가. 그리스 7현인 중의 한 사람.
[27] (옮긴이 주) 그리스 신화에 등장하는 트라키아의 왕.
[28] (옮긴이 주) Numa Pompilius(기원전 753~673년). 사비니족 출신으로 로물루스를 이어서 로마 2대 왕이었다는 전설적인 인물이다. 로마 종교의식의 창설자로 알려져 있으며 로마의 중요한 종교적, 정치적 제도를 확립했다고 한다.
[29] (옮긴이 주) 미국 북동부의 메인, 뉴햄프셔, 버몬트, 매사추세츠, 코네티컷, 로드아일랜드 등 6개 주에 걸친 지역.

위에 대한 일부 새로운 제약, 특히 증류주류(酒類)(spirituous liquors)[30] 사용에 관한 제약들이 도입되었다. 이렇게 보자면 모든 변화가 느슨함의 방향으로만 일어난 것은 아니다. 뉴잉글랜드의 모레스는 여전히 청교도의 기질과 세계관이 남긴 깊은 흔적을 보여준다. 어쩌면 세상 그 어떤 곳도 뉴잉글랜드 이상으로 모레스 정신의 지속성, 그리고 모레스의 가변성과 적응성을 동시에 보여주는 확실한 사례는 없을 것이다. 뉴잉글랜드의 모레스는 다수의 이주민에게 퍼졌고, 그들에 대한 모레스의 통제는 매우 강력했다. 이러한 모레스는 이주민들에 의해 새로운 주(州)로 전파되었고, 그곳에서 계속 이어졌는데, 이는 흔히 볼 수 있는 현상이다. 17세기 청교도의 신조와 행동상의 과도함은 떨쳐 버려졌고, 도덕률의 모난 부분들은 다듬어졌다. 그들의 생활 방침과 기준은 상당 부분 문명 세계의 것이 되었다.

90. 혁명

고도의 문명 세계에서 주변 상황이 변한 후에도 오래된 모레스가 지속됨으로써 발생하게 되는 위기는 혁명이나 개혁으로 타개된다. 혁명이 일어나면 모레스는 무너진다. 16세기, 1789년의 프랑스 혁명, 그리고 소규모 혁명에서 실제로 이와 같은 일이 일어났다. 혁명이 발발하고 난 후에는 모레스가 부재한 시기가 이어진다. 오래된 것은 무너지고, 새로운 것은 만들어지지 않는다. 사회적 의식(儀式)이 중단되고, 오랜

---

[30] (옮긴이 주) 발효된 술을 다시 증류해서 만든 술로, 일반적으로 알코올 도수가 높다.

금기도 일시 중지된다. 이 상황에서는 새로운 금기가 제정되거나 보급될 수 없다. 이들이 확립되어 많은 사람들이 알게 될 때까지는 시간이 필요하다. 혁명의 소용돌이 속에서 대중은 무엇을 해야 할지 잘 알지 못한다. 구체제하의 프랑스는 사회적 의식이 매우 잘 완비되어 있었고 철두철미하게 확립되어 있었다. 혁명을 치르면서 이러한 의식이 파괴되었고, 이는 사회의 무질서를 초래했다. 어떤 상황에서도 혁명에는 이와 같은 모레스의 일시적 혼란 상태가 수반될 수밖에 없다. 미국의 식민지 또한 예외가 아니었다. 혁명 지도자들은 2~3개의 정치철학이나 사회철학적 교조의 힘을 이용하여 사람들을 새로운 모레스로 이끌어갈 수 있을 것이라 기대한다. 그와 같은 시도가 이루어진 역사를 돌이켜 보면, 우리는 모레스를 만들어내는 것이 교조가 아님을 알 수 있다. 모든 혁명은 재건이 시작되어야 할 그 시점에서 붕괴를 경험한다. 이렇게 되면 구(舊) 지배층이 지배력을 회복하고, 권력을 휘둘러 다시금 오래된 관례 속에 사회를 배치한다. 16세기 교회의 혁명은 좌절을 맛보았고, 우리는 조화를 이루지 못한 잔재들을 물려받았다. 이로 인해 기독교계는 설반의 반(反)계몽주의자와 절반의 과학 옹호론자로 나뉘었고, 절반은 예수회의 지배를, 절반은 서로 다툼을 벌이는 분파로 나누어지게 되었다. 17세기의 영국 혁명은 영국민의 모레스를 재건하는 작업에 착수할 시점에서 뒤집어졌다. 프랑스의 혁명가들은 해묵은 모든 모레스를 폐지하려 했고, 이를 사변철학에서 도출해낸 결과를 이용해 대체해보려 했지만 반동이 일어났다. 그러나 혁명은 사실상 새로운 모레스가 요구되는, 커다란 상황의 변화 때문에 일어났다. 개혁이 이러한 요구를 충족하면 모레스는 계속 이어지게 되며, 혁명이 긍정적이었다는 확신을 창출하는 데 기여한다. 나폴레옹은 수많은 개혁을 폐지했고, 수많은 것을 다시 옛 행렬(行列)로 되돌려 놓았다. 다른 수많은 것이 이름과 얼굴을 바꾸었지만 막상 성격을 바꾸지는 못했다. 수많은 개혁의 절반 정도는 옛것에 동화되었다. 일부 이해 관심은 아직도 전혀 충족되지 않은 채 남아 있다(본서 165절을 볼 것).

91. 모레스를 바꾸어 놓을 가능성

임의의 행동이 모레스를 얼마만큼 바꾸어놓을 수 있는지는 모레스의 지속성과 변경 가능성이라는 두 가지 변수의 조합이 결정한다. 어떤 책략이나 고안을 통해 모레스를 대대적으로, 혹은 급작스럽게 바꾸거나, 이러한 방법을 이용해 모레스의 핵심요소를 변화시키는 것은 가능하지 않다. 물론 미소(微少)한 변이를 통해 의례가 변할 경우에는 모레스가 서서히, 그리고 장기적으로 이어지는 노력을 통해 바뀔 수 있다. 독일의 황제 프리드리히(Frederick) 2세[31]는 중세의 가장 계몽적인 통치자였다. 그는 기질이나 생각이라는 측면에서 현대인이었다. 그는 정치가였으며, 자신의 제국을 명실상부한 절대주의 국가로 만들어보고자 했다. 그가 살았던 시대의 모레스는 모두 교회 조직과 성직자 지배의 영향 아래 있었다. 프리드리히 2세는 몸을 던져 이에 부딪혀 대항했다. 하지만 황제가 자신의 측근이 되기를 바랐던 사람들이 그를 배반하고 교황의 편에 섰다. 그는 당대의 시민 제도가 교회의 지배권에 도움이 되도록 법을 제정했으며, 다른 방법으로 도달할 수 있는 경우 이상으로 십자군이 지향하는 소기의 목적을 달성하기도 했다. 그러나 그렇다고

---

[31] (옮긴이 주) 신성 로마 제국 호엔슈타우펜가의 황제이자 시칠리아의 왕. 학문과 예술을 좋아했으며, 시대를 앞선 근대 군주의 모습을 보여주었다. 중세에서는 가장 진보적인 군주로 평가되고 있다.

이것이 그에게 신망을 가져다준 것도, 평화를 가져다준 것도 아니었다. 당대의 모레스는 교황을 옹호하는 경향을 나타냈는데, 이로 인해 교단, 계층 제도, 교황권을 비난하던 알비파(Albigenses)[32]가 패배를 피할 수 없었다. 교황은 전 유럽을 쉽사리 선동하여 이들에 대항했다. 당대의 사람들은 대체로 모든 국가가 당대의 모레스에 따라 기독교 국가가 되어야 한다고 생각했다. 사람들은 기독교 국가가 아님에도 그 구실을 다할 수 있는 국가를 생각할 수가 없었다. 하지만 여기서 '기독교 국가'란 로마 교황, 그리고 교회 조직과 조화를 이루는 국가를 의미했다. 교회 조직의 실수나 성직자 계급 제도의 부패와 금전적 타락 등은 이러한 생각에 영향을 주지 못했다. 13세기의 로마 교황들은 반대자들을 압도하고 자신들의 권력을 강화하면서 이러한 조류에 적절히 편승했다. 과거에 교회에 위임되었던 수많은 이해 관심에 봉사할 책임을 지고 있는 주체는 우리 시대에는 국가다. 오늘날 성직자가 이러한 이해 관심에 관여하는 것은 우리 시대의 모레스에 반한다. 이제 종교 전쟁은 벌어지지 않는다. 종교는 그 자체가 하나의 이해 관심으로 인식되고 있으며, 과거 그 어떤 시기보다도 훨씬 많은 사람의 존경의 대상이 되고 있다. 하지만 종교는 자신만의 영역을 점하고 있는 것으로 간주되고 있다. 그리고 만약 종교의 이름으로 다른 분야를 침해하려 한다면, 이는 실패하고 말 것이다. 왜냐하면 그와 같은 태도는 우리 시대의 모레스에 반하기 때문이다.

---

[32] (옮긴이 주) 남부 프랑스 알비(Albi)를 중심으로 일어난 이원론적 이단. 서기 12~3세기경 프랑스 남부의 알비 지방에서 소위 '이단 탄압'이 시작되었다. 그로 인해 이단으로 몰린 알비파 신자(알비겐스로도 불림) 2만여 명이 학살되었고, 그 재산은 전부 몰수되었다. 30여 년 동안 알비파 혐의를 받은 100여만 명 이상의 프랑스인이 광신적인 십자군에 의하여 학살당했다.

92. 러시아

나폴레옹은 "러시아인을 긁어낼 경우 당신은 타타르인(Tartar)[33]을 보게 될 것이다."라고 말했다. 이런 말을 하면서 그가 파악했던 것은 비록 러시아의 궁전과 수도가 차르(tsar)[34]의 의지로 서구화되었지만 사람들은 여전히 강력하게 각인된 그들 조상의 민족 모레스에 집착하고 있다는 것이었다. 표트르(Peter)[35] 대제(大帝) 이후 차르들은 감시와 무력 탄압을 통해 기존의 모레스를 망쳐 놓았으며, 그렇게 하면서 또 다른 모레스를 창출해내지도 못했다. 사회적으로 러시아는 그 결과로 야기된 혼란으로 인해 극심한 고통 상태에 놓여 있다. 러시아는 희박한 인구와 시베리아의 광대한 미개척지를 기반으로 삼아 민주정을 이뤄야 한다. 실제로 러시아 촌락들의 토착화된, 그리고 매우 오래된 용례는 모두 민주적인 특징을 갖추고 있다. 독재정치는 군사력이 활용되는 낯선 정체(政體)다. 그럼에도 이는 러시아를 하나의 단위로 묶어주는 유일한 제도다. 이러한 정치적 이익 때문에 소수의 지식 계층은 독재 정권을 묵인하고 있다. 독재 정권은 인민들이 물려받은 모레스를 포기하도록 무력을 가하고, 그들에게 서구의 제도를 따르도록 강제하고 있다. 그뿐만 아니라 러시아의 정책은 요동을 치고 있다. 어떤 시기에는 서구화에 호의를 갖는 정당이, 또 다른 시기에는 구 러시아나 범슬라브 정당이 어전회의를 장악하고 있다. 여기에는 내적인 불협화음과 억압이 존재

---

[33] (옮긴이 주) 우랄산맥 서쪽, 볼가강과 그 지류인 카마강 유역에 사는 투르크어계의 종족.
[34] (옮긴이 주) 러시아나 불가리아 등의 동유럽 슬라브계 여러 민족 국가에서 군주를 가리킬 때 사용되는 칭호.
[35] (옮긴이 주) 표트르 1세. 로마노프왕조의 4대 황제로 역사상 가장 대담한 개혁을 단행했다. 서구를 모델로 한 개혁 정책을 펼쳐 러시아의 근대화를 추구했다.

한다. 이처럼 강제를 통해 모레스를 통제하려는 시도가 종국에 어떻게 마무리될지는 앞으로 두고 봐야 할 흥미로운 문제다. 그 결과는 서구 문명의 이익에 매우 심대한 영향을 미칠 것이다. 러시아의 서구화 정책은 유럽 정치에 영향을 주려는 의도가 담겨 있다. 유럽 정치에 대한 러시아의 모든 간섭은 유해하고, 위협적이며, 결코 정당화될 수 없다. 러시아는 그 성격상 유럽 세력이 아니며, 유럽 문명에 기여는커녕 오히려 그와 반대되는 영향을 미치고 있다. 러시아는 전 세계의 문제에 일익을 담당할 수 있는 듯한 태도를 취하고 있는데, 이에 부합하는 자본이나 자격을 갖추고 있지 못하다. 지난 200년 동안 러시아는 영토를 확장해 왔는데, 이는 내부의 힘을 소진하는 대가로 이루어졌다. 그런데 내부의 힘을 소진하는 정도에 비례한 영토 확장이 이루어진 적은 없었다. 결과적으로 영토 확장을 통해 커다란 영토를 확보하고자 하는 정책이 시행됨으로써 채무와 세금에 대한 압박이 가중된 농민 계층이 붕괴했고, 이러한 붕괴가 농업에 미친 영향 때문에 국력의 공급원이 질식되어 버렸다. 러시아 국민들은 평화롭고 근면하며, 그들의 전통적인 모레스는 조만간 생산적인 힘을 크게 발휘할 것이다. 만약 러시아 국민들이 이해 관심을 충족하려는 목적으로 자신들이 직면해야 하는 생활환경에서 경험을 통해 얻게 될 힘을 나름의 방식으로 마음껏 발휘할 수 있게 된다면, 러시아는 진정으로 고유한 모습을 갖춘 강력한 문명사회로 거듭나게 될 것이다.

93. 러시아와 미국에서의 해방

표트르 대제의 시대에는 러시아의 오랜 민족 모레스가 매우 강력하고도 굳건하게 확립되어 있었다. 이러한 모레스의 핵심은 오늘날까지 본래의 모습이 변하지 않은 채 대다수 사람의 가슴에 남아 있다. 상류 계층에서는 프랑스식을 모방하고 있지만, 국민 일반은 이러한 방식을 대수롭지 않게 생각한다. 러시아를 하나의 정치적인 단위로 만드는 것은 독재정치다. 독재정치는 거대한 땅덩어리를 단일 통제 하에 결집시킬 수 있었던, 군사 체제의 정점이다. 하지만 이러한 통제 방식이 국민들의 오랜 모레스에 영향을 미치지는 않았다. 차르 알렉산드르 2세는 여러 위대한 19세기 중반 문학 동인들의 서적들을 읽고 농노제가 폐지되어야 한다는 확신을 가지고 이를 시행에 옮기기로 결심했다.[36] 독재 체제에서 독재 군주는 어떤 경우에도 자신의 견해를 다른 사람의 도움을 받아 추진한다. 농노제를 폐지하라는 명령을 받은 사람들은 그 방법을 강구하지 않으면 안 되었으며, 그들은 차르가 만족할 만한 방안을 고안해냈다. 그러면서도 그들은 자신들이 소중하게 생각하는 이해 관심을 보호해야 했다. 이즈음에서 독자들은 일시적인 소란을 잠재우면서 실제로는 아무런 변화도 일으키지 않는 미국 정치인들의 책략을 떠올릴 수 있을 것이다. 개혁은 여론을 살짝 반영하고 있을 뿐이었고, 유력한 계급의 이익에 대한 제재는 이루어지지 않았으며, 오히려 그 반대였다. 그 결과 농노제 폐지는 러시아 사회를 혼란 상태에 빠뜨렸고, 아직도 새로운 체제로의 재편성은 거의 이루어지지 않고 있다. 미국에서는 노예를 소유하지 않았던, 그리고 노예를 소유하고 있는 남부와 전쟁을 벌여 노예 폐지를 강제한 북부에 의해 노예제가 폐지되었다. 남부의 모레스는 노예제에 최적화된 종교적, 철학적 관념이 포함된, 충분하고도 만족스럽게 작동하는 노예제 모레스였다. 북부에서 노예제가 폐지

---

[36] Simkhovitsch, *Feldgemeinschaft in Russland*, Chap. XXIX.

된 것은 북부 여러 주의 생활 조건과 이해 관심이 변했기 때문이었다. 반면 남부에서는 그곳 백인들의 모레스에 반대하는 외부 세력에 의해 노예 해방이 이루어졌다. 그 결과 40여 년에 걸쳐 경제적, 사회적 그리고 정치적 알력이 있었다. 이 상황에서 자유로운 개인의 주도(主導)가 핵심요소로 자리 잡고 있는 개방된 제도와 모레스가 존재할 경우 사회의 재조정을 향한 노력이 이루어질 수 있게 된다. 이러한 재조정으로부터 난관을 극복할 방법이 마련될 것이다. 이때 관습, 습관, 상호 양보, 이해 관심 간의 협력으로 상황을 타개해 나갈 수 있는 새로운 모레스가 발전하게 될 것이며, 이들은 사실과 조화를 이루는 사회관을 창출해낼 것이다. 이러한 과정이 시간이 걸리고, 고통과 좌절감을 안겨 주는 경우도 있겠지만 그럼에도 그 자체가 보증되는 과정이라 할 것이다.

94. 임의적인 변화

우리는 '문필(文筆)의 일격'을 통해 수백만의 노예 혹은 농노를 해방한 정치적 영웅으로 에이브러햄 링컨과 알렉산드르 2세를 언급하는 경우를 흔히 살펴볼 수 있다. 하지만 이러한 언급은 단순히 수사적인 나래를 펼친 것에 지나지 않는다. 이처럼 말하는 사람들은 인간을 해방한다는 것이 무엇인지, 오랜 세월 동안 성장하여 널리 퍼진 사회의 모레스를 추방한다는 것이 무엇을 의미하는지를 전혀 이해하지 못하고 있다. 만약 현실이 이러하다면 질서와 혼란의 시기를 거치지 않고서는 요청되는 변화는 결코 일어날 수가 없다. 문필의 일격은 이와 같은 시기가 시작되리라는 주장 외에는 결코 아무것도 하지 못한다.

95. 일본의 사례

일본은 국가의 지배계급이 자발적으로 자신들의 모레스를 버리고 타국의 모레스를 채택하기로 결의한 사회의 한 사례다. 이러한 경우는 역사상 유례가 없다. 험버트(Humbert)에 따르면 외국인의 개입이 있었을 당시 일본은 첫 번째 내부 혁명의 진통을 겪고 있었다.[37] 샬메이어(Schallmeyer)는 "지성적이고 잘 훈련된 인간의 적응 능력은 매우 크다. 이는 우리가 다른 사례를 통해 판단하고 있는 것 이상으로 크다"[38]라고 넌지시 말하고 있다. 르 봉(Le Bon)은 문화가 국민에서 국민으로 전해질 수 있음을 단연코 부정한다. 그는 일본이 외국의 풍습을 채택하고자 함으로써 언젠가는 몰락하게 되리라고 말하고 있다.[39] 여기서 가장 확실하게 말할 수 있는 것은 일본 대중의 모레스가 손상되지 않았다는 것이다. 사람들에게서 살펴볼 수 있는 생활과 품성에서의 변화는 모두 피상적일 따름이다.[40] "이에야스(Iyéyasu)는 조심스레 '무례하다'의 의미를 규정했다. 그는 일본말에서 무례한 사람이란 '예상을 벗어나는 사람'을 뜻하며, 그리하여 죽임을 당할 만한 죄를 범하려면 예기치 않은 행동, 말하자면 규정된 예법에 어긋나는 행동을 하기만 하면 된다고 말했다."[41] "심지어 오늘날에도 일본 내 이민자들이 안심하고 활용할 수 있는 유일한 행동 원칙은 '모든 것을 지역의 관습에 맞춰 행동하라'다. 그 이유는 행동 원칙에서 조금이라도 일탈하게 되면 눈 밖에 나게

---

[37] *Japan and the Japanese*, 360.
[38] *Vererbung und Auslese*, 282.
[39] *Politisch-Anthropologische Revue*, III, 416.
[40] Brandt in *Umschau*, VIII, 722
[41] Hearn, *Japan*, 193.

되어 감시받게 되기 때문이다. 사적 자유는 존재하지 않는다. 어떤 것도 숨길 수가 없다. 개개인들의 악덕과 미덕은 다른 모든 사람이 알고 있다. 유별난 행동은 전통적인 행동 기준에서 벗어난 것으로 판단된다. 모든 괴벽은 관습에서 이탈된 것으로 비난받으며, 전통과 관습은 여전히 종교적 의무가 갖는 힘을 갖추고 있다. 실제로 전통과 관습은 종교적인 성격을 띠면서 준수해야 할 대상인데, 단지 이들의 기원 때문만이 아니라, 과거에 대한 숭배를 나타내는 공적인 제사와의 관계 때문에도 그와 같은 특징을 가지고 있다. 신도(Shinto)[42]의 윤리는 모두 '관습에 대한 순응'을 의미했다. 공동체가 전통으로 받아들이는 관례(rule)가 곧 신도의 도덕이었던 것이다. 이에 대한 복종은 곧 신앙이었다. 이를 거역하는 것은 불경이었다."[43] 분명 이와 같은 이야기는 전통과 당대의 용례가 완전한 지배력을 행사하고 있는 사회에 대한 묘사다. 이러한 유형의 동양 사회 내에서 살고 있는 대중이 천년 안에 서양의 모레스에 동화되리라 생각하는 것은 헛된 상상이다.

96. 힌두인들의 사례

니베디타(Nivedita)[44]는 힌두인들이 외국 문화를 쉽게 받아들였다고 생각한다. "지난 50년 사이에 힌두 사회가 보여준 가장 놀랄 만한 특징

---

[42] (옮긴이 주) 일본 고유의 민족 신앙으로, 선조나 자연을 숭배하는 토착 신앙이다. 일본인들은 때와 장소에 따라 여러 신을 숭배의 대상으로 삼고 있는데, 즉 모든 만물에 신이 깃들어 있다고 믿는 것이 일본의 전통적인 자연신앙이다. 신사는 이러한 신들을 모아 제사 지내는 곳이다.
[43] 위의 책, 112. 위의 책 76절도 참조.
[44] *Web of Indian Life*, 125.

중의 하나는 그들이 외국의 문화 양식을 기꺼이 받아들였다는 점이다. 그 문화에 속하는 나라 사람들과 동일한 조건에서 경쟁하려 하게 되었다는 점 또한 그러한 특징에 해당한다." 하지만 모니에 윌리엄스(Monier-Williams)에 따르면 개인으로서의 힌두인은 "자신의 모든 활동이 얽매이고 제한되어 있으며, 자신이 하는 모든 일이 세세한 전통의 규제에 묶여있고 사로잡혀 있다고 생각한다. 그는 오랜 규칙에 따라 잠자고, 일어나며, 옷을 입고 벗으며, 앉고 일어서며, 나가고 들어오고, 먹고 마시고, 이야기하고 침묵하며, 행동하고 행동을 삼간다."[45] 이렇게 보았을 때, 이들은 옛날의 성가신 사회적 의례를 포기하지 않고 영국인과 경쟁을 하려 하고 있다고 해야 할 것이다. 그들은 불리한 조건을 감수하는 것이다.

97. 요제프 2세[46]의 개혁

권위와 독단이라는 방법을 통해 개혁을 시도한 사례 중 가장 눈에 띄는 것은 독일 황제 요제프(Joseph) 2세가 시도한 개혁이다. 그의 왕국은 오랜 제도와 모레스가 계속 잔존하고 있었고, 이 때문에 고난을 겪고 있었다. 이러한 모레스와 제도들은 현대화될 필요가 있었다. 그는 이러한 사실을 간파하고, 절대군주의 입장에서 이들을 변화시킬 것을

---

[45] *Brahmanism and Hinduism*, 352.
[46] (옮긴이 주) 1765~1790년 동안의 신성로마제국 황제. 재위 초기에는 모후 마리아 테레지아와 함께 제국을 공동 통치했고, 모후가 죽은 뒤에야 단독으로 제국을 통치할 수 있었다. 요제프 2세가 실시한 많은 개혁 정책들은 실패로 귀결되었다. 하지만 그의 정책들은 19세기 이르러 '요제프주의'라는 이름으로 오스트리아 근대화의 근간이 되었다.

명했다. 이러한 변화는 대부분 악습을 폐지하거나 혹은 진정한 개선책을 도입하는 것이었다. 그는 중세 교권주의의 잔재에 종지부를 찍고 신앙의 자유를 확립했고, 결혼을 시민 간의 계약으로 만들었으며, 계급적 특권을 폐지하고, 과세 표준을 수립했으며, 보헤미아의 농노제를 오스트리아에서 시행되고 있던 토지 보유제의 형태로 바꾸어 놓았다. 그는 헝가리에서 민간인들에게 라틴어 대신 독일어를 사용하도록 명했다. 하지만 언어에 대한 간섭은 반발을 불러일으켰다. 상식과 편의성이라는 측면에서 보자면 독일어를 사용하는 것이 옳았지만, 이를 사용하라는 명령은 민족적 열정의 대분출을 촉발했다. 이 열정은 복장과 의례, 그리고 옛 용례를 매개로 구현해내고자 했던 열정이었다. 황제가 이룬 다른 여러 변화는 귀족과 성직자의 기득권을 위협했으며, 이에 따라 이를 되돌리라는 압박을 받게 되었다. 그는 국민들의 모레스와 정신적, 도덕적 규율에 영향을 미치는 명령을 공포했다. 예를 들어 누군가가 두 번째로 교적(敎籍)에 이신론(理神論)자(deist)[47]로 이름을 올리게 되면 그는 회초리로 24번 맞아야 했다. 이는 그가 실제로 이신론자였기 때문이 아니라 이신론이 무엇인지도 모르면서 자신을 이신론자라고 불렀기 때문이다. 관(棺)의 사용이 금지되었으며, 시신은 자루에 넣어서 생석회 속에 매장해야 했다. 아마도 순수하게 합리적 관점에서 보자면 이 법은 현명한 것이었다. 하지만 이 법은 일반인들이 그 용례가 극도로 불합리함에도 아랑곳하지 않는, 정서적으로 매우 민감해하는 문제를 건드리고 있었다. "수많은 용례와 미신은 사람들의 삶과 밀접하게 뒤섞여 있어 규제를 통해 이를 분리할 수 없었고, 오직 교육을 통해서만 이것이

---

[47] (옮긴이 주) 신(神)을 세계의 창조자로 인정하지만 세상일에 직접 관여하거나 계시(啓示)하는 인격적인 존재로는 인정하지 않는 이성적인 종교적 입장.

가능했다." 비가톨릭 신자들에게는 완전한 시민권이 주어졌다. 모든 사람이 공동묘지를 사용할 수 있게 되었다. 이 상황에서 계몽되지 않은 유대인은 어떤 법적인 변화도 원치 않았을 것이다. 프로이센의 프리드리히(Frederick) 대왕은 요제프 황제가 늘 첫 번째 단계를 거치지 않고 두 번째 단계를 밟았다고 말했다. 결국 황제는 농노제 폐지와 종교의 자유에 관한 조치를 제외하고는 자신의 모든 변화와 변혁을 철회했다.[48] 그가 취한 일부 조치는 19세기를 거치면서 점차 실현되었고, 다른 조치는 오늘날 정치적 노력을 기울이고 있는 것들이다.

98. 다른 시대의 모레스 채택

르네상스는 어떤 시대가 문학과 예술을 통해 알게 된 다른 시대의 모레스를 채택해보려 했던 시기였다. 이에 대한 지식은 매우 불완전하고 잘못된 것이었는데, 이는 필연적으로 그럴 수밖에 없었으며, 과거의 본보기에서 만들어진 구상들은 매우 공상적이어서, 이는 심지어 상상력을 동원한 순수 창작품과 거의 다를 바 없을 정도였다. 르네상스 시대에는 선택된 계층만이 교육을 받았고, 대중은 학식 있는 사람들의 신조나 변덕에 영향을 받지 않고 그대로 남아 있거나 동일한 것을 기괴하게 왜곡된 형태로 수용했다. 고전 작가의 어떤 구절, 혹은 플루타르코스의 일부 영웅에 대한 공상적인 구상은 범죄자들을 열광시키고 정치 공론가의 평정심을 흔들어 놓기에 충분했다. 많은 사람은 이질적인 모레스가 뒤섞이고, 상이한 모레스에 순응하는 관념들이 뒤섞임으로써

---

[48] Mayer, *Oesterreich*, II, 454~465.

자신들의 평정심을 잃게 되었고, 결국 이는 그러한 사람들이 열광 아니면 우울증의 피해자가 되는 원인으로 작용했다.[49] 암시 현상은 아연실색하게 하는 것이었으며 예측이 불가능했다.[50] 이 시기는 모레스에 대한 규제 원리로 받아들여졌던 교조적인 관념이 지배한 시기로 그 특징을 규정할 수 있다. 그 결과 경구(警句)가 판을 치고 내실 없는 허식이 유행하게 되었다. 흥미로운 사실은 새로운 지식에 완전히 몰입된 사람들, 그리고 중세의 교화와 종교에 대한 믿음을 상실하게 된 사람들이 전통 체제의 의례를 계속 유지했다는 점이다. 르네상스는 어떠한 새로운 의례도 만들어내지 않았다. 바로 이것이 르네상스가 강력한 뿌리를 마련하지 못하고 일시적인 유행으로 흘러가 버린 이유다. 헌(Hearn)[51]은 자신의 일본에 대한 연구를 바탕으로 다음과 같이 말하고 있다. "설령 고대 그리스의 삶이 부활한다고 해도 우리가 고대 그리스의 삶과 뒤섞여 그 일부가 될 수는 없다. 이는 우리가 정신적 정체성을 바꿀 수 없는 것과 다를 바 없다." 오늘날의 고전학자들은 그리스의 기준, 신념, 그리고 삶의 방식들을 되살리기 위해 노력하고 있다. 개인들은 자신들이 생각하는 상풍의 기준에 어느 정도 모방했고, 대학 졸업생들은 인생과 행복한 삶에 대한 공통된 견해에 일정 정도 도달했다. 하지만 그들은 필연적으로 자신들이 모방하고 싶어하는 특징들만을 선택했고, 이렇게 함으로써 그들은 자신들이 선택한 권위를 임의적으로 파기해 버렸다. 현대 사회에서 이와 같은 그들의 처사는 전혀 존경을 얻지 못하고 있다. 17세기 뉴잉글랜드의 청교도들은 성경, 특히 모세 5경[52]을 바탕으

---

[49] Gauthiez, *Lorenzaccio*, 230.
[50] 위의 책, 227.
[51] *Japan*, 20.
[52] (옮긴이 주) 구약성서의 맨 앞에 나오는 『창세기』, 『출애굽기』, 『레위기』, 『민수

로 사회를 건설하려 했다. 그러한 시도는 모든 면에서 실패했다. 모세 5경에서 존재했다고 말하는 사회가 실재에 대한 서술인지는 의심의 여지가 있다. 또한 5경에서 이야기하는 규정들은 17세기의 현실에 맞지 않았다. 어느 시대건 그 시대에 맞게 만들어진 모레스는 그 시대에 좋은 것이며 옳은 것이다. 하지만 이러한 사실은 그러한 모레스가 다른 시대에는 매우 제한된 범위 내에서만 적합할 수 있음을 뜻할 것이다.

99. 어떤 변화가 가능한가

이 모든 사례는 모레스와 조화를 이루는 변화는 쉽게 일어나지만 모레스에 반하는 변화는 장기적이고 인내를 요하는 노력이 필요하다는 사실을 보여준다. 만약 변화가 조금이라도 가능하다면 말이다. 집권 세력은 권력을 이용해 자신들이 선택한 어떤 결정의 방향으로 모레스를 휘어 놓을 수 있다. 특히 그러한 집단이 교조에 기대지 않고 의례에 기대어 노력을 기울이고자 한다면, 또한 그러한 진행이 서서히 이루어지는 데 만족한다면 그렇게 할 수 있다. 교회는 이러한 방법을 이용하여 커다란 성과를 거두었는데, 이로 인해 종교, 사상, 혹은 제도들이 모레스를 만들어낸다는 믿음이 창출되었다. 지배계층은 어떠한 기준으로 선택되었는지와 무관하게 모범을 보임으로써 사회를 이끌어갈 수 있고, 그 모범은 항상 의례에 영향을 미친다. 귀족 계층은 이러한 방식으로 영향력을 행사한다. 귀족들은 세대에서 세대로 우아함, 세련됨, 고결함의 기준을 제시하며, 이와 같은 좋은 매너(manners) 용례들은 귀족

기』, 『신명기』 등 5종의 책.

에서 다른 계층으로 널리 퍼졌다. 이와 같은 영향은 말로 표현된 것이 아니고, 의식적인 것도 아니며, 의도된 것도 아니다. 물론 일부 사람들이 타인들의 모레스를 주조하고, 목적을 정하는 데 착수할 수 있고, 그것이 옳을 수도 있다. 하지만 우리는 그와 같은 노력이 성공할 수 있는 범위의 폭이 매우 제한적이며, 모레스를 조작할 수 있는 방법 또한 엄격하게 제한된다는 사실을 확인할 수 있다. 우리 시대가 선호하는 의도적인 모레스 주조 방법은 입법과 설교다. 이러한 방법은 실패한다. 왜냐하면 이들은 의례에 영향을 미치지 못하고, 항상 단기간에 커다란 성과를 얻을 것을 목표로 삼고 있기 때문이다. 무엇보다도 우리는 '사회 개혁'을 위한 계획, 그리고 그 안에 포함되어 있을 것으로 추정되는 오류와 불편에 기울이는 진지한 관심의 정도를 판단해볼 수 있을 것이다. 이와 더불어 우리는 그러한 계획에 포함되는 요소들을 재배치함으로써 우리 세상을 개혁해 보려는 계획을 세워볼 수도 있을 것이다.

100. 모레스에서의 이탈, 집단 정통성

오래된 모레스가 적응한 조건과 필요의 지속 기간을 넘어서 계속 존속하면 그것은 유해하게 느껴진다. 반면 점진적이면서 부단하게, 그리고 원활하면서도 용이하게 재조정 과정을 거치는 것은 유익한 삶을 살아가는 데 도움이 되는 사태의 추이다. 이러한 사실로 미루어 보았을 때, 전통적인 모레스에 대한 자유롭고 이성적인 비판은 사회 복리를 위해 필수불가결하다. 앞에서 우리는 물려받은 모레스가 그 집단에서 태어난 모든 사람에게 강제력을 발휘한다는 사실을 살펴본 바 있다. 이러한 사실을 통해 보았을 때, 오직 가장 위대하고 최선의 인물만이 모레스를 변경하기 위해 모레스에 대항할 수 있다고 말할 수 있을 것이다. 물론 전통적인 모레스와 투쟁을 벌이는 모든 사람이 사회를 바로잡고 개선하는 영웅이라고 추정할 수 없음은 말할 것도 없다. 훈련된 이성과 양심의 소유자들의 입장에서 보았을 때, 모레스에 따를 것인지 아니면 의견을 달리할 것인지의 문제는 매우 중압감이 느껴지는 과제이며, 그들에게 이 이상으로 무거운 과제가 주어지는 경우는 없다. 모레스가 유연성을 획득하면서 자연스레 재조정이 이루어지는 경우는 최고의 이성에 의해 다른 의견이 제시되거나 자유로운 판단이 이루어질 때다. 하지만 다른 의견은 집단 내에서 좋은 평판을 얻지 못하기 일쑤다. 여러 집단은 각각의 구성원이 믿어야 하는 '원칙', 그리고 각자가 실천해야 하는 의례에 관한 정통성의 기준을 만들어놓는다. 의견을 달리함은 그러한 의견을 가지는 사람이 우월하다는 주장을 함축하는 것처럼 보인다. 이는 증오와 박해를 유발한다. 의견을 달리하는 사람은 반역자, 배신자 그리고 이단자로 간주된다. 우리는 이러한 현상을 온갖 유형의 하위 집단에서 확인할 수 있다. 귀족과 문벌 계층, 상인, 숙련공, 종교와 철학의 분파, 정당, 학문과 학자 사회는 자신들의 집단 행위 규칙과 의견을 달리하거나 이에 복종하지 않는 사람을 사회적 형벌을 이용하여 처벌한다. 현대의 노동조합이 '조합 불참자(scab)'를 처리하는 방식은 이의 또 다른 사례를 보여주고 있을 따름이다. 이 집단은 다수에 의해 정책 프로그램이 채택되고, 그다음 단계로 소속 집단의 이익을 도모하기 위해 결정된 바를 이루고자 각각의 성원에게 분투하고 희생할 것을 요구한다. 이를 거부하는 사람은 집단의 신조와 이익에 위배되는 배반자 혹은 변절자로 간주된다. 다른 집단의 모레스를 채택하는 사람은 더욱 가증스러운 범죄자가 된다. 중세에는 생활, 대화, 복장, 이야기 혹은 예절(다시 말해 사회적 의례)이라는 측면에서 기독교 사회의 정상적인 성원과 모습을 달리하는 자를 이교도로 정의(定義)했다. 4세기에는 모든 기독교도에게 공통된 사회적, 교회적 행동 특징들을 추린 것이 '가톨릭'이라는 단어의 핵심적인 의미였다. 가톨릭교도란 기독교도에게서 특징적으로 살펴볼 수 있는 모레스에 따르는 자를 뜻했다.[53] 만약 어떤 이교도가 가톨릭교도보다 우월하면 그들은 그를 더욱 미워했다. 교회 당국은 그가 우월하다고 해서 용서하는 법이 없었다. 그들은 교회 공동체에 충성하길 원했다. 반대자에 대한 박해는 그가 버림받은 집단에서는 늘 만연되어 있다. 반대자에게 관용을 베푸는 것은 대중의 정서와는 거리가 멀다.

101. 새로운 모레스를 만들어내기 위한 은둔과 고립, 퀘이커교도들

반(半) 문명 단계와 이의 바로 위 문명 단계에는 세상으로부터 칩거하여 고립 생활을 하는 교파가 많았다. 그들은 자신들이 속한 사회에 널리 퍼져있는 세계관이나 생활 방침과 의견을 달리하는 자들이었다. 사실상 문제가 되는 것은 그들이 그 사회의 모레스와 대립각을 세우고 있다는 것이었다. 이러한 대립에서 그들은 그 사회의 모레스를 바꿀 만큼 우위를 점하지 못했다. 심지어 그들은 마음에 맞지 않는 모레스 속에서 살아가면서 자신들의 삶의 계획마저도 제대로 실현하지 못했다. 16~17세기 영국의 청교도들은 그들 시대의 모레스를 바꾸어 놓기 위해 노력했다. 그들 중 다수는 자신들이 이상(理想)으로 삼는 모레스를 실현할 사회를 구현하기 위해 사람이 살지 않는 지역으로 이주했다. 17세기에

---

[53] Harnack, *Dogmengeschichte* (3rd ed.), I, 319.

는 수많은 교파와 일행이 동일한 목적으로 북미로 이주했다. 퀘이커교도들(Quakers)[54]은 그 당시의 용례와 다른 복장, 언어, 태도 등을 채택했는데, 그 방식이 극단에까지 이르렀다. 이 모든 상황 속에서 퀘이커교도들은 자신들을 고립시키고, 스스로 선택한 생활방식을 함양하는 의례 수단을 늘려나가고 있었다. 그들은 신학적 교의에 대해서는 그다지 신경을 쓰지 않았다. 그들이 주로 관심을 두었던 것은 사실상 모레스와 관련된 것이었으며, 사회 정책에 영향력을 행사하는 것이었다. 1657년 네덜란드에서는 퀘이커교도들이 호전적인 성격의 혁명적 공산주의자와 평등론자 교파의 모습을 하고 출현했다.[55] 뉴잉글랜드에서는 퀘이커교도들이 종교적 박해를 자초했다. 그들은 자신들이 선(善)으로 간주한 마음 상태와 사회적 성격의 특징을 양성하고자 했으며, 그들의 의례는 이와 같은 목적(겸손, 단순, 온화, 우정, 진실)을 위해 고안되었다. 오늘날 그들은 자신들을 둘러싼 사회의 모레스에 압도되고 동화되고 있다. 쉐이커 교도(Shakers)[56]와 모라비아 교도(Moravians),[57] 그리고 그 시대와 장소의 모레스에 반대하는 다른 교파들 또한 마찬가지다.

---

[54] (옮긴이 주) 17세기 영국의 조지 폭스(G. Fox)가 창시한 프로테스탄트의 한 종파. 퀘이커교도들은 청교도와는 달리 칼뱅주의의 예정설과 원죄 개념을 부인했다. 그들에 따르면 모든 사람은 자기 안에 신성(神性)을 지니고 있는데, 사람들은 이를 양성하는 방법만을 배우면 된다. 그들은 이처럼 신성을 기르기만 하면 모두가 구원받을 수 있다고 믿었다.

[55] Van Duyl, *Beschavingsgeschiedenis van het Nederlandsche Volk*, 237.

[56] (옮긴이 주) 1747년 영국 퀘이커의 리바이벌(신앙부흥) 운동이 일어났을 때 출현한, 퀘이커교에서 갈라져 나온 일파. 엄격한 금욕생활을 했으며, 재산을 공동 소유했다.

[57] (옮긴이 주) 1457년 보헤미아 쿤발트(Kunvald)에서 형성된 기독교 일파. 보헤미아 출신으로 개혁 운동을 펼치다 화형당한 얀 후스(Jan Huss, 1370~1415년)를 추종하여 결성된 기독교 일파. 신약성경의 '산상수훈'을 바탕으로 사도 시대(使徒時代)의 소박하고 순수한 신앙생활을 재건하고자 했다.

102. 사회 정책

독일에서는 사회 정책을 하나의 학문 분야(사회정치학)로 발전시키려는 시도가 있어 왔다. 그들은 더욱 좋은 사회를 만드는 데 필요한 당면 과제가 무엇인지에 관한 결론을 이끌어내고자 하고 있고, 이를 위해 인구통계학적 실태를 체계적으로 연구하고 있다. 이러한 계획은 매혹적이다. 이는 현대 국가에 가장 필요한 것 중 하나로, 납세자들의 희생을 대가로 사회 개량과 교정을 위한 실험 방책이 개발되고 있는 과정에 있다. 이러한 방책들은 검증되어야 하며, 이들의 근거가 되는 착상들도 그 정당성이 입증되어야 한다. 인구통계학적 정보가 이러한 실험에 활용될 경우, 이는 최고의 가치를 갖게 될 것이다. 그런데 정치인과 사회철학자들이 제도와 모레스를 교묘하게 조작하려 하고, 이러한 조작을 자신 있게 수행하는 데 도움이 되는 자료를 획득할 수 있다는 전제하에 일을 진행하려 할 수 있다. 마치 건축가나 기술자가 필요한 자료를 획득한 후 이를 자기 분야의 작업에 이용하듯이 말이다. 이러한 상황이 벌어진다면, 여기에는 측정할 수 없을 정도로 근본적이면서 유해한 오류가 포함되게 된다. 아직도 우리는 사회 문제에 개입되는 변동 요소들을 계산하는 방법이 없으며, 그 복잡성을 해명하는 분석법도 갖추고 있지 않다. 논쟁을 벌이는 사람들은 자신들의 마음속에 존재하는, 모레스가 반영된 선입견을 가지고 있는데, 토론은 이러한 선입견이 논쟁하는 사람들을 지배하고 있음을 적절히 드러낸다. 우리는 자연을 관찰하는 사람이 항상 자신의 개인적 편견을 의식하고 있어야 함을 알고 있다. 모레스는 사회에 의해 주어지는 일종의 편견이다. 연구자가 모레스를 자기 자신이 속해 있는 사회 안에서 연구하면, 여기에는 선결 문제 요구의 오류(begging the question)[58]와 같은 무엇이 작동한다. 게다가 모레스 속에서의 확신은 일종의 '신념들(faiths)'[59]이다. 이들은 과학적 사실이나 증명의 영향을 받지 않는다. 우리는 민주주의 속에서 성장했기 때문에 민주주의를 '신봉'하는 태도를 가질 수 있다. 물론 그렇지 않을 수도 있지만 말이다. 그런데 우리가 민주주의를 신봉하면, 우리는 민주주의에 관한 신화를 받아들이게 된다. 이렇게 말하는 이유는 우리가 그 가운데서 성장했고, 그것에 익숙해 있으며, 이를 좋아하기 때문이다. 논쟁은 이러한 신념을 건드리지 못할 것이다. 마찬가지로 어떤 국가에 속하는 사람들은 '그 국가'를 혹은 군국주의, 상업주의, 혹은 개인주의를 신봉한다. 그들이 생각하기에 다른 나라 사람들은 감정적이고, 신경질적이며, 미사여구를 좋아하고, 집단적 자만심으로 가득하다. 어떤 사람이 자신이 속한 집단의 모레스가 갖는 특징에서 벗어날 수 있다고 상상하는 것은 헛된 일이다. 특히 일상생활에서 가장 가깝고 친숙한 현상에 대해서는 더욱 그러하다. '과학적 인간'이라면 편견과 선입관에서 탈출하여 모레스에 대해 중립적이면서 자주적인 태도를 취할 수 있으리라고 상상하는 것 또한 헛된 일이다. 물론 그가 주변 상황의 무게 혹은 압박에서 빠져나오려 할 수 있다. 하지만 모레스를 논할 때는 최고로 학식 있는 학자조차도 평범한 인간이 갖는 모든 속물근성이나 편견을 드러낸다. 매우 정치한 논의마저도 단지 자신의 축(軸)을 중심으로 심사숙고하는 정도에 그친다. 사람들은 자신이 어떤 주제를 고찰할 때 떠올린 선입견이 좀 더 강한 신념으로 자신에게 되돌아오는 것을 재차 깨달을 따름이다. 우리 시대 모레스의 철학적 경향은 국가의 규제, 군

---

[58] (옮긴이 주) 참이 증명되지 않은 전제에서 결론을 도출하거나, 전제와 결론이 순환적으로 서로의 논거가 될 때 발생하는 오류.
[59] (옮긴이 주) 여기서 신념들이란 정당화된 믿음이 아니라 근거 없이 무엇인가를 믿는 것을 말한다.

국주의, 제국주의를 옹호하는 방향을 향하고 있고, 가난한 사람들과 노동자 계층에게 애정을 나타내면서 그들의 비위를 맞추는 방향을, 이타주의와 인도주의적인 것은 무엇이건 선호하는 방향을 향하고 있다. 오늘날의 지배적 경향에 찬성하든 반대하든 그와 무관하게, 그 누가 자신이 채택한 태도를 버리고, 주요한 관심사나 확신에 의해서가 아니라, 인구통계학적 자료가 텅 빈 머리에 미치는 추정 상의 영향을 바탕으로 판단하겠는가? 위에서 언급한 현대의 지배적인 경향은 별다른 신뢰할 기반을 갖추고 있지 않다. 이러한 경향은 끊임없이 바뀌는 우리의 철학적 일반화가 거쳐 가고 있는 오늘날의 국면에 지나지 않는다. 이들은 사회 정책을 적용하여 사회를 또 다른 독단적인 간섭 아래 두기 위해 제안된 것에 지나지 않는다. 이러한 제안은 일련의 새로운 독단적 선입관의 지배를 받고 있는데, 이는 사실상 낡은 방법과 오류가 지속되는 데 지나지 않는다.

103. 타락하고 나쁜 모레스, 진보하거나 쇠퇴하는 모레스

나쁜 모레스의 작용을 막으려는, 혹은 이를 없애려는 적극적인 노력을 바탕으로 모레스를 변화시키고자 하면 상황은 다소 달라진다. 역사가들로 인해 우리는 모레스라 하면 부패하거나 타락한 것을 연상하는 데 익숙해 있다. 실제로 후기 로마 제국, 비잔틴 제국, 메로빙거(Mervingian) 왕조, 그리고 르네상스기와 같은 시대는 나쁜 모레스가 사회를 지배했던 사례들이다. 그런데 우리는 이러한 생각에 대해 좀 더 정확성을 기할 필요가 있다. 나쁜 모레스란 단순히 당대의 사회 환경과 필요에 충분히 부합되지 않는 것들을 말한다. 하지만 우리가 살펴본 바와 같이 모레스는 어느 정도 완전한 복리관을 탄생시키는데, 모레스는 이러한 관점이 유해한 것으로 간주하는 행동을 제재하는 데 초점이 맞추어진 금기를, 그리고 합당하고 유익하다고 판단되는 바를 행하게 하기 위한 적극적인 명령을 만들어낸다. 금기는 도덕 혹은 도덕체계를 구성하는 요소인데, 고도의 문명사회에서는 금기가 정념과 욕망을 억제하고, 의지를 억누른다. 이러한 금기가 약화되거나 금기가 부과하는 제재가 철회될 때 다양한 위기가 도래한다. 예를 들어 현행 종교가 신뢰를 상실할 수 있다. 이때 종교의 신비적 제재는 효력을 잃게 된다. 정치제도 또한 약화되거나 부적절한 것이 되어버릴 수 있으며, 이 경우 공적인 제재가 제대로 효력을 발휘할 수 없을 것이다. 경제 조건과 정치제도가 서로 필요한 조화를 이루지 못할 수 있다. 또한 사회 권력을 장악하고 있는 계층이 이기적인 이익을 위해 자신들의 힘을 악용하여 다른 사람들을 희생시킬 수 있다. 모레스에 의해 탄생한 철학적, 윤리적 일반화는 당당하고, 고귀하며 웅대한 지성과 이성의 영역으로 승화된다. 지성의 힘을 발휘할 수 있다는 것은 인간의 특권이다. 이러한 힘을 올바르게 사용하면 욕구 충족 문제에서 달성할 수 있는 바의 범위는 엄청나게 늘어날 것이다. 반면 이러한 활동 영역에서 실수를 범하면 그 대가는 그에 상응해서 커진다. 모레스가 잘못되는 경우를 살펴보면, 이는 무엇보다도 사회 지배 세력이 지향하기로 결정한, 자신들이 선택한 '이상적'인 목표를 향해 모레스와 제도를 강제로 움직이려 하면서 철학적, 윤리적인 일반론을 활용하려는 실수를 범하기 때문임을 알 수 있다. 이때 그 사회의 에너지는 그 사회의 이해 관심에서 멀어질 수 있다. 이와 같은 모레스의 표류는 개인의 그릇된 행동에 비할 수 있다. 즉 복리에 어긋나는 행동들에 에너지가 허비되는 것이다. 그 결과 사회의 모든 기능이 혼란에 빠지고, 사회의 모든 모레스에서 결함이 나타난다. 이미 언급한 바처럼 정도를 벗어난다는 것은 나쁜 모레스, 즉 복리에 기여하지 못하는 모레스를 만들어낸다는 것이며, 이로 인해 마치 한 개인이 나쁜 습관에 빠져들 듯이 한 집단 또한 나쁜 모레스에 빠져들 수 있는 것이다.

104. 사례

비잔틴 제국[60]은 이를 보여주는 적절한 사례다. 이 제국에서는 번창하는 위대한 제도 안에서 정부(情婦)와 성매매 종사자가 늘어났고, 궁정 내의 음모로 총신(寵臣), 여자 그리고 환관이 정치적 지배력을 갖게 되었으며, 왕의 근위병들이 결정적인 상황에서 훼방을 놓고, 공공 놀이 장소와 목욕탕에서 타락 행위가 이루어졌다. 또한 유능한 인재들이 불행과 재난을 당하고, 이로 인해 이들 계층이 사회에서 배제되며, 가신(家臣)들이 아첨을 늘어놓고, 경제적 궁핍의 결과로 농민과 기능공이 예속되며, 현학적인, 별 볼 일 없는 문제들을 놓고 불필요한 논쟁을 벌였는데, 이는 종교에서의 사신(邪神)에 대한 믿음, 광신과 미신 등과 결합한다. 이들은 건전한 이해 관심에서 거리가 멀어짐으로써 혼란스러워진 모레스가 드러내 보여주는 현상의 일부다. 이들은 이기적 지배자의 잔인하고도 무지한 조치들이 포함된 정치와 종교의 독단적 교의 때문에 얽히고 설키게 된다. 메로빙거 왕조에서는 야만적이고 타락한 로마인의 모레스가 혼란의 시대 속에 침투해 뒤섞였다. 이탈리아의 르네상스 시대에는 모든 금기가 붕괴하거나 저지력을 잃었으며, 사회적 무질서를 매개

---

[60] (옮긴이 주) 황제 테오도시우스 1세의 사망 이후 로마는 동·서로 분열되는데, 이 중에서 비잔티움을 수도로 삼은 동로마 제국을 비잔틴 제국이라고 부른다.

로 악덕과 범죄가 창궐했다. 모레스의 쇠망에 관한 입장에는 다음과 같은 두 가지 입장이 있다. 첫 번째 입장은 모레스가 시간이 흐르면서 쇠퇴하는 경향이 있다는 것이며, 또 다른 입장은 시간이 흐르면서 모레스가 더욱 세련되고 순수해지는 경향이 있다는 것이다. 만약 생활 조건이 바뀌지 않는다면 모레스가 바뀌어야 할 이유는 전혀 없다. 일부 미개인들은 자신들의 생활 조건에 모레스를 적절히 녹여 스며들게 했으며, 이에 따라 모레스가 수백 년 동안 변화를 겪지 않고 계속 유지되었다. 하지만 분명한 사실은 사회에는 발전의 시기와 퇴보의 시기, 즉 경제력, 물질적 번영, 그리고 전쟁에 대비하는 집단의 힘이 발전하고 퇴보하는 시기가 있다는 점이다. 발전의 시기건 퇴보의 시기건, 모든 모레스는 상황에 부합하는 성격, 기질 그리고 정신이라는 제한을 벗어날 수 없다. 서력기원 초기는 퇴보의 시기였다. 테르툴리아누스(Tertullian)[61]의 저술에는 열광적인 용어들로 자신이 살았던 시대(2세기 말)의 번영과 발전을 서술하는 구절이 있다. 그는 사회가 쇠퇴의 위기에 처해 있음을 의식하지 못했다. 하지만 많은 사람은 아우구스투스 황제 시대부터 이미 쇠락이 다가오고 있음을 목도했다. 제국의 광채는 쇠락을 현혹하지 못했다. 타키투스(Tacitus)[62]는 게르만인들에 의한 쇠락을 두려워했다. 다른 사람들은 파르티아인들(Parthians)[63][64]로 인한 쇠락을 두려워했다. 로마 제국 시민들은 조상들에게 열등의식을 느끼고 있었다. 사회는 하나씩 둘씩

---

[61] *De Anima*, 30.
 (옮긴이 주) 기원후 160~230년경 고대 로마의 종교가이자 그리스도교 저술가.
[62] (옮긴이 주) 로마 시대의 역사가, 정치가. 호민관・재무관・법무관을 거쳐 집정관을 지냈고 아시아주의 총독을 맡았다. 제정(帝政)을 비판한 사서(史書)를 저술했다.
[63] (옮긴이 주) 아리안족의 한 부류로 이란의 북동쪽으로 이동해 와서 살았던 민족.
[64] Boissier, *La Religion Romaine d'Auguste aux Antonins*, I, 239.

무너져 내렸다. 그 무엇도 쇠퇴를 저지하거나 회복을 촉발하는 받침대 역할을 할 수 없었다. 이 시기에는 절망 의식이 주류를 차지하게 된다. 철학은 염세적인 성격을 띤다. 사람들은 세상의 종말이 가까워진다고 생각한다. 삶은 가치를 상실한다. 널리 유행하는 경향과 더불어 금욕적인 실천이 붕괴한다. 순교는 별다른 두려움을 주지 않는다. 순교의 두려움은 약간의 종교적 열정으로 극복할 수 있다. 야만인의 침입은 다른 여러 재난에 재난을 조금 더 추가한 데 지나지 않는다. 이는 체념 상태에서 올 것을 예상하고 있는, 불가피한 종말을 앞당기는 역할을 하는 데 그친다. 이와 같은 시기에는 사신(邪神)에 대한 믿음, 내세관, 체념, 속세로부터의 은둔, 그리고 단념 등이 도피를 꿈꾸는 사람들, 그리고 절망하고 있는 사람들에게 호소력을 발휘한다. 반면 아무것도 가진 것 없는 사람들의 처지에서 보았을 때, 우리가 살아가는 시대는 점유되지 않은 광대한 영역이 약간의, 혹은 전혀 대가 없이 열려 있으며, 때문에 전진이 이루어지고 있는 시대라 할 것이다. 대중의 입장에서 보았을 때, 이와 같은 시기는 희망과 힘, 그리고 획득의 시대다. 이 시기의 철학은 낙관적 경향을 나타낸다. 모든 모레스는 이러한 낙관적 경향에서 그 정신을 획득한다. '발전'은 일종의 신앙으로 자리 잡는다. 사람들은 체념과 포기의 인생관에 별다른 관심을 두지 않는다. 우리가 선택하면 할 수 없는 것은 없으며, 우리가 하지 않을 것도 없다. 실수는 커다란 대가를 치르지 않는다. 이는 어렵지 않게 극복될 수 있다. 르네상스 시대의 이탈리아는 사람들이 종교를 거부하고, 국가는 혼란에 빠져 있었다. 그런데 이러한 부정적 측면 외에, 삶의 조건을 변화시키고 있는 지식에서 유래된 새로운 힘이 크게 꿈틀거렸다. 커다란 위력을 발휘하던 사회적 힘이 느슨해졌다. 선과 악 양쪽 모두에서 영웅 수준의 인물이 대거 나타났다. 그들은 위업을 이룰 놀라운 능력을 갖추고 있었으며,

마치 사신(邪神)에게 홀려 있는 듯했다. 전쟁, 예술, 발견, 문학뿐만 아니라 악덕과 죄악이라는 측면에서도 그들의 능력은 초인적이었다. 이처럼 영웅적 인간들이 활약하는 현상은 우호적인 상황에서, 크게 넘쳐나는 새로운 힘을 바탕으로 전진하는 시대에 나타난다. 자녀 출산이 발전혹은 쇠퇴라는 상황과 맞물려 있다는 사실에도 주목할 필요가 있다. 쇠퇴기에는 결혼이나 가족이 성가신 것이 된다. 독신 생활이 모레스 안에서 유행한다. 르네상스 시대처럼 발전의 시대에는 성적 악덕과 성의 과잉이 사회적 발작(paroxysm)이라고 생각될 정도에까지 이른다. 성에 대한 정념은 다른 모든 것을 희생시킬 정도의 광란에 이르기까지 상승한다. 모레스가 어떤 본래적인 경향에 의해 좋게도 되고, 나쁘게도 발달한다는 생각은 거부되어야 한다. 모레스의 좋고 나쁨은 항상 상대적일 따름이다. 모레스는 필요(needs)에 도움이 되는 것을 목적으로 하며, 그 특징은 필요에 도움이 되는 정도에 따라 결정된다. 우리는 모레스가 일관될 때 더욱 효율적이라는 이유로 모레스를 일관성 있게 만들려는 압박이 존재한다는 사실을 확인한 바 있다. 모레스는 위에서 서술한 잘못된 경향 중 어느 하나의 지배를 받게 되어도 시종일관 정도를 벗어나거나 오류를 범할 수 있다. 그 결과 퇴폐적인 모레스가 한 시대를 풍미하는 현상이 나타날 수 있다. 이러한 사례는 어떤 외부의 구체적인 원인 때문에 모레스가 변한 경우가 아니며, 악덕이나 질병의 영향에 의해 변한 경우와 유사한 것도 아니다.

105. 정도를 벗어난 모레스 교정

모레스가 정도를 벗어나는 초기 단계에서 이를 저지하거나 피할 수는 있다. 하지만 막상 그렇게 하기는 매우 힘들며, 실제로 그렇게 한 사례를 발견하기란 매우 어렵다. 이를 위한 노력은 필연적으로 결과에 대한 예측에 놓여 있을 수밖에 없다. 그러한 예측은 스스로 오류나 해악을 예지하지 못하는 사람에게는 별다른 관심사가 되지 못한다. 예언자들은 항상 곤경에 처했다. 그 이유는 그들의 예언이 달갑지 않았고, 사람들의 그들에 대한 평판이 좋지 않았기 때문이다. 남북전쟁 이후 미국에서 탄생하여 성장한 보조금 제도는 비판을 받는 경우가 흔했다. 이는 민주주의 하에서는 극단적으로 위험한 악습이다. 선동 정치가들은 보조금을 쉽게 활용해 자신들의 돈으로 유권자들을 타락시킨다. 보조금 제도는 그 자체의 한계로 인해 머지않아 쇠퇴하게 될 것으로 여겨지고 있다. 하지만 이러한 생각에 대해서는 커다란 의문이 제기된다. 즉 이러한 제도의 쇠퇴를 막기 위해 다른 사악한 기준을 만들어낼 가능성이 더 큰 것이다. 이 사례에서 사람들이 곤경을 피하기 위해 어떻게 사태를 방치해버렸는지에 주목한다면, 우리는 정도를 벗어난 모레스가 어떻게 시작되어 그 힘을 갖추게 되는지를 파악할 수 있을 것이다.

106. 모레스의 진보 혹은 쇠퇴

섹(Seeck)은 그리스 로마 세계의 사람들은 일반적으로 삶에 염증을 느꼈고, 이것이 출산에 대한 무관심을 불러일으켰다고 생각한다. 이는 사람들이 왜 기꺼이 자살을 선택하려는 태도를 취했는지, 왜 순교에 초연했는지를 설명한다. 목숨은 지니고 있을 만한 가치가 별로 없었다. 섹에 따르면 제국의 전 기간을 통틀어 유용한 기술의 진보가 이루어지지 않았고, 새로운 발명이 이루어지지도 않았으며, 생산에 도움이 되는 새로운 장치도 나타나지 않았다. 전쟁 기술, 문학, 혹은 예술에서도 별다른 개선이 이루어지지 않았다. 반면 수송과 상업의 경우는 기원후 1세기에 발전이 이루어진 듯하다.[65] 일단 이루어진 발명이 널리 사용되기까지는 오랜 시간이 필요했다. 이러한 완만한 진행은 정신노동 분야에서 가장 두드러진다. 하드리아누스(Hadrian)[66] 시대 이후에는 과학이 있었다고 말할 수 없다. 지식인은 오직 앞선 사람들을 인용할 따름이었다. 철학은 오랜 서적을 해석하는 데만 초점을 맞추었다. 성과가 있었던 분야는 종교 영역에 국한되었다. 이러한 성과는 모두 셈족과 서아시아인에 의해 얻어진 것이었다.[67] 그리스인과 로마인은 모두 사회 속의 엘리트를 근절시켰으며, 사실상 비교적 가치가 적은 사람들에 대한 선택이 이루어지는 정책을 추구했다.[68] 사람들은 속세에서 도피했다. 그들은 인간 사회에서 벗어나길 원했다. 그들은 특히 국가로부터 도망가고자 했다. 그 이유는 그들이 사회 속에서, 특히 정치제도로 인해 고통을 겪었기 때문이다. 기독교 교회는 사회적 권리와 의무를 거부하는 이와 같은 태도를 종교적 미덕으로 칭송했다. "초기 기독교 시대에 노인들의 마음을 가득 채운 것은 염세주의였다. 그들이 생각하기에 이 세상은 파괴에 이양된 곳이었다. 사람들은 이러한 덧없는 삶을 벗어나 더욱 나은 삶, 그리고 신의 영원성을 갈망했다. 우주를 선(善)의 영역인 상위의 밝은 세계와, 사신(邪神)이 살고 있는 하위의 어두운 세계로 구분하는 방법은 이와 같은 정서와 적절히 호응을 이룬다. 인간은 그 중간의 공간에 살고 있다. 신화는 우리의 세계가 어떻게 선과 악이라는 두 개의 영역 사이에서, 선과 악의 혼합체로 탄생했는지를 설명한다. 인간은 양쪽 모두에 속한다. 즉 그의 영혼은 밝은 세계에, 육체는 어두운 세계

---

[65] Pöhlmann, *Die Uebervölkerung der Antiquen Grossstädte*, 12.
[66] (옮긴이 주) 로마 제국의 황제로, 오현제 중 한 사람.
[67] Seeck, *Untergang der antiquen Welt*, I, 258 이하, 278.
[68] 위의 책, Chap. III.

에 속한다는 것이다. 인간은 이 세계로부터, 그리고 세속으로부터 구원받기 위해 몸부림치며, 천상(天上) 신의 면전에 이르기까지 일련의 하늘 나라들을 통과하면서 상승하여 그곳에서 영생을 누리길 갈망한다. 이곳은 인간이 살아있는 동안 필요한 봉헌을 행했고, 그가 천국의 문을 열 수 있는 신의 말씀을 익혔다면 사후에 이를 수 있는 곳이다. 봉헌을 함께 하고, 어둠의 힘을 무너뜨리기 위해 천상의 신 중 한 명인 예수 그리스도가 자처해서 지상으로 내려왔다. 비밀 종파들은 이러한 종교관을 견지한다. 민속 종교는 쇠락해서 더는 사람들의 바람을 충족할 수 없다. 동일한 믿음과 감정을 품은 사람들이 비밀 조직에서 만난다. 동양은 초기 시대의 군소국가들과 외연을 같이 했던 이러한 비밀 종파들로 넘쳐났을 것이 분명하다."[69] 마치 육체적으로 가장 건강한 시기를 지난 여인이 더는 아이를 갖지 못하게 된 것처럼, 세상이 낡아 빠지고 다 소모되어 더는 생산이 가능하지 않게 되었다는 의견이 아주 널리 유포되었다.[70] "세상이 퇴조하는 모습이 확연하게 의식될 때, 모든 사람의 마음에는 자기를 파멸시키고자 하는 묘한 경향이 생기기 마련이다. 이는 흔히 관찰되어 왔지만 과학적으로 설명할 수는 없다." 최고인 사람들이 가장 먼저 자살을 한다. 왜냐하면 그들은 죽음을 두려워하지 않기 때문이다.[71] 1~2세기경에는 부유하고 지위가 있는 로마인들이 놀랄 만큼 경솔하게 자살을 했다. 대중 속의 기독교인들도 동일한 방식으로 순교했다. 이런 맥락에서 플리니우스(Pliny)는 생명이 가치가 없거나 있더라도 조금밖에 없다는 느낌을 표현하고 있다.[72]

---

[69] Gunkel, *Zum religionsgeschichtlichen Verständniss des Neuen Testaments*, 19.
[70] Seeck, *Untergang der antiquen Welt*, I, 353.
[71] 위의 책, 364 이하.
[72] *Naturalis Historia*, VII, 41, 44, 46, 51, 56

107. 번영기 그리스인들의 기질

기원전 4세기까지의 그리스인의 특징은 '인생을 즐기는 사람들'이라는 말로 요약할 수 있었다. 그들은 자연과 밀접하게 접촉하면서 살았으며, 인간의 육체는 그들에게 장애물이나 저주의 대상이 아니라 아름다움의 전형이고, 자연의 활동에 참여하는 수단이었다. 그들의 모레스는 젊음의 활력이 넘쳐났다. 그들의 인생관은 자기 본위적이고 유물론적이었다. 그들은 자신들의 능력으로 얻을 수 있는 것이라면 모두 향유하길 원했다. 그들에게는 올보스(olbos)라는 개념이 있었는데, 이는 너무 고상해서 현대 언어에서 그 의미를 담을 수 있는 적절한 단어를 찾을 수 없다. 이는 부유함, 그중에서도 정서와 공공심을 존중하는, 아량이 넓은 부유함을 뜻했다. "나는 번영 속에서 살아가고 많은 재산을 가진 사람을 올보스를 갖춘 사람이라고 부르지 않고, 그저 풍부한 재산을 관리하는 사람이라고 부른다."[73] 이러한 특징이 부(富)가 축적되고, 인구가 늘어나며, 군사기술과 지식이 발전을 이루고, 지적인 성취가 이루어지고, 예술이 발달한 시기의 모레스였다. 분명 이 모두는 번영, 그리고 집단생활의 확대와 상호 관련되고, 또한 조화를 이루고 있었다.

108. 그리스인의 염세주의

이러한 걱정 없고, 유쾌하며, 예술가적 기질이 천진난만하게 느껴지는 것은 사실이다. 하지만 그 배후에는 늘 염세주의적 세계관이 자리

---

[73] Euripides, *Antiope*, frag. 32.

잡고 있었다. 신들은 행복하고 성공한 사람들이라면 누구나 시기했고, 성공한 자들을 몰락시켰다. 즐거운 기질은 고민하고 관심을 가져 봤자 그다지 도움이 되지 않기 때문에 모든 걸 잊고 즐기면서 살아가기로 결심한 사람들의 몫이었다. 이러한 인생관은 번영에 적대적이었다. 서사시의 영웅들은 비참한 결말을 맞이했으며, 이들에 대한 이야기를 재차 다룰 경우 비극작가들은 죄악과 비통함을 더 쌓아 올려 놓았다.[74] 신화 속에는 염세적 세계관이 담겨 있었다. 모든 일이 잘되어 가고 있을 때는 흥겨우면서도 태평한 생활 방침들이 염세적 세계관을 압도했지만, 일들이 잘못 돌아가기 시작할 때면 삶이 살아갈 가치가 없다는 믿음이 생겨났다. 도시에서는 민주주의가 악용되었는데, 이는 사람들이 성공함으로써 얻게 되는 모든 기쁨을 앗아갔다. 지혜롭다는 말은 모든 일을 일어나는 대로 받아들이는 것을 의미했다. 생명은 그 자체로는 아무런 가치가 없었다. 어떤 상황 때문에 즐거움과 고통의 균형이 무너져 후자가 약간 우세해지게 되면 사람들은 합당한 구제책으로 자살을 선택했다. 종교 때문에 이러한 염세적 세계관이 만들어지게 된 것은 아니었지만 그렇다고 종교가 이와 같은 세계관에 반대한 것도 아니었다. 자살은 신들을 모독한 것이 아니었다. 그 이유는 신들이 우리에게 생명을 부여한 것이 아니기 때문이다.[75] 그리스인들은 자신들이 견지하는 염세적 세계관, 신들의 질투 등에 대한 입장이 삶에 대한 관찰에서 정당하게 도출되었다는 입장을 취했다. 헤로도토스(Herodotus)는 여행을 하면서 이러한 입장을 재차 확신하게 되었다.[76] 구전(口傳)에 따르면 "밝은 태양 아래 찾아볼 수 있는 것 가운데 혼자서 행복하게 죽는

---

[74] Burckhardt, *Griechische Kulturgeschichte*, II, 375 이하.
[75] 위의 책, 391.
[76] 위의 책, 395.

것 이상의 것은 없다"는 격언을 말한 것은 솔론(Solon)[77]이다.[78]

109. 그리스인의 쇠망

기원전 3세기에 있었던 그리스인들의 쇠퇴는 너무나도 대규모로, 급작스럽게 이루어졌기 때문에 왜 이러한 일이 일어났는지를 이해하기란 매우 어렵다. 기원전 2세기의 펠로폰네소스(Peloponnesus)[79] 인구는 최대로 잡아 1제곱마일당 109명으로 추산된다.[80] 사람들은 그 당시 다른 지역으로 계속 이주해 나갔으며, 이에 따라 인구가 늘지 않았다. 한 쌍의 부부는 아이를 하나 혹은 둘 갖는 데 그쳤다. 도시는 텅 비었고, 토지는 개간이 이루어지지 않았다.[81] 이러한 현상을 설명할 수 있는 전쟁이 벌어지거나 역병이 유행한 것도 아니었다. 어쩌면 토지의 영양이 고갈되었을 수도 있다. 혹은 경제력의 소실로 인해 사람들이 노동의 대가를 받지 못했을 수도 있다. 어찌 되었건 모든 모레스가 한꺼번에 침몰했다. 생존 경쟁 속에서는 적절한 힘을 갖추지 못할 경우 아무런 성과도 일궈낼 수 없다. 예컨대 우리의 문명은 증기기관의 동력이 뒷받침해 줌으로써 세워진 것이다. 그리스와 로마의 문명은 노예제에 바탕을 두고, 다시 말해 인력을 결집하여 세워졌다. 처음에는 매우 훌륭한 결과가 산출되었다. 하지만 인간에 대한 착취는 유용한 결과 외에도 다른 결과를

---

[77] (옮긴이 주) 고대 그리스 아테네의 입법가, 정치가. 그리스 7현인 중 일인.
[78] 위의 책, 397.
[79] (옮긴이 주) 전통적인 그리스 지역. 그리스 본토 남부를 이루고 있는 반도.
[80] Beloch, *Die Bevölkerung der Griechisch-Römischen Welt*, 157.
[81] Polybius, XXVII, 9, 5; Seeck, *Untergang der antiquen Welt*, I, 325, 360.

산출하기도 했다. 이러한 다른 결과가 결국 모레스로 전환되었는데, 이와 같은 전환이 이루어진 이유는 생산적 산업 형태로서의 노예제에 기반하여 세워진 사회에서는 일관성에 대한 압력에 순응하면서 습속 중에서 가장 핵심이 되는 요소로서의 모든 모레스가 노예제를 따라야 했기 때문이다. 로마인들이 노예를 양성하기 시작한 것은 제국의 초기였는데, 그 이유는 더는 전쟁을 통해 노예가 새로 공급되지 않았기 때문이다.[82] 노예제로 인해 자유인들은 섹스에 탐닉했고, 악덕과 태만이 만연하게 되었으며, 활동력과 진취적인 정신이 쇠하고, 비겁해졌으며, 노동을 경멸하게 되었다.[83] 두 고대국가에서 이러한 체제는 모든 주민 중에서 우수한 성원들을 도태시키는 영향력으로 작동했다. 이러한 결과는 정치체제에 의해 한층 강화되었다. 당시의 사람들은 생활용품을 얻기 위해 일하는 것을 망신스럽게 생각했는데, 도시는 이러한 생활용품을 확보하기 위한 정치적 투쟁의 경연장이 되었다. 전제주의와 민주주의가 서로 번갈아가며 권력을 장악했지만, 양쪽 모두 대학살과 인권박탈이라는 방법을 사용했으며, 양쪽 모두 다루기 힘든 사람들, 다시 말해 각각의 주의(主義)에 대한 확신과 이를 공언할 용기를 가진 사람들을 제거하는 것을 곧 정책이라고 생각했다. 유능한 사람은 모두 할 일 없는 시장판 부랑자가 자행한 테러 행위의 희생양이 되었다. 갖지 못한 자들은 소위 민주적인 방법을 남용하여 가진 자들을 약탈했는데, 이러한 경향은 경제력의 쇠퇴, 그리고 삶의 즐거움과 창조적 에너지의 전반적인 쇠퇴와 밀접한 관련이 있었음이 분명하다. 이러한 쇠퇴로 인해 사람들은 결혼과 자녀를 절망감을 주는 커다란 부담으로 생각하게 되

---

[82] Seeck, *Untergang der antiquen Welt*, I, 355.
[83] Seeck, *Untergang der antiquen Welt*, II, Chap. IV; Beloch, *Griechische Geschichte*, I, 226.

었다. 낙태와 성적 부도덕은 자녀 출산에 부정적인 영향을 줌으로써 직간접적으로 인구 감소를 초래했다. 낙태와 성적 부도덕이 모든 남성의 덕목을 무너뜨리는 데 미친 효과는 강렬했다.[84] 로마 제국 남성의 수가 여성의 수를 크게 웃돌았다는 사실은 모레스의 또 다른 병적 징후였다.[85] 로마의 체제는 여성을 고갈시켰다.

110. 스파르타

스파르타의 쇠망은 유달리 흥미롭다. 그 이유는 기원전 4세기의 스파르타가 갖추고 있던 모레스는 대체로 칭찬과 부러움의 대상이었기 때문이다. 이들의 모레스는 매우 인위적이며 또한 임의적이었는데, 결국 파멸로 이어졌다. 인구는 마치 집단 자살이 이루어진 상황과 같은 지점에 이르기까지 감소했다. 국가는 화석화된 모레스와 극단적 보수주의 속에 자신을 처박았는데, 이로 인해 자체의 에너지가 궤멸되었다. 원래 기대한 바와 견주어 볼 때, 제도들은 기괴한 결과를 산출했다.[86]

111. 번영이 가져다준 낙관론

"나는 우리가 알고 있는 (서아시아) 고대 종교의 낙관적 성격을 해명할

---

[84] Burckhardt, *Griechische Kulturgeschichte*, I, 222, 237, 259, 273; II, 355, 367, 370.
[85] Seeck, *Untergang der antiquen Welt*, I, 337.
[86] Burckhardt, I, 139 이하.; Beloch, *Griechische Geschichte*, I, 283, 570; II, 362.

수 있는 관건은 그러한 종교가 발전적인, 그리고 대체로 번영 도상에 있는 공동체 내에서 자신의 모습을 형성했다는 사실에서 찾아볼 수 있다고 생각한다." 약소 집단은 절멸했다. 살아남은 자들은 "생존 경쟁에 성공함으로써 생겨난 자신감과 융통성을 갖추었다." "셈족은 종교적 기쁨을 느낄 때 광란에 빠지는 경향이 있었고, 이때 일종의 흥분 상태에 빠져들었다. 이러한 상태에서 그들은 불안과 슬픔을 잠시 가라앉혔다."[87]

112. 개인과 모레스 간의 대립

앞에서 우리는 사람들이 모레스와 대립하는 경우를 살펴본 바 있다(본서 100절). 이의 사례로는 개인이 자발적으로 사회의 모레스에 적대적인 입장을 취하는 경우를 들 수 있다. 반면 개인이 사회 혹은 자신이 속한 하위 집단의 모레스와 본의 아니게 대립하게 되는 경우들이 있을 수 있다. 어떤 개인이 한 계층에서 다른 계층으로 이동하면 그의 행동은 그가 그 안에서 양육되었던 모레스와 그가 현재 속해 있는 모레스가 서로 충돌하는 양상을 드러낸다. 풍자가들은 수백 년 동안 벼락출세자를 조롱해 왔다. 벼락출세자가 저지르는 실수와 불행은 모레스의 본질을 드러내 보여주며, 개인에 미치는 모레스의 힘, 이후의 영향에도 굴하지 않는 모레스의 완고성을 보여주기도 한다. 또한 그들의 실수와 불행은 모레스가 바뀜으로써 초래되는 정신적인 혼란, 오래된 모레스의 지속성, 그리고 새로운 모레스의 취약성에서 확인되는 습관의 지배

---

[87] W. R. Smith, *Religion of the Semites*, 260.

력 등을 보여준다. 모든 이민자는 자신의 모레스를 바꾸지 않으면 안 된다. 그들은 자신을 떠받치고 있는 관습이나 풍습이라는 지원군을 잃게 된다. 그는 새로운 모습의 모레스를 습득하지 않으면 안 된다. 여행자들 또한 한 모레스 속의 생활로부터 다른 모레스 속의 생활로의 변화를 경험한다. 이러한 경험은 자신이 살아가는 사회의 모레스를 국외자의 관점에서 비판할 수 있는 커다란 힘이 된다. 북미의 식민지에서는 인디언들이 백인 아이들을 훔쳐서 자신들의 방식으로 아이들을 양육하는 경우가 흔히 있었다. 이후 기회가 주어졌을 때 이들이 백인 사회와 백인의 모레스로 돌아갈지, 아니면 인디언 사회와 그들의 모레스에 남아 있으려 할지는 그들이 사로잡혔을 때의 연령에 좌우된다. 선교사들이 낮은 문명인들을 그들이 태어난 사회에서 데리고 나와 교육하고, 그들에게 백인의 모레스를 가르치는 경우는 드물지 않은 일이었다. 그런데 이러한 사람이 원래 그가 속했던 사회로 되돌아갔음에도 그 사회의 생활방식으로 되돌아가지 못했다는 명백한 사례를 증거로 제시할 수 있다면, 이것이야말로 민족학계에 매우 중요한 공헌이 될 것이다. 뉴잉글랜드에서 태어난 신생아가 중국으로 가서 양육과 교육을 위해 중국 가정에 위탁된다면, 우리는 이 아이가 모레스와 관련된 모든 측면에서, 다시 말해 성격, 행동, 그리고 생활규칙이라는 측면에서 중국인이 될 것임을 믿지 않을 수 없다.

113. 이전과 이후 모레스 간의 대립

시간이 흐르면서 모레스의 변화가 일어나면 후속 세대의 사람들은 그들 선조의 모레스와 자신들의 모레스가 서로 충돌함을 발견하게 된다. 호메로스의 시에서 우리는 이전 세대의 모레스에 대해 이후 세대가 반기를 드는 사례들을 찾아볼 수 있다. 호메로스의 신화와 영웅적 행위를 다루는 5세기의 비극에서도 이와 마찬가지의 사례들이 확인된다. 부정(不貞)한 염소치기 멜란테우스(Melantheus)[88]에 대한 처벌은 극도로 잔혹했는데, 에우리클레이아(Eurykleia)가 죽은 구애자들을 보면서 크게 기뻐하자, 율리시스[89]는 살해당한 적을 보고 기뻐하는 것은 무자비한 죄라고 그녀에게 일러준다.[90] 일리아드에는 죽은 사람을 두고 자랑스럽게 환성을 지르는 경우가 자주 나온다. 오디세이에서는 그와 같이 환성을 지르는 것을 금하고 있다.[91] 호메로스가 생각하기에 전차 뒤에 헥토르(Hector)[92]의 시신을 달아서 끌고 다닌 아킬레우스의 모습은 흉측한 것이었다.[93] 그는 신들이 이를 받아들이지 않았다고 말하고 있는데, 이는 모레스가 변했음을 말하는 신비주의적인 방법이다.[94] 호메로스는 파트로클레스(Patroclus)[95]를 화장하려 쌓아 올린 장작더미에 트로이 청년들을 던져서 희생시키는 관행 또한 찬성하지 않았다.[96] 사람들은 파우사니아

---

[88] (옮긴이 주) 호메로스의 오디세이에 나오는 오디세우스의 하인. 배신한 하인들을 처벌하는 오디세우스는 복수의 화신과도 같았다. 그가 거지로 변장하고 있을 때 종종 거만하게 굴었던, 또한 구혼자들과 결탁한 염소치기 멜란테우스는 양돈업자 에우마이오스, 소치기 필로이티오스, 텔레마코스에 의해 현관으로 끌려나갔다. 멜란테우스는 손과 발이 잘리고 코, 귀, 성기도 잘린 뒤 들개들의 먹이로 던져졌다.
[89] (옮긴이 주) Odysseus의 라틴명.
[90] *Odýsseia*, XXII, 474 이하.
[91] 위의 책, 412.
[92] (옮긴이 주) 그리스 신화에 나오는 트로이의 영웅. 프리아모스 왕의 맏아들이자 트로이군의 총사령관.
[93] *Iliad*, XXII, 395.
[94] *Iliad*, XXIV, 51.
[95] (옮긴이 주) 그리스 신화에 나오는 트로이 전쟁의 영웅이자 아킬레우스의 절친한 벗.
[96] 위의 책, XXIII, 164.

스(Pausanias)[97]에게 테르모필레(Thermopylæ)에서 크세르크세스(Xerxes)[98]가 레오니다스(Leonidas)[99]의 시신에 가한 모독을 말도니우스(Mardonius)[100]의 시신에도 가하여 보복하라고 제안했지만 그는 화를 내면서 이를 거부했다.[101] 아이스킬로스(Æschylus)의 『에우메니데스(Eumenides)』[102]에서 오레스테스(Orestes)[103]의 이야기는 아버지 가계의 모레스와 어머니 가계의 모레스 간의 대립 관계를 보여준다. 『헤라클레스의 자손들(Herakleidæ)』 이야기에서는 포로 학살에 대한 신구 모레스가 대립하는 내용이 나온다. 이러한 대립은 그리스와 이방인들의 모레스 사이에서 수없이 발생한다. 그리스인의 입장에서 보았을 때, 이방인의 모레스는 혐오스러운 것이 되어버린, 케케묵은 타락한 관습이었다(근친상간, 이방인 살해). 4세기에는 그리스인들이 서로에 대해 저열한 태도를 취하면서 천박해졌는데, 이로 인해 더 이상 이방인과 그리스인의 모레스가 대조를 이루지 않게 되었다.[104] 이전 모레스와 이후 모레스 간의 이와 유사한 대조는 성서에서도 살펴볼 수 있다. 우리의 모레스는 성서에서 살펴볼 수 있는

---

[97] (옮긴이 주) 스파르타 아기스 왕가 출신의 무장.
[98] (옮긴이 주) 페르시아 제국 제4대 왕(재위 기원전 486년~기원전 465년). 이집트・바빌로니아의 반란을 진압했고 운하와 선교를 만드는 등 그리스 원정을 준비했으나 실패했다.
[99] (옮긴이 주) 스파르타의 왕. 페르시아군의 공격에 대항하여 테르모필레를 사수하다 전사함.
[100] (옮긴이 주) 페르시아의 장군. 플라타이아이 전투에서 스파르타 장군 파우사니아와의 싸움 끝에 전사함.
[101] Herodotus, IX, 78.
[102] (옮긴이 주) 고대 그리스의 비극 시인 아이스킬로스의 『아가멤논』, 『공양하는 여자들』, 『자비의 여신들』로 된 3부작 『오레스테이아(Oresteia)』 중 3부.
[103] (옮긴이 주) 오레스테스는 그리스 신화에 등장하는 인물로, 미케네의 왕이었던 아가멤논과 그의 아내인 클리타임네스트라 사이에서 태어난 인물이다. 오레스테스 이야기는 5대에 걸친 저주 이야기다.
[104] Burckhardt, *Griechische Kulturgeschichte*, I, 327.

많은 것과 대조를 이룬다(노예제, 일부다처제, 원주민 절멸). 새로운 모레스는 항상 전통 속의 오랜 규약을 붕괴시킨다. 유아살해, 노예제, 노인살해, 인간을 제물로 바치는 관행 등은 이에 해당한다. 이후 벌어지는 상황은 사람들이 새로운 판단을 하지 않을 수 없게 한다. 새로운 판단은 항상 행해져온 바, 그리고 모든 사람이 행하고 있는 바에 저항하고, 이와 대립각을 세운다. 최근의 역사에서 노예제는 전후(前後) 모레스의 대립을 보여주는 한 사례다.

114. 모레스를 놓고 이루어지는 집단 간의 대립

서로 다른 집단이 만나게 되면, 이들의 모레스가 대조와 대립 상태에 놓이게 된다. 일부 오스트레일리아의 젊은 여성들은 남편이 될 남성에 의해 자신들이 정신을 잃고 강제로 끌려가는 것을 명예로운 일이라고 생각한다. 만약 폭력의 희생자가 된다면 그들은 부끄러워할 필요가 없는 것이다. 에스키모의 젊은 여성들은 남편이 될 남성과 관계를 맺을 때 막상 기쁨을 느끼면서도 흐느끼거나 슬퍼하지 않는 것을 부끄러워한다. 그들은 유럽의 여인들이 교회에서 공개적으로 아내가 될 것을 승낙하고, 후회하는 척하지도 않고 남편과 관계를 맺는다는 이야기를 듣고서 놀라움을 금치 못한다. 호메로스의 시에서 젊은 여성들은 팔려가면서도 아버지에게 신붓값으로 많은 소를 바칠 수 있게 된 것을 자랑스럽게 여긴다. 인도에서는 간다르바(gandharva) 결혼[105]을 명예롭지 못한

---

[105] (옮긴이 주) gandharva. 힌두교의 8가지 고전적인 결혼 유형 중 하나이다. 이 고대 인도의 결혼 전통은 양성 또는 동성 상호 간의 끌림에 기초한 결혼이었으며 아무런 예식도, 증인도 가족 참여도 필요하지 않았다.

결혼의 한 유형으로 간주한다. 이는 연애결혼을 말하는데, 이는 정열에 좌우됨으로써 관능의 만족을 구하는 결혼으로 간주된다. 그뿐만 아니라 그들이 판단하기에 이는 일시적인 감정에 휘둘려 결혼을 하는 것이다. 그런데 결혼에 재산 문제가 개입될 경우, 이러한 결혼제도는 영구적인 이해관계에 기초한 것으로 간주되어 그 지위가 보장될 것이다. 카피르족(Kaffirs)[106] 또한 기독교인의 연애결혼을 조롱한다. 그들은 이러한 결혼이 여성을 고양이 정도로 생각하는 것이라고 말한다. 그들에게 고양이는 동물 중에서 유일하게 아무런 가치가 없는 동물이다.[107] 일부다처제가 널리 보급된 곳에서는 여성들이 처를 한 명만 둘 수 있는 남성의 아내가 되는 것을 부끄러워한다. 반면 일부일처제 하의 여성들은 다른 아내들을 거느린 남성의 아내가 되는 것을 불명예로 여긴다. 일본인들은 아버지와의 연분을 가장 신성한 것으로 생각한다. 부모를 두고 아내에게 집착하는 남성은 배척을 당한다. 때문에 일본인들은 성서를 비도덕적이고 비종교적인 문헌으로 간주한다.[108] 대중이 받아들이는 모레스가 이와 같은 입장을 취하고 있다는 사실은 일본인들의 '서구 문명 채택'이 오랫동안 지체될 것임을 시사한다. 이집트인들은 그리스인들을 불결하다고 생각했다. 헤로도토스는 그리스인들이 소고기를 먹기 때문에 이집트인들이 그렇게 생각하는 것이라고 말하고 있다.[109] 포도주를 마시는 그리스인들은 맥주를 마시는 이집트인들에 비해 자신들이 우월하다고 생각했다. 도시 생활을 향유하지 못하고, 집회장을 사용해

---

[106] (옮긴이 주) 남아프리카 공화국 케이프주의 카프라리아에 거주하는 원주민의 총칭.
[107] *Globus*, LXXV, 271.
[108] Hubbard, *The Japanese Nation* (*Reports of the Smithsonian Institute*, 1895), 673.
[109] Herodotus, II, 41.

보지 못한, 운동 경기를 해본 경험이 없는, 또한 투기회에 동참하지 못하고, 소속 집단의 특성이 없으며, 약탈자 생활을 계속해온 그리스 지역민들은 열등한 사람들로 간주되었다.[110] 기독교도들이 유대인들을 미워하는 진정한 이유는 유대인들의 모레스가 항상 낯설고 이질적인 것이었기 때문이다. 유대인들이 자신들과 함께 살고 있는 타민족의 모레스에 순응한다면 그 편견과 증오는 감소하고, 얼마 있지 않아 소멸할 것이다. 노예제를 인정하고 있던 미국의 오랜 주(州)들의 유색 인종들에 대한 혐오, 그리고 '흑인과 어울리는' 백인들에 대한 적대감은 백인과 흑인의 모레스가 서로 다른 데 따른 것이다. 노예제 하에서 흑인들은 백인들의 생활방식에 순응하길 강요당했다. 만약 흑인이 하인의 지위에 있다면 사실상 이러한 강요는 현재에도 여전히 이루어지고 있다. 흑인이 소수인 북부에서도 그들은 백인의 관습에 순응하고 있다. 만약 그들이 자유로운 대단위 공동체를 형성하게 된다면 이때 그들은 자신들의 모레스에 바탕을 두고 생활하게 될 것이다. 미국의 남북전쟁은 노예제가 존재하거나 그렇지 않음으로써 빚어지게 된 남북 간의 커다란 모레스 차이 때문에 일어난 것이다. 한쪽이 다른 쪽에 대해 극도의 혐오와 경멸을 느낀 이유는 각각이 다른 쪽의 특성과 관습에 대해 형성해온 생각 때문이었다. 노예제가 폐지된 이후 남북의 모레스는 유사해지게 되었고, 서로에 대한 혐오는 사라졌다. 영국령이었던 아메리카와 스페인령이었던 아메리카 모레스 간의 차이는 매우 크다. 설령 양자가 정치적으로 결합된다고 해도, 두 집단 간의 모레스 차이는 이러한 결합을 넘어 오래 이어질 것이다.

---

[110] Burckhardt, *Griechische Kulturgeschichte*, I, 314.

115. 포교와 모레스

서로 다른 집단의 모레스 간의 차이와 대립은 모든 포교 사업에 방해가 된다. 이러한 차이와 대립은 포교에서 나타나는 많은 현상을 설명한다. 우리는 우리의 '방식'이 최선이고, 그 우월성은 너무나도 분명하며, 때문에 모든 이교도, 이슬람교도, 불교도 등이 우리의 방식을 배우면 곧바로 우리의 방식을 기꺼이 받아들이리라 생각한다. 이러한 생각보다 진리와 거리가 먼 것은 없다. "동양의 정신에 빠져들 기회를 얻지 못했던, 견문이 좁은 영국인의 입장에서는 자국인들에게 전혀 해가 없다고 생각되는 수많은 일상적 행위가 많은 동양인에게 진저리나고 혐오감을 불러일으킨다는 사실을 믿기 어렵다."[111] 서구 여성이 일부다처제와 하렘에 대한 이야기를 듣고 놀라는 것과 다를 바 없이, 이슬람 여성들 또한 서구 숙녀들의 무도회나 만찬용 의상, 춤, 그리고 이성 간의 사교 예절에 대한 이야기를 들으면 놀라움을 금치 못할 것이다. 백인들이 동부 아프리카 흑인들의 맛없어 보이는 음식물을 보고서 혐오감을 느끼는 것과 다를 바 없이, 동부 아프리카의 흑인들 또한 백인들이 가금이나 계란을 먹는 모습을 보고 혐오감을 느낀다. 포교는 항상 위에서 아래로 무엇인가를 제공한다. 여기에는 포교를 하는 자신들이 우월하고 자비롭다는 가정이 포함되어 있다. 반(半) 문명인들은 이러한 전제를 절대로 받아들이지 않는다. 그들은 서양인이 이슬람이나 불교의 포교를 바라보는 것과 다를 바 없이 서양인의 포교를 바라본다. 야만인과 미개인은 '백인들의 방식들'에 무관심하며, 이들을 무시한다. 비문명인의 입장에서 보았을 때, 문명 세계의 미덕과 기예는 문명 세계

---

[111] Galton, *Inquiries into Human Faculty*, 216.

의 악덕과 마찬가지로 거의 재앙에 가깝다. 접촉의 요지가 무엇이든, 나아가 아무리 문명인이 해악을 미치길 원하지 않는다고 해도, 낮은 수준의 문명과 높은 수준의 문명 간의 접촉은 낮은 쪽의 입장에서는 재앙인데, 이는 실로 문명의 커다란 비극이다.

116. 포교, 그리고 갈등 관계에 놓인 모레스

전도사는 항상 모레스에 순응하여 행동하려 하지 않으면 안 된다. 종교의 의례와 신조, 그리고 읽고 쓰는 것만으로는 그 목적을 달성할 수 없을 것이다. 전도사는 문명인들이 채택하고 있는 사회의 의례를 가르치고자 한다. 전도사는 거의 항상 맨 먼저 의복을 착용할 것과 일부일처제를 채택할 것을 역설한다. 이 중에서 첫 번째는 많은 경우 질병을 유발하고 원주민의 사멸을 재촉했다. 두 번째는 가족 형태, 산업, 혹은 정치 규율과 같은 사회 조직에서의 변혁을 불러일으킨 경우가 허다했다. 하와이인은 매우 명랑하고 놀기 좋아하는 기질을 가진 사람들이었다. 선교사들은 학교에서 하와이인 아이들에게 엄숙한 매너와 예법을 가르쳤다. 이는 그 당시 서구의 학교에서 관행적으로 행하던 방법이었다. 선교회는 기계공을 가르칠 교사를 원한다는 하와이인들의 청원을 거부했다.[112] 이는 영국 선교회가 남아프리카에서 종교적이 아니라는 이유로 리빙스턴(Livingstone) 정책[113]을 거부한 상황과 유사하다. 매우 최

---

[112] *American Journal of Sociology*, VIII, 408.
[113] (옮긴이 주) 리빙스턴은 선교사로서 아프리카에서 활동했다. 그는 노예 정책을 비난했고, 식민지 정책과 침략 전쟁을 신랄하게 비판했다. 영국 정부는 이와 같은 태도를 비종교적이라 하여 그를 국가의 반역자로 몰아세웠다.

근까지도 모계 가정과 부계 가정의 차이를 아는 백인은 없었다. 선교사는 모두 부계 가정에서 성장했다. 킹즐리(Kingsley) 양(孃)은 모계 가정에서 성장한 서아프리카 흑인이 선교사의 가르침을 거스르면서 느낀 마음의 갈등을 서술하고 있다. 그곳의 흑인 남편과 아내는 별개로 재산을 소유한다. 양쪽 모두 백인의 재산 공유제를 좋아하지 않는다. 여성은 그러한 제도가 자신이 아무것도 소유할 수 없음을 의미한다는 사실을 알고 있다. 남성은 자신이 자녀들까지 떠맡아야 한다면 여성의 재산을 가져가려 하지 않을 것이다. "백인 문화에서는 남성이 모친이나 오누이보다 처나 자녀를 더 생각하길 바란다. 그런데 이러한 바람은 문명화되지 못한 아프리카인들에게는 어리석어 보인다."[114] 선교에서 문제가 되는 것은 바로 이와 같은 모레스의 충돌과 대립이 분명하다. 우리가 인용할 수 있는 증거 중에서 토착민이 문명화된 사회와의 접촉에서 이득을 얻었다는 증거는 극소수에 불과하다. 그와 같은 접촉이 반투(Bantu)[115] 흑인들의 기력과 활력을 증진했다는 이야기가 있다.[116] 하지만 군인, 여행자, 그리고 민속지학자에 따르면 '전도된 인간'은 훌륭한 유형의 사람들이 아니었다. 바수토족(Basutos)[117][118] 중에서 개종한 사람들은 가장 질이 나쁜 사람들이라고 일컬어진다. 그들은 정직하지 못하고 불결했다.[119] 중앙아메리카 사람들은 '읽고 쓸 줄 아는 인디언은 쓸모가 없다'

---

[114] Kingsley, *West African Studies*, 377.
[115] (옮긴이 주) 반투족(Bantu)은 아프리카 흑인 종족 가운데 하나로, 아프리카 동부의 반투어를 사용하는 종족의 총칭이다. 약 300개의 부족으로 이루어져 있으며, 모두 고유 언어나 방언이 있다.
[116] B. & M. de la Société d'Anthropologie de Paris, 1901, 362.
[117] Portman, *Station Studies*, 78.
[118] (옮긴이 주) 여러 종족으로 나누어지는 반투족에 속하는 남아프리카인들. 과거에는 식인 풍습이 있었으나 오늘날에는 유럽의 관습을 다수 채택하고 있다.
[119] *American Anthropologist*, VI, 353. (*Jo. Afr. Soc.*, 1903, 208에서 인용함.)

고 판단하는 경우가 흔하다고 일컬어진다. 학교의 교사들은 인디언 아이들에게 자신들 인종이 살아가는 방식을 멸시하도록 가르친다. 이 경우 그들은 신뢰성과 정직성이라는 미덕을 상실하게 된다.[120] '자애로운 동화(同化)'와 같은 것은 존재하지 않는다. 이와 같은 사실을 아는 사람에게 자애로운 동화라는 말은 경박한 무지 혹은 잔인한 농담처럼 들린다. 심지어 대국(大國) 속에서 어떤 한 집단이 조그만 잔해와 같은 상태로까지 줄어들게 된다고 해도, 그와 같은 잔해와 같은 집단이 동화되지는 않는다. 오늘날의 미국에서는 흑인과 백인이 과거에 비해 더욱 뚜렷하게 분리되는 경향이 있다. 현재까지 남아 있는 미국 인디언들은 일정 정도 인디언의 모레스를 그대로 유지하고 있고, 일정 정도 백인의 모레스를 받아들이고 있다. 그들은 도덕적으로 고립되고 있으며, 고향을 잃음으로써 활기를 잃어가고 있다. 그들은 어떤 사회 환경에도 제대로 적응하지 못하고 있다. 집시들은 결코 문명 생활의 모레스를 받아들이지 않는다. 그들은 도덕적인 측면뿐만 아니라 경제적인 측면에서도 이 세상에서 표류하고 있다. 인도나 제정 러시아에는 토착 부족이 많이 존재한다. 이 세상에는 어디건 대형 집단들에 동화되지 않는 하층민 집단 혹은 배척당하는 종족들이 있다. 한편 유대인은 비록 수적으로 더 많고, 경제적으로도 더욱 강력한 힘을 갖추고 있지만, 그들은 함께 살고 있는 민족들에게 동일한 방식으로 배척을 당하고 있다.

117. 선동에 의한 모레스의 변경

전도와 개혁을 계획하고자 하는 사람은 모두 자신들이 제안하는 바

---

[120] *Globus*, LXXXVII, 129.

가 모레스에 대한 독단적인 처사임을 제대로 인식해야 하며, 이를 명심하지 않으면 안 된다. 이와 같은 이유로 급격하거나 커다란 변화는 어떤 경우에도 불가능하다. 그러한 기획이 가능한 경우는 오직 모레스가 이를 받아들일 준비가 되어 있을 때로 국한된다. 이러한 변화가 이루어질 수 있는 조건은 모레스에 좌우된다. 그 방법들은 모레스에 부합되어야만 한다. '진리'를 찾아내고, '법을 통과시켜' 이를 곧바로 실현하려는 선동가, 개혁가, 예언가, 사회개혁가가 사실상 '이간질하는 사람'에 지나지 않게 되는 것은 한마디로 그들의 생각이 기존의 모레스에 부합되지 않기 때문이다. 지난 100년간 사회개혁에 성공한 사람은 상당한 명성을 얻었다. 하지만 그 사례를 조사해보면, 우리는 그가 모레스가 준비하고 있는 무엇인가를 계승했기 때문에 그와 같이 성공을 거둘 수 있었음을 알 수 있다. 노예제는 윌버포스(Wilberforce) 때문에 무너진 것이 아니다. 사람들이 자연력을 활용할 수 있게 되고 신대륙이 발견되면서 중노동에서 '해방'되었으며, 삶을 살아가는 새로운 방식들은 새로운 인간애와 윤리적 정서를 요청했다. 그 결과 모레스가 변했고, 그 안에서 이루어지는 광범위한 추론들은 모두 노예제에 부정적이었던 것이다. 영국에서는 자유무역을 옹호하는 선동가들이 막상 곡물법은 폐지하지 않았는데, 이로 인해 영국은 부가 새롭게 분배되는 과정을 겪게 되었다.[121] 남북전쟁이 일어난 것은 미국 내 인구와 정치권력이 재분배되었기 때문이었다. 요술, 그리고 고문에 의한 재판은 논쟁 과정을 거쳐 폐지된 것이 아니다. 사람들이 비판적 지식과 진실을 갈망함으로써 요술

---

[121] (옮긴이 주) 곡물법은 영국에서 1815년과 46년 사이에 수입 식품과 곡물에 세금을 부과하고 무역 제재를 가하는 것을 뒷받침해준 법이었다. 이로 인해 영국 내에서 생산된 곡물의 가격이 높게 유지됨으로써 국내 곡물 생산자는 부자가 되었던 반면, 영국 대중들은 높은 가격으로 음식을 사 먹을 수밖에 없게 됨으로써 힘든 생활을 영위하게 되었다.

과 고문에 의한 재판이 터무니없는 것이 되어버린 것이다. 영국 앤 여왕 치하의 감옥은 온갖 악덕이 횡행하고, 참혹함, 질병 그리고 잔인한 강탈이 이루어지는 무시무시한 소굴이었다. "이와 같은 감옥의 상황은 75년 후의 하워드(Howard) 시대"[122]까지 계속되었다. 이 시기에 이르러서야 모레스는 인도적인 모습을 갖추었고, 하워드는 이에 부합함으로써 호응을 얻을 수 있었다.

118. 대중의 변덕스러운 이해 관심

대중이 어떤 것들을 잘못되고, 잔인하고, 천하고, 정의롭지 못하며, 혐오스러운 것으로 생각할지, 그들이 어떤 청원과 요구가 합당하다고 생각할 것인지, 그리고 그들이 어떤 계획들을 분별 있는 것으로, 우스꽝스러운 것으로, 공상적인 것으로 생각할지, 어떤 주제에 관심을 기울일 것인지는 당대의 모레스 안에서 우위를 점하고 있는 확신과 느낌에 좌우된다. 어떤 사람도 어떤 자극에 어떤 반응이 나타날 것인지를 확실하게 예측할 수 없다. 예컨대 미국의 보호 산업 아래에서 어떤 제품이 국내보다 해외에서 더욱 싸게 판매된다는 사실, 그리하여 보호관세가 외국인에게 선물을 주기 위해 우리에게 부과된다는 사실이 수차례 공표되어 왔다. 이는 대중의 폭풍 같은 분노를 불러일으킬 것으로 예상되었다. 하지만 막상 그런 일은 일어나지 않았다. 보조금 제도가 남용되고 있다는 사실 또한 재차 확인되었다. 하지만 남용을 비난하는 대중적 반응도, 개정해야 한다는 요구도 없었다. 보호무역의 잘못과 어리석음

---

[122] Ashton, *Social Life in the Time of Queen Anne*, Chap. XLI.

이 백일하에 드러났지만 자유무역을 위한 선동은 지지를 얻지 못했다. 하지만 그러한 선동이 성실하게, 그리고 지속적으로 이루어지지 않은 것 또한 사실이다. 이에 가담한 많은 사람은 보호무역이 주는 혜택에 종지부를 찍을 목적으로 선동에 참여했다기보다는, 그러한 선동에 가담하는 것 자체를 목적으로 했다. 이런저런 방법으로 '정부로부터 무엇인가를 건져내겠다'는 생각이 모레스에 편입되었다. 현대 대의제(代議制) 정부가 미친 해악은 바로 이것이다. 대중은 행정 업무 개선에 별다른 지지를 보내지 않았다. 왜냐하면 대중은 정권을 획득한 정당이 그 당원에게 공직을 분배할 권리를 갖는다는 사실을 알고 있었기 때문이다. 이러한 태도는 모레스 내에서 일반 대중들의 신조로 자리 잡게 되었다. 한 지역 정당 당수가 다음과 같이 말했다. "제5메릴랜드 지역구에는 오직 한 가지 논쟁거리밖에 없습니다. '이 지역구의 근면한 공화당원을 위해 나 이상으로 정부에서 많은 것을 얻어 올 수 있는 사람이 있는가?' 이것밖에 논쟁거리가 없죠."[123] 이와 같은 정서는 많은 사람의 공감을 얻는다. 금지 입법(Prohibitory legislation)은 도시 주민의 모레스보다는 농촌 주민의 모레스에 부합된다. 결과적으로 금지 입법으로 인해 도시에 사기와 협박이 양산되고 있으며, 우리는 입헌국가의 정치 평론가들이 '도시 행정공무원은 법을 무시해야 한다'고 주장하는 이상한 현상을 접하게 된다. 반(反)일부다처의 정서는 모레스에 포함되어 있다. 반면 반(反)이혼의 정서는 그렇지 못하다. 이에 따라 사람들은 일부다처제를 반대하는 정의롭지 못한 행위, 독단적인 행위를 할 수 있게 된다. 이혼법 개혁은 완만하게 이루어지고 있으며, 개혁에 이르기까지의 과정이 험난하다. 우리는 우리의 모레스에 '법 존중' 의식이 내재해 있다

---

[123] *N. Y. Times*, 1904년 9월 19일 자.

는 이야기를 듣는다. 하지만 사적인 폭력이 자주 일어나는 것으로 보았을 때, 그러한 이야기는 거짓임이 백일하에 드러난다. 나는 군중심리의 존재를 믿는 사람들이 우리를 위해 군중의 논리에 대한 글을 써주고, 협동심이 작동하는 방식을 말해주었으면 한다.

119. 집단이 어떻게 동질(同質)화되는가?

시간이 흐르면서 외래 집단의 자취가 집단 내에 확실하게 흡수되어 동질화될 수 있는 유일한 방법은 외래적인 요소가 사라져 버리는 것이다. 외래적인 요소가 사라지는 것과 유사한 방식으로, 일탈적인 모레스에 근거하여 살아가는 사람들은 사멸한다. 이렇게 될 경우, 일탈적인 형태의 모레스는 더는 존재하지 않게 되고, 모레스는 동질성을 갖추게 된다. 이러한 과정을 거치면서 어떤 모레스가 살아남고 어떤 것이 사라지는지를 결정하는 선택이 일어난다. 이는 융합을 매개로 이루어진다.

120. 융합(Syncretism)

동일한 목적을 위해 활용되는 습속은 모든 집단에서 매우 유사하다. 그럼에도 습속은 집단 간에 변이가 생기고 특징에서의 차이가 발생한다. 이와 같은 변이들이 간혹 생활 조건의 차이로 인해 나타나기도 한다. 하지만 일반적으로 그 원인은 확인할 수 없다. 다시 말해 변이들은 극히 변하기 쉬운 듯하다. 각각의 내집단은 그들 나름의 양식을 만들어내며, 경멸과 혐오감을 가지고 외집단의 양식을 바라본다(본서 13절 참조). 방언 간의 언어와 발음상의 차이는 이를 보여주는 충분한 사례다. 이러한 차이는 설명될 수 없지만 그럼에도 경멸과 조소를 불러일으키고, 야만과 열등의 표지로 간주되기도 한다. 다른 집단 간의 결혼, 성관계, 정복, 이주 혹은 노예제 등에 의해 집단이 뒤섞이면, 습속이 융합된다. 뒤섞인 집단 중의 하나가 우위를 점하고 기준을 확립한다. 열등한 집단 혹은 계층은 지배 집단의 방식을 모방하게 되는데, 이로 인해 선조들이 전해준 전통이 더는 자녀에게로 계승되지 않게 된다. 영국인들은 옳게 혹은 그릇되게 h자를 배열하는 것을 사회적 지위를 나타내는 지표로 간주한다. 잘못된 사용을 종식시키는 일은 교육의 몫이다. 모레스 간의 융합은 두 모레스 간에 접촉이 일어나거나 서로 인접해 있는 경우뿐만 아니라 심지어 문헌만으로도 충분히 일어난다. 예를 들어 어떤 집단이 자기 집단의 관행 혹은 생각 중 어떤 것을 다른 집단 사람들이 천하다고 생각한다는 사실을 알게 된다. 이를 알게 되는 것은 그 집단 사람에게 수치심을 불러일으킬 수 있고, 그 결과 그러한 관습을 개량하려는 노력이 기울여질 수 있다. 이처럼 두 집단이 접촉하여 영향력을 주고받으면 융합이 이루어지면서 습속에 대한 선택이 이루어지게 된다. 이는 일부 습속에는 유해하게 작용한다. 습속은 바로 이러한 과정을 거치면서 쇠퇴해 간다. 모레스가 시간이 흐르면서 점차 세련되어 간다는 견해(이러한 입장은 모레스가 스스로, 혹은 어떤 고유한 경향성에 의해 그러한 방향으로 진행되어 간다고 가정한다)는 전혀 근거가 없다. 서로마 제국의 기독교 모레스는 유대인과 이교도의 모레스가 융합되어 형성되었다. 이에 따라 기독교 모레스에는 전쟁, 노예제, 축첩, 사신(邪神)에 대한 믿음, 그리고 저급한 여흥이 이들과 대비되는 어떤 추상적인 금욕 교의와 함께 포함되어 있다. 모레스를 일관성 있게 만들어야 한다는 압력으로 인해 이러한 관습 중 일부가 배제되는 결과가 나타났다. 교회는 라틴, 튜튼, 그리스, 슬라브 국가들을 동료로 맞아들였으며, 라틴의 모레스에 대한 선호를 보이면서 모레스의 대융합을 일구어냈다. 튜튼인의 모레스는 소멸되었다. 이에 반해 그리스인과 슬라브인의 모레스는 교회가 분열되면서 살아남았다. 현재 서구 유럽에서 기독교적인 것으로 통하는 모레스는 2천 년에 걸친 융합의 결과다. 오늘날의 서구 기독교인들이 이교도, 즉 이슬람교도, 불교도, 혹은 이질적인 기독교도들과 접촉하게 되면 일부다처제, 노예제, 유아살해, 우상숭배 등을 종식시키기 위해 노력한다. 이들은 서구 기독교 모레스에서 퇴출된 관행이다. 현재 이집트에서는 영국의 정치력과 경제적 번영이 영국인들에 대한 이슬람교도들의 시기심과 경쟁심을 불러일으키고 있으며, 이와 동시에 이슬람교도들에게는 영국인들이 성공한 원인이라 생각되는 모든 특색을 모방하려는 태도가 나타나고 있다. 그 결과 우리는 아이들을 교육하고, 여성의 지위를 변화시키며, 전통적인 모레스를 다른 방식으로 바꾸어 놓으려는 이집트인들의 활동 소식을 전해 듣게 된다. 이는 열등한 모레스의 쇠퇴가 이루어지는 방식을 보여주는 또 다른 사례다.

121. 사회 관리 기술

우리가 개혁과 수정이 이루어질 가망이 없다고 생각해서는 안 된다. 모레스는 사회 현상이지 국가 현상이 아니며, 관리 기관은 국가의 기관이지 사회의 기관이 아니라는 점을 고려한다면 모레스 관리에는 특유의 어려움이 있다. 엄밀히 말해 모레스를 관리하는 방법은 없다. 이에 대한 관리는 도덕적인 권고에 따라 움직이는 자발적인 신체기관(organs,

器官)에 맡겨져 있다. 국가 기관이 모레스를 다루려는 시도는 결국 실패하고 만다. 왜냐하면 이는 자신의 영역 밖으로 나가는 것이기 때문이다. 모레스 관리를 시도해 보고자 하는 자발적인 기관(문헌, 도덕 교사, 학교, 교회 등)은 확고한 방법을 갖추고 있지 않고, 지속적인 노력을 기울이지도 않는다. 이들은 모레스를 다루면서 그 관리 방법에서 커다란 실수를 범하는 경우가 매우 흔하다. 이혼의 경우를 예로 들자면, 대중의 의견을 이끌고자 하는 바람으로 교회 조직이 엄중한 규칙을 세우고, 그러한 규칙을 터무니없고 거짓된 성서 해석을 통해 확립하고자 노력하는 것은 헛된 일이다. 그럼에도 일어난 사례들에 대한 관찰과 검토는 대중의 의견에 영향을 주고 신념을 형성한다. 정치가나 사회철학자는 이와 같은 영향을 갖는 행동을 할 수 있으며, 그러한 영향을 있게 하는 힘들을 결집하여 성과를 이끌어내는 데 커다란 힘을 발휘할 수 있다. 결론적으로 말할 수 있는 것은, 다른 곳에서와 다를 바 없이 여기에서도 지적인 기술이 활용될 수 있지만, 그 전제는 모레스에 대한 이해, 그리고 그 안에 포함된 요소들을 적절히 식별해낼 능력이 있어야 한다는 것이다. 마치 훌륭한 기술을 활용하려면 항상 그러한 기술이 다루어야 할 자연적 사실에 대한 이해가 필요하듯 말이다. 모레스 내의 여러 힘을 측정하고 이들의 경향성을 알아내는 것은 정치 평론가와 정치인의 몫이다. 위대한 시대의 위대한 인사들은 모레스 내의 새로운 흐름을 이해했던 사람들이다. 우리가 쉽게 파악할 수 있듯이, 16세기의 위대한 개혁가, 오늘날 일어난 혁명을 이끈 위대한 지도자들은 기존의 체제 하에서, 혹은 그 안에서 오랫동안 형성되어 왔던 반감 내지 혐오감을 등에 업고 탄생했다. 지도자가 지도자인 것은 그가 마침내 확립된 신념을 대변해주기 때문이며, 사회가 의식하게 된 이해 관심을 실현할 방법을 제안하기 때문이다. 영웅이 반드시 필요한 것은 아니다. 대개 보통의, 평범한 인간만으로도 생각과 이해 관심을 근본적으로 변화시키기에 충분하다. "쾌활하고, 외교적이며, 자애롭고, 쾌락을 즐기는 한 명의 조반니 안젤로 메디치(Gian Angelo Medici)[124]만으로도 두 세기 동안 서구인을 혼란 속에 묶어둔 일련의 사건들이 시작되기에 충분했다."[125] 강력한 제도와 전통이 구(舊)체제를 고수하고 있는 상황에서, 새롭고도 거대한 세력들이 근본적인 상황을 변화시키는 작업을 벌일 때 커다란 위기가 닥친다. 15세기는 바로 그러한 시기였다. 그와 같은 위기 속에서 위대한 사람들은 기회를 잡는다. 사람과 시대가 상호 영향을 미친다. 정책 수단들이 채택되고, 이를 위해 에너지가 쓰이는데, 이는 발전의 구성요소가 된다. 이러한 발전은 자연스러운 과정이라는 특징을 가지고 있다. 그럼에도 이와 같은 발전은 정념, 어리석음, 그리고 의지가 그의 일부인, 하지만 항상 그러한 발전의 지배를 받고 있기도 한 인간에 의해, 또한 인간을 통해 일어나는 것이 분명하다. 상호작용은 우리의 분석을 어렵게 한다. 하지만 우리가 이성과 판단력의 기능이 대단한 것이 아니라는 사실을 알게 된 데 만족한다면, 분석이 어렵다는 사실이 이성과 판단력을 활용하여 상황을 제대로 파악하고자 하는 노력에 부정적인 영향을 미치진 않을 것이다. 스톨(Stoll)은 "만약 우리 중 누군가가 마녀재판 시대의 재판관이었다면 그는 마녀재판관과 같은 방식으로 생각할 것이며, 그리하여 그들과 마찬가지로 고문을 했을 것이다."라고

---

[124] (옮긴이 주) 교황 비오 4세는 제224대 교황이다. 본명은 조반니 안젤로 데 메디치이다. 트리엔트 공의회의 마지막 회기를 주재했다. 독재적인 전임 교황과는 달리 그는 상냥하고 쾌활했다. 정치적으로 영민했던 그는 교황이 되자마자 바오로 4세의 강압 조치들을 뒤집어 부당하게 이단 혐의를 받은 조반니 모로네 추기경의 명예를 회복시키고, 유랑 수도자에 대한 금지 조항을 삭제하는 한편, 이단 심문소의 권한을 제한하고, 1559년 금서 목록을 개정했다.
[125] Symonds, *Catholic Reaction*, I, 144.

대담하게 선언한다.[126] 만약 이것이 사실이라면, 우리는 지성적인 목적의식을 가지고 교육과 의지를 바탕으로 우리 시대의 가장 견고하게 확립된 방식마저도 비판하고 평가해 보아야 하며, 우리가 잘못되었다고 판단하는 현행 모레스의 특정 부분에 저항하기 위해 용기를 가지고 분투해야 한다. 만약 이러한 노력을 지적이고, 효과적이며, 학문적인 사회 관리 기술의 수준까지 끌어올릴 수 있다면, 이는 사회과학 분야의 커다란 업적으로 자리매김하게 될 것이다.

---

[126] Stoll, *Suggestion und Hypnotismus*, 248.

제3장 생존을 위한 투쟁: 도구, 기술, 언어, 화폐

먹을거리를 구하는 방법과 가공물－고기잡이－물고기 잡는 방법－신비적 요소－종교와 제조업－가공물과 자연의 장난－돌도끼의 형태－돌 도구가 만들어지는 방법－화살촉이 만들어지는 방법－돌도끼 사용법－문화변용 대평행론－불을 지피는 도구－미개인의 심신이 갖는 특징－언어－언어와 주술－언어는 모레스의 한 사례다－원시인의 방언－언어에 대한 취사선택－말레이어가 뒤섞인 영어 방언－언어가 성장하는 방법－화폐－집단 간의 화폐와 집단 내의 화폐－여러 지배적인 화폐 대용품들－재산에서 유래된 집단 내 화폐와 거래에서 유래된 집단 간 화폐－조개껍데기와 구슬－사제(私製) 대용화폐－지배 물품의 선택－멜라네시아의 돌 화폐－화폐의 금권주의적 효과－북아메리카 서북부의 화폐－왐펌피그와 로어노크－고리 화폐, 금속의 사용－화폐의 진화－화폐의 윤리적 기능

122. 먹을거리를 구하는 방법과 가공물

먹을거리를 구하는 방법, 그리고 이와 관련된 가공물은 습속 발전의 실례를 가장 완전하고도 단순한 방식으로 보여준다. 물론 이들이 미신이나 허식과의 뒤섞임에서 자유로울 수는 없다. 그럼에도 이들에게서 지배적인 요소는 편의적인 측면이다. 뉴사우스웨일스(New South Wales)[1]의 원주민에 대한 보고에 따르면 그들은 손에 물고기를 쥐고 바위에 누워서 자는 척을 한다. 이렇게 하고 있으면 매나 까마귀가 물고기를 낚아채러 돌진하는데, 이때 새는 사람에게 잡히고 만다. 오스트레일리아 원주민에 대한 이야기에 따르면 그들은 갈대를 이용해 호흡을 하면서 잠수하여 오리에게 다가간다. 그리고 나서 물속에서 오리의 다리를 잡아당기거나 목을 비틀어 여러 마리를 잡는다.[2] 만약 이러한 이야기들이 믿을 만하다면 이들은 동물을 포획하는 방법을 연구하는 훌륭한 출발점이 될 것이다. 실제로 사냥하는 사람은 도구가 없었으며, 전적으로 자신의 민첩성과 재주에 의지하지 않으면 안 되었다. 끈끈이 덫(birdlime)[3]은 여러 식물 원료가 사용되는 고안물인데,[4] 이는 커다란 사냥감을 잡는 데도 유용하게 활용할 수 있다. 동물들은 끈끈이 덫 때문에 안달하다가 결국 탈진해서 인간에게 포획된다. 보도쿠도족(Botocudo)[5] 사냥꾼은 강가에서 악어알을 발견하면 이를 부수고 으깸으로써 어미를 꾀어낸

---

[1] (옮긴이 주) 오스트레일리아 동남부에 있는 주.
[2] Smyth, *The aborigines of Victoria*, I, 194, 197.
[3] (옮긴이 주) 나뭇가지에 끈끈이를 묻혀 새를 잡는 데 사용되는 덫의 일종.
[4] Mason, *Origin of Invention*, 252.
[5] (옮긴이 주) 브라질 동부에 사는 아메리카 인디언 종족의 하나. 수렵과 채집에 종사하나 일부는 브라질인의 영향을 받아 농경 생활을 영위하며, 남녀 모두 아랫입술과 귀에 지름 8cm 정도의 원판(圓板)을 끼우는 관습이 있다.

다.⁶ 캘리포니아의 유로크족(Yuroks)⁷은 얕은 강바닥에 곡식 낟알들을 흩뿌려 놓고 수 인치 아래 물 밑바닥에 그물을 쳐 놓는다. 낟알을 먹으려 잠수를 한 오리들은 그물망에 목이 걸려 익사한다. 오리들이 목이 걸려 숨질 때는 아무런 소리가 나지 않고, 이에 따라 다른 오리들이 놀라서 달아나지 않는다.⁸ 타라우마라족(Tarahumari)⁹은 옥수수 낟알들을 줄에 매달아 땅에 파묻어 놓고 이를 이용해 새를 잡는다. 새들이 옥수수를 집어삼키면 이를 뱉어내지 못한다.¹⁰ 다양한 종(種)의 동물이 사람을 도와 먹을거리를 구하도록 훈련을 받았는데, 동물들이 산업 조직 내로 편입된 것은 이러한 과정을 거쳐서다. 동물들은 재료(피부, 뼈, 치아, 털, 뿔)뿐만 아니라 도구까지도 제공했는데, 그 결과 먹을거리를 구하기 위한 노력은 직접 먹을거리를 제공하는 데서 더 나아가, 기구를 이용하는 산업 형태로까지 확장되었던 것이다. 싱구(Shingu) 인디언들은 땅에서 나는 생산물을 주식(主食)으로 삼았지만 동물에서 취하는 재료와 도구 때문에 부득이하게 계속해서 사냥을 하지 않을 수 없었다. 그들은 이빨이 그대로 남아 있는 물고기 턱을 칼 대신 사용했고, 원숭이의 팔다리 뼈를 화살촉으로 활용하기도 했다. 그들은 홍어의 꼬리 침도 동일한 목적으로 활용했고, 땅을 파는 데 아르마딜로¹¹의 앞발톱 두 개를 활용했으며(이는 아르마딜로가 땅을 팔 때 자신의 발톱을 사용하는 것을 보고 습득한 방법이다), 홍합 껍데기를 긁개(scraper)로 활용해 나무 연장

---

⁶ Tylor, *Anthropology*, 208.
⁷ (옮긴이 주) 북 캘리포니아에 살았던 아메리카 원주민.
⁸ Powers, *The Tribes of California*, 50.
⁹ (옮긴이 주) 멕시코 중서부 시에라 협곡에 살고 있는 부족.
¹⁰ Lumholtz, *Scribner's Magazine*, 1894년 10월, 448.
¹¹ (옮긴이 주) 아메리카 대륙에 사는 가죽이 딱딱한 동물. 공격을 받으면 몸을 공 모양으로 오그린다.

끝손질을 했다. "이들은 사냥개 없는 사냥꾼이고, 코바늘을 활용하지 않는 어부며, 쟁기나 삽을 활용하지 않는 농부였다. 그들은 금속이 활용되기 이전 시기에 얼마만큼 생활이 발달할 수 있었는지를 보여준다."[12] 팔로메타(Palometa)는 무게가 0.9~1.36kg이 나가는 물고기다. 이 물고기는 위아래 턱에 각각 14개의 이빨이 박혀 있는데, 이빨이 매우 날카로워 아비폰족(Abipones)[13]은 이러한 턱을 이용하여 양털을 깎았다.[14] 이와 같은 사례에 대해서는 더욱 상세하게 탐구해볼 수 있을 것이다. 미개인들은 예리한 관찰력, 커다란 독창성, 명민한 적응 능력과 학습 능력을 보여준다. 올가미 밧줄(lasso), 쇠뭉치가 달린 올가미(bola), 부메랑, 그리고 투척봉[15]과 투척검은 열린 마음으로, 끊임없이 경험을 쌓음으로써 탄생하게 된 것들이다. 자연물을 선택하고 변형시켜 특별한 기술에 활용하는 그들의 모습은 우리가 만들어낸 어떤 정교한 장치 못지않은 매우 훌륭한 창의력을 보여준다.[16] 이러한 창의력은 수많은 동물에게서 살펴볼 수 있는 것과 궤를 같이한다. 그럼에도 인간에게서는 사고 실험이 이루어진다. 예를 들어 에스키모들은 자신들에게 일어날 수 있는 곤란한 가상적인 상황을 상정하고, 재미 삼아 그러한 상황에 대처할 수 있는 적절한 방식을 논의한다고 일컬어진다.[17] 사람들이 활용하는 이와 유사한 사고 실험 방식들은 어떤 과정을 거쳐 창조력이 발달하고,

---

[12] Von den Steinen, *Berlin Museum*, 1888, 205.
[13] (옮긴이 주) 남아메리카의 매우 호전적인 기마 민족.
[14] Southey, *Brazil*, I, 131.
[15] (옮긴이 주) 부메랑처럼 던져서 동물을 잡는 데 쓰이는 나무 조각으로 된 사냥 도구. 부메랑처럼 스스로 돌아오지는 않는다.
[16] 예를 들어 타히티인들이 만든 가오리 입천장 피부로 만든 이가 거친 줄, 오스트리아 빈 박물관 소재.
[17] Mason, *Origin of Invention*, 23.

발명품이 만들어지게 되었는지를 보여준다. 북아메리카 인디언에게서 살펴볼 수 있는 더욱 고차원적인 사냥, 예를 들어 들소 사냥은 가장 높은 단계의 인원 배치와 솜씨를 요구하며, 확고한 규율이 확립되어 있다.[18]

123. 고기잡이

고기잡이는 위의 경우와 매우 유사한 사례다. 스링킷족(Thlinkit)[19] 어부는 물개 머리와 비슷하게 생긴 모자를 쓰고 바위 사이에 몸을 감추고 물개처럼 소리를 낸다. 이를 보고 들은 물개들은 그에게 가까이 다가가게 되는데, 이때 어부는 물개를 잡을 기회를 잡게 된다.[20] 오스트레일리아 원주민들은 물고기를 낚기 위한 창과 섬유질로 된 그물을 가지고 있었는데, 여성들은 이러한 섬유질을 잘근잘근 씹어 부드럽게 만들었다. 그들이 낚싯바늘을 갖게 된 것은 백인들이 그들에게 낚싯바늘을 주고 난 후다.[21] 그들은 돌을 이용해 고기잡이용 통발[22]을 만들었다. 그중 하나는 돌로 만든 원형(圓形)들의 미로로, 그 일부가 서로 연결된 것으로 기술되고 있다. 벽의 높이는 90cm 혹은 120cm다. 물고기들은 갈

---

[18] Grinnell, *Folk Tales*, 295.
[19] (옮긴이 주) 알래스카 북서부 해안의 원주민 인디언.
[20] Dall, *Bureau of Ethnology*, III, 122.
[21] Ratzel, *Völkerkunde*, II, 52.
[22] (옮긴이 주) 가는 댓조각이나 싸리를 엮어서 통같이 만든 고기잡이 기구. 아가리에 작은 발을 달아 날카로운 끝이 가운데로 몰리게 하여 한번 들어간 물고기는 거슬러 나오지 못하게 하고 뒤쪽 끝은 마음대로 묶고 풀게 되어 있어 안에 든 물고기를 꺼낼 수 있다.

팡질팡하는데, 마침내 사람들은 이들을 손으로 잡아 올린다.[23] 갈대 혹은 잡목을 엮어 만든 통발은 북유럽의 강에서 그 흔적을 찾아볼 수 있다. 물고기들을 마비시키려고 유독성 혹은 마취성 물질을 물에 살포하는 방법은 지구상의 어느 곳에서나 발견된다. 예를 들어 란사로테(Lanzarote)[24](카나리아 제도)의 원주민은 이러한 방법을 사용했다. 거기서는 독을 풀지 않은 물로 물고기를 씻는다.[25] 이러한 방법이 오직 접촉 과정으로만 확산되었을 가능성은 거의 없다. 사람들은 분명 이를 독자적으로 생각해냈을 것이다. 사람들은 이러한 방법을 이용해 전혀 어려움 없이 다량의 물고기를 잡을 수 있었다. 아이누족(Ainos)[26]은 시내를 둑으로 막고, 몇 개의 물길만을 터놓은 다음 각 물길의 맞은편 밑에 대를 만들어놓는다. 둑의 물길을 열면 물고기들이 뛰어오르는데 그중 일부는 제대로 뛰어오르지 못해 대 위에 떨어져 잡힌다.[27] 폴리네시아인(Polynesians)[28]은 물고기가 주식이다. 그들은 백 명 정도의 남성이 있어야 조작할 수 있는 115m 길이의 그물을 가지고 있었다. 그들은 조개껍데기, 뼈, 그리고 단단한 나무로 낚싯바늘을 만들었다.[29] 선사시대에 유럽과 북미에서 살았던 인간이 만든 최초의 낚싯바늘은 양 끝이 뾰족한 골편으로 만들어져 있었고, 그 가운데에 끈이 묶여 있었다.[30] 싱구

---

[23] Smyth, *The Aborigines of Victoria*, I, 202.
[24] (옮긴이 주) 스페인 카나리아 제도에 위치한 섬.
[25] *New Series American Anthropologist*, II, 466.
[26] (옮긴이 주) 일본 홋카이도(北海道)와 사할린에 사는 한 종족.
[27] *Reports of the National Museum of the United States*, 1890, 471.
[28] (옮긴이 주) 태평양 중·남부에 펼쳐져 있는 여러 섬. 하와이 제도, 뉴질랜드, 이스터(Easter)섬을 꼭짓점으로 하는 삼각 지대에 있으며, 산호초·화산 따위로 이루어져 있다.
[29] Ratzel, *Völkerkunde*, II, 163.
[30] *Smithsonian Contributions to Knowledge*, XXV; Rau, *Prehistoric fishing in*

(Shingu) 인디언들은 화살, 끈, 그물, 뜰채, 그리고 작살 등으로 물고기를 잡았다. 미끼는 물고기가 물밑에서 수면으로 올라오게 하는 데 사용되었는데, 이렇게 해서 물고기가 수면까지 올라오면 그들은 화살을 쏘아 물고기를 잡았다. 그들에게는 낚싯바늘이 없었지만 일단 알게 되고 난 후에는 이러한 바늘을 적극 활용했다.[31] 그들, 그리고 다른 브라질 원주민들은 개울에 긴 원통형 바구니를 배치해 놓는다. 그 바구니에 물고기가 들어가서 미끼를 물면 원통형의 바구니가 수직으로 일어나게 된다. 이때 물고기는 빠져나갈 수 없게 된다.[32]

124. 물고기 잡는 방법

닐슨(Nilsson)은 스칸디나비아인, 에스키모인, 북미 원주민의 낚시 도구가 모두 놀라울 정도로 유사하다는 사실을 언급하고 있다.[33] 문제 해결 방식은 동일하지만, 사용할 수 있는 재료가 제한 조건으로 작용한다. 물고기가 많으면 낚싯대나 낚싯바늘 대신 그물이 사용된다. 하지만 이 경우 작살이 사용되기도 한다. 물고기를 찌를 때 작살의 머리가 떨어져 나가도록 작살을 만드는 경우가 있는데, 몸에 박힌 작살 머리의 부력 때문에 잡힌 물고기가 떠오르게 된다.[34] 보고에 따르면 뉴기니의 도부(Dobu)에서는 독특한 낚시 방법이 활용된다. 그들은 지면에 닿을 만큼

Europe and North America.
[31] Von den Steinen, *Berlin Museum*, 1888, 209, 231, 235.
[32] Ehrenreich, *Völkerkunde Brasiliens; Berlin Museum*, 1891, 57.
[33] *Les Habitants Primitifs de la Scandinavie*, 35.
[34] JAI, XXIII, 160.

긴 줄을 연에 단단히 묶는다. 줄의 끝에는 거미줄 망 같은 것이 부착되어 있다. 그들은 망이 수면을 스칠 듯 말 듯 날아갈 정도의 높이로 연을 띄운다. 여기에 와락 달려드는 물고기는 이빨이 거미줄 망 같은 것에 걸려들어 잡히고 만다.[35] 중국인은 물고기를 잡을 수 있도록 가마우지[36]를 훈련한다.

125. 신비적 요소

먹을거리를 구하는 일은 생존을 위한 투쟁 중에서 현실적이면서 가장 실리적인 분야다. 그럼에도 신비적 요소가 배제되는 경우는 없다. 만약 문제가 제기되어 연구를 하게 된다면 앞에서 언급한 여러 경우에 신비적 요소가 뒤섞여 있음을 분명 확인할 수 있을 것이다. 캐롤라인(Caroline) 제도(諸島)[37]에서는 물고기 잡는 일이 다양한 의례 및 종교적 관념과 결합되어 있다. 주술사의 직위는 낚시 기술에 대한 지식 때문이 아니라 낚시에 사용되는 주문이나 액막이 처방에 대한 지식 때문에 권위가 확보된다. 물고기를 잡으러 가기 전에는 성관계를 갖지 않고 금욕해야만 한다. 남자는 침묵 속에서 출항하는데, 특히 풍어(豊漁)에 대한 바람을 입 밖에 내선 안 된다. 어선을 향해 행운을 기원하는 기원문이 낭독되고, 신의 은총을 받기 위해 타로 토란(taro)[38]으로 된 공물(供物)이

---

[35] 위의 책, XXVIII, 343.
[36] (옮긴이 주) 가마우짓과 새의 하나. 몸의 길이는 암컷이 31㎝, 수컷이 35㎝이며, 몸은 검은데 등과 죽지에 푸른 자주색 광택이 난다. 부리가 길고 발가락 사이에 물갈퀴가 있으며 물고기를 잡아먹는다.
[37] (옮긴이 주) 필리핀 동쪽의 서태평양 제도.
[38] (옮긴이 주) 인도, 스리랑카, 말레이반도 원산으로, 타로감자의 그룹에 속한다.

제공된다. 이는 상어가 낚싯줄을 끊어버리거나 낚싯줄이 바위에 감기지 않도록 하려는 것이다. 출어가 성공을 거두지 못하면 남성들이 이에 대한 책임을 진다. 그들은 출어를 나간 남성 중 누군가가 나쁜 짓을 했다고 생각한다.[39]

126. 종교와 제조업

종교와 제조업의 관계에서 우리는 관념(notions)과 용례(usages) 사이의 잘 알려진 순환을 만나게 된다.[40] 우리는 양자 사이의 순환이 보고되건 그렇지 않건, 모든 경우에 그러한 순환이 이루어지고 있다고 전제해야 한다. 왜냐하면 초자연적인 개입 혹은 주술이라는 요소가 관여하지 않는 경우는 없는 듯이 보이기 때문이다. 더욱 높은 단계에서는 이것이 종교적인 의식 혹은 성직자의 기도로 대체된다. 과거에 일본도(日本刀) 제작자는 칼을 만들 때 승복을 입었다. 칼을 만드는 것이 신성한 기술이기 때문이다. 그는 청정(淸淨) 의식을 거행하기도 했다. 한편 대장장이의 일터 앞에는 신도(神道, Shinto)의 가장 오랜 상징인 볏짚 줄이 드리워져 있었다. 대장장이가 먹는 음식은 모두 성화(聖火)로 요리되었고, 그가 일하고 있는 동안에는 가족 중 누구도 작업장에 들어가지 못했으며, 그에게 말을 걸지도 못했다.[41] 또한 신도에는 고행을 하는 관행이 있었

이들 지역에서는 주식으로 활용된다.
[39] Kubary, *Der Karolinen Archipel*, 123~130.
[40] (옮긴이 주) 아마도 종교를 관념에, 제조업을 용례에 대비시키고 이 둘이 서로 연관, 순환 관계에 있음을 말하려는 듯하다. 혹은 종교와 제조업의 영역은 거기에 관련된 관념들이나 용례들을 통해서 볼 때 서로 연관되어 있음을 말하는 것일 수도 있다.

는데, 선출된 공동체 대표는 매년 전체의 번영을 위해 이와 같은 고행을 치렀다.[42] 인간 사회에서 살펴볼 수 있는 권위는 모두 다른 세상(예를 들어 영계(靈界))으로 그 기원과 설명이 거슬러 올라간다. 이와 같은 권위는 저승으로부터 이승에 주어지는 것이다.

127. 가공물과 자연의 장난

옥스퍼드 박물관에 가면 자연석, 부싯돌 등이 가득 찬 유리 진열대를 볼 수 있다. 이는 셸리언기(期)[43]형의 가공물과 너무 유사해서 이것이 인공물인지 여부를 판단하는 데는 숙련된 관찰자가 필요할 정도다. 수집물에는 외견상 의심할 수 없는 돌도끼, 고리, 구멍 뚫린 돌, 구멍 뚫는 물건, 깎는 도구, 부싯돌 파편 등이 포함되어 있다. 이들은 결코 초기의 가공품에 해당하는 것이라 여겨지지 않는다. 초기 가공품들은 너무 조잡하고, 자연재해에 의해 파괴된 돌과 결과적으로 유사하므로 그것이 과연 인공물인지 의문이 제기되곤 한다. 드레스덴(Dresden) 박물관에는 인공 도끼, 돌도끼 등의 모델로 활용되었을 수 있는 자연산 돌이 수집되어 있다. 그중 하나는 인공물로 보이도록 자연이 장난을 쳤을 가능성을 보여준다. 물의 작용 때문에 마모된 두개골처럼 보이는 돌은 그 예다. 코펜하겐 박물관은 대규모의 석기를 수집해 완성도 순서로 배열해 놓았는데, 박물관은 가장 조잡하고 미숙한 석기에서 시작하여 이러한

---

[41] Hearn, *Japan*, 139.
[42] 위의 책, 165.
[43] (옮긴이 주) 유럽의 초기 신석기 시대 및 그 시대에 이루어진 산업을 가리키는 형용사. 대표적 생산물로서 손도끼를 꼽는다.

종류의 기술적 산물로는 최고의 것으로 나아가도록 석기를 배열해 놓았다. 수집해 놓은 것들은 어떤 목적을 위해 사용되는 도구로서의 부싯돌과 석기의 발달 과정만을 고려해서 배열해 놓은 것이다. 진열된 석기들에 대한 해석, 그리고 개선을 향한 변형이라는 측면에서 보았을 때 배열순서는 매우 그럴듯하다. 하지만 배열을 할 때 석기들이 만들어진 시기와 장소는 고려의 대상이 아니었다. 일련의 배열에서 가장 초기의 표본들은 매우 조잡한데, 가공품 가운데 그것들이 어디에 위치하는지를 정당하게 이야기해줄 사람은 오직 전문가들밖에 없다. 이는 오스트레일리아 원주민이 사용하는 '싸움용 도끼(tomahawks)' 표본에 대해 전해 들은 이야기를 상기시킨다. 이야기에 따르면 서부 오스트레일리아에서 사용되는 그와 같은 무기가 "고무와 손잡이가 떨어져 나간 상태에서 어디에선가 발견되었다면, 과연 그것이 인공적인 작업을 거쳐 만들어진 것임을 알아차릴 수 있을지 의문이다." 대체로 재료 탓이지만 이는 만듦새라는 측면에서 볼 때 연마를 하지 않고 얇게 잘라놓은 조잡한 태즈메이니아인들(Tasmanians)[44]의 다듬돌보다 더 조잡하다.[45] 태즈메이니아인이 사용하는 이러한 석기에 대해 타일러(Tylor)는 다음과 같이 말한다. 이들 중 일부는 "만듦새라는 측면에서 보았을 때 매머드기에 만들어진 것보다 더 조잡하다. 이렇게 생각하는 근거는 유럽의 석기와 마찬가지로 이들의 가장자리가 돌의 양면이 아니라 한쪽 표면만을 쪼아서 모양새가 갖추어졌기 때문이다." 태즈메이니아인은 절단할 도구가 필요할 때는 적당히 평평하고 넓적한 돌을 골라 그 일부에서 또는 언저리 전부에 걸쳐서 석편(石片)을 깨서 떼어낸 다음 더 이상의 노력을

---

[44] (옮긴이 주) 오스트레일리아 동남쪽에 있는 섬의 사람들.
[45] Smyth, *The Aborigines of Victoria*, I, 340.

기울이지 않고 이를 사용했다. 그들은 오늘날의 유럽인들이 보는 앞에서 이와 같은 방법을 사용하는 모습을 보여주었다. 타일러는 다음과 같이 말한다. "도르도뉴(Dordogne) 지방[46]의 르 무스티에(le Moustier) 동굴에서 발견된 부싯돌 도구와 돌 조각의 제작 형태는 태즈메이니아인의 그것과 실로 놀라울 정도로 일치한다. 만약 다른 돌로 연마되지 않았다면 오늘날의 미개인의 것과 동굴에 거주한 유럽인의 것을 구분하기가 거의 불가능했을 것이다. 설령 숙련된 고고학자가 전시된 태즈메이니아 석기를 처음 보고 이를 잘못 만든 것, 또는 도구를 만들 때 떨어져 나갔거나 깨어진 조각이라고 착각했다 해도 이상할 것은 전혀 없다." 이러한 돌은 손잡이가 없었으며, 그들은 이를 그냥 손으로 쥐었다.[47] 옥스퍼드 박물관에는 생 아슐,[48] 태즈메이니아, 인도, 그리고 아프리카의 희망봉에서 가져온 부싯돌이 나란히 전시되어 있다. 우리가 현재 수집해 놓은 모든 구석기 시대의 도구들은 가장 오래되고 조잡한 것마저도 조상들이 원하던 것들이다. 이를 만드는 기술은, 일단 인간이 개입된 기술로 파악될 경우 기술적으로 발달한 것으로 보이게 된다.[49] 사우스캘리포니아의 세리족(Seri)이 사용했던 자연산 조약돌은 사람들이 많이 사용해서 닳아야만 만들어질 수 있는 형태를 하고 있고, 너무 많이 사용하거나 부서져 지나치게 뾰족한 모서리가 생기면 그들은 그 조약돌을

---

[46] (옮긴이 주) 프랑스 남서부 아키텐주의 지역. 구석기 시대 후기의 유물과 유적의 보고로 알려져 있다.

[47] Tylor, JAI, XXII, 137; JAI, XXIV, 336; *Early History of Mankind*, 195; Ling Roth, *The Aborigines of Tasmania*, 158.

[48] (옮긴이 주) 프랑스의 생 아슐(St Acheul)에서 처음으로 주먹도끼가 다량 출토되었으므로 그 이름을 따서 주먹도끼를 주축으로 한 구석기문화를 아슐리안 문화라고 부른다.

[49] JAI, XXIII, 276.

폐기했다. 그들은 자신들의 치아와 손톱을 야수처럼 활용한다. 그들은 '칼'에 대한 개념이 없어서 칼을 사용하기에 앞서 훈련을 받아야 한다. 그들은 다소 납작한 계란형 돌을 선택한다. 계속 사용하다 보면 돌의 끝부분이 마모되고, 측면이 매끈해지는데, 나중에 이는 개인의 소유물이 되어 주물 숭배적 의미를 획득하게 된다. 이러한 돌은 이를 소유하고 사용한 아내의 시신과 함께 매장된다.[50] 석기 제조에 대해 실험을 해본 후 홈스(Holmes)는 "최종 형태가 비슷한 모든 도구, 그리고 모양이 제각기 다른 조약돌이나 돌 조각으로 만들어진 칼날 모양의 모든 발사촉은 동일한 혹은 거의 동일한 단계를 거쳐 만들어지며, 동일한 폐기물을 남긴다. 이들을 오늘이나 어제 만들었건, 백만 년 전에 만들었건 이는 마찬가지일 것이며, 문명인의 손으로 만들었건, 야만인이나 미개인의 손으로 만들었건 이는 마찬가지일 것이다."[51]고 결론을 내렸다. 이러한 결론은 매우 중요하다. 왜냐하면 이는 석기 제조 기술이 거의 항상 원료의 질과 인간의 근육 활동에 좌우되고 있음을 의식하는 결론이기 때문이다. 지금까지 '거북등(turtle-backs)'이라고 불리는 형태가 일련의 가공품 중의 한 형태인지 아니면 제조상의 잘못으로 탄생하게 된 것인지에 대한 논쟁이 있어 왔다. "돌로 물건을 만드는 원주민들의 과정을 재현하려고 오랫동안 노력해온 미국의 고고학자들은 애초에 잎 모양의 돌칼을 만들고자 했는데, 어쩌다 보니 자신들도 모르는 사이에 '거북등'을 만들고 있었음을 깨달았다."[52] 미국의 스미소니언(Smithsonian) 국립박물관의 수세공인은 박물관에 진열된 것과 동일한, 잎 모양의 돌칼을 만들어보고자 했으나 만들 수가 없었다. 그리고 이러한 돌칼을 만들

---

[50] *Bureau of Ethnology*, XVII (Part I), 153, 245.
[51] 위의 책, XV, 61.
[52] Mason, *Origin of Invention*, 132.

수 있는 인디언도 발견할 수 없었다. "이는 사라져 버린 기술 중의 하나다."[53] 조잡한 형태의 다른 조각들은 깨진 조각이나 불량품으로 간주되어 관심 밖에 놓여 있었다. 그러나 이들이 긁는 도구, 손잡이 등으로 활용되는 경우가 발견되었다. 이렇게 보았을 때 이들은 일련의 가공물에 포함되는 제품으로 간주되어야 할 것이다.[54] 영국 버크셔(Berkshire) 언덕의 사력층에서 발견된 일부 조잡한 도구들은 구석기 시대 도구로 분류되는 것들보다 시대적으로 앞선다는 주장이 흔히 제기된다.[55] 러벅(Lubbock)은 자신이 발굴한 스칸디나비아풍의 방대한 수집품 가운데에서 "구석기 시대형의 전형으로 간주될 수 있는 표본을 발견할 수 없었다"고 말했다.[56]

128. 돌도끼의 형태

돌도끼는 지구상 어느 곳에서나 발견된다. 깬 것, 날카롭게 만든 것, 연마한 것, 홈이 파인 것, 구멍이 뚫린 것, 손잡이가 있는 것 등은 상이한 종류의 돌도끼로, 개선이 이루어지는 일련의 선상 어딘가에 배치할 수 있으며, 각각의 단계에서 지역별로 종류가 구별되기도 한다. 하지만 그 기술은 본질적으로 모든 곳에서 동일하다. "아마도 마찰을 통해 나무, 뼈 또는 심지어 돌마저도 마모된다는 사실보다 오래된 발견은 없을 것이다."[57] 사람들은 학습을 통해 생가죽과 생고기가 건조 과정을 거치

---

[53] 위의 책, 123, 136.
[54] *International Congress of Anthropologists*, 1893, 67.
[55] JAI, XXIV, 44.
[56] 위의 책, X, 316.

면 줄어든다는 사실도 알고 있었는데, 아주 명민하게도 그들은 건육이나 막피(膜皮, membrane)를 싱싱하고 젖어 있는 동안 붙여 놓아 손잡이를 부착하는 데 이러한 지식을 활용했다. 아메리카 돌도끼에는 기발한 방식으로 뿌리나 가지를 이용해 만든 손잡이를 송진이나 역청으로 고정할 수 있는 홈이 파여 있다. "구멍 뚫린 돌도끼는 아메리카의 열대 지방에서 발견된다. 이러한 돌도끼는 매우 희귀하지만 잘 다듬어져 있다."[58] 돌도끼에 구멍을 내는 방법은 스위스 호반 주거 지역의 석기 시대 최종 단계에서도 발견된다. 어쩌면 이처럼 구멍을 낸 것은 그저 장식을 위한 것이었을지도 모른다.[59] 폴리네시아인들은 다듬었지만 구멍이나 홈이 없는, 그리고 가장자리가 곡선을 이루지 않은 도끼를 사용했다.[60] 태평양 제도의 사람들은 손도끼의 형태에 집착했는데, 이에 따라 그들은 백인에게서 철이나 강철로 된 도구를 획득하고 나서도 평평하고 넓적한 칼을 도끼보다 선호했다. 이러한 칼을 손도끼의 용도로도 사용할 수 있었기 때문이다.[61] 테네시주의 돌무덤에서는 크기와 다양성, 그리고 만듦새라는 측면에서 미국에서 발견된 다른 어떤 것보다도 훌륭한 도구들이 발견되었다. 이들 가운데에는 낫 모양의 부싯돌 도구, 30cm 내지 그 이상 길이의 도끼, 240cm 길이의 부싯돌 창이 포함되어 있었다. 또한 의식용이나 장식용으로 추정되는 것들도 있었다. 이와는 별개로 전체가 한 조각으로 이루어진 손잡이 달린 돌도끼가 테네시, 아칸소, 그리고 사우스캐롤라이나 지역에서 발견되고 있다.[62]

---

[57] Mason, *Origin of Invention*, 148.
[58] Ratzel, *Völkerkunde*, II, 586.
[59] Ranke, *Der Mensch*, II, 519.
[60] Ratzel, *Völkerkunde*, II, 149
[61] Hagen, *Unter den Papuas*, 214; Pfeil, *Aus der Südsee*, 97.
[62] Gates Phillips Thurston, *The Antiquities of Tennesse*, 218, 230~240, 259; JAI,

129. 돌 도구가 만들어지는 방법

이러한 돌 도구는 어떤 과정을 거쳐 만들어졌을까? 가공품들은 그 자체로 2~3개의 서로 다른 조작 방법(그 방법이 개별적인 것이건, 함께 조합한 것이건)이 사용되었으며, 그 제작 방법이 과거로부터 커다란 발전을 이루었음을 보여주고 있다. 앞에서 언급한 바와 같이 태즈메이니아인이 유럽인을 알게 되고 난 후, 그들은 돌 도구를 만들었는데, 유럽인들이 이를 필요로 했기 때문이다. 그들은 목적에 맞도록 대략적인 변경을 가하면서 약간의 석편을 제거하는 방법으로 돌 도구를 만들었다. 그들은 돌을 이용하여 짧고 예리하게 다른 돌을 내리쳤다. 이때 정확한 곳을 가격해야 했는데, 그렇게 하지 않으면 원하는 결과를 얻지 못하게 되기 때문이다. 이러한 이유로 그들은 얇은 조각들을 제거하고자 할 경우 흔히 압력을 가하는 방법을 사용했다. 조작하는 사람은 돌을 양발 사이에 끼워두고, 힘을 가해야 할 지점에 막대기나 뿔을 갖다 댔으며, 이를 가슴으로 눌러 지탱했다. 이와 같은 조작 방법은 멕시코 사람들이 흑요석(黑曜石, obsidian)[63] 박편을 얻고자 할 때 활용한 것으로 알려져 있다.[64] 돌은 깎아내거나 압력을 가하는 등의 과정이 진행되면서 더욱 완벽한 모양새를 갖추게 되며, 돌을 또 다른 돌에 문지르면 가장자리가 날카로워졌다. 이처럼 돌을 문지르는 작업은 석편을 깎아내는 과정을 거친 다음 단계에서 이루어졌는데, 이는 돌을 그냥 두지

XIII, XVI; *Bureau of Ethnology*, XIII; *Reports of the Smithsonian Institute*, 1874, 1877, 1886, Parts I, II, III; *Peabody Museum*, No. 7.

[63] (옮긴이 주) 광석의 일종으로 광택이 나고 주로 흑색, 회색, 적색, 갈색을 띠는 유리질 화산암이다. 열을 가하면 팽창하는 성질이 있어 공업용 원료로 자주 사용된다.

[64] Lubbock, *Prehistoric Times*, 90.

않고 표면을 매끄럽게 만들고자 할 때 활용되었다. 타격을 하고 압력을 가하는 공정은 함께 이루어지기도 했다. 작업을 하는 사람은 자갈을 가격해 쪼갰고, 그 조각들에 또다시 압력을 가하면서 모양새를 만들어 갔다. 돌을 적당한 위치에 안전하게 고정하는 서로 다른 방법들도 고안되었다. 관련 작업에 종사하는 사람들은 이와 관련한 기술을 개발했고, 각각의 자갈을 어떻게, 그리고 어떤 목적으로 가장 유용하게 활용할 수 있는지를 가늠하는 판단 능력을 발전시켰다. 그들 중 일부는 특정 조작에 능숙한 기술을 획득하고, 또 다른 사람들은 또 다른 조작에 능숙한 기술을 습득하게 되었는데, 이로 인해 이들 사이에 노동 분업이 이루어지게 되었다. 한편 원하는 도구를 만들어내기 위해 압력을 가하고 타격을 가하는 방법이 복잡해지기도 했다. 예를 들어 사람들은 나무의 큰 가지를 잘라 그 끝을 가격하여 두 개로 나누고 그 사이에 돌을 끼워 도구를 만들었는데, 그들은 이러한 도구를 개선하고 정제해 동물 뿔의 뾰족한 부분을 장착하기도 했다. 이와는 별개로 나무 몸통을 잘라 지렛대 받침으로 사용하는 장치도 있었으며, 나무 또는 수평으로 놓인 돌을 옮길 때 사용되는 긴 지렛대가 제작되기도 했다.[65] 이와 같은 다양한 장치는 실패와 손실을 최소화하면서, 필요한 힘을 통제하여 적절한 지점에 가하기 위해 지속적인 노력이 이루어졌음을 보여주고 있다. 버클리(Buckley)는 빅토리아 원주민의 '전투용 도끼'에 대해 언급하고 있다. 그에 따르면 그들은 돌의 모양에 신경을 쓰지 않고, 알맞은 두께의 조각들로 돌을 쪼갰다. 다음 단계로 그들은 돌 조각이 "아주 얇고 예리한 날이 될 때까지 거친 화강암에 간다. 이렇게 갈아 놓은 조각은 매우

---

[65] *Reports of the Smithsonian Institute*, 1885, Part I, 874, 882; 위의 책, 1887, Part I, 601.

커다란 나무를 베어 넘어뜨릴 수 있을 만큼 견고하고 날카로워진다." 손잡이는 목적에 맞게 매우 세심하게 준비되었다. 이는 두꺼운 나무토막으로, 두 개로 쪼갠 다음 그 사이에 돌을 집어넣었는데, 이때 제작자는 나뭇진을 이용해 돌을 손잡이에 고정시켰으며, 여기에 동물 심줄을 둥글게 감아 단단히 묶었다.[66] 어드미럴티(Admiralty) 군도[67]의 원주민들은 지층에서 캐낸 흑요석을 사용한다. 오직 소수의 사람만이 도끼를 만드는 기술을 알고 있는데, 이들은 생계의 수단으로 이러한 기술을 활용한다. 돌이 어떻게 깨질지 판단하는 데는 숙련된 기술이 요구된다. 돌을 깨는 유일한 도구는 돌인데, 그들은 이를 가지고 가벼우면서도 예리하게 타격을 가한다.[68] 스위스 호반에 살던 사람들의 도끼는 비바람에 씻겨 반들반들해진 단단한 돌로 만들어졌다. 목재에 고정시켜 놓은 부싯돌 톱, 그리고 모래와 물을 사용해 돌의 한쪽 편에 홈을 파고, 이어서 다른 쪽에도 홈을 판다. 또 다른 돌을 이용한 단 한 번의 가격으로 돌은 둘로 쪼개진다. 그들은 단단한 돌을 이용해 쪼개진 조각의 대략적인 모양새를 갖추고, 마찰을 가해 가공을 마무리했다. 최근의 한 연구자는 이러한 방식으로 5시간 만에 그러한 도끼를 만들었다. 한편 어떤 것들은 돌에 나무나 뿔로 된 손잡이가 고정되어 있었다.[69] 이러한 방법은 보조적인 도구가 없으면, 다시 말해 부싯돌 톱이 만들어지기 전까지는 사용할 수 없었다는 사실에 주목할 필요가 있다. 도구와 만드는 과정은 모두 조야했으며, 조작자는 능숙하고 숙련된 기술을 갖추고 있어야 했다. "라피타우(Lafitau)에 따르면 돌도끼 연마 기술이 완전해질

---

[66] Smyth, *The Aborigines of Victoria*, I, 359.
[67] (옮긴이 주) 뉴기니의 북동에 있고 비스마르크 제도에 속함.
[68] *Globus*, LXXXVII, 238.
[69] Ranke, *Der Mensch*, II, 517.

때까지는 수 세대가 흘러야 한다. 조지프 D. 맥과이어(Joseph D. McGuire)는 백 시간이 채 못 되는 시간 안에 매우 거친 돌조각으로 홈이 파인 옥돌 도끼를 만들어냈다."[70]

130. 화살촉을 만드는 방법

화살촉과 관련해서는 "10여 편의 신뢰할 만한 보고가 있는데, 이는 화살촉을 제조하는 다양한 방법을 실제로 목격한 사람이 보고한 것이다."[71] 캘리포니아 인디언들은 부싯돌이나 호박돌을 적당한 크기의 조각으로 쪼갰다. 그들은 한 조각을 사슴 가죽으로 감싸 왼손에 쥐고, 오른손에 쥔 5cm 길이의 사슴뿔을 이용해 돌의 가장자리에 압력을 가한다. 이러한 방식으로 화살촉의 모습이 만들어질 때까지 작은 석편들이 계속 제거된다. 오직 가장 숙련된 사람들만이 이를 성공적으로 해낼 수 있다.[72] 간혹 조작을 가할 돌을 불에 뜨겁게 달구어 서서히 식히기도 하는데, 이렇게 하면 돌이 여러 조각으로 얇게 쪼개지게 된다. 이어서 수사슴 뿔로 만든 집게를 이용해 돌 조각을 화살촉 형태로 만들고, 이를 가죽끈으로 화살의 끝에 묶는다.[73] 또 다른 보고서에서는 작업 도구로 사용하는 돌을 불에 달군다고 언급하고 있다. 한 묘혈에서는 규칙적으로 형성되어 있는 토층(토층의 사이사이로 모래층이 번갈아 위치하는)에 매장된 수백 개의 부싯돌 도구가 발견되었다.[74] 아마도 이러한

---

[70] Mason, *Origin of Invention*, 26.
[71] *Reports of the National Museum of the United States*, 1894, 658.
[72] Powers, *The Tribes of California*, 374.
[73] 위의 책, 104; *Reports of the Smithsonian Institute*, 1886, Part I, 225.

도구는 바라는 완성품을 훨씬 수월하게 제작하기 위해 만들어졌을 것이다.[75] 캐틀린(Catlin)은 두 사람이 작업을 해야 하는 또 다른 화살촉 제조 방법을 기술하고 있다. 이에 따르면 한 사람은 왼손으로 돌을 움켜쥐고 끌 같은 도구를 적당한 곳에 갖다 댔다. 다른 사람은 여기에 타격을 가했다. 두 사람은 작업을 하는 동안 노래를 불렀다. 타격은 노래의 리듬에 맞추어서 이루어졌으며, 이러한 작업이 성공적으로 이루어지기 위해서는 신속한 "반동(rebounding)" 타법을 활용하는 것이 매우 중요하다는 이야기를 들었다.[76] 미시간의 한 '젊은이'는 인디언의 작업을 모방해서 13cm 길이의 참나무 봉을 도구로 이용하여 부싯돌, 유리, 그리고 흑요석으로 화살촉을 만들었다.[77] 최근 일부 사람들은 돌 도구 제작을 모방해 보려 하고 있는데, 소퍼스 뮐러(Sophus Müller)[78]는 이에 대해 다음과 같이 밝히고 있다. "평균적인 작업자는 14일 이내에 매일 500~800개의 화살촉을 만드는 방법을 습득할 수 있다. 그런데 비록 많은 사람이 구석기 시대의 유형과 동일한 작은 도구를 만들어내긴 했어도, 신석기 시대의 무기처럼 섬세하게 돌을 다듬을 수는 없었다. 아무리 최고의 숙련된 작업자라고 해도 이는 가능하지 않았다."

131. 돌도끼 사용법

일단 돌도끼가 만들어졌다고 해도, 원하는 결과를 얻을 목적에 이를

---

[74] *Reports of the Smithsonian Institute*, 1887, Part I, 601.
[75] *Bureau of Ethnology*, XII, 561.
[76] *Reports of the Smithsonian Institute*, 1885, Part II, 743.
[77] *Scientific American*, 1906년 3월 10일 자.
[78] *Vor Oldtid*, 169.

활용하는 데는 상당한 독자적인 감각이 요구된다. 최근 한 고고학자가 6.5cm 길이의, 손잡이가 달리고 날이 선 선사시대 형태의 회색 부싯돌 돌도끼를 사용하여 푸른 전나무 막대기를 베어 쓰러뜨려 보고자 했다. 도끼를 시험해보고자 함이었다. 그는 막대기를 똑바로 세워놓고 두 쪽으로 갈라지게 될 때까지 V자형으로 이를 찍어댔다. 그는 18분 만에 지름 18cm의 막대기를 둘로 갈라놓았다. 그는 1578번의 도끼질을 했고, 1485번 가격을 하자 그의 돌도끼에서 돌 파편이 튕겨 나왔다.[79] 최근의 한 연구자는 11시간 45분 만에 연마된 도끼를 만들었다. 그는 2,200번의 도끼질로 한 시간 13분 만에 지름 0.73m의 참나무를 쓰러뜨렸다.[80] 나무를 쓰러뜨리고자 할 경우 원시인들은 나무 둥치에 불을 질렀는데, 그들은 나무에 계속 불을 붙일 수 있도록 나무의 까맣게 탄 부분을 제거하는 데만 도끼를 사용했다. 카누 또한 동일한 방법으로 굵은 나무줄기 속을 파내어 만든다. 이러한 방법은 서로 멀리 떨어져 있는 세상 곳곳에서 보고되고 있다.[81] 만약 이상에서 언급한 바와 같은 보조적인 장치가 마련되지 않았다면 돌도끼는 사실상 망치로만 사용될 것이다. 그 이유는 돌도끼만 이용하면 나무가 섬유질 상태로 갈라지기만 하지 절대 베어지지 않을 것이기 때문이다.[82] 그런데도 싱구(Shingu) 인디언들은 오직 돌도끼만을 이용하여 벌목을 하고, 집을 짓고, 카누를 만들고, 또한 가구를 만들었다.[83] 기아나(Guiana)[84]의 인디언들은 돌과 뼈

---

[79] *Aarbøger for Nordisk Oldkyndighed*, 1891.
[80] *L'Anthropologie*, XIV, 417.
[81] JAI, XXVIII, 296; *Bureau of Ethnology*, II, 205; Horn, *Mennesket i den forhistoriske Tid*, 168.
[82] *Globus*, LXXVI, 79.
[83] Von den Steinen, *Berlin Museum*, 1888, 203.
[84] (옮긴이 주) 남미 북동부에 있는 가이아나 · 프랑스령 기아나 · 수리남 등을 포

도구를 이용하여 커다란 나무를 베어 넘어뜨리고, 나무 고갱이를 끊어내서 매우 아름다운, 그리고 탁월한 무기와 도구를 만들었다.[85] 다른 많은 곳의 사람들에 대해서도 동일한 이야기를 할 수 있을 것이다. 일부 오스트레일리아 원주민에게는 어떤 사람이 죽으면 그의 모든 재산을 함께 매장하는 풍습이 있다. 그런데 돌도끼는 이러한 매장 품목에서 제외되는데, 그들이 이를 매우 중요하게 생각하기 때문이다. 도끼는 가장 가까운 친족에게 상속된다.[86]

132. 문화변용 대 평행론

돌 도구 제작과 활용에 관한 사실에 대해서는 다음과 같은 의문이 제기된다. '그러한 기술들이 하나의 기원에서 유래하며, 전파를 통해 널리 확산되었을까?(문화변용(acculturation)) 아니면 동일한 수행 과제가 있는, 그리고 주변에 동일하거나 유사한 재료가 있는 수많은 사람에 의해 개별적으로 발명되었을까?(평행론(parallelism))' 리페르트(Lippert)[87]는 다음과 같이 말한다. "부싯돌로 화살촉의 모양을 만드는 서로 다른 다양한 방법으로 미루어 보았을 때, 최초의 기술이 모두 단 하나의 전통과 연결되어 있으며, 이로부터 계승되었다고 생각해서는 안 될 것이다. 반대로 인간은 창의력을 발휘하여 각기 다른 장소에서, 주변에서 쉽게 구할 수 있는 요소들을 활용해 생존을 위한 투쟁에 필요한 행동을 했

함한 지방.
[85] Schomburgk, *Britisch Guiana in 1840~1844*, I, 424.
[86] Howitt, *Native Tribes of South Eastern Australia*, 455.
[87] *Kulturgeschichte der Menschheit*, I, 289.

다." 앞에서 우리는 재료가 그 특성상 제작상의 조작 방법을 한정하고 조건을 부과하며, 이로 인해 기술 발달이 제약을 받게 됨을 살펴보았다. 그런데 인간이 겪게 되는 다양한 과정 또한 신경과 근육이 갖는 본래의 성질에 의해 한정되고 조건이 부과되며, 이로 인해 정해진 선(線)을 따라 달려야 한다고 가정해보자. 이 경우 인간의 마음 또한 어떤 문제에 당면하게 되었을 때 조건화된 유형의 활동을 벗어나지 못하게 될 것이다. 이 경우 우리는 인간이 동일한 경험과 관찰에 대한 정신 반응에 의해 동일한 생각을 하게 된다는 입장에 접근하게 될 것이다.

하지만 여러 사실로 미루어 보았을 때, 우리는 특정 기술이 가장 조야한 방법에서 출발하여 공동 노력의 결과로 만들어지며, 집단의 공동 재산임을 알 수 있다. 모든 사람이 이를 그대로 받아들여서 실행하고, 모든 사람이 이를 개선하기 위해 무의식적으로 협력하고 있다. 이러한 과정 자체가 습속이다. 가공품들은 그 유용성에 의해 습속을 바꾸며, 습속의 구성요소가 되는 도구와 무기이기도 하다. 그리고 이로부터 숙련, 좋은 솜씨, 인내심, 창의성 및 조합 능력을 얻게 되는데, 이는 이후 이루어지는 노력의 단계에서 습속을 수정하기 위해 없어서는 안 될 재산으로, 더욱 적용 범위가 넓으면서 고차원적인 것들이다. 진리와 옳음의 일반화는 단계마다 확대되어 마침내 복리 이론을 탄생시키며, 이는 아무리 조잡하다고 해도 그 자체로 의미가 인정되지 않으면 안 된다. 이는 당대의 한 집단 내에 널리 퍼져있는 초자연적인 존재에 대한 믿음을 적용하는 것과 관련이 있다. 모든 곳에서 적절히 살펴볼 수 있는 바와 같이, 기술 자체는 습속의 특징에 따라, 습속에 의해 만들어진다. 이렇게 말하는 이유는 기술이 누구나 배울 수 있고 영구적으로 이어받을 수 있는 과정과 방법을 통해 인간의 필요를 충족하는 방식이기 때문이다. 중국의 사례에서 볼 수 있는 바와 같이, 고립된 집단의 기술은 설령 그 집단이 대단한 창의력을 가지고 있다 해도 한계에 부딪히고 만다. 기술 발전이 최고에 달하는 경우는 집단 간의 상호 교환을 통해 발전이 이루어질 때다. 협력과 결합이 활발히 이루어지는 지역의 범위가 넓으면 넓을수록 그 성과는 더욱 커지게 된다. "모든 기술은 당대의 지성으로부터 탄생한다."[88] 앞에서 나는 폴리네시아인들이 도끼를 사용하지 못한다고 밝힌 바 있다. 그들은 칼날을 손잡이와 횡축이 되게 부착한다. 니제르강(Niger) 보호령[89]의 흑인들은 매우 서툴게 층계를 오르내린다. 물론 이를 기술이라고 할 수는 없지만 그럼에도 그들은 이에 능숙해질 기회가 없었던 것이다. 그들은 그림을 이해하고 해석하는 것을 매우 어렵다고 생각하기도 하는데, 심지어 일상적인 것들에 대해서마저도 그렇게 생각한다.[90] 티뷰론 섬의 세리족(Seri of Tiburon)은 칼을 사용하는 습관이 없다. 그들은 칼로 찌르는 대신 자신의 몸 쪽으로 칼을 끌어당긴다.[91] 이러한 사실로 미루어 보았을 때, 우리는 어떤 습관을 갖지 못하거나 어떤 것을 능숙하게 하는 모습을 볼 기회가 없으면, 정신의 지평이 좁아지게 됨을 알 수 있다.

133. 불을 지피는 도구

돌을 가지고서 하는 작업과 유사한 현상을 보여주는 또 다른 기술은 불을 지피는 기술이다. 이러한 기술은 여러 개의 독립된 중심에서 유래

---

[88] *Umschau*, VII, 184.
[89] (옮긴이 주) 아프리카 사하라 사막 중남부에 위치한 프랑스의 식민지.
[90] JAI, XXVIII, 108.
[91] *Bureau of Ethnology*, XVII, Part I, 152.

했을 것이 틀림없다. 이는 지구상 곳곳에 존재하고 있었다. 우리는 이 것이 궁극적으로 어디에서 유래했는지 알지 못한다. 이러한 기술이 서로 다른 여러 중심지에서 각기 다른 방식으로 발달했을 수 있다. 불을 지피는 가장 간단한 도구는 구멍을 뚫는 도구, 홈을 파는 도구, 그리고 톱질하는 도구 등과 같이 불을 지피고자 할 때 도구를 활용하는 방식에 따라 분류해볼 수 있다. 불을 지피는 데 쓰이는 천공 도구는 매우 중요한 발달과 개선 과정을 거쳤는데, 그 결과 이는 매우 복잡한 기계로 발전할 수 있었다. '불을 지피는 데 쓰이는 천공 도구' 중 활 모양의 기구를 이용하여 작동되는 것은 그 제작에 필요한 창의력과 발명 기술이 실로 대단했는데, 이는 에디슨이나 베세머(Bessemer)[92]의 발명에 비견될 정도로 위대한 발명품이었다.

134. 미개인의 심신이 갖는 특징

인간이 자신들의 관심을 충족하기 위해 공동으로 노력한 덕에 온갖 가공물이 만들어지고, 온갖 기술이 탄생했다. 우리는 미개인들이 도구를 만드는 데 백절불굴의 노력을 기울였고, 놀라울 정도의 창의력을 발휘했음을 알고 있다. 그들은 투박한 도구를 사용하는 훌륭한 기술을 습득하기도 했다. 일반적으로 미개인은 오랜 시간을 투자해야 하는 노력을 싫어하고, 인내가 필요한 모든 것을 싫어한다. 이는 사실이다. 하지만 자신들의 이익을 충족하는 데 매우 중요한 무엇인가를 이룰 수

---

[92] (옮긴이 주) 영국의 기술자로, 1855년 철을 정제하고 철의 온도를 높이기 위해 용해된 철에 산소를 추가하는 공정으로 특허를 얻었다.

있을 것 같다는 생각이 들면, 그들은 커다란 인내심을 가지고 끈기 있게 참는다. 그들이 허영심을 충족시킬 수 있다고 생각할 때도 마찬가지다. 머리를 손질한다든가 문신을 할 경우, 그들은 긴 시간 이어지는 매우 싫증 나는 속박도 기꺼이 감내한다. 한편으로는 유용하고, 다른 한편으로 장식에 도움이 되는 깃털 장식 작업을 할 때도 그들은 깃털의 짝을 하나씩 맞추어 이들을 이런저런 모자의 그물코에 꽂거나 홀(笏)[93]에 송진으로 단단히 붙인다. 도끼를 이용하여 집 등을 만들고자 할 경우에도 그들은 오랫동안 지속적인 노력을 기울였다.[94] 남미의 인디언들은 몸에 문신을 새길 때 문양을 새길 수 있는 도구를 만들었다. 이러한 도구는 각각의 면에 다른 모양의 부조(浮彫)가 새겨져 있는 판목(板木)이었다. 우리는 모든 사람이 동일한 과제를 이루기 위해 함께 협력하고, 그 일에 매우 커다란 관심을 가질 때 거대한 인간 집단이 경이적인 힘을 발휘할 수 있다는 사실에 주목할 필요가 있다.[95] 그들은 동일한 방법에서 출발한다. 하지만 그 방법은 달라지며, 그들의 손에 의해 개량되어 간다. 그들은 각기 나름의 숙련됨과 능숙함을 획득한다. 그들은 서로 배우고, 이에 따라 제작물이 늘어나게 된다.

135. 언어

언어는 습속의 산물로, 매우 중요한 여러 부분들에서 습속의 작동

---

[93] (옮긴이 주) 관위에 있는 자가 예복 또는 속대를 착용할 때, 위엄을 갖추기 위해서 오른손에 쥔 가늘고 긴 판.
[94] Martius, *Ethnographie und Sprachenkunde Amerikas zumal Brasiliens*, 405.
[95] Boggiani, *I Caduvei*, I, 168.

방식을 적절히 예시해 보여주고 있다. 사람들은 모든 작업에서, 그리고 삶의 모든 관심사에서 협력적 이해가 필요했고, 언어는 이러한 필요를 충족시키기 위해 탄생했다. 언어는 일종의 사회현상이다. 원시인들은 전쟁, 수렵, 생산 등에서 협력을 해야 했고, 이러한 관심사를 충족시키려 하면서 곧바로 언어가 필요하게 되었다. 각각의 집단은 자신의 집단을 단결시키고 다른 집단과의 차별성을 갖기 위해 자신들만의 언어를 만들었다.[96] 언어가 어떻게 유래했건, 오늘날 그 형식과 발달이 관용적 사용에 따른다는 사실에 대해서는 모두가 동의한다. "사람들이 관용적으로 사용함으로써 언어가 만들어진다." "'관용적 사용이 말의 규칙'이라는 격언은 인간이 사용하는 모든 언어의 모든 부분에서 무소불위(無所不爲)의 타당성을 갖는다."[97] "언어는 인간이 기억의 세계 속에서 자신의 위치를 찾아내기 위한 불완전한 수단에 불과하다. 다시 말해 언어는 기억의 세계가 현실의 세계와 같을 것이라는 전제하에 기억을, 즉 자신과 조상들의 경험을 이용하기 위한 불완전한 수단일 따름이다."[98] 언어의 기원은 영원히 신비에 싸인 채 남아 있을 기원 가운데 하나다. "어떻게 아이가 소리와 의미의 조합을 이해할 수 있을까? 그 조합을 배우려면 먼저 언어를 알아야만 하는 데 말이다. 아이는 어떻게 말을 하는지를 사전에 알지 못하고 말하는 것을 배워야 하며, 엄마의 말이 파리가 붕붕거리는 소리를 내는 것 이상의 의미가 있다는 것을 사전에 확신하면서 말하는 것을 배워야 한다. 최초의 인간이 아닌, 최초의 짐승이 어떤 피조물도 의사소통을 하는 방법을 몰랐던 상황에서 소통 방식을 배웠던 것처럼, 아이는 아무것도 없는 무(無)의 출발점으로부터 말하는

---

[96] Gumplowicz, *Sociologie und Politik*, 93.
[97] Whitney, *Language and the Study of Language*, 37, 40.
[98] Mauthner, *Kritik der Sprache*, III, 2.

것을 배운다."⁹⁹ 짐승들이 말하는 것을 배우지 못했음은 말할 것도 없다. 짐승들은 경고하고, 성적으로 유혹을 하거나 동료들을 불러 함께 싸우고자 하는 경우 등에 쓰이는 짐승 소리를 활용하는 방법을 배웠을 따름이다. 이러한 소리는 목적에 부합되긴 했어도 그 이상 앞으로 나아가지 못했다. 인간은 열정을 끓어오르게 하고, 활동을 하지 않을 수 없게 하는 자신들의 확장력을 통해 동물 언어의 한계를 넘어섰다. 그는 더욱 풍부한 의사소통을 하기 위해 자신이 사용하는 말의 수단이 되는 음(音)들을 계속 활용해 왔다. 최초의 언어를 만든 인간들을 인도했던 그 개화하는 시적(詩的)인 능력은 지금도 아이의 언어발달을 인도하고 있다.¹⁰⁰ "우리의 언어와 비교해보았을 때, 최초의 언어는 결혼 관습과 대조를 이루는 매우 격렬한 사랑의 정열과 같은 것이었음이 분명하다."¹⁰¹ 모든 단어에는 그러한 단어를 탄생시킨 사건의 역사가 담겨 있다. 그 기원은 시간이라는 심연에서 소실된다.¹⁰² 중세에는 'Word'라는 단어가 너무도 뚜렷하게 신의 말씀을 의미하게 되었는데, 이에 따라 라틴계 언어들은 이로부터 'word'와 관련한 비유어 혹은 파생어를 만들어냈다.¹⁰³ 언어학 연구자들은 은유를 언어의 의미에 변경을 가하는 또 다른 주요한 방식으로 인식한다. 그들은 같은 것들을 모으고, 같지 않은 것들을 선택하여 제거하는 것을 은유라고 생각하고 있다.

---

⁹⁹ 위의 책, II, 403.
¹⁰⁰ 위의 책, II, 426, 427.
¹⁰¹ Mauthner, 278.
¹⁰² 위의 책, 186.
¹⁰³ 위의 책, 184.

136. 언어와 주술

프로이스(Preuss)는 언어의 기원을 설명하면서 주술이 언어에 커다란 영향을 미쳤다고 주장하는데, 이는 흥미를 촉발한다. "언어는 주술 음조와 주술 단어에서 그 기원을 찾을 수 있다. 인간의 말이 어디에서 유래했는지를 정확하게 파악하기 어려운 이유는 인간이 말을 하게 된 최초의 원인을 파악할 수 없다는 사실에 있다. 언어에 대한 발화(發話)는 이미 언어가 존재하고 난 후의 교육의 산물이다. 이들은 언어의 원인이 아니라 언어의 결과인 것이다. … 연극, 춤, 그리고 미술 등과 마찬가지로, 언어 또한 생활에 필요한 것에 대한 본능적인 만족이나 적극적인 가치를 지니는 것들을 창조하는 여타 활동에서 직접 발달한 것이 아니다. 언어는 주술(magic)의 결과다. 주술 때문에 사람들은 일을 할 때 나는 소리나 다른 자연스러운 소리를 널리 모방하게 되었는데, 그들은 이러한 모방을 통해 어떤 의도한 결과를 만들어내고자 했다."[104]

137. 언어는 모레스의 한 사례다

휘트니(Whitney)는 언어가 하나의 제도라고 말했다. 그가 이를 통해 밝히고자 했던 것은 언어가 습속 혹은 모레스(mores)에 속한다는 것이었다. 이렇게 말하는 이유는 비록 일부 미신이 매개하고 있어도, 언어 습속에는 복리 개념이 포함되어 있기 때문이다. 그는 다음과 같이 덧붙인다. "언어에 관한 일반적인 사실을 어떤 측면에서 살펴봐도 우리는 언어에

---

[104] *Globus*, LXXXVII, 397.

숙고와 의도가 포함되어 있지 않음을 시종일관 확인할 수 있다."[105] "의도적으로 언어를 발명하거나 개량하기 위한 일에 종사하고자 한 사람은 없었다. 적어도 언어와 관련해서 가치 있는, 그리고 후대에 영향을 미치는 결과를 산출한 사람은 없었다. 이와 같은 작업은 모두 그때그때의 필요를 충족시킴으로써, 또한 충동에 이끌려 어떤 가능성을 확보하게 됨으로써 이루어진다. 여기서 가능성이란 우리가 이미 획득한 풍부한 단어들과 형식이, 그리고 이들에 대한 습관적인 사용이 암시하여 그 도달이 가시권 안으로 들어오게 된 것을 말한다."[106] "어떤 유형이든, 어느 정도 중요성을 갖든, 모든 변화는 각기 이를 유포한 어떤 개인 또는 사람들로 소급된다. 그 개인 또는 사람들의 사례가 점점 널리 통용되고, 결국 이는 일반의 동의를 획득하게 된다. 언어 속 무엇인가에 적절성과 권위를 부여하기 위해 요구되는 것은 이것이 유일하다."[107] 이러한 주장은 어떤 습속에도 적용될 수 있다. 휘트니의 저서 46쪽에 나오는 주장들은 모레스를 기술하고 정의하는 데 도움이 될 것이다. 이는 언어가 어느 정도까지 모레스를 만들어내는 작동 방식이라고 할 수 있는지를 보여준다. 이들은 항상 필요를 충족하기 위해 고안되며, 알아차릴 수 없을 만큼의 수정이 가해져 부지불식간에 여러 세대를 거치면서 계승된다. 언어와 마찬가지로 방식들(ways)이란 무형의 것이다. 이들은 모든 사람에 의해 탄생했고, 그 어떤 사람들에 의해서도 탄생하지 않았으며, 모든 사람에 의해 발전했고, 어떤 사람에 의해서도 발전하지 않았다. 모든 사람은 각자 자신만의 다소 독특한 언어 사용 방식이 있다. 모든 사람은 자신의 독특한 억양이나 발음, 그리고 좋아하는

---

[105] *Language*, 48, 51.
[106] Whitney, *Language*, 46.
[107] 위의 책, 44

말이나 어구를 가지고 있다. 어떤 사람이건 자기만의 말버릇을 늘 사용한다. "다양한 특징, 환경과 필요, 계급과 질서가 존재하는 전체 공동체 노력의 총계 이상으로 전체 언어의 생명을 유지하게 하는 것은 없다."[108] "음의 구성이라는 측면에서 본 모든 낱말은 우리(어린이)에게 임의적이면서 관습적으로 주어진 기호예요. 여기서 '임의적'이라는 이야기를 하는 이유는 우리(어린이)가 어떤 낱말이라도 쉽게 배워서 이를 동일한 심상(心象)과 연결할 수 있기 때문이죠. 또한 여기서 '관습적'이라는 이야기를 하는 이유는 우리가 소속되어 있는 공동체가 합의한 사용 방법만이 우리가 획득한 낱말의 토대가 되고, 또한 그에 대한 제재가 이루어질 수 있기 때문이죠."[109] "우리 어린이들은 우리가 사용하는 언어를 스스로 만들어내지 않아요. 우리는 전통을 통해 완전한 상태의 언어를 터득하죠. 우리는 문장들로 생각을 합니다. 우리는 우리 언어가 문장들을 형성하는 방식대로, 다시 말해 우리의 모국어가 생각하는 방식대로 생각하기를 배워요. 우리의 뇌, 우리의 전체적인 사고는 그 자체가 모국어를 매개로 만들어지며, 우리는 동일한 것을 또다시 우리의 아이들에게 전달하죠."[110] 자연인[111]은 만들어낸 말들이 별로 없다. 그들은 심오한 것을 아무것도 표현해내지 못한다. 그들은 비교, 분석, 결합 등을 할 수 없다. 그들은 쏟아지는 시시콜콜한 것들에 압도되어 현상들의 기저를 이루는 지배 관념(ruling idea)을 식별해내지 못한다. 구체적인 것과 감각적인 것이 그들의 한계가 되는 것이다. 다른 곳으로 이동할 경우 그들은 새로운 언어를 습득하지 않으면 안 된다. 아메리카의

---

[108] 위의 책, 23.
[109] 위의 책, 14.
[110] Schultze, *Psychologie der Naturvölker*, 96.
[111] (옮긴이 주) 대략 루소가 말하는 자연 상태의 인간을 말한다.

언어들은 종족이 분기되거나 세월이 흐르거나 거주지를 옮기면 쉽게 변화가 이루어지는 유연한 덩어리(mass)다.[112] 부시먼은 다른 사람들이 이해할 수 없도록 단어에 음절(syllable)[113] 하나를 삽입하는데, 이처럼 언어를 이해할 수 없도록 만드는 여러 방법들이 사용되기도 한다.[114] "자연인들의 언어는 그들의 정신 상태를 충분히 미루어 짐작할 수 있는 그림이다. 모든 것이 유동적이다. 그 어떤 것도 고정되거나 구체화되지 않는다. 근본을 다루는 사고, 관념, 혹은 이상들은 존재하지 않는다. 규칙성, 논리, 원칙, 윤리, 혹은 도덕적인 특성 또한 없다. 자연인들의 지적 능력은 사유 논리가 결여되고, 행동할 때의 의지나 목적이 결여됨으로써 우리 아이들의 지적 능력과 동일한 수준에 머물게 된다. 그들은 기억을 하지 못하고, 자기모순, 역설을 의식하지 못하며, 상상을 하지 않음으로써 실제 행동에서 변덕스럽고, 경솔하고, 무책임하며, 정서와 정열에 지배당한다."[115] "인간의 언어가 발달할 수 있었던 이유는 인간이 개념들을 조합할 때 단순히 야수처럼 수동적이고 기계적으로 연합하고 재생산할 수 있었기 때문이 아니다. 다시 말해 그가 창조적인 상상력과 논리적인 반성에서 나타나는 적극적이고도 자유로우며, 생산적인 통각(apperceptions)[116] 능력을 갖추고 있었기 때문에 언어가 발달할 수 있었던 것이다."[117] "인간이 말을 할 수 있는 이유는 그가 생각할 수

---

[112] Schultze, 86.
[113] (옮긴이 주) 언어 수행의 한 단위. 말을 할 때 가장 쉽게 직감할 수 있는 발화의 최소 단위로 소리마디라고도 한다.
[114] 위의 책, 89; *Am Urquell*, II, 22, 48.
[115] Schultze, 91.
[116] (옮긴이 주) 여기서 통각은 엄밀한 철학적 개념이라기보다는 인간이 자신의 사고 속에 있는 모든 내용을 자기의 사고 내용으로서 통일적으로 의식하고 있음을 뜻하는 용어로 사용된다.
[117] 위의 책, 99.

있기 때문이 아니다. 그가 말을 할 수 있는 것은 입과 후두가 뇌의 제3회전부와 서로 통하고 있기 때문이다. 이와 같은 육체의 연결은 발음이 확실하게 이루어지는 말을 할 수 있게 된 직접적인 원인이다."[118] 실제로 인간은 형성된 발성 기관이 두뇌와 적절하게 연결되기 전까지는 말을 할 수 없었는데, 이러한 의미에서 위의 주장은 분명 사실이다. "인간의 음성 기관에 의해 약간의 변경이 가해진 독특한 외침 소리는 아주 오랜 옛날에 필요했던 소박한 어휘로 사용하기에 충분했을 것이다. 이때는 새나 개, 유인원의 언어와 인간의 말 사이에 아무런 간극도, 건널 수 없는 장벽도 존재하지 않았다."[119] "경고나 호출을 위한 외침은 지시사 어근의 기원이며, 수(數), 성(性), 그리고 거리(距離) 명칭의 모태다. 오늘날 우리가 쓰는 감탄사는 사실상 정서를 담은 외침의 잔재인데, 이는 지시사와 결합하여 문장의 틀을 만들고, 상태나 동작을 나타내는 동사나 명사의 역할을 맡기도 한다. 직접적인 혹은 상징적인 모방, 그리고 외계의 소리와 대략 비슷할 따름인 의성어는 한정 어구(형용사)의 어근이 될 요소들을 제공했고, 이로부터 물건의 명칭이나 특수 동사, 그리고 이들의 파생어가 생겨났다. 비유와 은유는 촉각, 시각, 후각, 미각에 의해 식별되는 대상에 적용되면서, 또한 의성어에서 파생된 형용사를 한정하면서 어휘를 완성한다. 이어서 이성이 등장하여 활동을 개시한다. 이성은 이처럼 다루기 어려운 풍부한 요소들의 상당 부분을 배제하고, 어렴풋하면서 일반적인 의미를 이미 갖게 된 몇 가지 소리를 채택한다. 이어서 파생, 조합, 그리고 뿌리가 되는 어음(語音)인 접사를 이용하여 가장 밀접한 것에서부터 가장 소원한 것에 이르기까지 모든 수준

---

[118] Lefevre, *Race and Language*, 3.
[119] 위의 책, 27.

의 유연(類緣)성으로 서로 연관되는 어휘군(群)을 무한정 만들어낸다. 이렇게 만들어진 어휘군은 최종적으로 문법에서 품사(品詞)라는 범주로 존재하게 된다."[120] "은유는 분명 언어를 성장하게 한다. 은유를 통해 시간, 장소, 그리고 소리 관념이 서로 연계된다."[121]

138. 원시인의 방언

파라과이의 원숭이(cebus azarae)는 흥분했을 때 여섯 가지의 소리를 낸다. 이런 소리를 내면 동료들이 유사한 소리를 낸다.[122] 카리브인들(Caribs)[123]이 사는 섬에는 구분되는 두 개의 서로 다른 어휘가 있다. 그중 하나는 이야기를 주고받는 경우에 남성이 쓰는 어휘들이고, 다른 하나는 여성이 쓰는 어휘들인데, 여성이 말하는 어떤 것을 남성이 되풀이해서 말할 때는 간접화법을 사용한다. 그들의 전쟁에 관한 회의는 여성이 전혀 알아듣지 못하는 비밀 특수 용어로 진행된다.[124] 남성과 여성이 별개의 언어를 사용하는 경우는 귀쿠르족(Guycurus)[125]이나 브라질의 다른 종족들에서도 살펴볼 수 있다.[126] 아라와크족(Arawak)[127]은 남녀 사이

---

[120] Lefevre, 42.
[121] Mauthner, II, 468.
[122] Darwin, *Descent of Man*, 53.
[123] (옮긴이 주) 서인도 제도의 원주민.
[124] JAI, XXIV, 234.
[125] (옮긴이 주) 브라질의 원주민.
[126] Martius, *Ethnographie und Sprachenkunde Amerikas zumal Brasiliens*, 106.
[127] (옮긴이 주) 대(大)앤틸리스 제도와 남아메리카에 거주하는 부족 중 규모가 최대인 부족.

의 언어 차이가 단어 사용에서뿐 아니라 어형 변화에서도 나타난다.[128] 한편 두 언어가 계속적인 변화를 통해 분화되기도 한다. 예를 들어 남성의 언어에서 모음 두 개가 함께 올 경우 여성의 언어에서는 k를 그 사이에 끼운다.[129] 아라와크족에서는 오직 남성만이 사용할 수 있는 단어들과 여성만이 사용할 수 있는 단어들이 있다.[130] 우리는 관찰과 보고를 통해 알게 된 사실들을 이용해 방언의 변이들을 확인한다. 크리스천(Christian)[131]은 레이븐(Raven) 섬에 표류하여 토착민 아내와 자녀, 그리고 일부 친척과 하인과 함께 그곳에 정착한 미국 흑인의 사례를 언급하고 있다. 40년을 살아가면서 그들은 "자신들만의 새로운 특수 방언을 만들어냈다. 예컨대 그들은 더 부드러운 모음을 개구음(開口音)[132]으로 발음하여 본래의 포나페이아어(ponapeian)[133]에서 t로 발음하는 것을 th 또는 f로 바꾸어서 발음했다."[134] 마르티우스(Martius)는 함께 자란 브라질 토착민 선원들에게 각자 약간의 발음상의 특징이 있었다고 설명하고 있다. 고립되어 살아갈 경우 그와 같은 차이로 인해 하나의 방언이 만들어지게 될 것이다. 기독교 성직자들은 투피(Tupi)[135] 언어를 채용해서 이를 그랑 파라(Gram Para) 지방의 일반어로 만들었다. 이는 1757년까지 설교단에서 사용되었고, 오늘날에는 지역 내의 의사소통에 필요한 것으

---

[128] 위의 책, 704.
[129] Ehrenreich, *Berlin Museum* (1891), II, 9.
[130] Schomburgk, *Britisch Guiana in 1840~1844*, I, 227.
[131] (옮긴이 주) Frederick William Christian(1867~1934). 영국의 여행가이자 폴리네시아 언어 사전편찬자였다. *The Caroline Islands: Travel in the Sea of the Little Lands*(캐롤라인 제도: 작은 섬들의 바다 여행)의 저자.
[132] (옮긴이 주) 모음을 발음할 때 입술은 움직이지 아니하고 입만 벌리고 내는 소리.
[133] (옮긴이 주) 캐롤라인 제도의 섬에서 토착어로 사용되는 미크로네시아 언어.
[134] Christian, *The Caroline Islands*, 175.
[135] (옮긴이 주) 브라질의 여러 하천, 특히 아마존 근처에 사는 인디오.

로 알려져 있다.[136] 우루과이 중부 지방에 사는 가우초들(Gauchos)[137]은 거칠고 귀에 거슬리는 발음으로 스페인어를 사용한다. 그들은 y와 ll을 프랑스어의 j로 바꾸어 발음한다.[138] 휘트니(Whitney)와 와이츠(Waitz)는 아메리카의 모든 언어가 하나의 출발점에서 탄생했다고 생각했다. 반면 파웰(Powell)은 이들이 "기원이 같지 않은, 별개의 어족에 속하는 여러 언어였다"[139]라고 생각했다. 하지만 "아메리카 호수들의 이름을 지은 원주민과 기원이 동일한 원주민들이 유사 이전 남아메리카 여러 지역의 명칭도 지었다"[140]는 증거가 제시되고 있다. 핀란드인과 사모예드인(Samoyeds)[141]은 언어의 견지에서는 사실상 동일한 인종이다. 이 두 언어는 우랄 알타이어 교착화 과정에서 탄생한 언어 중 가장 높은 발달 단계를 보여주고 있다.[142]

139. 언어에 대한 취사선택

언어에 대한 취사선택 방법 역시 혼란스럽다. 킨(Keane)[143]은 한 언어를 버리고 다른 언어를 채택한 민족의 목록을 제시하고 있다. 그는 체형이 변했어도 동일한 언어를 그대로 유지하는 민족의 목록을 제시하

---

[136] Spix and Martius, *Reise in Brasilien*, 927.
[137] (옮긴이 주) 남아메리카의 에스파냐인・포르투갈인과 인디언의 혼혈인 카우보이를 말한다.
[138] JAI, XI, 41.
[139] *Bureau of Ethnology*, VII, 44.
[140] PSM, XLIV, 81.
[141] (옮긴이 주) 중앙 시베리아의 몽골족.
[142] JAI, XXIV, 393.
[143] *Ethnology*, 202.

고 있기도 하다. 홀럽(Holub)[144]은 마코롤로족(Makololo)[145]에 대해 언급한다. 그들은 거의 완전히 사라졌지만 그들의 언어는 그들을 정복한 사람들에게 전달되었다. 정복자들은 자신들의 통치권이 확대되면서 잠베지(Zambesi)강 남부 사람들과 매우 밀접하게 교류를 하게 되었는데, 이때 그들의 언어가 필요하게 되었다. 이러한 사실은 "지배자가 의도적으로 개입하지 않아도, 평범하고 쉽게 이해할 수 있는 언어가 반드시 필요하다."는 점을 시사한다. 뉴기니(New Guinea)의 거의 모든 부락은 자신들만의 고유한 언어를 가지고 있다. 이에 따라 뉴브리튼(New Britain)인들은 30마일 거리에 떨어져 사는 사람들끼리도 서로 이해하지 못한다는 말이 있다.[146]

140. 말레이어가 뒤섞인 영어 방언

독일인은 '말레이어가 뒤섞인 영어(Pigeon) 방언' 혹은 말레이 연안에서 네덜란드인이 쓰는 것과 같은 방언이 없었다. 그런데 그들이 어느 순간 이것이 원주민과의 거래에서 불리하게 작용한다는 사실을 알아차렸다.[147] 발트 지역에서는 모든 단어를 재미 삼아 동일한 방식으로 변형하여 만든 농민의 방언에 관한 수많은 사례가 보고되고 있다.[148] 우리 아이들도 흔히 영어에 이처럼 변형을 가하여 은어를 만든다.

---

[144] *Sieben Jahre in Süd-Afrika, 1872~1879*, II, 173.
[145] (옮긴이 주) 남아프리카의 소소(Sotho)인.
[146] Ratzel, *Völkerkunde*, II, 230.
[147] Krieger, *New Guinea*, 208.
[148] *Am Urquell*, II, 22, 48.

141. 언어가 성장하는 방법

 이러한 사례들에서 우리가 품을 수 있는 의문은 다음과 같다. '인간이 오직 유인원이나 원숭이가 사용하는 소리를 이용해 협력을 위한 노력에 동참했다고 가정해보자. 이 경우 인간 자신의 이해 관심을 충족하기 위한 요구가 오늘날 우리가 알고 있는 것과 같은 언어의 발전을 추동하리라 말할 수 있을까?' 고립어,[149] 교착어,[150] 통합어[151] 그리고 굴절어[152]들은 그러한 언어가 구현하고 가르치는 논리적 과정의 편리함과 정확성이라는 기준을 바탕으로 하나의 계통 내 어느 곳에 배치할 수가 있다. 여러 셈어는 분명 인도-유럽계의 언어와는 다른 논리를 가르친다. 셈어 각각의 커다란 어족(語族)들 내에는 서로 다른 사고방식이 스며들어 있다. 이들은 사상이나 사고방식의 여러 단계를 나타낸다. 이는 어떻게 습속이 만들어지고 쇠퇴하는가를 너무나도 잘 보여주는 사례 중 하나다. 말과 어형의 교착이 이루어지는 과정은 마치 건실한 건축이 이루어지는 과정처럼 보인다. 하지만 반복해서 말하건대, 과정이 마냥 앞으로 나아가기만 하는 것은 아니다. "교착어에서 말(speech)은 비유하자면 일종의 딸기 잼이다. 굴절어에서는 각각의 단어가 장비를 갖추고 자신의 위치를 지키는 병사다."[153] 아기의 '옹얼거림(gooing)'은 한창 만

---

[149] (옮긴이 주) 언어를 형태론적 특징에서 볼 때, 어형 변화나 접사 따위가 없고, 그 실현 위치에 의하여 단어가 문장 속에서 가지는 여러 가지 관계가 결정되는 언어.

[150] (옮긴이 주) 실질적인 의미를 가진 단어 또는 어간에 문법적인 기능을 가진 요소가 차례로 결합함으로써 문장 속에서의 문법적인 역할이나 관계의 차이를 나타내는 언어.

[151] (옮긴이 주) 여러 방언의 특징을 결합하여 만든 인공적 언어.

[152] (옮긴이 주) 어형과 어미의 변화로 단어가 문장 속에서 가지는 여러 가지 관계를 나타내는 언어를 말한다.

개한 시적(詩的) 능력의 한 사례를 보여준다. 개인들 간에는 아주 미소한 음성 기관 형태상의 차이가 있는데, 이로 인해 우연히 발음상의 실수가 발생한다. 이러한 경우가 언어 발전에 기여할 수 있는데, 이는 한 개인이 언어 발전에 기여한 경우에 해당한다. 가족들이나 친구들이 재미 삼아 배우지만, 더는 멀리 퍼지지 않는 아기들의 말, 혹은 개인의 잘못된 발음은 어떻게 방언이 성장하는지를 보여준다. "애초에 정확하지 못했던 말이 언어의 변화를 가져온다. 이와 같은 변화는 영어를 구사하는 사람 중에서 정확하게 이야기하는 것에 별다른 신경을 쓰지 않는 수많은 사람의 영향력을 적절히 보여준다. 그들의 커다란 실수가 결국 언어의 표준으로 자리 잡는 것이다."[154] 비유(analogy)에서는 유사한 것들이 하나의 용어에 포섭된다. 은유(metaphor)에서는 유사한 듯하지만 사실상 그렇지 않을 수 있는 두 개 혹은 그 이상의 것들이 하나로 묶여 하나의 용어에 포섭된다. 언어에서의 이와 같은 변화 양태는 모두 언어에 미치는 개인들의 역할을 적절히 보여준다. 간혹 영향이 집단으로 확장되는 경우가 있고, 일시적으로 영향을 미치다가 다시 거부되기도 한다. 또한 이러한 영향이 대세가 되어 넓은 지역 사람들의 발음이나 사용 방법을 물들이고, 언어 가운데 정착되는 경우가 있는데, 이때 그 영향은 취향이나 습관의 흐름과 함께 가기도 한다. 이 모든 것이 부정적인 측면에서도 마찬가지로 진행되는데, 이렇게 말하는 이유는 단어,

---

[153] Schultze, *Psychologie der Naturvölker*, 93.
 (옮긴이 주) 교착어는 어근에 어미가 결합되거나 체언에 조사가 결합되는 것이 마치 딸기와 설탕의 결합으로 딸기 잼이 되는 원리와 유사하고, 굴절어는 한 낱말이 여러 모습으로 변하므로(예를 들면 I-my-me처럼) 이 원리는 마치 병사가 어느 임무를 맡든 수행할 수 있는 기본을 갖추고 그 임무에 맞게 모습이 변하는 것과 유사하다는 뜻.
[154] Whitney, *Language*, 28.

억양, 목소리의 음색, 그리고 발음(느릿느릿한 콧소리의 음조)이 오래된 어법들을 축출할 수 있기 때문이다. 이렇게 보았을 때 언어는 협동과 대립이라는 이름으로 이루어지는 습속의 모든 커다란 변화를 적절히 예시해준다고 할 것이다. 은어(slang)는 이와 같은 작동 방식을 연구할 좋은 기회를 제공한다. 부유하고 행복한, 또한 낙천적이고 진보적인 사람은 수많은 은어를 만들어낼 것이다. 이는 유희의 한 사례다. 그들은 언어를 이용해 즐거움을 만끽하는 것이다. 우리가 새로운 단어나 어구를 상스럽거나 천한 것, 또는 의미 없고 어이없는 것으로 생각할 수 있다. 이에 따라 우리가 이들을 거부할 수 있다. 하지만 이들이 영원히 거부될 것인지 여부는 대중이 결정한다. 이에 대한 의견은 비공식적으로 표명된다. 심지어 가장 완고하게 순수를 표방하는 사람들마저도 오래지 않아 상황에 따라 새로운 은어를 사용할 것이다. 한 개인이 반대해도 아무 소용이 없다. 한 사람의 취향은 그가 듣는 바에 영향을 받아 결국 훼손되고 말 것이다. 우리는 습속 형성 과정의 한가운데 위치하고 있으며, 이를 가까운 곳에서 감지할 수 있다.

142. 화폐

화폐는 습속 안에서 탄생한 또 다른 원시적 고안물이다. 화폐는 보편적으로 경험되는 어떤 필요 때문에 만들어지게 된 것도, 모든 사람이 가능한 한 충족하려 노력하는 어떤 필요 때문에 만들어진 것도 아니다. 이는 어떤 다른 동기로, 다른 고안물을 개발하다가 우연히 탄생하게 된 것이다. 재산은 부적이자 전리품인 동시에 장식품인, 들고 다닐 수 있는 물건들에서 유래했다고 말할 수 있다. 이들은 축적될 수 있었으며, 이들이 권능을 가진 영(靈)의 거처로 파악된다면 몹시 갖고자 하는 선물,

또는 교환을 위한 소중한 물건으로 간주되었다. 이들은 축적물이 되었으며(그 이유는 소유주가 이를 포기하고 싶어 하지 않았기 때문이다), 개인차를 드러내는 표식의 역할을 했다.[155] '재산에 대한 애착'과 '허영심이나 종교' 사이에서 이루어지는 상호작용에 대해서는 주목해볼 필요가 있다. 남미 서북 지방의 토착민들은 오직 자신들이 필요로 하는 물건을 사는 데 필요한 만큼의 금을 강에서 캤다. 자신들이 믿는 종교 때문이다. 그들은 남는 양을 다시 강에 되돌려주었다. "그들은 우리가 실제로 필요한 양 이상으로 빌리면 강의 신이 더는 빌려주지 않을 것이라고 말한다."[156] 후대의 더욱 문명화된 사회에서는 주화가 병을 피하고 치유하기 위한 부적으로 사용되었다.[157] 그린란드의 에스키모는 금화나 은화를 주면 어이가 없다는 듯 소리 내어 웃었다. 그들은 쇠로 만든 물건을 원했는데, 이를 얻으려고 그들은 자신들이 가지고 있는 것이나 상대방이 바라는 것은 무엇이든 주었다.[158] 소노라(Sonora)의 타라우마라족(Tarahumari)[159]은 은화에 별다른 관심이 없었다. 타라우마라족 대부호는 매년 300~400부셸(bushel)[160]의 곡물을 재배한다. 그들이 키우는 소떼의 규모는 가장 큰 경우 30~40마리에 이르렀다. 일반적으로 그들은 달러(dollar)보다 면포를 선호했다.[161] "한 다야크족(Dyak)은 유통 매개체를 사용하는 것에 대한 개념이 제대로 잡혀 있지 않았다. 사람들은 그가

---

[155] Schurz, *Entstehungsgeschichte des Geldes*, *Deutsche Geographische Blätter*, XX, 22.
[156] JAI, XIII, 245.
[157] JASB, I, 390.
[158] *American Anthropologist*, IX, 192.
[159] (옮긴이 주) 북서부 멕시코에 살던 아메리카 원주민. 장거리 달리기 능력으로 잘 알려져 있다.
[160] (옮긴이 주) 곡물이나 과일의 중량 단위로 8갤런에 해당하는 양.
[161] *Scribner's Magazine*, 1894년 9월, 298.

공 모양의 벌 밀랍을 손에 들고 여러 날 동안 이를 팔려고 시장을 배회하는 모습을 볼 수 있었다. 그가 이렇게 배회한 이유는 자신이 꼭 바라는 물건과 이를 교환하고자 하는 사람을 찾을 수가 없었기 때문이다."[162] 금을 가지고 있으면서 물물교환의 방식으로 생계를 이어가는 사람들이 있다. 시암(Siam)[163] 북쪽의 라오족(Laos)이 그들이다. 그들은 저울을 이용해 곡물 종자와 금 무게의 균형을 맞추어 물물교환을 한다.[164] 대영 박물관(진열대 F, 아일랜드)에 가면 방호(防護)를 위해 의복에 꿰매어졌거나, 돈으로 사용되었을 법한, 혹은 두 가지 모두를 위한 것일 수도 있는 청동 고리를 볼 수 있을 것이다. 페르시아만에서 스리랑카에 이르는 힌두스탄(Hindostan) 서해 연안에 사는 주민들은 자신들의 가장 중요한 도구인 낚싯바늘을 통화로 사용했다. 이는 결국 퇴물이 되어버렸고, 은이나 청동으로 된 이중 철사가 그 자리를 대신했다. 만약 이와 같은 과정이 계속 진행된다면 마침내 통화로서의 금속 덩어리가 나타나게 될 것이다. 마치 은고리를 둘로 나눔으로써 시암의 은화가 탄생했듯이 말이다.[165] 관습이나 관례의 역할은 마케도니아(Macedonian)[166]에서의 주화 사용 방식이 영국에서 어떻게 변했는지를 보면 잘 드러난다. 마케도니아 필리포스(Philip) 주화의 앞면에는 화환으로 장식된 머리가, 뒷면에는 두 마리 말을 끄는 마차의 마부가 새겨져 있다. 영국에서 이와 같은 동전은 가치의 징표가 되었고, 군주와의 관련성을 상실했다. 우리는 동전에 새겨진 그림의 여러 부분이 순차적으로 제거되는 모습을 통

---

[162] Ling Roth, *Natives of Sarawak and British North Borneo*, II, 231.
[163] (옮긴이 주) 고대 태국의 이름.
[164] Ridgeway, *Origin of Currency and Weight Standards*, 166.
[165] Ridgeway, 27.
[166] (옮긴이 주) 발칸반도 중부의 그리스, 불가리아, 유고슬라비아 3개국에 걸쳐 있는 지역의 명칭.

해 왕들의 재임 순서를 파악할 수 있다. 동전에는 결국 화환만이 남았고, 수직으로 그은 네 개의 획과 두 개의 원으로 말의 다리와 두 개의 마차 바퀴를 대체했다. 처음에는 동전의 변화가 각각 화폐 가치의 변화를 표시했는데, 나중에는 주조(鑄造)의 수고를 덜기 위해 이러한 변화가 이루어졌다.[167] 팔라우(Palau) 제도[168]에는 크기에 따라 결정되는 7등급의 화폐가 있었다. 1등급 화폐 중에서 지금까지 남아 있는 것은 오직 3~4 개밖에 없다. 2등급 화폐는 벽옥(碧玉, jasper)[169]으로 만들어졌다. 3등급은 원통형의 마노(瑪瑙, agate)[170]로 만들어진 것이었다. 이들 세 개 등급의 화폐는 오직 귀족만이 사용했다. 이 세 등급은 우리가 보석에 부여하는 정도의 가치를 지니고 있었다. 이 섬 사람들은 지위가 낮은 생명이 지위가 높은 생명을 섬기는, 신성한 생명이 사는 섬에서 화폐가 왔다고 생각하고 있다. 팔라우 제도에는 화폐가 도입되는 것과 관련한 신화가 있다.[171] 이러한 사례들은 화폐를 둘러싸고 '가치'라는 관념 외에 매우 광범한 범위의 다른 관념들이 작동하고 있음을 보여준다.

143. 집단 간의 화폐와 집단 내의 화폐

화폐가 물물교환의 어려움을 극복하기 위해 사용되려면 두 가지가

---

[167] Evans, *Ancient British Coins*.
[168] (옮긴이 주) 태평양 서부의 팔라우 제도로 이루어진 공화국.
[169] (옮긴이 주) 산화철로 된 불순물을 함유한 불투명한 석영.
[170] (옮긴이 주) 석영, 단백석(蛋白石), 옥수(玉髓)의 혼합물. 광택이 있고 때때로 다른 광물질이 스며들어 고운 적갈색이나 흰색 무늬를 띠기도 한다. 아름다운 것은 보석이나 장식품으로 쓰고, 그 외에는 세공물이나 조각의 재료로 쓴다.
[171] Semper, *Die Palau Inseln*, 61.

구분되어야 한다. 그 두 가지란 집단 간의 활용과 집단 안에서의 활용이다. 대체로 이는 공간 관계(space relation)를 기준으로 한 구분이다. 집단 내 사용은 이곳, 가까운 자기 집단 안에서 사용하는 것을 말한다. 이에 반해 집단 간의 사용은 우리 집단과 어떤 외부 집단 간에 사용하는 것을 말한다. 우리는 모든 화폐 문제에 이 두 경우가 모두 포함되어 있음을 확인할 수 있다. "적어도 우리는 현대 경제학자들이 일반적으로 받아들이는 자연 경제에서 화폐 경제로, 화폐 경제에서 신용 경제로 이어지는 것에 대한 상식이 현실 문제를 다루는 데 전혀 적절하지 않다는 사실을 알게 될 것이다."[172] 확실히 말할 수 있는 것은 화폐 경제에서 물품에 대한 화폐, 화폐에 대한 물품의 일정한 교환이 있고, 또한 있을 수 있다는 사실이 발견된다는 점이며, 이로 인해 손익이 발생할 수 있다는 점이다. 이와 더불어 시간이 흐르면 이러한 교환의 위험성(우연적 요소)이 증대한다는 사실도 확인할 수 있다. 우리 집단(we-group) 내에서 최초로 화폐가 필요하게 된 이유는 보수를 주거나 부담금이나 벌금을 부과해야 했기 때문이며, 또한 신붓값[173]을 치러야 했기 때문이었다. 멜라네시아에는 조개, 깃털, 돗자리 화폐가 있었고, 돼지는 화폐로 간주되지 않았다. 그럼에도 돼지는 부담금, 벌금, 제례를 위한 기부, 비밀결사의 회비, 신붓값 지불, 그리고 그 외 다른 사회적 교류를 위해 사용되었다. 필요한 것은 사회적으로 응당 치러야 할 대가를 지불할 때 활용할 수 있는 유동적 형태의 부(富)였다. 이는 지폐 고안자들이 국가가 세금으로 징수할 수 있는 지폐의 발행을 제안할 때 염두에 두는 기능이다. 말할 것도 없이 이러한 기능은 유통 수단으로서의 화폐가 갖는 경

---

[172] Schurz, 3.
[173] (옮긴이 주) 신부의 보호자에게 주는 금전 혹은 다른 물건.

제적 기능과 구분되어야 한다. 집단 내 화폐는 다른 무엇보다도 가치의 척도와 축적일 필요가 있는 반면, 집단 간 화폐는 교환의 수단일 필요가 있다. 집단 내 화폐를 통해서는 교역이 용이해진다. 반면 집단 간 화폐를 통해서는 교역이 상시화된다. 이 중 전자의 경우에는 다수의 기준이 활용될 수 있음에 반해, 후자의 경우 균형을 맞춰 교환을 하는 데 필요한 것은 누구나 필요로 하는 일용품이다. 신용 거래가 도입된다면, 이는 오직 집단 내에서만 통용된다. 채무자는 화폐가 누구나 획득할 수 있는 것이길 바라고, 채권자는 화폐가 누구나 원하는 것이길 바란다.

144. 여러 지배적인 화폐 대용품들(predominant wares)

아프리카 북동부 첨봉(尖峰, horn)에서는 소금, 금속, 가죽, 면, 유리, 담배, 왁스, 커피, 그리고 코라리마(korarima)[174]가 화폐로 사용되는 가치 단위다. 오로모족(Oromo)[175]은 간혹 가축이나 노예를 가치의 단위로 사용하며, 높이 22cm, 바닥 가로세로가 5mm~3cm, 무게가 750g~1.5kg인 각기둥 모양으로 만들어놓은 소금을 화폐로 사용한다. 그들은 이를 20~30개 조각의 묶음으로 만들어 나뭇잎에 싸서 운반한다.[176] 갈라족(Galla)[177]은 6~12cm 길이의 철봉을 사용한다. 이는 중간이 약간 두껍고,

---

[174] (옮긴이 주) 생강과 식물 씨앗을 말린 향신료.
[175] (옮긴이 주) 에티오피아 및 케냐의 유목민족.
[176] Paulitschke, *Ethnographie Nordost Afrikas*, I, 317; Vanutelli e Citerni, *L'Omo*, 463.
[177] (옮긴이 주) 또 다른 에티오피아 및 케냐의 유목민족.

찌르는 데 적절히 활용할 수 있다. 쇼아(Schoa)에서는 이러한 철봉 130개가 1탈러의 가치가 있다. 이외에 동(銅), 주석, 아연과 송아지 가죽, 먹, 날염을 했거나 하지 않은 면포, 직물, 거친 붉은색 면사(뜨개질을 위한), 그리고 유리 염주가 화폐로 사용되기도 한다. 일반적으로 사용되는 집단 간 화폐는 571.5~576그레인(english grains)[178] 무게의 마리아 테레지아 탈러(thaler)[179]다.[180] 캐머런(Cameron)은 탕가니카(Tanganyika) 호수[181] 동쪽 연안에서 열린 카윌(Kawile) 시장에서의 집단 내 화폐와 집단 간 화폐 교환 장면을 언급하고 있다. 시장이 열리면 화폐 교환인은 그 지방 화폐인 유리 관옥 염주를 사람들에게 제공하고, 시장이 종료되면 이를 다시 걷어갔다.[182] 프랑스령 콩고에서는 뱃사공에게 종이 교환권(bons)을 대가로 지불했으나 1887년에 이르러 이것이 금속 교환권으로 대체되었다. 수령자가 그 교환권을 교역소에 갖다주면 그는 우선 다수의 못, 구슬, 그리고 그 외 여러 물품을 제공받는다. 그는 이를 자신이 원하는 물품과 교환할 수 있다. 프랑스빌(Franceville)[183]에서는 동(銅)으로 만들어진 대용화폐가 발행되었다. 화폐에는 여러 모양과 크기로 'F'가 찍혀 있다. 반면 동일한 가치를 갖는 프랑스 화폐에는 항상 동일한 모양과 크기의 F가 찍혀 있다.[184] 서부 아프리카의 그랜드 바삼(Grand Bassam)에서

---

[178] (옮긴이 주) 야드파운드법에 의한 무게의 단위. 1그레인은 약 0.0648g에 해당한다.
[179] (옮긴이 주) 마리아 테레지아 탈러: 오스트리아의 옛 은화. 1740~1780년에 걸쳐서 발행되어 에티오피아나 동방 여러 국가와의 무역에서 쓰이던 것, 또는 그것을 모조한 것.
[180] Paulitschke, I, 318, 320.
[181] (옮긴이 주) 자이르 동부에 위치한 호수.
[182] *Across Africa*, 176.
[183] (옮긴이 주) 아프리카 가봉의 4대 도시 중의 하나.
[184] Zay, *Histoire Monétaire des Colonies Françaises*, 249.

는 마닐라 팔찌(Manilla)가 화폐로 사용된다. 원주민들은 망치로 내리치면 노예의 팔이나 다리를 단단히 조일 수 있는, 동, 납, 아연, 안티몬, 철이 혼합된 금속 팔찌에 기름을 6개월 동안 바른다. 이어서 그들은 팔찌를 자신들이 원하는 유럽의 물품과 6개월에 걸쳐 교환한다.[185] 흑인들은 이러한 팔찌를 보유하는 것을 부의 축적이라고 생각했다.[186] 크루족(Kru)[187]은 얼마 되지 않는 소를 보유하고 있는데, 그들은 신부를 데려오려 할 때 소들에 대한 소유권을 신부를 판 사람에게 넘긴다. 그 어떤 남성도 딸이 성장할 때까지는 아내와 소를 동시에 소유하기가 불가능하다.[188] 17세기부터 상아 해안과 황금 해안에서는 원통형 (유리 관옥) 녹청 구슬이 화폐로 사용되어 왔다. 이들은 보카보(Bokabo) 산맥[189]의 고대 묘지에서도 발견되며, 원래 이집트에서 온 것이다. 이 구슬은 사자(死者)와 함께 매장되었다.[190] 돌로 만든 지역 화폐는 에벨랜드(Ehveland)의 애브팀(Avetime)에서도 보고되고 있다. 이는 장식품으로 사용되어온 것으로 알려져 있다. 마찰력을 이용해 매끄럽게 문지른, 지름 4~5cm, 두께 1.5~2cm의 수정과 사암 조각이 발견되었다. 이는 대략 사각형을 이루고 있었지만 모서리가 훼손되어 있었다.[191]

---

[185] 위의 책, 246.
[186] Kingsley, *West African Studies*, 82.
[187] (옮긴이 주) 아프리카 라이베리아 해안의 흑인 종족.
[188] Schurz, *Entstehungsgeschichte des Geldes, Deutsche Geographische Blätter*, XX, 14.
[189] (옮긴이 주) 코트디부아르에 있는 산맥.
[190] *Anthropologie* (1900), XI, 677, 680.
[191] *Globus*, LXXXI, 12.

145. 재산에서 유래된 집단 내 화폐와 거래에서 유래된 집단 간 화폐

이상에서 살펴본 사례들은 집단 내 화폐와 집단 간 화폐가 구분됨을 보여주고 있다. 거래의 결과로 하나 혹은 그 이상의 지배적 화폐 대용품이 발달하게 되었다. 집단 내의 교환에서 이러한 화폐 대용품은 개인들이 매우 사용하고 싶어 하는 물건이다. 이는 부적 장식품일 수 있고, 예컨대 소처럼 생존을 위한 투쟁에서 매우 유용한 것일 수도 있으며, 그것으로 무엇이든 획득할 수 있는, 어디에서건 받아들이는 물건일 수도 있다. 집단 간 거래에서는 이러한 화폐 대용품이 주요한 수출 품목, 즉 소금, 금속, 모피 등이다. 거래는 이와 같은 물품들을 얻기 위해 이루어진다. 이러한 물품이 쉽게 나눌 수 없는 것이라면 교환을 위해 추가적으로 제공되는(to boot) 물건, 예컨대 담배, 설탕, 아편, 차, 구장(灸醬, betel)[192] 등이 화폐로 활용된다.[193] 이는 '통용' 화폐가 될 것이다. 여기서 통용됨이란 강제적으로 통용될 수 있음('법정 화폐')을 의미하는 것이 아니라, 강제하지 않아도 통용됨을 의미한다. 부적 장식품은 널리 확산되지 못하고 일시적인 유행에 그칠 수 있고, 이와 같은 것 중 어떤 것이 유행하게 되어 그것이 종족의 징표로 자리 잡을 수도 있다. 후자와 같은 경우가 발생하게 되면 이것이 집단 내에서 통용되는 화폐로 자리 잡게 된다. 왜냐하면 누구나 이를 원하기 때문이다. 이러한 물품들은 축적될 수 있고, 이를 이용해 허세를 부리는 것이 새로운 즐거움이 된다. 이들은 변화를 겪을 수도, 다양해질 수도 있다. 이들은 (망령을 만족

---

[192] (옮긴이 주) 높이가 1m 정도인 후춧과의 풀.
[193] Schurz, *Entstehungsgeschichte des Geldes*, 38.

하게 하고, 비를 내리게 하고, 질병을 막기 위해) 주술사에게 주는 선물로 활용될 수도 있다. 이들은 아내를 사기 위해, 남성들의 비밀 결사에서 지위를 사기 위해, 또는 추장에게 벌금이나 과료를 내기 위해 쓰인다. 화폐 대용품은 정서적으로 가장 저항이 적은 방향으로 분화가 이루어지면서 이에 대한 수요가 더욱 확대된다. 지배적인 화폐 대용품이 죽은 사람과의 관계에 바탕을 둔 금기 덕에 그 지위를 유지하는 경우도 흔하다.[194] 한편 희귀하고 쉽게 얻기 어려운 것이 집단 내의 화폐가 될 수 있다. 피지(Fiji) 제도에서는 향유고래의 이빨이 가치의 척도로, 또한 평화의 징표로 간주되고 있다. 독일령 뉴기니에서는 멧돼지의 굽은 엄니가 화폐로 사용된다. 캘리포니아에서는 홍관조(red bird)[195]의 머리가 마찬가지 용도로 활용된다. 전리품으로서의 새나 짐승의 머리는 축재 대상이 되며, 이웃과의 거래에 활용되는 화폐로 사용되기도 한다.[196] 최초의 거래 단계에서는 지배적인 화폐 대용품들이 제3의 기준(준거)으로 사용되어 물물교환이 이루어지는 듯하다. 집단 간의 거래에서는 오늘날의 금이 그러하듯 물품이 사실상 화폐로 사용되며, 그러한 관행이 계속 이어진다. 그러나 상호 간의 이해가 개선됨에 따라 집단들이 확대되고, 집단 화폐는 아주 넓은 범위에 이르기까지 통용되게 된다. 결과적으로 집단 간의 거래에서는 서로 간의 관계가 얼마 있지 않아 형식적이면서 기계적인 것으로 전환된다. 어떤 물품이 이러한 목적에 가장 잘 부합되는가는 유동적이다. 어떤 것은 가치의 축적으로, 다른 것은 권력의 수단으로, 또 다른 것은 가치 측정 도구로 적절하게 활용된다. 이 중에서 가장 마지막 유형이 화폐로 되어 가는 과정에 있는 물품이

---

[194] 위의 책, 25.
[195] (옮긴이 주) 수컷의 깃털이 선홍색인 북미산 새.
[196] Schurz, 22.

다. 그 외의 유형은 보석에 더 가깝다. 이와 같은 방식으로 재산에서 집단 내 화폐가, 거래에서 집단 간의 화폐가 탄생한다.

146. 조개껍데기와 구슬

조개껍데기는 화폐로 이용하기에 매우 편리했으며, 그 가치는 망령이 그 안에 살고 있다고 추정됨으로써 높아졌다. 과거에는 개오지 조개껍데기가 화폐로 사용되었는데, 2200개의 개오지 조개껍데기가 1프랑 값어치를 가졌다.[197] 오늘날 이는 통화로서의 기능을 잃어가고 있다. 페르난도 포(Fernando Po)[198]에서는 아카텍토니아(achatectonia) 조개껍데기 조각이 띠 모양으로 만들어져 통화로 사용되었다.[199] 바다 고둥 껍데기는 훨씬 사용되는 지역이 적었는데, 이는 트란스발(Transvaal)[200] 북쪽에서 사용되었다.[201] 조개껍데기를 사용한 다른 사례에 대해서는 아래에서 언급할 것이다. '토베(tobe)'로 불리는 7엘(ells)[202]의 면포 옷본(本)(dress pattern)은 수단 전역에서 기준이 되는 화폐 단위다.[203] 동일 지역에서 화폐로 사용되는 또 다른 것은 철제 쟁기며, 중부 적도 주(Equatoria)의 하급 지배자는 이를 공물로 받는다. 쟁기는 그 지역에서 생산되는 철로 제작되며, 벌초를 할 때 사용한다.[204] 니암니암(Niam Niam)족의 영토를 통과하는 원

---

[197] Foureau, *D'Alger au Congo*, 539.
[198] (옮긴이 주) 아프리카 서해안, 비아프라만(灣)에 있는 섬.
[199] Kingsley, *Travels in West Africa*, 59.
[200] (옮긴이 주) 남아프리카 공화국 북동부의 주. 세계 제1의 금 산지.
[201] *Globus*, LXXVIII, 203; 위의 책, LXXXII, 243.
[202] (옮긴이 주) 과거 직물 길이를 나타내던 단위. 약 115센티미터.
[203] Peel, *Somaliland*, 102.

정길에는 항상 대장장이가 동행한다. 대장장이가 하는 일은 구리나 철선(鐵線)으로 정사각형으로 된 부분이 포함된 고리를 만드는 것이다. 이는 소량의 물건을 구입하는 데 사용된다.[205] 구슬 통화의 경우는 유럽에서 만든 더욱 유용한 물건이 알려지게 된 곳에서는 어디건 그 유통량이 크게 줄어들었다.[206] 창끝 모양의 것들은 신붓값을 치르는 데 사용되는데, 이를 위해서는 이러한 것 20~30개가 필요했다.[207] 폰 괴첸(von Götzen)의 훨씬 남쪽 지역에서는 15~35cm 길이의 놋쇠 철사 조각이 발견되었는데, 이는 화폐로 사용되던 것이었다. 하지만 이는 그것 자체가 문자 그대로 화폐인 물품은 아니었고, 가치 저장을 위해, 원하는 것을 사기 위해, 그리고 주변 삼림 거주자에게서 보호받는 대가로 세금을 내기 위해 사용된 실질 화폐였다.[208] 구슬이 여전히 화폐로 사용되던 과거에는 각각의 지역마다 자신들이 선호하는 크기나 형태 또는 색깔이 있었다. 여행자들은 어떤 지역의 유행이 자신들이 그에 대한 정보를 습득한 순간에는 이미 바뀌었음을 발견했다. 하지만 이는 지배 물품의 분기(分岐) 작용의 일부에 해당함이 분명하다.[209]

147. 사제 대용화폐

사제(私製) 대용화폐(Token money)는 화폐가 생겨나는 과정에서 특수하

---

[204] Junker, *Reisen in Afrika, 1875~1886*, III, 52; 위의 책, I, 341.
[205] Schweinfurth, *The Heart of Africa*, I, 502.
[206] Junker, II, 245; 위의 책, I, 295.
[207] Junker, I, 415.
[208] von Götzen, *Durch Afrika von Ost nach West*, 339.
[209] Schurz, 28; Volkens, *Kilimanjaro*, 221.

게 발달한 것으로, 별개로 다룰 필요가 있다. 만약 여러 다른 집단이 서로 다른 종류의 부적(符籍)용 장식품을 쓴다면, 집단 내에서 사용되는 그와 같은 화폐는 사제(私製) 대용화폐라고 말할 수 있을 것이다. 만약 그 집단 중 어느 하나가 다른 집단을 정복하게 되면 정복 집단은 피정복집단의 화폐 사용을 금지할 것이다(백인이 인디언들의 조개구슬 사용을 금지한 예에서 살펴볼 수 있는 것처럼). 버마(미얀마)에서는 중국에서 도박에 쓰이는 득점 계산용 칩이 화폐로 사용된다.[210] 남아메리카의 시가(市街) 전차 회사가 발행한 구타페르카(guttapercha)도 동일한 방식으로 사용되고 있다고 일컬어진다. 우리는 우표, 우유표 등을 그와 같은 용도로 사용해 왔다. 18세기에 매사추세츠주에서는 전혀 상환이 이루어지지 않는 종이쪽지가 유통되었다. 이들은 실제로는 존재하지 않았던, 하지만 '일정 순도의, 일정량의 은'이라는 뜻의 은화 이름을 가지고 있었다. 카르타고에서는 어떤 알려지지 않은 물건, 예컨대 신성한 화폐와 같은 물건을 싼 가죽 조각이 유통되었다.[211] 마찬가지로 마치 견본처럼, 피혁에서 끊어낸 가죽 조각이 그 피혁 대신 유통된 사례가 보고되고 있다. 이와 같은 고안물은 집단 내 화폐로 적절히 사용되었다. 하지만 이는 은화 대신 구리 사제(私製) 대용화폐를 쓰겠다는 시도로 이어졌고, 이로 인해 파멸적인 결과가 초래되었다.[212] 품질이 좋은 멕시코의 카카오 열매는 상품으로 사용되었다. 품질이 나쁘지만 큰 것은 화폐로 활용되었다. 그 가치는 어느 정도 가상적이었다. 이전에 보헤미아(Bohemia)[213]에서는 옷감이 화폐로 사용되었다. 엉성하게 짠 다양한 옷감

---

[210] Schurz, 17.
[211] Meltzer, *Carthage*, II, 106.
[212] Schurz, 19.
[213] (옮긴이 주) 체코의 서부지역.

이 이와 같은 목적을 위해 사용되었다. 직물로서의 옷감의 유용성과 화폐로서의 유용성은 별개였다. 아프리카의 서부해안에서는 작은 돗자리가 화폐로 사용되었다. 이는 포르투갈 정부의 소인(消印)을 받았다. 돗자리 화폐는 뉴헤브리디스(New Hebrides)[214]에서도 사용되었다. 이는 특히 중요한 비밀 결사 내에서 지위를 사기 위해 활용되었다. 돗자리는 길고 폭이 좁은 것이 좋은 평가를 받았으며, 오두막집 연기로 검게 그을린 오래된 것이 더욱 높은 평가를 받았다. 이들은 그을리는 장소로 활용되는 작은 오두막집에 보관되었다. "돗자리는 검댕이 붙어있으면 특히 고평가를 받는다."[215] 버마와 동아시아의 다른 지역에서는 부스러져 사용할 수 없는 쌀이 화폐로 사용된다.[216] 그 가치가 어느 정도 상상에 의해 주어지는 사제(私製) 대용화폐를 활용한다는 사실은 어떤 집단이 울타리를 두르고 외부와의 교역을 단절한다는 것을 의미한다. 이 경우 집단 내에서는 사제(私製) 대용화폐의 가치가 실제적이며, 상상에 의해 주어지는 것이 아니라고 말할 수 있을 것이다. 이의 가치는 가치 독점법에 의거하고, 사제 대용화폐로 사용되는 물품의 양(量)의 많고 적음에 따라 변하긴 하지만 그렇다고 양에 비례해서 변하는 것은 아니다. 쿠빌라이 칸(Kublai-Khan)[217]은 모든 금과 은을 장악하고, 지폐(紙幣)를 발행하여 사용하게 했다. 그의 제국은 너무 광대했기 때문에 모든 거래는 집단 내 거래였으며, 그의 지폐가 유통될 수 있었던 것은 그의 권력

---

[214] (옮긴이 주) 멜라네시아 중앙부 솔로몬 제도의 남쪽에 있는 오스트레일리아 북동 남태평양상의 제도.
[215] Codrington, *Melanesians*, 323.
[216] *American Anthropologist*, XI, 285.
[217] (옮긴이 주) 쿠빌라이(1215~1294)는 칭기즈칸의 손자로, 원(元) 왕조의 세조이다. 칭기즈칸이 이끄는 몽골군이 유라시아 대륙 전체를 정복했다면, 쿠빌라이는 유라시아 대륙을 효율적으로 다스리는 데 공헌을 했다.

의 영향 때문이었다.[218] 안다만족(Andamanese)은[219] 소박한 항아리를 만들어 물물교환의 수단으로 사용했다.[220] 그들은 거의 거래를 하지 않았으며, 서로 간에 선물을 만들어주는 단계에 놓여 있었다.[221] 사제(私製) 대용화폐는 집단 화폐의 특수성을 잘못 이해한 데 따른 습속 일탈의 한 사례다. 이러한 화폐는 보조 역할을 하는 은화를 대신해 유용하게 사용되기도 했다.

148. 지배 물품의 선택

크로퍼드(Crawfurd)는 인도 군도에 관한 자신의 역사서에서 그곳에서 사용되는 각기 다른 수많은 품목의 화폐를 언급하고 있다. 예컨대 밀랍 덩어리, 소금, 금가루, 가축 그리고 주석 등이 그것이다.[222] 주석으로 만든 동전은 가운데 구멍이 있는, 작고 얇은 울퉁불퉁한 동전이고, 5600개가 1달러의 가치를 갖는다. 자바섬의 불교도 군주에게서 전해 내려온 놋쇠 동전은 지금도 살펴볼 수 있다. 이슬람 군주들은 이와는 다른 놋쇠 동전을 도입했다. 오스트리아 빈 박물관에는 구리로 만든 고리가 있는데, 이는 또 다른 형태의 화폐다. 이는 섬유질 주머니에 들어있으며, 원형(圓形)으로 묶여 있다. 지배 물품이 선택되는 과정은 링 로스(Ling Roth)가 서술하는 바와 같은 사례에서 살펴볼 수 있다.[223] 1857년 로우

---

[218] Marco Polo, II, 18.
[219] (옮긴이 주) 벵골만 남동쪽에 위치한 안다만(Andaman) 제도의 원주민들.
[220] JAI, XII, 373.
[221] 위의 책, 339.
[222] *Indian Archipelago*, 280.

(Low)가 키아우(Kiau)²²⁴에 있을 때의 이야기인데, 사람들은 구슬과 놋쇠 철사를 갖고자 했다. 수년 후 다른 사람들이 그곳에 갔을 때도 그곳 사람들은 모두 놋쇠 철사에 온통 마음이 쏠려 있었다. 이때 영국인들이 그곳 사람들에게 "음식과 서비스를 받은 대가로, 합당한 비율의 적지 않은 직물을 나누어주었다." 1858년 영국인들은 그곳 사람들이 심지어 놋쇠 철사마저도 매우 큰 것이 아니라면 별다른 가치를 인정하지 않았고, 그러면서 직물을 매우 갖고 싶어한다는 사실을 확인할 수 있었다.

어떤 것이 지배 물품인지의 여부를 가려내는 데 도움이 되는 사실은 오직 그러한 물품만이 사람들을 화해시킬 수 있고, 보상으로 사용될 수 있으며, 다툼을 가라앉힐 수 있고, 포로의 몸값이 될 수 있다는 것이다. 다양한 물품이 그와 같은 권세를 얻을 수 있는 것은 오랜 역사와 선조의 후광 등의 영향 때문인데, 이 때문에 그러한 물품을 소유하면 그 소유자는 권위와 사회적 명망을 얻을 수 있다. 이러한 물품으로는 보르네오의 도자기 항아리, 버마의 청동북, 동인도 제도의 청동대포를 들 수 있다. 아프리카의 많은 추장은 사회적 명성을 얻기 위해 상아를 축적해 두었는데, 이는 백인이 아프리카에 들어와 세계 교역에서 상아에 가치를 부여하기 훨씬 이전부터 그랬다.²²⁵

149. 멜라네시아의 돌 화폐

이번에는 조개껍데기와 돌 화폐가 매우 두드러진 발전을 이룬, 여타

---

²²³ *Natives of Sarawak and British North Borneo*, II, 234.
²²⁴ (옮긴이 주) 말레이시아 키나발루에서 90km 떨어진 곳에 있는 지역.
²²⁵ Schurz, 13.

의 멜라네시아 문명과는 상당히 맥을 달리하는 멜라네시아 일부 지역에 관심을 돌려보자. 솔로몬 제도에는 작은 모래 언덕에 살면서 어업과 조개껍데기 구슬 화폐 제조에만 종사하는 공동 사회가 있다.[226] 뉴브리튼(New Britain)[227]에서는 조개껍데기 화폐에 구멍을 뚫고 페텀 길이의 실을 꿰매 디바라(divarra)를 만들었다. 한 페텀 길이의 조개껍데기 화폐는 영국 화폐 2실링의 값어치가 있는데, 230페텀을 함께 둘둘 감아올리면 구명대처럼 보인다.[228] 북서 솔로몬 제도에서는 두 종의 동물 치아를 통화로 사용한다. 그중 하나는 피먹이박쥐 종의 치아고, 나머지 하나는 돌고래 종의 치아다. 각각의 치아에는 뿌리에 구멍이 뚫려 있고, 가느다란 끈이 꿰여 있다. 이 사람들은 지름 5mm, 두께 1~1.5mm의 작은 평원반형 조개도 사용한다.[229] 뉴브리튼의 조개껍데기 화폐는 사람들의 삶에 커다란 영향을 미친다. 이는 전쟁(목숨의 희생과 부상에 대한 보상이 모두 이루어져야 하는)으로 인한 폐해와 불행을 최소화한다. 이로 인해 재산권이 확립되고, 사람들이 검소하고 부지런해지며, 상업적 인간이 된다. 물론 이로 인해 그들이 이기적이 되고 배은망덕해질 수도 있다. "그 영향력은 심지어 다음 세대에까지 미칠 수 있다. 삶과 연결되거나 죽음과 연결되는 관습 중 이 화폐가 커다란, 그리고 주요한 역할을 하지 않는 경우는 없다. … 그들의 화폐를 빼앗아 버리면 그들의 비밀 결사는 단숨에 사라져 버릴 것이며, 대부분의 관습 또한 무(無)로 전락해버릴 것이다."[230] 선교사들은 이러한 화폐가 좋건 나쁘건 상업주

---

[226] Woodford, *Naturalist amongst Head-Hunters*, 16.
[227] (옮긴이 주) 남태평양 비스마르크 제도에서 가장 큰 섬.
[228] Cayley-Webster, *New Guinea and Cannibal Countries*, 93.
[229] Parkinson, *Die Ethnographie der nordwestlichen Salomo Inseln*, 22.
[230] JAI, XVII, 314, 316.

의를 자극한다고 뚜렷하게 증언하고 있다. 화폐로 사용되는 것으로 알려져 있는 깃털 고리도 뉴헤브리디스와 산타크루즈(Santa Cruz)[231]에서 보고되고 있다. 깃털은 수지(樹脂)(resin)[232]로 고리의 바깥쪽에 붙이고, 그 안쪽에는 재산을 보호하기 위한 부적을 붙인다. 이러한 화폐는 매우 드물고, 본다 하더라도 오직 소유자만이 알아볼 수 있을 것이다.[233] 이들 도서에서 상업적으로 사용되는 조개 화폐, 그리고 그 효과에 대한 우리의 정보는 매우 불완전하다. 이러한 화폐는 여전히 보석의 단계에 머물러 있는 것처럼 보인다. 이는 비밀 결사에서 지위를 사기 위해 활용된다. 이러한 비밀 결사에서 지위를 얻으려면 돼지와 화폐가 필요하다. 그러한 지위는 사회적 중요도를 나타내며, 다른 권력 형태와 마찬가지로 초자연적인 것으로 간주된다. 지위는 이미 지위를 가진 사람들의 동의 과정을 거쳐야만 비로소 확보될 수 있다.[234]

150. 화폐의 금권주의적 효과

우리는 야만의 단계에서 화폐가 생존 투쟁, 적어도 식량을 구하기 위해 도입되었다고 이해해서는 안 된다. 그 당시에는 조직을 이뤄 노동을 하는 경우는 거의 없었으며, 각자 자신의 필요한 바를 생산했다. 사람들은 그다지 사치를 부리지 않았다. "그럼에도 화폐는 사람들의 생활

---

[231] (옮긴이 주) 남서 태평양 뉴헤브리디스 제도 북쪽에 산재하는 화산도군(火山島群).
[232] (옮긴이 주) 나무에서 분비되는 끈적끈적한 액체.
[233] JAI, XXVIII. 164.
[234] JAI, X, 287.

에 중요한 역할을 했다. 동물로서의 인간은 삶을 지탱하기 위해 할 일이 너무 많았다. 만약 그가 아내를 원하면, 가족을 이루길 원하면, 국가의 일원이 되고자 하면 돈이 있어야 했다."[235] 이와 같이 돈이 유통됨으로써 우리에게 익숙지 않은 현상이 나타나게 되었음은 분명하다.

솔로몬 제도 사람들은 남 팔라우(Palau) 제도에서 채취되는 커다란 아라고나이트(aragonite)[236] 돌을 중시한다. 이에 따라 그들은 허술한 배를 타고 그 돌을 채취하러 가는 커다란 위험을 무릅쓴다.[237] 그 돌조각은 우리의 숫돌 모양을 하고 있다. 이 돌조각은 남성들의 집회 장소 옆에 가지런히 놓여 있고, 추장이 이를 관리한다. 크리스천(Christian)은 얍(Yap) 섬에서 가장 부자인 두 사람의 집 토대 위에 쌓아 올려놓은 돌 화폐를 언급하고 있다. 돌 화폐 한 조각은 지름이 12피트이고, 두께가 반 피트이며, 중앙에 지름 2.5피트의 구멍이 나 있었다.[238] 1882년 오키페 (O'Keefe)라고 하는 선장이 중국 선박을 정비하여 팔라우에서 얍으로 수천 개의 돌조각을 가지고 돌아왔다. 섬사람은 모두 그에게 빚을 졌다. 오늘날 그들은 커다란 돌을 원한다. 직경 6피트의 돌은 희소하지 않다. 그런데 이와 같은 유형의 돈은 남성들의 돈이다. 여성의 돈은 실로 펜홍합 조개다. 작은 유형의 화폐를 큰 유형의 화폐로 교환하고자 할 경우에는 서열이 감안된다. 같은 서열이면서 호의를 가지고 있는 두 사람의 경우는 품위 있게 교환이 이루어진다. 이에 반해 한쪽이 다른 쪽에 비해 서열이 낮으면 서열이 높은 쪽의 선의(善意)가 요구된다. 얍 사람의 유리와 도자기 화폐는 분명 중국 혹은 일본에서 유입되었을 것이다.

---

[235] Kubary, *Der Karolinen Archipel*, 2.
[236] (옮긴이 주) 탄산칼슘으로 이루어진 탄산염 광물. 흔히 무색 또는 흰색이다.
[237] Semper, *Die Palau Inseln*, 167.
[238] Christian, *The Caroline Islands*, 259.

이는 섬의 사회 발전에 지대한 영향력을 행사했다. 다른 매우 유용한 것들, 예를 들면 황색 화약을 조제하거나 향연에 제공하는 음식물을 준비하는 데 사용되는 목제 용기는 교환의 대상으로, 혹은 싸움이 끝난 후 화해를 구하거나 교섭을 벌일 때 부족 간의 관계에 영향을 주기 위해 사용되었는데, 이는 주목할 만한 일이다.[239] 아마도 오늘날에는 집단 간의 거래에서 다량의 말린 코코넛이 교환 수단으로 활용되고 있을 것이다.[240] 쿠바리(Kubary)[241]가 들려주는 화폐 사용에 대한 이야기는 그들에게서 화폐가 제대로 유통되지 않고 있음을 시사한다. 그들에게서 화폐는 보수, 벌금, 선물, 공물 등에 사용되기 때문에 지위가 높은 사람들의 수중에 축적된다. 아르멩골(armengol)의 여성들,[242] 결혼, 그리고 공공 축제는 화폐를 재차 유통시키며, 그것이 거꾸로 흘러가는 도중에 많은 사회적 서비스가 제공된다. 이들 도서를 발판으로 이러한 화폐가 사회적 전염을 통해 다른 지역으로 확산되었다고 생각하는 것도 일리가 있다. 이러한 사실은 다른 측면에서는 석기 시대를 겨우 벗어나 있는 사람들에게도 일반적인 교환 매개물이 있음을 말해준다.[243] 커다란 아라고나이트 돌[244]의 역사와 관련된 범죄 이야기들은 지금까지 발견된 것

---

[239] Kubary, *Der Karolinen Archipel*.
[240] Christian, *The Caroline Islands*, 237.
[241] *Die Socialen Einrichtungen der Pelauer*.
[242] (옮긴이 주) 아르멩골은 지리적으로 태평양 서부와 필리핀의 남동쪽 인도네시아령 서뉴기니의 북쪽에 인접한 섬나라인 현재 팔라우 공화국에 존재하던 구역이다. 10세나 12세 사이의 소녀들은 남편을 얻지 못하면 아르멩골이라는 구역으로 가고, 이곳에 있는 바이(Baj)에서 돈을 받으며 남자 손님을 상대했다고 한다. 첫 번째 바이에서 남편을 얻지 못하면 두 번째 바이로 옮겨가고, 세 번째, 네 번째 등 남편을 찾을 때까지 계속 옮겨갔다고 한다. 팔라우섬에서 이루어지는 결혼의 3분의 4는 아르멩골 여성들의 결혼이었다고 한다.
[243] Pfeil, *Aus der Südsee*, 112.
[244] Semper, *Die Palau Inseln*, 118.

중 가장 큰 다이아몬드에 관한 이야기를 연상시킨다.

151. 북아메리카 서북부의 화폐

남미에서는 화폐의 목적으로 사용된 것은 아무것도 없었다. 페루에도 그런 것은 없었다. 만약 있었다면, 모든 사람이 장식품으로 사용한 금속 정도다.[245] 하지만 마르티우스(Martius)는 모헤스인(Mauhes)들이 과라나(paullinia sorbilis) 종자를 화폐로 사용했다고 말하고 있다. 그들은 과라니 종자에서 피부병과 설사 치료약을 얻었다.[246] 캘리포니아의 니시남족(Nishinam)은 우로(ullo)와 하웍(hawok)이라고 하는 두 종류의 조개껍데기 화폐를 사용했다. 우로는 실로 꿰어놓은 길이 1~2인치에 폭은 그 3분의 1 정도인 조개껍데기들로 만들어졌다. 그들은 조개껍데기를 윤이 나게 닦아서 멋있는 목걸이를 만들었다. 하웍(hawok)은 우로에 비해 작은 화폐다. 커다란 하웍 한 줄은 10달러의 가치가 있었다. 이는 10개의 조개껍데기로 이루어져 있었다. 177조각의 작은 하웍 한 줄은 7달러에 팔렸다. 초기에는 모든 캘리포니아 인디언이 평균 백 달러 가치의 조개껍데기 화폐를 소유하고 있었다. 이는 2명의 여성(비록 그들이 아내를 사지는 않았지만), 혹은 평균 세 마리의 조랑말의 가치에 해당했다.[247] 캘리포니아의 후파족(Hupa)은 춤을 출 때 얇은 벽옥이나 흑요석 조각을 자랑해 보이는데, 그들은 이를 미국인에게 팔지 않는다. 이는 그들에게 칼이 아니고, 보석이며 화폐다. 거의 모든 남성은 왼팔 안쪽에 열 개의

---

[245] Martius, *Ethnographie und Sprachenkunde Amerikas zumal Brasiliens*, 91.
[246] 위의 책, 402.
[247] Powers, *The Tribes of California*, 335.

가로줄 문신을 하고 있다. 그들은 한 줄에 다섯 개가 걸려 있는 것이 기본 단위인 조개껍데기 묶음을 왼손 엄지손톱에 건다. 이렇게 걸어놓은 묶음이 왼팔 안쪽에 그어 놓은 맨 위의 문신 줄에 이르면 조개껍데기 한 줄은 5달러의 가치를 인정받는다.[248] 그들은 해포석(meershaum)처럼 생긴 돌조각들을 1~3인치 길이의 원통형으로 만들고, 이를 보석으로 간주해 몸에 걸치거나 화폐로 사용하기도 한다.[249] 알래스카의 에스키모는 가죽을 화폐로 사용했다. 이곳에서는 집단 간 거래의 영향으로 가죽이 화폐 단위로 간주되게 되었다. 오늘날 이런 집단 간 거래에 사용되는 것은 비버의 모피다. 다른 모피들은 비버 모피의 배수 혹은 약수로 환산된다.[250] 워싱턴 지역의 원주민들은 백인과 밀접한 접촉을 통해 변화가 이루어지기 전까지 덴탈리움(dentalium)과 아벨론(abelone) 조개껍데기를 화폐로 사용했다. 노예, 모피, 그리고 모포도 화폐로 사용되었다.[251] 카록족(Karok)은 1개에 2.5달러에서 5달러의 시세로 딱따구리 머리의 붉은 깃털, 그리고 끝을 갈아서 끊어낸 덴탈리움 조개를 화폐로 사용하기도 했다. 가장 길이가 짧은 조개들은 25센트, 가장 긴 조개들은 약 2달러의 가치가 있다. 이 조개 묶음의 길이는 일반적으로 남성의 팔 길이 정도다. 이들은 한 묶음에 40~50달러의 가치가 있었으나 하락하고 있으며, 특히 젊은이들 사이에서 그렇다.[252] 북서부 해안에서 매우 높은 평가를 받고 있는 동판(銅版)은 그 안에 포함된 고리 때문에 신성한 것으로 평가된다. 노예들은 살해되어 그 살이 덴탈리움(dentalium) 달

---

[248] 위의 책, 76, 79.
[249] Reports of the Smithsonian Institute, 1886, Part I, 232.
[250] Bureau of Ethnology, XVIII, Part I, 232.
[251] Reports of the Smithsonian Institute, 1887, Part I, 647.
[252] Powers, 21.

팽이를 잡기 위한 미끼로 사용된다. 이는 아마도 달팽이 껍데기 속에 신비적 관념을 집어넣기 위함일 것이다.[253]

152. 왐펌피그와 로어노크

대서양 연안에서는 롱아일랜드 사운드(Long Island Sound)와 나라간셋(Narragansett)에서 조개 화폐가 만들어졌다. 이 두 지역의 조개 화폐는 백색과 자주색 둥근 대합조개의 껍데기로 만들어졌는데, 이 중에서 자주색 부분은 조개의 짙은 반점 부분으로 만들어졌다. 이들은 각적(角笛)으로, 조개껍데기의 두꺼운 부분에 구멍이 연이어 뚫려 있었다. 이들은 왐펌피그(Wampumpeag)라 불리고, 이를 노루 가죽이나 다른 양질의 가죽 위에 바느질로 꿰매 단다. 그리고 이렇게 만들어진 혁대는 교섭이나 담판, 연설을 하면서 논지를 강조해야 할 때 사용된다. 이 연안을 따라 더 아래로 내려가면 사람들이 조개를 납작한 단추 모양으로 만들고, 그 중앙에 수직으로 구멍을 뚫어 연결한 조개구슬이 있는데, 이를 로어노크(roanoke)라 부른다. 왐펌피그와 로어노크, 특히 전자와 같은 유형은 미시시피강 유역에서 이루어진 교역을 매개로 널리 보급되었다. 이는 19세기 중반에는 미주리강 상류 지역까지 퍼졌다.

153. 고리 화폐, 금속의 사용

베다찬가[254]의 관점에서 보자면 가치의 실제 척도는 암소지만 금속,

---

[253] Schurz, 25.

특히 금의 경우는 벌금이나 속죄금을 치르는 화폐로 사용할 수 있었다. 서약이나 결투의 승패에 걸린 물품의 가치도 금으로 산정되었다.[255] 이에 따라 순금이 통용되었다. 하지만 고대 인도에서는 은과 동도 사용되었고, 일부 지역에서는 납 주화와 혼합 금속 주화도 탄생했다. 가치상으로 1단위의 금은 10단위의 은과 동등하고, 1단위의 은은 40단위의 동과 동등하다.[256] 중국에서 가장 오래된 화폐는 조개껍데기,[257] 그리고 칼과 비단 옷감이었다.[258] 칼의 손잡이 끝에는 고리가 달려 있었다. 그리고 이는 점차 금속 고리로 바뀌면서 화폐로 사용되었다.[259] 길이와 용량에 관한 도량(度量)을 제정한 고대 임금은 전설상의 화폐를 최초로 탄생시킨 사람이기도 하다(기원전2697년). 그는 교역에 사용될 다섯 가지 품목 - 구슬, 비취, 금, 칼, 직물 - 을 정했다. 화폐를 나타내는 기호는 '조개'와 '교역'을 나타내는 기호를 결합해 놓은 것이었다.[260] 전설에 따르면 기원전 119년 중국의 황제가 그의 가신에게 가장자리를 수놓은 한쪽 면이 대략 1피트가 되는 네모난 흰사슴 가죽을 하사했다. 이러한 가죽을 소유하고 있는 사람은 황제를 알현할 수 있었다.[261] 나는 중앙아시아의 모든 인사(人事)와 의례에 사용되는 청색을 띤 백색 비단 스카프

---

[254] (옮긴이 주) 베다찬가(Vedic hymns)는 고대 브라만교 경전인 베다(Veda)에 실린 주문으로, 소와 같은 가축이나, 말, 하인, 식량, 금, 토지, 전쟁에서의 승리를 통해 부를 도모하는 고대 사람들의 생활사를 묘사하고 있다. 여기에서 가장 우선으로 언급되고 있는 것은 소의 가치다.
[255] Jolly, *Recht und Sitte*, 96.
[256] JASB, II, 214.
[257] Ridgeway, 21.
[258] Vissering, *Chinese Currency*.
[259] Ridgeway, 156.
[260] Puini, *Le Origine della Civiltà*, 64; *Century Dictionary*, "Knife-money" 항목.
[261] Vissering, *Chinese Currency*, 38.

와 이러한 용례를 연결해보고 싶은 생각이 든다. 이와 같은 스카프 중 어느 정도 수준이 되는 것은 여러 곳에서 가치의 단위로 사용되었다.[262] 프르제발스키(Przewalsky)는 남부 몽골에서 모든 손님에게 제공되는 차다크(chadak)에 대해 언급한다. 손님은 이에 대해 다른 것을 답례로 주지 않으면 안 된다. 찰차(Chalcha)에서는 차다크가 선물이 아닌 화폐로 사용된다.[263] 수마트라(Sumatra)의 코린지(Korintji)에서는 동(銅) 혹은 놋쇠 고리들이 집단 내 화폐로 사용된 것으로 보고되고 있다. 이들은 세 가지 크기의 소조물(塑造物)인데, 크기별로 120개, 360개, 480개가 각각 네덜란드의 1길더에 해당한다.[264] 구약성서에는 신붓값과 벌금을 화폐로 내야 한다고 되어 있다.[265] 신전에 바치는 공물과 요금은 현물로 내야 했다.[266] 만약 신에게 제물을 바치려는 사람이 자신의 동물 등을 바쳐 구원받길 원하면 그는 성직자가 평가한 금액보다 20%를 더 많이 내야 했다.[267] 바빌론 유수(幽囚)까지는 귀금속을 무게로 달아 무엇인가를 구입한 것에 대한 지불이 이루어졌다.[268] 이집트 유적에 묘사되어 있는 고리는 둥근 모양의 철사 세공이었다. 미케네(Mykenæ)[269]에서 슐리만(Schliemann)이 발견한 것들도 이와 유사하거나 나선형인 철사였다.[270] 호메로스의 작품에서 가치의 단위는 가축이었지만, 매개물로 사용된 것

---

[262] *Reports of the National Museum of the United States*, 1893, 723.
[263] *First Journey* (Germ.), 61.
[264] *Globus*, LXXVI, 372.
[265] 출애굽기 22장 16절; 21장 36절.
[266] 신명기 14장 24절.
[267] 레위기 27장 13절, 15절, 19절.
[268] Buhl, *Die Socialen Verhältnisse der Israeliten*, 95.
[269] (옮긴이 주) 그리스 펠로폰네소스반도 아르골리스에 있던 고대 성채도시. 미케네 문명의 중심지였음.
[270] Ridgeway, *Origin of Currency and Weight Standards*, 36.

은 금속이었다. 무엇인가에 재능을 비유할 때에는 금(金)을 언급했다.[271] 슐츠(Schurz)는 소나 양의 가치는 부침을 겪으므로 고전 시대 국가들이 금속을 쓰지 않을 수 없었을 것이라고 가정하고 있는데, 이는 아마도 옳을 것이다.[272] 금속은 큰 솥이나 삼각대 모양을 하고 있었고, 이를 가지고서 벌금을 냈다. 이들은 화폐로 사용되었기 때문에 축적되었을 수 있고, 다수의 평민을 거느린 신분이 높은 사람이 그들을 먹여 살리기 위해 이러한 금속이 많이 필요했을 수도 있다.[273] "교환이라고 하는 단순하고도 오래된 방법에서 통화를 사용하는 방법으로의 전환을 추적해볼 수 있는 장소로 로마보다 나은 곳은 그 어디에도 없다." 사람들은 소나 양으로 벌금을 물어야 했지만 동(銅) 또한 동일한 목적으로 사용되었으며 팔 때 무게로 계산되었다. 이어서 국가는 동(銅) 막대의 형태와 순도를 정하고, 거기에 양이나 소의 마크를 찍어 주었다. 이후 동(銅) 위에 가치를 표시하게 되면서 화폐가 탄생했다.[274] 독일인과 스칸디나비아인은 암소를 가치의 근본 단위[275]로 활용했다. 암소는 분수(分數)를 계산할 때 사용되었던 금속 고리로 대체되었다.[276]

154. 화폐의 진화

화폐는 이해 관심의 본능적인 작동에 따라 발생하게 된 거래에서 발

---

[271] Ridgeway, 3.
[272] Schurz, 15.
[273] Babelon, *Origines de la Monnaie*, 72.
[274] Schrader, *The Prehistoric Antiquities of the Aryan Peoples*, 153; Ridgeway, 31.
[275] Weinhold, *Die Deutschen Frauen in dem Mittelalter*, II, 52.
[276] Geijer, *Svenska Folkets Historia* I, 327; Sophus Müller, *Vor Oldtid*, 409.

전되어 왔으며 화폐라는 관념이 형성되기 훨씬 전부터 존재한 것이 분명하다. 하나하나의 본능적인 작동은 오직 가장 직접적이면서도 천박한 욕구의 자극을 받은 것이지만 이러한 작동으로 인해 수요와 공급이 발생하게 되었고, 인간이 가치에 대해 이해하기 수천 년 전에 이미 경제적 가치가 만들어졌다. 가치와 화폐에 대한 합리적인 분석은 아직 충분히 이루어지지 않았는데, 이 때문인지 화폐가 습속의 가장 경이로운 산물이라는 관점을 갖는 사람들이 있다. 이들의 관점에 따르면 화폐 작동의 무의식성과 이에 따른 부차적인 결과는 매우 선명하게 대비된다. 우리 집단(we-group) 내부에서 유용한 재산은 상황의 변화에 따라 다양한 방법으로 무수히 분배되고, 또한 교환된다. 이와 같은 현상들은 집단 내 거래와 집단 간 거래의 구분이 이루어지지 않고 보고되는데, 이 때문에 우리는 이러한 현상에서 탄생한 관습들을 추적해볼 수가 없다. 우리는 지배 물품군들이 집단 간 거래에서 나타나게 되었고, 이보다 적은 수의 상품만이 서서히 분리되어 모든 거래의 일반적인 지불 조건으로 자리 잡게 되었음을 목도한다. 물물교환의 불편함은 단지 서서히 느껴졌을 따름이고, 거래가 통상적이고 친숙한 것이 되기 전까지는 이러한 불편함을 개선해야겠다는 생각을 할 수 없었다. 집단 내 교환에서는 지배 물품이 쉽게 차별성을 갖게 되었다. 이 물품은 많은 사람이 갖길 원하는 대상이었다. 여기서 부적·전리품·장식품은 그것이 가지고 있는 미신, 허식, 그리고 주술적 요소 때문에 중요한 물건으로 간주되었다. 집단 간 거래에서 중요한 것은 물건의 유용성이었다. 사람들은 오직 그 유용성 때문에 여행을 하면서도 이를 취하려 했다. 그리고 이러한 매매에서 처음으로 개인의 선호를 넘어선(impersonal) 것으로의 거래가 이루어지게 된다. 지배 물품의 선택이 이루어지는 과정에서 개인들은 직접 위험 부담을 안으면서까지 실험해볼 수는 없었다. 어떤 시기에 개인들 각각이 원하는 바를 취하다 보니 마침내 선택이 이루어졌던 것이다. 어떤 특정 집단이 이런저런 물품을 화폐로 사용한다는 이야기를 들을 경우, 우리는 그 물품이 집단 내 개인들의 욕망이나 거래에서 지배적이라는 사실을 알게 된다. 다시 말해, 그 물품이 화폐로 선택되는 과정에서 어떤 단계에 도달해 있는지를 알 수 있는 것이다. 이와 같은 화폐의 전반적인 작동 방식은 개인의 선호를 넘어선, 규제를 받지 않는 관습의 활동이었고, 오랫동안 변화무쌍한 발전을 겪어왔다. 하지만 그 권위가 항상, 그리고 모든 단계에서 유지되어 왔음은 분명하다. 우리가 사용하는 언어에서 'shilling'이라는 단어가 계속 사용되고 있다는 사실은 화폐와 관련하여 관습 - 특히 대중적인 관습 - 의 힘이 강력하다는 것을 분명하게 입증한다. 창안된 미터법은 합리적인 시스템이었지만 대중은 킬로그램과 리터를 반 혹은 사 분의 일로 나눌 것을 고집했다. 언어, 화폐 그리고 무게와 척도는 다른 어떤 것보다도 대중적인 관습의 지배력을 보여준다. 지배 물품에 대한 선택이 이루어지는 경우는 가장 원하는 하나의 물품이 선택되는 경우가 아니라 그 물품이 화폐의 기능을 가장 잘 수행할 때이다. 수많은 과거의 지배 물품을 현재 와서 취하는 것은 문명의 길을 역행하는 것이다.

155. 화폐의 윤리적 기능

사회관계의 윤리는 조개껍데기로부터 금에 이르는 여러 화폐와 밀접하게 관련되어 있다. 순수한 금권 지배는 뉴욕보다는 멜라네시아에서 더 확연히 살펴볼 수 있다. 화폐는 부와 관련된 인간들 간의 차별화를 크게 조장한다. 그 이유는 화폐가 있음으로써 부의 유동성이 크게 늘어나고, 거래가 가장 잘 이루어지게 되기 때문이다. 부채가 사회에 미치는 영향은 화폐를 사용하는 미개 사회에서 가장 잘 확인된다. 부채와 전쟁 때문에 노예제도가 만들어진다.[277] 하지만 화폐 제도 그 자체가 나쁜 영향을 초래하는 시스템이라고 생각하는 것은 완전히 잘못이다. 화폐가 부를 이동시키고 마찰을 제거함으로써 능력을 최대한 발휘하게 한다는 사실을 깨닫는다면 우리는 화폐의 효과를 빈틈없이 확인한 것이다. 화폐가 존재하게 되는 순간, 물품과 화폐, 그리고 화폐와 물품을 교환할 수 있게 된다. 또한 발생 시기상의 차이가 있는 대부와 변제가 가능해지기도 한다. 이러한 거래에서 사람들의 이익이 달라질 수 있고, 투기가 발생하는 경우도 생긴다. 이러한 사실은 항상 도덕철학자의 관심을 불러일으켰다. "인간사에서 화폐만큼 널리 통용되면서 유해한 것은 없었다. 이는 도시를 타락의 길로 인도한다. 이는 인간을 가정 없는 상황으로 몰아가고, 이로 인해 정직한 정신이 비열한 것들을 고안하게 된다. 화폐는 인간이 비열한 짓을 하도록 가르쳤고, 모든 종류의 행위를 사악한 방향으로 전환하는 방법을 가르쳤다."[278] 이와 같은 통렬한 비난 속에서 말하는 '화폐'란 부 일반을 나타낸다. 그런데 제대로 이야기하자면 화폐는 품성이 없다. 이는 돌도끼, 청동, 철 혹은 강철이 품성이 없는 것과 다를 바 없다. 이는 그저 인격을 떠나, 그리고 기계적으로 자신의 역할에 충실할 따름이다. 화폐에 윤리적인 기능이나 품성을 귀속시킨다는 것은 완전히 잘못이다. '부정(不正)한 화폐' 같은 것은 있을 수 없다. 화폐는 아무런 부정도 포함하고 있지 않다. 화폐는 살인자건 성자건 차별을 두지 않고 양쪽을 동등하게 섬긴다. 이는 하나의 도구일

---

[277] 6장을 볼 것.
[278] Sophokles, *Antigone*, 292 (Campbell's trans.).

따름이다. 이는 하루는 범죄를 위해, 다음 날은 가장 자비로운 목적에 사용될 수 있다. 어떻게 사용해도 화폐에는 표시가 남지 않는다. 솔로몬 제도 사람들은 전문적인 상인이며, "백인들과 전혀 다를 바 없이 속인다."[279] 그들은 백인이 금, 은, 그리고 지폐로 속이는 것처럼 조개껍데기 화폐로 속인다. 즉 '화폐'는 어떤 윤리적 기능도, 어떤 덕성도 가지고 있지 않다. 때문에 이는 모두에게 공평하다.

156.

습속에 포함되는 것 중에서 생존 투쟁으로 설명할 수 있는 다른 주제들이 있다. 이들은 커다란 장점이 있는 것들이다. 생존을 위한 투쟁은 서로 다른 수많은 형식을 취하며, 습속의 사례에 해당하는 현상을 만들어낸다. 이는 산업 조직을 빠르게 발달시키는데, 그 산업 조직은 어떤 관점에서 보면 단지 습속이 상호 작용하는 것일 따름이다. 중량과 도량, 시간 측정 방법, 정보 소통, 그리고 교역의 방법은 최초의 모습을 간직한 주요 습속으로, 그 자체로 주의 깊게 연구해볼 만한 가치가 있다.

---

[279] JAI, XXVI, 405.

제4장 노동과 부

서론-노동 개념-고대와 중세의 노동 개념-노동이 없었던 경우는 없었다, 부유한 생활이 가능해졌다, 토지-노동에 대한 오늘날의 견해-현대 사회에서의 가변 자본, 평등의 조건, 사람에 대한 오늘날의 수요와 그 일시성-부 획득이 용이해짐으로써 나타나게 된 결과-오늘날을 살아가면서 부를 획득할 수 있는 기회, 오늘날의 모레스에 미친 영향, 어떤 변화에 관여하는 사색-모레스는 생활 조건의 변화에 순응한다, 중대한 원리, 이러한 원리들의 가치와 운명-프랑스 혁명-지배계층, 특권, 모레스의 타락-생활 수준

157.

   3장에서 다룬 주제들인 도구, 언어, 그리고 화폐는 거의 전적으로 습속에 속한다. 간혹 도구에 대한 숭상이라는 요소가 매우 큰 비중을 차지하는 경우가 있다. 도구가 신성시되고 숭배를 받기도 하는 것이다. 그럼에도 그 쓰임의 결과가 아닌 도구 자체가 복리에 중요하다고 생각하게 하는 고찰은 거의 촉발되지 않고 있다. 실제로 도구에서는 모레스에 포함되어 있는 도덕적 요소가 뚜렷하게 확인되지 않는다. 설령 도구, 언어, 혹은 화폐에 조금이나마 도덕적인 요소가 포함되어 있다고 해도, 이는 별개로 다루어야 할 것이며, 그 의미와 조건은 도덕이 아닌 번영(prosperity)과 관련한 개념이 될 것이다. 문명의 각 단계에서는 예외 없이 인간의 운명, 그리고 인간의 행복과 복리 조건의 일부로서의 생산 노동이나 부에 대한 의견들이 개진된다. 이때 이러한 의견들은 철학적 특징을 나타내며, 어떻게, 그리고 얼마나 많이 일해야 하는지에 대한 규제적 개념이 되어 일에 영향을 주게 된다. 생존 투쟁과 관련된 모레스는 바로 이와 같은 의견 속에 자리 잡고 있다. 어느 정도의 부를 축적한 순간부터 부를 소유한 인간은 자신이 소유한 부의 영향을 받아온 듯하다. 이러한 과정에서 피조물은 창조자보다 더 힘이 강해진 듯이 보인다. 여기서 윤리적 고찰이 시작되었다. 인간이 자신들의 노력으로 살아가면서 부를 획득할 수 있게 된 이래, 이러한 고찰은 더욱 활발하게 이루어져 왔다. 시기심이 촉발되었고, 이는 권력, 권리, 그리고 부에 관한 의무와 관련된 이론적 논의를 통해 채워졌다. 토지를 소유함으로써, 혹은 지위와 정치권력을 갖게 됨으로써 부(富)에 대한 축적이 이루어지게 되면, 부의 분배는 건강, 힘, 아름다움 등에서 사람들 간의 차이와 마찬가지로 그 차이가 현실이 된다. 오늘날 빈곤의 윤리는 부의 윤리 못지 않은 연구 가치를 갖는 듯하다. 또한 각 개인들의 사례에 대해서는 그 상황에 적용되는 윤리가 있거나 그에 적용되는 윤리가 전혀 없거나 둘 중의 하나인 듯하다. 어찌 되었건 당대에 어떤 사회에 널리 퍼져있는 생각들은 개인에게는 일종의 조건이며, 그러한 생각들은 그 안에서 생존 투쟁이 이루어져야 하는 환경 모레스의 일부다.

158. 노동 개념

일반적으로 원시인들은 생산 노동을 남성에게는 어울리지 않는, 여성의 일로 여겼다. 유대인들은 6일 동안 일하고 7일째는 휴식을 취하는 신의 존재를 믿었다. 그러한 신은 난봉꾼인 그리스의 올림포스 신과는 달랐으며, 아무것도 하지 않으려 했던 부처, 단지 사색가였던 브라만의 신과는 달랐다. 휴식을 취하는 안식일은 그날이 노동을 하는 날과는 다른 날임을 시사했다. 구약성서의 잠언을 보면 게으름은 가난과 궁핍의 원인으로 공공연하게 비난의 대상이 되고 있다.[1] 잠언에는 생산 노동을 찬양하고, 게으름을 비난하는 랍비가 쓴 문헌에서 여러 문장이 인용되고 있다.[2] 유대인의 저술이 바탕이 된 사도헌장[3] 제2권 62장에서는 이익을 도모하는 직업은 삶에서 부차적인 것에 해당하며, 신을 숭배하는 일이 주요 생활사가 되어야 한다고 가르치고 있다. 그리스인의

---

[1] 잠언 24장 30절.
[2] *Jewish Encyclopedia*, "Labor" 항목. 동일한 견해가 데살로니카 신자들에게 보낸 둘째 서간 3장 10절, 그리고 에페소 신자들에게 보낸 서간 4장 28절에서도 발견된다.
[3] (옮긴이 주) 350~380년경에 초대 교회의 법과 전례 규정을 8권으로 집대성한 전집.

볼거리와 연극은 회피해야 할 대상이었다. 기독교인 편집자는 회피해야 할 대상에 특정 유형의 이교도 볼거리와 스포츠까지도 추가했다. 젊은이들은 생활비를 벌기 위해 일해야 했다. 조로아스터교는 선한 힘과 악한 힘 사이의 투쟁 형식을 발전시킨 종교였다. 선인은 선한 힘에 적극적으로 협력해야 한다. 이 종교는 특히 경제생활에서의 모든 미덕, 버려진 땅 개간과 같은 생산적인 노력, 바람직한 조건을 늘리고 해롭거나 장애가 되는 환경을 극복하는 또 다른 유형의 노동 등을 긍정적으로 받아들였다. 이는 선한 힘에 도움이 되는 것으로 간주되었다.

159. 고대와 중세의 노동 개념

그리스인들과 로마인들은 돈벌이로 하는 노동을 모두 불명예스러운 것으로 간주했다. 그리스인들은 지적인 일들을 높이 평가함으로써 이와 같은 생각에 도달한 듯하다. 그들은 이러한 지적인 일들을 교양을 얻는 수단이라고 생각했다. 그들의 생각에 돈을 벌기 위한 직업은 어떤 경우에도 '속물적'이다. 이러한 태도는 그들이 '이러한 직업은 교양을 얻고자 하는 노력과는 상반되는 결과를 초래할 것'으로 생각했다는 사실을 의미한다. 언뜻 보았을 때 로마인들은 그리스인들의 입장을 받아들인 것처럼 보인다. 하지만 그 이면은 다소 다른데, 즉 그들은 군국주의(militarism)적 전통을 갖추고 있었기 때문에 돈을 벌기 위한 노동을 부정적으로 생각했던 것이다. 중세는 로마의 전통에서 노동 개념을 취했다. 그들은 이를 성서의 견해와 뒤섞었다. 노동은 죄의 결과이자 처벌로, 이는 숙명이었으며, 일종의 저주로 '아담과 이브의 타락'과 직접 관련이 있었다. 이는 대지의 저주와도 관련이 있었는데, 이 또한 그들의 죄에 대한 저주였고, 이로 인해 농사를 지어 생계를 이어가는 것이 어려운 일이 되었다. 성직자였던 중세의 철학자들은 노동이나 전투보다 묵상의 생활이 훨씬 우월하다는 입장을 견지했다. 노동은 기껏해야 필요악이자 고난이며, 신에게서 멀어져 있으면서 신의 왕국으로 돌아가려 분투하는(만약 되돌아가는 길이 있다면) 인간이기에 겪어야 하는 징후였다. 교회는 예컨대 성사(聖事), 헌신, 의례 등을 통해, 즉 일종의 기법을 활용한 종교 생활을 통해 신에게로 되돌아가는 길을 제공했다. 이러한 삶은 오직 거기에만 전념하면서 살아야만 성공할 수 있었다. 이러한 태도는 엄밀한 의미에서 '종교적'이라고 불리는 모든 시대를 풍미했다. 노동은 참회와 금욕이라는 목적을 위해 활용되었다. 대개 노동은 유용한 결과를 달성하기 위해 활용되었는데, 이는 유용한 기술 발전에 도움이 되는 결과를 초래하는 부수적인 효과를 산출했다. 하지만 노동의 목적은 안일함이라는 악을 회피하는 데 있었다. 금욕주의가 시대의 모레스를 지배한 상황에서는 금욕적 기질과 취향이 노동을 유쾌하게 느껴지게 했다.[4] 교회는 경제적 생산을 위한 노동을 긍정적으로 평가하지 않았다. 부의 생산은 종교가 지향하는 바가 아니었다. 노동은 심지어 억압받기까지 했다. 그 이유는 부와 사치에 부정적인 태도를 취하는 것이 중세 기독교를 깊이 지배하는 원리 중 하나였기 때문이다. 이와 같은 현실과 유리된 중세 세계관의 특징은 일상생활에서의 두 가지 주요 관심사, 즉 결혼과 노동에 대한 견해에서 가장 뚜렷하게 드러난다. 결혼은 인간이 가지고 있는 약점을 보완하는 방법으로, 이는 일종의 타협이었다. 이보다 나은 것, 즉 독신 생활이 있었다. 노동은 없어서는 안 되는 것이었지만 저열한 것으로 취급받았다. 묵상은 이보다

---

[4] Thomas Aquinas, *Summa*, II, 2, qu. 82, 1, 2; qu. 187, 3.

나은 것이었다.

160. 노동이 없었던 경우는 없었다,
부유한 생활이 가능해졌다,
토지

이 모든 경우에서 노동에 관한 태도는 독단적이었다. 이러한 입장은 종교에 의해 강요된 것이었다. 각각의 견해에는 어느 정도의 의미와 진리가 담겨 있었지만 완전하지 못했다. 이익을 얻고자 하는 노력은 지구상에 인간이 존재한 것만큼 오래되었다. 교역과 수송의 발달, 노예제, 정치적 안정, 그리고 화폐와 신용 대출의 고안 등이 이루어진 단계는 그 안에서 대규모 작업, 그리고 커다란 이익과 부의 축적이 가능하게 된 단계이다. 일부 사람들은 이러한 기회를 잘 포착하여 막강한 힘을 갖는 계층을 이루었다. 통치자, 족장, 주술사들은 자신들의 권력을 강화하거나 대신할 수 있는 권력에 주목하고, 이를 쟁취하고자 했다. 모든 원시 농경 사회에서는 토지가 안락함과 권력을 얻는 데 도움이 되는 소유물이었는데, 이는 매년 커다란 소득을 산출할 수 있는 유일한 소유물이었다. 중세인은 어떤 계층에 속해 있든 모두 토지에서 자신들이 얻을 수 있는 최대한의 것을 얻었다. 부자가 없던 시기를 언급하기란 실로 매우 어려울 것이며, 부의 힘이 칭송을 받고, 부러움의 대상이 되지 않으며, 지배력을 갖지 않았던 시기를 언급하기란 더더욱 어려울 것이다(본서 150절). 요컨대 종교와 철학이 부에 관한 다양한 교의를 설파했을 수 있고, 이에 순종하는 사람들을 구할 수 있었겠지만 부의 산출, 부에 대한 사랑, 그리고 부의 힘은 인간의 모든 역사를 관통한다.

물론 종교와 철학이 그 영향력을 상실한 것은 아니다. 그럼에도 이러한 분야는 오늘날 살펴볼 수 있는 바와 같이 항상 현실과 타협해야 했다. 이러한 타협은 모레스 안에서 계속 이루어져 왔다. 이러한 타협은 불완전하면서 부분적으로 영향을 받는 데 머물렀고, 이 때문에 모레스 내에 모순이 존재해 왔다. 중세는 바로 이러한 경우에 해당한다. 부는 커다란 힘을 가졌고, 종국에는 승리를 거뒀다. 15세기에는 모든 사람이 이를 원하게 되었고, 이를 얻기 위해서라면 기꺼이 수단과 방법을 가리려 하지 않았다. 돈에 좌우되는 태도는 당대 모레스의 가장 두드러진 특징이 되었다. 이는 노동, 부, 최고선, 그리고 미덕에 관한 전통 교의에 영향을 주었는데, 그 결과 고귀한 목적을 추구하는 사람들, 그리고 거짓 없는 마음을 가진 사람들은 부와 사치에 관심이 없는 척하면서 막상 이들에 열중했다.

161. 노동에 대한 오늘날의 견해

노동이 비록 완전하진 않아도 축복으로 여겨지게 된 것은, 다시 말해 최악의 경우에도 커다란 도덕적, 사회적 보상이 있고, 정당하게 이해되고 현명하게 사용된다면 즐거움과 만족을 주는 불가피한 무엇으로 여겨지게 된 것은 극히 최근의 일이다. 하지만 이러한 생각은 노동이 성과에 대한 보상이 이루어질 때, 그리고 노동이 부를 산출할 경우에만 참이 될 수 있다. 스포츠는 노동을 위한 노동이다. 이는 한계를 가지며, 현실의, 장난이 아닌 생존 경쟁의 테두리를 벗어나 있다. 생존 경쟁 속에서의 노동은 진절머리가 나고 고통스러우며, 결과를 산출하는 경우를 제외하고는 행복하지도, 그다지 매력적이지도 않다. 노동을 칭송하면서 부를 비난하는 것은 어리석음을 더하는 것이다. 현대인은 새로운 딜레마에 처해 있다. 아버지는 아들이 부와 여유를 누릴 수 있도록 노동을 하고, 부를 획득하며, 저금을 한다. 하지만 막상 아들은 유산을 저주로 생각하게 되는 일이 매우 흔하다. 무엇이 잘못된 것일까? 아버지가 노동을 포기해야 하는 것일까?

162. 현대 사회에서의 가변 자본, 평등의 조건, 사람에 대한 오늘날의 수요와 그 일시성

오늘날에는 가변 자본(movable capital)[5]이 엄청나게 발달했으며, 심지어 고정 자본(fixed capital)[6]마저도 공동출자라는 방법을 통해 움직일 수 있게 되었다. 가변 자본은 토지 재산이 갖는 사회적 힘에 저항하면서 이러한 힘을 크게 무력화시켰다. 가변 자본이 사회적 힘으로 자리 잡게 된 것이다. 과거에는 토지 소유주가 커다란 사회적 이익을 점하면서 세습 귀족 계층을 형성할 수 있었다. 하지만 오늘날 귀족은 사회적 이익을 누리지 못하게 되었으며, 이로 인해 사라지고 있다. 오늘날의 자본가, 산업 지배자, 상인, 그리고 운송업자는 현재 가변 자본을 지배하고 있다. 그들은 사회와 정치권력을 장악하고 있다. 그들은 아직 귀족 신분을 형성하지 않았으나 이를 형성할 수도 있다. 또한 그들이 내혼(內婚)[7]

---

[5] (옮긴이 주) 생산에 드는 자본 가운데 노동력에 대한 임금으로 지출하는 자본을 말한다.
[6] (옮긴이 주) 생산자본 중에서 토지, 공장, 기계 등처럼 반복해서 사용되는 내구생산재를 구매하는 데 사용되는 자본.
[7] (옮긴이 주) 족내혼의 줄인 말. 오직 같은 씨족이나 종족 또는 계급 안에서만 배우자를 구하는 결혼.

을 통해 낡은 귀족 사회의 잔재를 흡수하면서 자신들의 집단을 늘리고자 결혼을 제한할 수도 있다. 이와 같은 방식으로 사회 내 신생 집단은 사회적 힘이라는 새로운 요소를 획득하게 되며, 이를 통해 여러 계층이 형성되고 재형성된다. 힘이 여러 결과를 산출해내기 때문이다. 철학자들의 이론은 마땅히 그래야 할 당위를 다룬다. 현재가 어떠하고, 미래가 어떻게 될 것인지는 작동 중인 힘에 따라 결정된다. 하지만 인간을 평등하게 만드는 힘은 나타나지 않는다. 힘의 공백 상태에서 누구라도 기회를 포착할 수 있는 일시적인 상황이 발생할 수 있다. 이 상황에서는 아무도 이래라저래라 명령할 수 없으며 모두가 거의 평등해진다. 이러한 상황은 새로운 식민지나 국가에서 실제로 나타나며, 토지에 대한 인구의 비율이 낮은 곳이면 어디서건 나타난다. 신흥 국가들이 유럽에 미치고 있는 반사효과를 고려해본다면, 우리는 전체 문명 세계가 과거 200~300년 동안 이와 같은 상황에 놓여 있었음을 쉽게 파악할 수 있다. 그동안 가변 자본의 엄청난 축적이 이루어지고, 상업과 산업에서 재능 있는 사람들에게 기회가 제공되었으며, 과학이 산업에 막대한 기여를 했고, 신대륙이 개척되었으며, 그러한 대륙이 유럽의 가장 가난하고 가장 힘든 상황에 놓여 있는 사람들로 채워지게 되었는데, 그 결과 오늘날의 모레스가 탄생하게 되었다. 우리의 모든 대중적인 신앙, 희망, 즐거움, 그리고 힘은 생활 조건에서의 이와 같은 커다란 변화에 직접 영향을 받은 것이다. 우리는 새로운 상황에 놓여 있음으로써 인간의 복리에 관한, 그리고 생존 경쟁과 생활에서의 경쟁에 관한 온갖 유형의 장밋빛 교의를 믿게 되었다. 이러한 상황은 구제도의 잔재인 왕과 귀족에 대해 경멸감을 갖게 했고, 민주주의를 창출해냈으며, 새로운 사회 계층을 탄생시켜 이러한 계층에게 힘을 부여하기도 했다. 잠깐 사이에 세상이 이처럼 변하여 수(數)가 힘의 원천으로 자리 잡게 되었다. 사람에 대한 수요가 커졌고, 인구가 증가함으로써 그들의 가치가 증진되었다. 그렇다면 우리가 열광적인 웅변을 믿어서는 안 되고, 우리의 모든 모레스에 대해 낙관적인 태도를 취해서는 안 되는 이유는 무엇일까? 그 이유는 기존의 지위가 일시적이고, 그 안에서의 상황 또한 순간적이기 때문이다. 지구상에서 인간에 대한 수요가 있는 상황은 일시적이고 순식간에 지나갈 것이다. 이는 더욱 넓은 시야로 본다면 믿을 수 없는 것을 지금, 이 순간 진실이라고 생각하게 만드는 상황이다. 그럼에도 이러한 사실이 오늘날의 대중이 견지하는 낙관주의, 자신감, 생활의 즐거움, 그리고 미래에 대한 열망에 통제를 가하지는 못할 것이다.

163. 부 획득이 용이해짐으로써 나타나게 된 결과

지난 400년 동안 모든 생활 조건이 변함으로써 모레스가 재정립되었다. 이러한 변화로 인해 현대 사회는 새로운 생각, 기준, 법률, 철학, 종교를 갖게 되었다. 모레스에 직접 작용하는 영향력 중에서 많은 사람이 근면하게 일하여 용이하게 부를 축적할 수 있게 된 이상의 것은 없다. 만약 이렇게 하는 것이 어렵게 된다면 계층은 고정화되고 영속화될 것이다. 이러한 상황에서는 어떤 벼락출세도 용인하지 않을 완고하고도 낡은 귀족 사회가 존재하게 될 것이며, 귀족 외의 다른 계층들은 의존이나 의지를 특징으로 하는 확립된 계층 질서 안에 자리 잡게 될 것이다. 구 러시아의 보야르(boyars)[8]는 이와 같은 귀족제도의 한 사례다.

---

[8] (옮긴이 주) 10~17세기 러시아 봉건귀족의 최상층.

일부 중세 도시들은 이러한 형태의 사회체제를 갖추고 있었다. 이러한 체제 안에서는 보수적인 모레스가 발달한다. 예컨대 매너(manners)가 변하지 않게 되고, 용례와 관념들이 고착되며, 계몽이 결여되고, 새로운 생각을 거부하게 된다. 또한 하층 계급이 비굴해지고 아첨 등이 발달하게 된다. 이러한 상황에 놓인 정부는 의심이 많고 잔혹하다. 그런데 만약 부를 쉽게 얻을 수 있게 된다면 벼락부자 계층이 나타날 것이며, 이들이 수년 내에 귀족 계급에게 인정받을 것이 확실하다. 왜냐하면 그들은 재정적 힘을 갖추고 있고, 귀족들은 이를 필요로 하기 때문이다. 이탈리아의 도시에서처럼, 이러한 변화의 시기에는 투쟁과 시민전쟁이 일어날 수 있는데, 이 상황에서 기존의 귀족 계층은 새로운 벼락부자 계층과 오랫동안 거리를 유지하려 할 수 있다. 하지만 얼마 있지 않아 신흥 계층이 결국 노력 끝에 성공을 거두게 된다. 이는 유럽 모든 국가의 역사가 증명하고 있다. 오랜 번영이 쇠퇴하고 오랜 가문들이 사라진다. 이는 부득이한 결과다. 법이나 제도가 이를 막을 수는 없다. 귀족적인 특징을 가진 것으로 간주되는 특정 모레스의 쇠퇴를 안타까워하는 사람이 있을 수 있다. 이러한 모레스는 시적이고, 낭만적이며, 대담하다. 이에 따라 그러한 모레스가 존재할 때로 되돌아갈 경우 그 모레스와 함께 돌아올 다른 것들을 염두에 두지 않는 사람들은 잃어버린 모레스에 대한 애석함을 느낀다. 이때 도덕철학자들이 새로운 모레스가, 그리고 모든 것의 비속화가 혜택을 줄 수 없는 수많은 이유를 찾아내고, 이들에 의심을 제기할 수 있다. 하지만 사회는 정지 상태에 머물 수 없으며, 그 움직임은 그러한 움직임을 만들어낸 힘이 정한 행로를 따라 나아갈 것이다. 이는 받아들여져야 하고, 이로부터 가능한 최대한 이익을 끌어내야 한다.

164. 오늘날을 살아가면서 부를 획득할 수 있는 기회, 오늘날의 모레스에 미친 영향, 어떤 변화에 관여하는 사색

신대륙 개척의 영향, 새로운 발명의 활용, 그리고 상업의 확장 덕에 상당한 능력을 갖춘 사람들이 부를 손쉽게 늘릴 수 있게 되었다. 이러한 변화 때문에 모든 사치품의 가격이 낮아졌다. 다시 말해 사치품이 일상적인 필수품으로 격하되었다는 것이다. 이러한 변화가 일어남으로써 신흥 국가에서는 심지어 가장 가난한 사람들까지도 쉽사리 토지를 획득할 수 있게 되었다. 반면 오래된 국가에서는 토지 임대료가 싸졌다. 이러한 변화로 임금이 높아졌고, 생활 수준이 높아졌으며, 안락함 역시 증진되었다. 또한 문명화된 국가를 통틀어 삶 속에서의 경쟁이 줄어들게 되었고, 생존 경쟁이 훨씬 완화되었다. 노예제가 불가능해지고, 인도적 공감이 확산된 것은 이러한 생활 조건의 변화에 기인한다. 이러한 변화는 사회적 차별을 줄였으며(다시 말해 민주화시켰으며), 산업 조직을 강화했다. 이러한 변화는 세세한 부분에서, 그리고 개인에게 종종 문제를 일으켰다. 하급 전문가나 반(半)전문가 계층은 특정한 사회적 지위의 겉모습을 더 이상 유지하기가 힘들어졌다. 이들 계층의 생활 수준은 증기기관의 동력이 사치품의 가격을 떨어뜨린 것보다도 신속하게 높아졌다. 이들에게는 진취적인 정신, 활력과 더불어 불만과 불안도 아울러 고조되었으며, 겉모습에 대한 관심, 과시를 통해 존재감을 드러내려는 욕구, 질투, 그리고 비열한 사회적 야심이 이들이 받아들이는 모레스의 특징을 이루었다. 질투나 불만은 현대 사회의 가장 강력한 특징 중 하나다. 이러한 특징은 촉발된 허영심을 표현하고 있는 데 불과한 경우가 매우 흔하다. 사람들이 속한 계층과 그 소유하는 재산 형태는 유리함과 불리함의 끝없는 흥망성쇠를 거치는데, 이는 자연의 이치다. 그 누구도 이러한 흥망성쇠를 성공적으로 예측하거나 추측할 수 없다. '특정 사회주의 이론'에 바탕을 두고, 혹은 그 어떤 이론에도 근거하지 않고 '사회를 재건'하고자 할 때, 우리는 계층의 흥망성쇠와 재산 형태의 미래에 대한 맹목적인 추측이 그와 같은 계획에 포함되어 있음에 유의해야 한다. "토지든 돈이든 부(富)는 결혼과 상속을 통해 증가하고, 분할을 통해 조각으로 줄어들며(이는 심지어 양도와 한사상속(限嗣相續, entails)[9]이 이루어지는 귀족 일가에서도 그러하다), 방탕한 자에 의해 낭비되고, 절약하는 습관을 가진 사람들에 의해 재구축되고, 근면하고 유능한 사업가에 의해 백배로 늘어나며, 게으른 자와 불행한 자, 그리고 현명하지 못하게 자신의 잘못된 판단을 믿는 어리석은 사람에 의해 탕진된다. 14세기에 농노제가 폐지된 시기로부터 1790년의 반동(反動)적인 것으로 알려진 세금이 폐지된 시기에 이르기까지 대부분의 부를 소유한 것은 중산 계층이었다. 이 기간 동안 왕자들의 비호, 부의 축적에 유리한 국가 관리들, 대중의 반란, 전쟁, 재산 몰수 외에 여러 정치적 사건들이 부의 축적에 영향을 미쳤다."[10] 사실상 모든 사람들이 부를 축적할 수 있음에도 중산 계층이 부를 소유하는 현상은 미래에도 변함이 없을 것이다. 1200년 서유럽의 어느 곳에서 두 사람에게 동일한 금액의 돈이 있었는데 그중 한 명은 땅을 샀고, 다른 한 명은 대부업자가 되었다고 가정해보자. 만약 이들이 지금까지 살아있다면 이들 중 전자는 그의 땅값이 오름에 따라 어느 정도 부자가 되었을 것

---

[9] (옮긴이 주) 상속인을 한정하여 상속하는 것. 주로 남자 상속인에게 재산을 상속하기 위한 목적으로 많이 사용된다. 가장 흔한 형태는 '내 재산을 A에게 상속하고, A가 아들을 낳으면 그 아들에게, A에게 아들이 없으면 B에게 상속한다'는 식의 상속이다.
[10] D'Avenel, *Histoire Economique de la Propriété, des Salaires*, 142.

이다. 물론 그가 엄청난 백만장자가 되었을 수도 있다. 하지만 남은 한 명에게는 남은 것이 거의 없을 것이다.[11] 그렇다면 우리가 지금 모두 땅을 사야 하는가? 이후 700년의 가치 흐름을 예견할 수 있는 사람이라면 그렇게 해도 상관없을 것이다. 사람들은 일반적으로 '귀족은 언제나 토지를 소유하고 있었다'고 생각한다. 하지만 실은 부를 획득한 사람이 토지를 사서 귀족의 대열에 합류한 것이다. 프랑스에서는 "17~18세기에 귀족이라고 불리는 20명 중의 19명이 부유해진, 훈장을 받은, 그리고 땅을 소유한 중간 계층이었다."[12] 서유럽의 중간 계층은 700년이라는 세월을 거치면서 노동 계층으로부터 형성되었는데, 이렇게 보자면 전체 중간 계층은 농노가 성공적으로 신분을 상승시켰음을 보여주는 증거라 할 수 있다. 하지만 혹자는 노동 계층이 여전히 남아 있기 때문에 변화가 없었다고 이야기하기도 한다. 반면 귀족이나 중간 계층의 고관들이 노동 계급과 무산 계급으로 격하되는 이동도 있었다. 수년 전 플랜태저넷(Plantagenet) 가(家)[13]의 한 사람이 런던 교외의 푸줏간 주인이 되었다는 이야기가 있었다. 그 밖에 오늘날의 영국에서는 지체 높은 중세 가문의 상속인 중에서 소농민과 농장 노동자, 방랑자 등의 신분으로 전락한 사람을 찾아볼 수 있다는 이야기가 돌기도 한다.[14]

165. 모레스는 생활 조건의 변화에 순응한다, 중대한 원리, 이러한 원리들의 가치와 운명

---

[11] D'Avenel, 397.
[12] D'Avenel, 144.
[13] (옮긴이 주) 1154~1485년 사이에 있었던 영국 중세의 왕가.
[14] Hardy는 이러한 사실을 *Tess of the D'Urbervilles*에서 활용하고 있다.

우리가 이루고자 하는 목적을 위해서는 모레스가 어떻게 생활 조건의 변화를 따랐는지, 이들이 어떻게 오늘날의 신념과 철학에 반응했는지, 어떻게 모레스 자체를 정당화하기 위해 윤리적 개념들을 탄생시켰는지에 주목하는 것만으로도 충분하다. 모레스는 자연권, 그리고 정치철학적 개념을 탄생시켜 새로운 제도를 뒷받침해 왔다. 미국에는 모든 성인 남성이 투표할 자연적 권리를 가지며, 그러한 투표가 시민임을 보증한다고 믿는 사람이 무수히 많다. 자연권 교의는 법조계의 인정을 받았으며, 19세기에 수립된 여러 주(州)의 헌법에 어느 정도 수용되고 적용되었다. 1776년 미국이 취한 노선과 1789년 프랑스가 취한 노선은 선거 연설에까지 이어져 활용되었고, 급기야 어떤 새로운 대중적인 목적을 이루는 데 방해가 되는 지경까지 이르게 되었다. 하지만 두 노선을 탄생시킨 주요 요인은 어떤 새로운 계층이 부와 경제력을 획득했고, 그들이 정치적으로 인정받길 원했다는 사실이다. 이러한 인정을 받기 위해 그들은 어떤 새로운 '위대한 원칙'을 고안하여 전통에 대한 저항을 정당화하지 않을 수 없었다. 모든 '위대한 원칙'은 이와 같은 방식으로 탄생한다. 이들은 항상 절박한 상황에서 만들어진다. 이들의 유용성은 상황에 좌우된다. 모레스는 어떤 경우에도 환경에 적응하려는 노력의 산물이다. 얼마 있지 않아 모레스는 새로운 중대한 원리가 필요하게 된다. 이어서 모레스는 오래된 것들의 흔적을 없앤다. 구닥다리 단어들의 반복은 더는 반응을 얻지 못한다. 그러한 주의(主義)는 사멸한다. 1776년 미국의 모든 휘그(Whig) 당원 입장에서 보았을 때, 정부가 피통치자들의 동의로부터 그 정당한 힘을 얻는다고 말하는 것은 매우 자명한 이치에 해당하는 듯했다. 그들은 백 년 이상의 기간 동안 이를 신성한 교의로 받아들이고 있었다. 이처럼 오랫동안 교의로 받아들여졌던 이유는 이와 같은 입장을 취하는 것이 어떤 이해 관심에도 부정적인 영향을 미치지 않았기 때문이다. 하지만 '정부가 피통치자들의 동의로부터 그 정당한 힘을 얻는다'는 말은 사실이 아니다. 정부는 자신들의 현존과 관계된 역사적인 사실에서 권력을 획득한다. 권력은 모두 무상하며, 변화를 피할 수 없다. 변화가 일어날 때는 그 변화가 일어나는 시기의 관념과 이해 관심의 지배를 받는다. 이 시기에는 자치 정부에서 차지하는 대중적 요소의 비중이 이전에 헌법이 확립되었을 시기에 비해 훨씬 클 것이다. 1898년 미국의 대중은 미국이 필리핀 제도를 점령하자, 미국이 그곳의 피지배자가 아닌 지배자가 되길 원했다. 마치 1776년 식민지에서 아버지 세대가 그랬듯이 말이다. 권력의 정당성을 지탱하는 원천으로서의 위대한 주의(主義)가 순식간에 밟혀 뭉개졌다. 이와 동일한 운명이 나머지 모든 '위대한 원칙'을 기다리고 있다. 모든 인간이 평등하다는 주의는 그 본래적인 불합리함으로 인해 서서히 몰락하고 있는 중이며, 우리가 어느 순간 국민의, 국민에 의한, 국민을 위한 정부라는 허울 좋은 문구를 버려 버리는 편이 상책이라고 생각할 때가 올 수 있다. '모든 것을 국민을 위해, 하지만 그 무엇도 그들에 의해서가 아닌'이라는 교의도 그저 어떤 역사적인 상황에서 허물어뜨리는 편이 좋았을 따름이다.

166. 프랑스 혁명

프랑스 혁명은 여러 계층 간의 경제력 분배와 관련된 커다란 변화, 그리고 이러한 경제력에 상응하는 계층 모레스의 변화가 크게 일어남으로써 발발하게 되었다. 현대 국가의 모든 정치제도는 현 상황, 그리고 지금까지 있어온 상황을 유지하고, 지지하며, 간섭이나 변화에 저항한다는 의미에서 보수적이다. 과거의 역사에서 우리는 기존의 제도와 관습 때문에, 그리고 사회 복리에 대한 전통이 되어버린 뿌리 깊은 신념 때문에 폐습들이 유지되고, 이로 인해 개혁의 가망이 없어 보이는 모습을 흔히 살펴볼 수 있다. 역사가들은 과거로부터 이어진 억압과 유지의 체제를 붕괴시키는 방법으로서의 어떤 개혁이나 혁명이 충분히 대가를 치를 만한 가치가 있다고 믿게 되었다. 이렇게 하여 일부 역사가들은 유익한 사회적 힘 또는 동력으로서의 '혁명'을 신봉하게 되었다. 프랑스 혁명의 경우에는 해방된 정념이 모든 사회 질서를 파괴하고, 모든 제도를 쓸어 없앴으며, 심지어 계승되어온 모든 모레스를 무너뜨렸다. 혁명가들이 이러한 결말을 궁극적인 목표로 삼았던 것은 분명하다. 앙시앵 레짐(구제도)은 낡은 사회의 법, 기준, 그리고 옳고 그름, 바람직한 것 등에 대한 관념을 포함한 사회 구조 전체를 의미했다. 혁명가들은 새로운 모레스, 즉 새로운 법과 기준, 사회적으로 바람직한 것들에 대한 새로운 착상, 새로운 종교, 그리고 시민의 의무와 책임에 대한 새로운 관념들을 고안하는 임무도 담당했다. 집정부(Directory) 시기와 집정 정부(Consulate) 시기에는 옛것과 새로운 것 간에 커다란 간극이 있었는데, 이 시기에 모레스는 혼란 속에 놓여 있었으며, 이러한 균열은 심지어 시민 기구가 복구되어 재가동에 들어가고 난 후에도 계속 이어졌다. 나폴레옹은 자신의 이익에 부합된다고 생각되는 바에 국한해서 제도와 사회 질서 유지의 틀을 본래대로 되돌려 놓았다. 역사의 연속성은 무너졌고, 계속 그렇게 무너진 모습으로 남았다. 오늘날에는 앙시앵 레짐의 잔해와 잔재만이 발견될 따름이다. 그럼에도 사회적 신념과 도덕, 좋은 삶, 종교적 의무, 가족의 덕목에 관한 오랜 모레스는 사실상 대폭발 이전의 모습을 그대로 유지하고 있다. 이는 혁명이 주는 지극히 중요한 교훈이다. 즉 모레스를 폐지하고 이를 합리적으로 고안된 새로운 것으로 대체하기란 불가능한 것이다. 군주제를 공화제로 바꾸는 것은 별로 큰일이 아니다. 개인과 여러 계층의 사람들이 단두대에서 목이 잘릴 수 있고, 제도가 전복될 수 있다. 또한 종교가 폐지되거나 쇠퇴할 수도 있다. 하지만 모레스는 사람들의 습관 속에 내재하며, 매일 필요하고, 또한 행해진다. 혁명가들은 사회 의례의 변화를 요구했으며, 이에 따라 '신사(monsieur)'와 '숙녀(madame)'라는 말을 더 이상 사용하지 않게 되었다. 하지만 그들이 시도한 의례에 관한 모든 개혁은 더 이상 활용되지 않게 되었고, 사람들은 상식을 좇아 옛 풍습으로 되돌아갔다. 격식, 사회적 예의, 그리고 시민 간 친목이라는 측면을 검토해 보면, 우리는 새로운 계층이 낡은 것들에 대한 승리를 마음껏 향유하지 않았음을 알 수 있다. 그들은 새로운 것들을 따르지 않았는데, 그들은 이와 관련한 모든 문제를 오랜 귀족주의가 잘 해결해 주었음을 깨달았던 것이다. 부가 증진되고, 장인과 농민이 생산과 소득에서 새로운 힘을 얻게 됨에 따라 신흥 계층들은 시민철학과 18세기 철학자들의 열정을 비웃게 되었다. 그러면서 가능한 한, 혹은 상황이 맞으면 낡은 귀족주의 모델에 자신들의 삶을 맞추었다. 과격한 공화주의(Sansculottism)는 생산 노동을 존중하는 입장, 혹은 부의 축적을 존중하는 입장과 호응을 이루지 못한다. 임금을 많이 받을 수 있고, 부를 소유하고 있는 사람이라면 그 누구도 철학적 교의에 대한 열정 때문에 비참함과 결핍 속에서 살아가길 원치 않을 것이다. '노동, 거래를 존중하는 새로운 정서'와 '오늘날의 모레스'의 관계, 그리고 '이러한 모레스'와 '부의 축적' 간의 관계는 오늘날의 혁명의 추이를 살펴보면 쉽게 파악할 수 있을 것이다.

167. 지배계층, 특권, 모레스의 타락

　모든 사회체제나 사회적 질서에는 분명 하나 혹은 여러 지배계층이 존재한다. 바꾸어 말하자면 특정 계층이 어떤 사회를 지배하고, 그 정치 형태 혹은 체제를 결정하는 것이다. 이렇게 하여 지배계층은 권력을 갖게 된다. 그런데 이러한 계층이 권력을 사용하여 사회적 노력을 자신의 편의와 이익으로 전용하지는 않을까? 만약 여러 이익과 힘을 저지하는 데 활용되는 제도의 견제를 받지 않게 된다면 그렇게 할 가능성은 충분히 있다. 자신의 이익을 도모하기 위해 힘을 남용하지 않으면서, 모두에게 정당한 방식으로 사회를 통치하리라고 신뢰할 수 있는 계층은 없다. 입헌 정부의 과제는 적절한 시기에 지배계층이 정부의 힘을 지나칠 정도로 장악하지 못하게 하는 데 활용할 수 있는 제도를 고안하는 것이다. 중세 사회의 지배계층은 전사와 성직자였다. 이들은 자신들의 힘을 활용하여 다른 계층들을 희생하는 방법을 통해 힘을 증강했다. 오늘날의 사회는 중간 계층이 지배하고 있다. 나는 부르주아지[15]에게 경의를 표하면서 그들이 사람과 재산상의 모든 안전을 보장하는, 다시 말해 시민이 자유를 누리는 제도를 고안해냈다는 말을 하지 않을 수 없다. 그들은 그들 자신만을 위한, 혹은 대체로 자신들을 위한 국가를 창출해내지 않았다. 그들이 창출한 국가는 어떤 계층도 정치권력을 압제적으로 사용할까 두려워할 필요가 없는 유일한 국가다. 그러나 19세기의 역사는 현대 국가에서 자본이 갖는 힘을 극명하게 보여주었다. 특별 입법과 특권, 특허 등은 소수자가 국가의 힘을 이용하여 금전상의 이익을 도모하는 손쉬운 법률적 수단이 됐다. 19세기 전반, 미국에서는

---

[15] (옮긴이 주) 자본가 계층.

지폐 발행 은행이 과도할 정도로 사적인 이익을 도모하기 위한 수단으로 활용되었다. 그 역사는 수치스럽다. 이와 같은 남용을 가라앉히고, 이와 같은 공권력의 부패를 억누를 힘을 국가 체제 내에서 찾아볼 수 없었다는 사실, 혹은 그러한 힘이 존재하지 않았다는 사실은 대중 정부가 완전히 타락했음을 보여준다. 보호관세율 제도는 한 국가 내의 어떤 이익집단들이 자신들의 이익을 도모하려고 법률을 장악하여 이웃국가의 국민에게 세금을 물리려 하는 정교한 시스템에 지나지 않는다. 일부 피해자들이 '도둑질'을 당했다고 주장하면서 권력 집단이 난처할 정도로 소란을 일으킬 수 있는데, 이때 그들은 강요를 통해 그 권력 집단에 자신들을 편입시켜 줄 것을 요청할 수 있다. 이러한 사실은 뭔가를 훔칠 계획을 세우고서는 이를 실행하는 집단으로 들어가는 것이 부를 축적하는 확실한 방법임을 보여준다. 미국의 연금 제도는 통제를 벗어난 남용이다. 이에 대처하려는 노력은 더는 이루어지지 않고 있다. 연금은 공적인 횡령의 거대한 시스템 안에서 '일반인'이 가져가는 몫이다. 권력을 이용한 부당 이득 취득(graft)은 도둑질을 통해 얻게 되는 교훈이 학습된다는 사실을 보여주는 다수의 증거 중 하나일 뿐이다. 이는 부패한 방식의 법률과 정치적 힘의 사용이 모레스에 영향을 주고 있음을 보여준다. 모든 사람에게는 이러한 모레스 내에 횡령과 자신만이 취할 수 있는 이익과 관련하여 조금이나마 자신의 몫이 있음이 분명하다. 이러한 확신과 취향은 널리 퍼져있는데, 이로 인해 모든 새로운 입법이 영향을 받고 있다. 입법자들은 특별한 이익을 추구하는 데 도움을 주는 법을 제정하는 것이, 혹은 보험회사, 철도회사, 통신회사 등에 법적으로 커다란 이익을 주는 것이 합당하면서도 옳은 것임을 의심하지 않는다. 그들은 이에 항의하는 사람들을 시대에 뒤떨어지고 '현실적이지 않다'며 비웃는다. 보험회사, 저축은행, 신탁회사 등의 관리자들은 통제를 할 수 있는 위치에 있는 권력자들이 자신들의 이익을 위해 자신들의 지위를 활용하리라는 믿음을 바탕으로 무엇을 할 것인지를 결정한다. 그들은 이것이 그저 상식에 해당한다고 생각한다. '이 밖의 무엇을 위해 우리가 여기에 있는가?' 특별한 이익을 바탕으로 형성된 파벌들이 이기적인 목적을 위해 도모하는 일들을 조직이 억제하는 데 충분한지 여부, 그리고 약탈자의 습격에서 대중을 구하는 데 충분할지 여부를 확인해보는 것은 정부 시스템의 적절성을 판단하는 매우 중요한 시금석이다. 오늘날의 민주국가들은 이러한 시험을 통과하지 못했다. 19세기에 민주화되지 않은 강대국은 이 세상에 없다. 하지만 이들 중에서 이 세기가 마감될 때까지 커다란 재정적인 스캔들이 없었던 곳은 하나도 없다. 재정적인 문제를 놓고 발생하는 추문은 많은 사람의 참정권을 인정하는, 의회 제도를 채택하는 모든 현대 국가에 내려진 저주다. 이러한 국가는 개인이 사업을 할 기회를 열어주면서 자유와 안전을 제공하며, 개인들은 이를 통해 커다란 만족과 행복을 얻게 된다. 그럼에도 이러한 국가의 정치 조직은 조작, 그리고 부정한 남용이 이루어질 기회를 제공한다. 이러한 국가는 법적 장치를 마련하여 국민이 산업 조직 내에서 이익을 추구하고, 여기에서 얻은 이익을 최대한 활용하도록 국민들을 교육한다. 그 영향은 모레스에서 확인할 수 있다. 우리는 금권정치와 부정한 돈에 대한 이야기, 그리고 부의 힘, 기업이 저지르는 부정에 대한 이야기를 곳곳에서 듣는다. 그 병폐는 상대적으로 덜 구체적이다. 이는 구조적인 병폐인 것이다. 비판하는 사람은 비판받는 사람과 다를 바 없이 비판을 벗어나지 못한다. 어떤 모레스가 가지고 있는 병폐란 대중의 의견과 관련된 병폐로, 기준, 법, 진리와 옳음에 대한 관념, 헌신할 가치가 있는 것들과 성공을 위한 수단에 관한 의견과 관련된 병폐다. 이러한 병폐는 누구에게나 영향을 미치고 있다. 이는 모든 제도에 침투하여 이를 망쳐놓는다. 이는 세대에서 세대로 확산되고, 마침내 대중의 윤리적 판단력을 무너뜨린다.

168. 생활 수준

당대 모레스의 모든 산물 중에서 가장 순수하게 이와 같은 모레스의 산물이라 할 수 있는 것은 생활 수준이다. 생활 수준은 하위 집단[16]에 귀속되고, 그 하위 집단 모레스의 산물이기도 하다. 이는 심리 혹은 윤리의 소산이라고 알려져 왔는데, 이러한 생각은 분명 불완전한 분석과 분류에 기인한 것이다. 생활 수준이란 하위 집단 내에서 전통적으로, 혹은 습관적으로 사용되는, 물질적인 안락함(의식주 등의)과 관련된 품위와 적절성을 평가하는 척도다. 안락함의 사회적 수준을 무시하는 것이 현명하고 필요할 때가 종종 있다. 그 이유는 이와 같은 수준이 바보 같은 지출과 경멸스러운 과시를 하게 만들기 때문이다. 하지만 안락함에 대한 사회적 수준을 무시하기란 매우 어렵다. 이러한 수준은 계층의 '평가 기준'에 부합되지 못하면 사회적 비난을 받을지 모른다는 두려움으로 인해 견지된다. 가장 가까운 동료의 비난이나 경멸은 사람들을 제재하는 방법이다. 평가의 기준과 규칙은 계층 모레스 내에 포함되어 있다. 이들은 계층 구성원들의 마음속과 가슴에 파고들어 개별 성원들을 계층의 요구에 팔아넘겨 버린다.

---

[16] (옮긴이 주) 하나의 집단이 여러 개의 소집단으로 나뉘는 경우, 이처럼 나누어진 소집단을 먼저 집단에 대한 하위 집단이라 한다.

169.

하지만 만약 어떤 개인이 자신이 속한 계층의 생활 수준을 자신이 기준으로 삼는 수준으로 채택하고, 이에 맞추려는 노력과 절제를 하게 된다면, 이것이 그 개인 그리고 사회에 미치는 결과는 상당한 의미를 갖게 된다. 어떤 사람이 다음과 같이 말했다. "식용 돼지처럼 살아가면 식용 돼지처럼 행동하게 될 것이다." 이에 대해 다른 사람이 "식용 돼지처럼 행동하면 식용 돼지처럼 살아갈 것이다."라고 응답했다. 양쪽 모두 거의 비슷하게 타당했다. 한 계층이 견지하는 사회적 수준은 명예(honor)와 유사하게 작동한다. 이러한 기준은 자존심, 그리고 자신과 가족에 대한 의무를 떠받친다. 이에 부합하지 못함으로써 느끼게 되는 고통은 노력과 절제를 이끌어낸다. 이와 같은 사회적 수준은 사람들에게 최선을 다해 사회의 복리를 위해 일하라고 권유하고, 또한 이에 집중하게 하려 할 것이다. 생활 수준이 이 이상을 할 수 없음은 명백하다. 이러한 수준은 인간 자신의 품성과 학식에 그 어떤 힘도 추가할 수 없다.

참고문헌

Aarbøger for Nordisk Oldkyndighed
Abdallatif, *Relation de l'Egypte* (trad. de Sacy) (Paris, 1810)
Abel, C. W., *Savage Life in New Guinea* (London, 1902)
Abercromby, J., *The Pre- and Proto-historic Finns, Eastern and Western, with Magic Songs of the West Finns* (2 vols. London, 1898)
Achelis, H., *Virgines Subintroductae* (1 Cor. vii) (Leipzig, 1902)
Achelis, T., *Die Ekstase in ihrer kulturellen Bedeutung* (Berlin, 1902)
Aelian, *Variae Historiae*
Æneas Silvius. → Piccolomini를 볼 것.
Alanus ab Insulis, *De Planctu Naturae* (Migne, *Patrologia Latina*, V, 210)
Alberi, E., *Relazione degli Ambasciatori Veneti al Senato* (Firenze, 1840): Letter of D. Barbaro, sent to England for the Accession of Edward VI (Series I, Tome II, 230)
Alec-Tweedie, Mrs., *Sunny Sicily* (New York, no date)
Am Urquell
Ameer Ali, *The Influence of Woman in Islam* (Nineteenth Century, XLV, 755)
American Anthropologist
American Journal of Semite Languages and Literature
American Journal of Sociology
Ammianus Marcellinus, *Rerum Gestarum* (libri 18, out of 31)
Ammon, O., *Die Gesellschaftsordnung und ihre natürlichen Grundlagen* (Jena, 1896)
d'Ancona, A., *Le Origini del Teatro in Italia* (2 tomes. Firenze, 1877 e 1891)
Andree, R., *Die Anthropophagie* (Leipzig, 1887)
Andree, R., *Ethnographische Parallele und Vergleiche* (2 Folgen. Leipzig, 1889)
Angerstein, W., *Volkstänze im Deutschen Mittelalter* (2te Aufl. Berlin, 1874)
l'Année Sociologique. → Durkheim를 볼 것.
l'Anthropologie. → Bulletins를 볼 것.
Apostolic Constitutions. Die Syrischen Didaskalia übersetzt und erklärt von A. Achelis und J. Fleming (Leipzig, 1904) contains the "Two Ways"
Appianus, *Historia Romana*
Apuleius, *Metamorphoses*

Arabian Nights. → Lane을 볼 것.
Archiv für Anthropologie
Archiv für Kunde der Œsterreichischen Geschichtsquellen
Archiv für Religionswissenschaft
Ashton, J., *Social Life in the Reign of Queen Anne* (London, 1883)
Athenæus, *Deipnosophistorum libri*
Athenagoras, *Apologia* (on the resurrection of the dead)
Augustine, *Opera* (Paris, 1635)
d'Aussy. → Legrand을 볼 것.
Australian Association for the Advancement of Science: Fourth Meeting, at Hobart, Tasmania, January, 1892 (Sydney, 1892)
d'Avenel, G., *Histoire Economique de la Propriété, des Salaires, des Denrées, et de tous les Prix en général, depuis l'an 1200 jusqu'en l'an 1800* (2 tomes. Paris, 1894~1898)

Babelon, E. C. F., *Les Origines de la Monnaie* (Paris, 1897)
Bancroft, H. H., *The Native Races of the Pacific States of North America* (New York, 1875~1876)
Barthold, F. W., *Die Geschichte der Hansa* (Leipzig, 1862)
Barthold, F. W., *Jürgen Wüllenweber von Lübeck* (Räumer, *Historisches Taschenbuch*, VI)
Barton, G. A., *Semitic Origins* (New York, 1902)
Bastian, A., *Die Deutsche Expedition an der Loango-Küste* (Jena, 1874)
Bebel, A., *Die Frau* (Zurich, 1883)
Becke, L., *Pacific Tales* (New York)
Becker, W. A., und Hermann, K. F., *Charikles* (3 Bände. Leipzig, 1854)
Beloch, J., *Die Bevölkerung der Griechisch-Römischen Welt* (Leipzig, 1886)
Beloch, J., *Griechische Geschichte* (4 Bände. Strassburg, 1904)
Bender, H., *Rom und Römisches Leben im Alterthum geschildert* (Tübingen, 1880)
Bent, J. T., *The Sacred City of the Ethiopians* (London, 1893)
Bergel, J., *Die Eheverhältnisse der alten Juden im Vergleiche mit den Griechischen und Römischen* (Leipzig, 1881)
Berlin Museum
Bernardin, N-M., *La Comédie Italienne en France, 1570~1791* (Paris, 1902)
Bethe, E., *Die Geschichte des Theaters im Alterthume* (Leipzig, 1896)

de Bethencourt, J., *Le Canarien livre de la Conquête et Conversion des Canaries (1402~1422)* (ed. G. Gravier Rouen, 1874)
Bijdragen tot de Taal-Land-en Volkenkunde van Nederlandsch Indië
Binet, A., *La Suggestibilité* (Paris, 1900)
Biot, E. C., *De l'Abolition de l'Esclavage ancien en Occident* (Paris, 1840)
Bishop, Mrs. (Isabella Bird), *Among the Thibetans* (New York, 1894)
Bishop, Mrs., *Korea and her Neighbors* (New York, 1898)
Blair, W., *Slavery amongst the Romans* (Edinburgh, 1833)
Bock, C., *Reis in Oost-en Zuid-Borneo* (s'Gravenhage, 1887)
Bodin, J., *Les Six livres de la République* (7a ed. Frankfort, 1641)
Boggiani, G., *I Caduvei* (Roma, 1895)
Boissier, G., *La Religion Romaine d'Auguste aux Antonins* (2 tomes. Paris, 1874)
Bourquelot, *Foires de Champagne* (Acad. de Belles Lettres et d'Inscriptions, 1865)
Bousset, D. W., *Die Religion des Judenthums im neutestamentlichen Zeitalter* (Berlin, 1903)
Bridges, T., *Manners and Customs of the Firelanders* (*A Voice for South America*, XIII, 201~114)
Brinton, G., *Nagualism* (Philadelphia, 1894)
Brunache, P., *Le Centre de l'Afrique* (Paris, 1894)
Bücher, K. W., *Die Aufstände der Unfreien Arbeiter* (Frankfurt, 1874)
Buchholz, E. A. W., *Homerische Realien* (3 Bände. Leipzig, 1871~1885)
Budge, E. A. W., *The Gods of the Egyptians* (Chicago, 1904)
Buhl, F. P. W., *Die Socialen Verhältnisse der Israeliten* (Berlin, 1899)
Bühler, G., *The Laws of Manu* (trans.) (Oxford, 1886)
B[ulletins] et M[émoires] de la Société d'Anthropologie de Paris (Paris, 1901): Art. by Guyot on Les Indigènes de l'Afrique du Sud, based on the Report of the South African Committee (Pres. J. Macdonell) on the Natives of South Africa (Series V, Tome II, 362)
Burchard, J., *Diarium sive verum urbanarum commentarii, 1483~1506* (ed. Thusane) (3 tomes. Paris, 1885)
Burckhardt, J., *Griechische Kulturgeschichte* (3 Bände. 2te Aufl. Stuttgart, 1898)
Burckhardt, J., *Die Kultur der Renaissance in Italien* (Basel, 1860)
Burckhardt, J. L., *Arabic Proverbs* (London, 1830)
Bureau of Ethnology, Washington, Annual Reports
Burnaby, A., *Travels through the Middle Settlements of North America in 1759 and*

1760 (London, 1775)
Burrows, G., *The Land of the Pigmies* (London, 1898)
Büttner, C. G., *Das Hinterland von Walfischbai und Angra Pequena* (Heidelberg, 1884)

Cambridge History of Modern Europe, (ed. by A. W. Ward and G. W. Prothero) (New York, 1902, etc.)
Cameron, V. L., *Across Africa* (2 vols. London, 1877)
Campbell, H., *Differences in the Nervous Organization of Man and Woman* (London, 1891)
Cantacuzene, J., *Romana Historia* (Bonn, 1832)
Carey, B. S., and Tuck, H. N., *The Chin Hills* (Rangoon, 1896)
Carmichael, M., *In Tuscany* (3rd ed. New York, 1902)
Cartwright, J., *Isabella d'Este, Marchioness of Mantua, 1474~1539* (2 vols. New York, 1903)
Castiglione, B., *The Book of the Courtier [1528]* (trans. by L. E. Opdyke) (New York, 1903)
Cato Major, *De Agri Cultura*
Cator, Dorothy, *Everyday Life among the Head-hunters* (New York, 1905)
Cayley-Webster, H., *Through New Guinea and the Cannibal Countries* (London, 1898)
Cellini. → Symonds를 볼 것.
Celestina. → Mabbe를 볼 것.
Century Magazine
Ch. Br. R. A. S. = China Branch, Royal Asiatic Society
Chandler, F. W., *Romance of Roguery: I. The Picaresque Novel in Spain* (New York, 1899)
Charles, R. H., *The Book of Enoch* (trans.) (Oxford, 1893)
Charles, R. H., *The Book of Jubilees or the Little Genesis* (trans.) (London, 1902)
Christian, F. W., *The Caroline Islands* (London, 1899)
Chrysostom, *Opera* (Migne, *Patrologia Graeca*, XLVII-LXIV. Homily on Matthew in LVIII, 591)
Churchman, The
Cibrario, G. A. L., *Della Politica Economia del Medio Evo* (2^a ed. 3 tomes) (Torino, 1841~1842)
Cicero, *Orations*

Cicero, *Tusculan Disputations*
Clement, K. J., *Das Recht der Salischen Franken* (Berlin, 1876)
Clement, P., *Jacques Cœur et Charles VII, France au XV siècle* (Paris, 1853)
Cockayne, O., *Hali Maidenhad* (*Early English Text Society*, London, 1866)
Codrington, R. H., *The Melanesians* (Oxford, 1891)
Cook, K. R., *The Fathers of Jesus: a Study of the Lineage of the Christian Doctrines and Traditions* (2 vols. London, 1886)
Corpus Juris Canonici (Colon. Munat., 1717)
Corpus Juris Civilis (Lipsiae, 1858)
Corpus Poeticum Boreale, the Poetry of the Old Northern Tongue (Oxford, 1883)
Coryate, T., *Crudities* (New York, 1905)
Cranz, D., *Historie von Grönland bis 1779* (Leipzig, 1780)
Crawford, J., *History of the Indian Archipelago* (2 vols. London, 1820)
Crawley, A. E., *Sexual Taboo* (JAI, XXIV, 116, 219)
Creighton, M., *Historical Essays and Reviews* (New York, 1902)
Cunningham, A., *Ladak* (London, 1854)
Cunow, H., *Verwandtschaftsorganization der Australneger* (Stuttgart, 1894)
Curr, E. M., *The Australian Race* (Melbourne, 1886)
Curtius Rufus, Quintus, *De Rebus Gestis Alexandri*
Cyprian, *Epistolae*

Daniel, H. A., *Codex Liturgicus Ecclesiae Universae in Epitomen Redactus* (Lipsiae, 1851)
Darmsteter, J., *Translation of the Zend Avesta* (Oxford, 1880)
Darinsky (*Zeitschrift für vergleichende Rechtswissenschaft*, XIV)
Darwin, Charles, *Descent of Man* (New York, 1886)
Dasent, Sir G. W., *The Story of Burnt Njal* (New York, 1900)
Dawson, J., *Australian Aborigines in the Western District of Victoria* (Melbourne, 1881)
Degroot, J. J. M., *The Religious System of China* (Leyden, 1892)
Denecke, A., *Entwickelungsgeschichte des gesellschaftlichen Anstandsgefühls in Deutschland* (Dresden, 1891)
Deutsch, S. M., *Peter Abälard* (Leipzig, 1883)
Dezobry, C. L., *Rome au Siècle d'Auguste* (4me ed. 4 tomes.) (Paris, 1875)
Dialogue of the Exchequer. → Henderson을 볼 것.

Dill, S., *Roman Society from Nero to Marcus Aurelius* (London, 1904)
Dill, S., *Roman Society in the Last Century of the Western Empire* (2nd ed. London, 1899)
Dio Cassius Coccejanus, *Historia Romana*
Dio Chrysostom, *Orations*
Diodorus Siculus, *Bibliotheca Historica*
Dionysus Halicarnessensis, Antiquitatum Romanorum quae supersunt
Dozy, R., *Musulmans d'Espagne, 711~1110* (4 tomes. Leyde, 1861)
Drumann, W. K. A., *Die Arbeiter und Communisten in Griechenland und Rom* (Königsberg, 1860)
Dubois, J. A., *Mœurs Institutions et Ceremonies des Peuples de l'Inde* (2 tomes. Paris, 1825)
Du Camp, M., *Paris dans la Seconde Moitié du dixneuvième Siècle* (Paris, 1873~1875)
Du Cange, C. du Fresne, *Glossarium mediae et infimae Latinitatis* (Paris, 1840~1850)
Dulaure, J. A., *Paris et ses Monuments* (Paris, 1865)
Durkheim, E., *La Prohibition de l'Inceste et ses Origines* (l'Année Sociologique, Tome I. Paris, 1898)
Duveyrier, H., *Les Touaregs du Nord* (Paris, 1864)
van Duyl, C. F., *Beschavingsgeschiedenis van het Nederlandsche Volk* (Groningen, 1895)

l'École d'Anthropologie de Paris, Revue de
Economics of Aristotle
Economicus of Xenophon
Edda, the
Ehrenreich, P., *Völkerkunde Brasiliens* (Veröffentlichungen des Berliner Museums, Band II)
von Eicken, H., *Geschichte und System der mittelalterlichen Weltanschauung* (Stuttgart, 1887)
Ellis, A. B., *The Ewe-speaking Peoples* (London, 1890)
Ellis, A. B., *The Tshi-speaking Peoples* (London, 1887)
von Elsberg, R. A., *Elizabeth Bathory* (die Blutgräfin) (Breslau, 1904)
Endemann, W., *Studien in der Romanischkanonischen Wirthschafts-und Rechtslehre* (2 Bände. Berlin, 1883)
Erasmus, D., *Colloquia* (Rotterdam, 1664)

Erasmus, D., *Colloquy of the Beggars [Franciscans]* (Opera, I, 739)
Erasmus, D., *Libellus Aureus de Civilitate Morum Puerilium* (Aboae, 1670)
Erman, A., *Aegypten und Aegyptisches Leben im Alterthume* (Tübingen, 1885)
Estrup, H. F. J., *Samlede Skrifter* (Kjøbenhavn, 1842)
Ethnography of India. → Risley를 볼 것.
Ethnological Society of London, Journal of the (New Series)
Euripides
Evans, J., *British Coins* (London, 1864)
Evarnitzky, D. I., *The Zaporoge Kossacks* (in Russian) (2 vols. St. Petersburg, 1888)
Eyre, E. J., *Expeditions into Central Australia in 1840~1841* (2 vols. London, 1845)

Farnell, L. R. (Archiv für Religionsgeschichte, VII)
Farnell, L. R., *The Cults of the Greek States* (2 vols. Oxford, 1896)
Farr, W., *Vital Statistics* (London, 1885)
Fauriel, C. C., *The Last Days of the Consulate* (London, 1885)
Fawcett, F., *On Basivis* (JASB, II, 322)
Felkin. → Wilson을 볼 것.
Finsch, O., *Ethnologische Erfahrungen* (Wien, 1893)
Finsch, O., *Samoafahrten* (Leipzig, 1888)
Fioretti di San Francisco (Torino, 1882)
von Fircks A., *Bevölkerungslehre und Bevölkerungspolitik* (Leipzig, 1898)
First Three English Books about America, The (Arber. Birmingham, 1885)
Flade, P., *Das Römische Inquisitionsverfahren in Deutschland bis zu den Hexenprocessen* (Leipzig, 1902)
Forbes, H. O., *The Kubus of Sumatra* (JAI, XIV, 121)
Foureau, F., *D'Alger au Congo par le Tchad* (Paris, 1902)
Freeman, E. A., *Western Europe in the Eighth Century* (New York, 1904)
Freeman, E. A., *Western Europe in the Fifth Century* (New York, 1904)
Freie Wort, Das
Freisen, J., *Geschichte des kanonischen Eherechts* (Tübingen, 1888)
Friedberg, E., *Das Recht der Eheschliessung* (Leipzig, 1865)
Friedberg, E., *Verlobung und Trauung* (Leipzig, 1876)
Friedländer, L., *Sittengeschichte* (3 Bände. Leipzig, 1862~1871)
Friedmann, M., *Ueber Wahnideen im Völkerleben* (Wiesbaden, 1901)
Fries, T. M., *Grönland dess Natur och Innevånare* (Upsala, 1872)

Fritsch, G., *Die Eingeborenen Süd-Afrikas* (Breslau, 1872)
Funck-Brentano, T., *La Science Sociale; subtitle, le Suicide* (Paris, 1897)
Furnival, F. J., *Child-marriages, Divorces, etc., 1561~1566* (*Early English Text Society*, No. 108) (London, 1897)

Gaius, *Institutiones* (Berlin, 1884)
Galton, F., *Hereditary Genius* (New York, 1870)
Galton, F., *Inquiries into Human Faculty* (New York, 1883)
Garnier, R. M., *The English Landed Interest* (London, 1892~1893)
Gauthiez, P., *Lorenzaccio, 1514~1548* (Paris, 1904)
Gehring, H., *Süd-Indien* (Gütersloh, 1899)
Geiger, Ludwig, *Renaissance und Humanismus in Italien und Deutschland. Allgemeine Geschichte in Einzeldarstellungen* (Berlin, 1882)
Geiger, W., *Ostiranische Kultur* (Erlangen, 1882)
Geijer, E. G , *Svenska Folkets Historia* (Stokholm, 1851)
Geiseler, *Oster-Inseln* (Berlin, 1883)
Gibbon, E., *Decline and Fall of the Roman Empire*
Gjessing, *Traeldom i Norge* (*Annaler for Nordisk Oldkyndighed*, 1862, p. 85)
Globus, der
de Gobineau, J. A., *La Renaissance* (Paris, 1877)
Goetz, W., *Ideale des Heiligen Francis* (*Historisches Vierteljahrschrift*, VI)
von Götzen, G. A., *Durch Afrika von Ost nach West* (Berlin, 1895)
Gomme, G. L., *Ethnology in Folklore* (New York, 1892)
Goodrich-Frear, A., *Inner Jerusalem* (New York, 1904)
Gower, J., *Vox Clamantis* (London, 1850)
Gozzi, Memoirs of (trans. by J. A. Symonds) (2 vols. London, 1890)
Graetz, H., *Geschichte der Juden* (Leipzig, 1888~1897)
Graphic, the London
Gregorovius, F., *Lucrezia Borgia* (trans. by J. L. Garner) (New York, 1903)
Grimm, J. L. C., *Deutsche Rechtsalterthümer* (Cited D. R. A.) (2te Ausg. Göttingen, 1854)
Grimm, J. L. C., *Teutonic Mythology* (trans. by Stallybrass) (4 vols. London, 1883)
Grinnell, G. B., *Cheyenne Woman Customs* (*American Anthropologist*, IV)
Grinnell, G. B., *Pawnee Hero Stories and Folktales* (New York, 1899)
Grupp, G., *Kulturgeschichte der Römischen Kaiserzeit* (Münden, 1903)

Gubernatis, A., *Usi Nuziali in Italia e presso gli altri Popoli Indo-Europei* (2a ed. Milano, 1878)
Guhl und Koner, *Das Leben der Griechen und Römer* (5te Aufl. Berlin, 1882)
Gumplowicz, L., *Grundriss der Sociologie* (Wien, 1885)
Gumplowicz, L., *Sociologie und Politik* (Leipzig, 1892)
Gunkel, H., *Zum religionsgeschichtlichen Verständniss des Neuen Testaments* (Göttingen, 1903)

Haeckel, E., *Aus Insulinde* (Bonn, 1901)
Hagelstange, A., *Bauernleben im Mittelalter* (Erfurt, 1897)
Hagen, B., *Unter den Papuas* (Wiesbaden, 1899)
Haimensfeld, M. G., editor of the *Collectio Constitutionum Imperialium* (Frankfurt, 1615)
Hale, H., *The Iroquois Book of Rites* (Philadelphia, 1883)
Hall, H., *Society in the Elizabethan Age* (London, 1887)
Hamilton, *The Panis: An Historical Outline of Canadian Indian Slavery in the Eighteenth Century* (Toronto, 1897)
Hanoteau, A., et Letourneux, A., La Kabylie (2e ed. 3 tomes. Paris, 1893)
Hansen, J., *Zauberwahn Inquisition und Hexenprocess im Mittelalter* (Leipzig, 1900)
Hardy, T., *Tess*
Harnack, A., *Die Pseudoclementinischen Briefe de Virginitate und die Entstehung des Mönchthums* (Sitzungsberichte der k. Preuss. Akad. der Wissenschaften, XXI, 1891)
Harnack, A., *Dogmengeschichte* (3te Ausg. 3 Bände. Leipzig, 1894)
Harper, R. F., *The Code of Hammurabi* (Chicago, 1904)
von Hartmann, K. R. E., *Phänomenologie des sittlichen Bewusstseins* (Berlin, 1879)
Hartmann (*Zeitschrift des Vereins für Volkskunde*, XI, 247)
Hastings, J., *Dictionary of the Bible* (New York, 1898)
Hatch, E., *Griechenthum und Christenthum* (trans.) (Freiburg, 1892)
Hauréau, B., *Bernard Délicieux et l'Inquisition Albegeoise, 1300~1320* (Paris, 1877)
Hauri, J., *Der Islam in seinem Einfluss auf das Leben seiner Bekenner* (Leyden, 1881)
Hausrath, A., *Peter Abälard* (Leipzig, 1893)
von Haxthausen, A., *Transkaukasia* (2 Bände. Leipzig, 1856)
Hearn, L., *Japan* (New York, 1904)

Hefele, C. J., *Conciliengeschichte* (Freiburg, 1858)
Heimskringla. → Laing를 볼 것.
Heisterberg, B., *Die Entstehung des Colonats* (Leipzig, 1876)
Henderson, E. F., *Translation of Select Documents of the Middle Ages* (London, 1892), contains the Dialogue of the Exchequer
Herodianus
Herodotus
Heusler, A., *Deutsches Privatrecht* (2 Bände. Leipzig, 1885)
Heyck, E., *Die Mediceer* (Leipzig, 1897)
Heyd, W., *Levanthandel im Mittelalter* (2 Bände. Stuttgart, 1879)
Heydemann, *Phlyakendarstellungen* (*Jahrbuch des kaiserlich Deutschen Archäologischen Instituts*, 1886)
Heyer, F., *Priesterschaft und Inquisition* (Berlin, 1877)
Hiekisch, C., *Die Tungusen* (St. Petersburg, 1879)
Hildebrands Zeitschrift. → Jahrbücher를 볼 것.
Hildreth, R., *History of the United States* (New York, 1849)
Hoensbroech, Graf von, *Das Papstthum* (Band I. Leipzig, 1901)
Holm, G., *Angmagslikerne* (Kjøbenhavn, 1887)
Holub, E., *Sieben Jahre in Süd-Afrika, 1872~1879* (2 Bände. Wien, 1881)
Holub, E., *Von der Capstadt ins Land der Maschukalumbe, 1883~1887* (2 Bände. Wien, 1890)
Holzmann, A., *Indische Sagen* (2 Bände. Stuttgart, 1854)
Hontan. → Lahontan을 볼 것.
Hopkins, E. W., *The Religions of India* (Boston, 1895)
Horn, F. W., *Mennesket i den forhistoriske Tid* (Kjøbenhavn, 1874)
Hostmann, F. W., *De Beschaving van Negers in Amerika* (Amsterdam, 1850)
Howitt, A. W., *Native Tribes of South Eastern Australia* (London, 1904)
Hubbard, G. G., *The Japanese Nation* (Smithsonian Report, 1895)
Humbert, A., *Japan and the Japanese* (New York, 1874)
Hutchinson, H. N., *The Living Races of Mankind* (New York, 1902)

Ibn Batuta. → Batuta를 볼 것.
Ibrahim Ibn Jakub, *Sklavenlände* (Geschichtschreiber der Deutschen Vorzeit, XXXIII)
von Ihering, R., *The Evolution of the Aryan* (trans.) (London, 1897)
Inderwyck, F. A., *The King's Peace* (London, 1895)

International Archiv für Ethnologie
International Congress of Anthropologists (Chicago, 1893)
Iphigenia among the Taurians
Iphigenia in Aulis
Isidore of Seville, *Sententiae* (in Part IV of Institutiones Theologicae Antiquorum Patrum of Cardinal Tomasius)

Jackson, A. V. W., *Zoroaster* (London, 1899)
Jaeger, C., *Ulms Leben im Mittelalter* (Stuttgart, 1831)
Jahrbuch des Deutschen Archäologischen Instituts
Jahrbücher fur Nationalökonomie und Statistik, gegründet von B. Hildebrand
JAI = *Journal of the Anthropological Institute of Great Britain*
Janssen, J., *Geschichte des Deutschen Volkes* (8 Bände. Freiburg, 1892~1894)
JASB = *Journal of the Anthropological Society of Bombay*
Jastrow, M., *Religion of the Assyrians and Babylonians* (in the supplementary volume of Hastings's *Dictionary of the Bible*)
Jastrow, I., and Winter, G., *Deutsche Geschichte im Zeitalter der Hohenstaufen, 1125~1273* (2 Bände. Stuttgart, 1897~1901)
Jenks, E., *Law and Politics of the Middle Ages* (New York, 1898)
Jewish Encyclopedia (New York, 1905)
Johnston, Sir H., *The Uganda Protectorate* (2 vols. New York, 1902)
Jolly, J., *Les Seconds Mariages* (Paris, 1896)

Jolly, J., *Recht und Sitte der Indo-Aryer* (Strassburg, 1896)
Jolly, J., *Ueber die Rechtliche Stellung der Frauen bei den alten Indern* (Akademie der Wissenschaften zu München, 1876)
Josephus, F., *Opera* (Berlin, 1885~1895)
Journal of American Oriental Society
Journal of the Ethnological Society
Journal of Philology
Journal of the Royal Asiatic Society
Journal of the Society of Comparative Legislation
Julius Capitolinus, *Life of Marcus Aurelius* (in Scriptores Aug. Historiae) (Lipsiae, 1865)
Julleville, L. Petit de, *La Comédie et les Mœurs en France au Moyen Age* (Paris,

1886)
Junker, W., *Reisen in Afrika, 1875~1886* (3 Bände. Wien, 1875~1886)
Justi, F., *Geschichte des alten Persiens* (Berlin, 1879)
Juvenal, *Satires*
Juynboll, T. W., *Mohammedaansche Wet volgens de leer der Sjafi-itische School* (Leiden, 1903)

Keane, A. H., *Ethnology* (Cambridge, 1896)
Keller, A. G., *Homeric Society* (New York, 1902)
Kingsley, M. H., *Travels in West Africa* (New York, 1897)
Kingsley, M. H., *West African Studies* (New York, 1899)
Klein, J. L., *Geschichte des Dramas* (Leipzig, 1866)
Klose, H., *Togo* (Berlin, 1899)
Klugmann, N., *Die Frau im Talmud* (Wien, 1898)
Knight, Mrs. S. K., *Journey from Boston to New York in 1704* (New York, 1825)
Kohler, J., *Zur Urgeschichte der Ehe* (Stuttgart, 1897)
Kohler und Peiser, *Aus dem Babylonischen Rechtsleben*
Kolb [or Kolben], P., *Voyage to the Cape of Good Hope* (Mayor's Voyages, IV)
Kostomarow, H., *Domestic Life and Mores of the Great Russians in the Sixteenth and Seventeenth Centuries* (in Russian) (3rd ed. St. Petersburg, 1887)
Krasinski, *Cossacks of the Ukrain* (London, 1848)
Krauss, *Volksglaube und Religiöser Brauch der Süd-Slaven* (Münster, 1890)
von Kremer, A., *Kulturgeschichte des Orients unter den Chalifen* (2 Bände. Wien, 1875~1877)
Krieger, M., *Neu-Guinea* (Berlin, 1899)
Kubary, J., *Die Socialen Einrichtungen der Pelauer* (Berlin, 1885)
Kubary, J., *Nukuoro* (Hamburg, 1900)
Kubary, J. S., *Der Karolinen Archipel* (Leiden, 1895)
Kugler, B., *Die Kreuzzüge* (Berlin, 1880)

Lacroix, P., *Manners, Customs, and Dress during the Middle Ages and during the Renaissance Period* (London, 1876)
Lacroix, P., et Seré, F., *Le Moyen Age et la Renaissance* (5 tomes. Paris, 1848~1851)
Lafitau, J. F., *De Zeden der Wilden van Amerika, from the French* (Amsteldam, 1751)

de Lahontan, Baron L. A., *Nouveaux Voyages dans l'Amérique Septentrionale* (2 tomes. A la Haye, 1703; new edition by R. G. Thwaites, from the English edition of 1703, Chicago, 1905)

Laing, S., *The Heimskringla or Sagas of the Norse Kings, from the Icelandic of Snorre Sturlason* (4 vols. London, 1889)

Lane, E. W., *Manners and Customs of the Modern Egyptians* (2 vols. London, 1842)

Lane, E. W., *The Thousand and One Nights* (London, 1841)

von Langsdorff, G. H., *Voyages and Travels in Various Parts of the World, 1803~1807* (Carlisle, 1817)

Lazarus (in *Zeitschrift für Völkerpsychologie*, I)

Lea, H. C., *A History of the Inquisition of the Middle Ages* (3 vols. New York, 1888)

Lea, H. C., *History of the Inquisition of Spain* (4 Bände, New York/London 1906~1907)

Lea, H. C., *Sacerdotal Celibacy* (Philadelphia, 1867)

Lecky, W. E. H., *History of European Morals from Augustus to Charlemagne* (3rd ed. New York, 1877)

Lecky, W. E. H., *History of Rationalism in Europe* (New York)

Lefèvre, *Les Phénomènes de Suggestion et d'Autosuggestion* (Paris, 1903)

Lefèvre, A., *Race and Language* (New York, 1894)

Legrand d'Aussy, P. J., *Fabliaux ou Contes Fables et Romans du XIIme et du XIIIme Siècle* (Paris, 1829)

Lehmann, K., *Verlobung und Hochzeit* (München, 1882)

Leland, C. G., and Prince, J. D. *Kuloskap the Master* (New York, 1902)

Lenient, C., *La Satire en France au Moyen Age* (Paris, 1883)

Lewin, T. H., *Wild Races of Southeastern India* (London, 1870)

Libri-Carrucci, G. B., *Sciences Mathematiques en Italie depuis la Renaissance* (Paris, 1835)

Lichtenberger, H., *Le Poème et la Légende des Nibelungen* (Paris, 1891)

Lichtenstein, H., *Reisen im Südlichen Afrika, 1803~1806* (2 Bände. Berlin, 1811~1812)

Ling Roth. → Roth를 볼 것.

Lintilhac, E., *Théâtre Sérieux du Moyen Age* (Paris, no date)

Lippert, J., *Kulturgeschichte der Menschheit* (2 Bände. Stuttgart, 1887)

Little, W. J. K., *St. Francis of Assisi* (New York, 1897)

Livingstone, D., *Travels in South Africa* (2 vols. New York, 1858)

Livy

Lloyd, A. B., *In Dwarf Land and Cannibal Country* (New York, 1899)
Lope de Vega
Lorris, G. de, and Meung, J. de, *The Romant de la Rose* (trans. by F. S. Ellis) (London, 1900)
Lubbock, J., *Prehistoric Times* (London, 1872)
Lucian, *De Dea Syria*
Lucian, *Demonax*
Lucianus Samosatensis (Rostok, 1860) [I, Part II, 68, "End of the Wanderer"]
Lucius, P. E., *Der Essenismus* (Strassburg, 1881)
Lumholtz on the Tarahumari (*Scribner's Magazine*, October, 1894)
Lund, T., *Norges Historie* (Kjobenhavn, 1885)

Mabbe, J., *Celestina, or the Tragicke-Comedy of Calisto and Melibe, englished from the Spanish of Fernando de Rojas* (London, 1894)
Machiavelli, *Mandragore*. → Rousseau를 볼 것.
Macrobius, *Saturnalia*
Madras Government Museum
Magnin, C., *Histoire des Marionettes* (Paris, 1862)
Magnin, C., *Les Origines du Théâtre Moderne* (Paris, 1838)
Magnin, C., *Théâtre de Hrotsvitha* (Paris, 1845)
Mahaffy, J. P., *Egypt under the Ptolemaic Dynasty* (London, 1899)
Mahaffy, J. P., *Social Life in Greece* (London, 1874)
Mahaffy, J. P., *The Greek World under Roman Sway* (New York, 1890)
Maine, Sir H. S., *Ancient Law* (New York, 1871)
Maine, Sir H. S., *Early Law and Custom* (New York, 1883)
Mantegazza, P., *Gli Amori degli Uomini* (Milano, 1886)
Manu. → Bühler를 볼 것.
March, O. S. von der, *Völkerideale* (Leipzig, 1901)
Marco Polo. → Yule을 볼 것.
Margry, P., *Les Navigations Françaises* (Paris, 1867)
Marquardt, J., und Mommsen, T., *Römische Alterthümer* (Band I, Die Magistratur) (Leipzig, 1876)
Marsden, W., *Sumatra* (London, 1811)
von Martius, C. F. P., *Ethnographie und Sprachenkunde Amerikas zumal Brasiliens* (3 Bände. Band I, *Ethnographie Brasiliens*) (Leipzig, 1867)

Martins, J. P. Oliveira, *As Raças humanas e a Civilisação Primitiva* (Lisboa, 1881)
Martins, J. P. Oliveira, *Civilisação Iberica* (Lisboa, 1885)
Masi, E., *Storia del Teatro Italiano nel Secolo XVIII* (Firenze, 1891)
Mason, O. T. (*American Anthropologist*, IX)
Mason, O. T., *The Origin of Invention* (New York, 1895)
Maspero, G., *Peuples de l'Orient Classique* (3 tomes. Paris, 1899)
Masson, C., *Balochistan* (London, 1844)
de Maulde la Clavière, A. K., *Les Femmes de la Renaissance* (Paris, 1898)
Maurer, F., *Völkerkunde Bibel und Christenthum* (Leipzig, 1905)
Mauthner, F., *Kritik der Sprache* (3 Bände. Stuttgart, 1901~1902)
Mayer, F. M., *Geschichte Oesterreichs* (2 Bände. Leipzig, 1901)
McCabe, J., *St. Augustine and his Age* (London, 1903)
Medhurst, *Laws of Marriage Affinity and Inheritance in China* (*China Branch of the Royal Asiatic Society*, IV)
Meltzer, C., *Geschichte der Karthager* (2 Bände. Berlin, 1896)
Meyer, E., *Geschichte des alten Aegyptens* (Berlin, 1887)
Michael, E., *Geschichte des Deutschen Volkes* (2 Bände. Freiburg, 1899)
Middendorff, A. F., *Reisen in Siberien in 1843~1844* (4 Bände. St. Petersburg, 1847~1875)
Migne, J. P., *Patrologia Latina*
Migne, J. P., *Patrologia Graeca*
Mittheilungen der Anthropologischen Gesellschaft in Wien
Molmenti, P. G., *La Storia di Venezia nella Vita Privata* (Torino, 1885)
Mommsen, T, *Römische Strafrecht* (Duncker and Humboldt, 1899)
Monier-Williams, Sir M., *Brahmanism and Hinduism* (New York, 1891)
More, Sir T., *Utopia* (trans.) (London, 1899)
Moreau-Christophe, L. M., *Du Droit à l'Oisiveté* (Paris, 1849)
Morgan, L. H., *Ancient Society* (New York, 1877)
Müller, D. H., *Die Gesetze des Hammurabi* (Wien, 1903)
Müntz, E., *Leonardo da Vinci* (from the French) (New York, 1898)
Muratori, L. A., *Dissertazioni sopra le Antichità Italiane* (Vol. I, 267, Dissertazione XV, Delle Manumissioni de' servi) (Firenze, 1833)
Muratori, L. A., *Rerum Italicarum Scriptores Mediolani, 1723~1738* (→ Vol. IX, 134, on the cruelties of Ezzelino da Romano를 볼 것.)

Nachtigal, G., *Sahara und Sudan* (2 Bände. Berlin, 1879~1881)
Nadaillac, Marquis de, *Prehistoric America* (trans.) (New York, 1884)
Nansen, F., *Eskimo Life* (trans.) (London, 1893)
Nassau, R. H., *Fetichism in West Africa* (New York, 1904)
National Museum of the United States, Reports of the
Nekrassow, N. A., *Poems* (2 vols. 6 ed. St. Petersburg, 1895) (in Russ.). (In the second volume the poem "Who Lives Happily in Russia?"; German version in the Universal Bibliothek, 2447)
Nelson on the Eskimo (*Bureau of Ethnology*, XVIII, Part I)
Neumann, K., *Geschichte Roms während des Verfalls der Republik* (2 Bände. Breslau, 1881~1884)
Nieuwenhuis, A. W., *In Centraal Borneo* (2 tomes. Leiden, 1900)
Nilsson, S., *Les Habitants Primitifs de la Scandinavie* (Paris, 1868)
Nineteenth Century
Nivedita (Margaret E. Noble), *Web of Indian Life* (New York, 1904)
Novara Reise. → Wüllestorff를 볼 것.

Oliphant, L., *The Earl of Elgin's Mission to China and Japan* (London, 1859)
Opdyke. → Castiglione을 볼 것.
Otto, W., *Priester und Tempel im Hellenischen Aegypten* (Leipzig, 1905)

Pallas, P. S., *Voyages en Russie* (5 tomes. Paris, 1793)
Pandolfini, A., *Trattato del Governo della Famiglia* (Milano, 1902)
Parkinson, R., *Die Ethnographie der nordwestlichen Salomo Inseln* (Museum zu Dresden)
Pater, W. H., *Marius the Epicurean* (London, 1885)
Patrick, Psychology of Language (Expletives) (*Psychological Review*, VIII, 113)
Patursson, S. O., *Sibirien i vore Dage* (Kjøbenhavn, 1901)
Paulitschke, P., *Ethnographie Nordost Afrikas* (2 Bände. Berlin, 1896)
Peel, C. V. A., *Somaliland* (London, 1900)
Pellison, M., *Roman Life in Pliny's Time* (trans.) (Meadville, Pennsylvania, 1897)
Pereiro, A. C., *La Isla de Ponape* (Manila, 1895)
Perelaer, M. T. H., *Ethnographische Beschrijving der Dyaks* (Zaltbommel, 1870)
Peschel, O., *The Races of Man* (New York, 1876)
Petermann's Mittheilungen

[Peters, S.], *A History of Connecticut* (London, 1781)
Petri, E., *Anthropologie* (in Russ.) (St. Petersburg, 1890)
Petri, E., *Exceptiones Legum Romanorum* (in Appendix to Vol. II of Savigny, F. C., *Geschichte des Römischen Rechts im Mittelalter*, Heidelberg, 1834)
Petrie, W. M., *Flinders, Race and Civilization* (Smithsonian Report, 1895)
Pfeil, J., *Studien aus der Südsee* (Braunschweig, 1899)
Philo Judæus, The Contemplative Life
Philology, The Journal of (Cambridge, England)
Piccolomini, Æneas Silvius (Pope Pius II), *Die Geschichte Kaiser Friedrichs des Dritten* (übersetzt von Ilgen) (Leipzig, 1899)
Pickering, W. A., *Formosa* (London, 1898)
Pietschmann, R., *Die Phönizier* (Berlin, 1899)
Pike, L. O., *Crime in England* (London, 1873~1876)
Pinkerton, J., *Collection of Voyages* (17 vols. 1808~1814)
Pischon, C. N., *Der Einfluss des Islam auf das Leben seiner Bekenner* (Leipzig, 1881)
Pliny, *Naturalis Historia*
Plutarch, *Lives of Illustrious Men*
Pöhlmann, R., *Die Uebervölkerung der Antiquen Grossstädte* (Leipzig, 1884)
Politisch-Anthropologische Revue
Pollock, Sir F., and Maitland, F. W., *History of English Law* (Cambridge, 1895)
Polyptique de l'Abbé Irminon (ed. Guerard) (Paris, 1844)
Pommerol, J., *Une Femme chez les Sahariennes* (Paris)
Porphyrius, *De Abstinentia*
Portman, L., *Vacation Studies* (New York, 1902)
Powers, S., *The Tribes of California* (Washington, 1877)
Prescott, W. H., *The Conquest of Peru* (Philadelphia, no date)
Preuss, *Die Feuergötter* (Mitt. der Anthrop. Gesellschaft in Wien, XXXIII, 156)
Proceedings of the Society of Biblical Archeology
Proksch, O., *Die Blutrache bei den vorislamischen Arabern und Mohammeds Stellung zu ihr* (Leipzig, 1899)
von Prschewalsky, N., *Reisen in der Mongolei, 1870~1873* (Jena, 1881)
Prutz, H., *Kulturgeschichte der Kreuzzüge* (Berlin, 1883)
Przewalsky, H. M., *Travels in Central Asia* (in Russ.) (St. Petersburg, 1883; also 1900)

PSM = *Political Science Monthly*
Puini, C., *Le Origine della Civiltà* (Firenze, 1891)
Pullan, L., *History of the Book of Common Prayer* (New York, 1900)

Quintus Curtius Rufus. → Curtius를 볼 것.

Ralston, W. R. S., *Songs of the Russian People* (London, 1872)
Ranke, J., *Der Mensch* (Leipzig, 1894)
RAS = Royal Asiatic Society
Ratzel, F., *Anthropogeographie* (Stuttgart, 1882~1891)
Ratzel, F., *History of Mankind* (trans. of Völkerkunde) (New York, 1896)
Ratzel, F., *Völkerkunde* (3 Bände. Leipzig, 1885)
Rau, *Prehistoric fishing in Europe and North America*. (Washington: Smithsonian Institution, 1884)
von Räumer, F. L. G., *Historisches Taschenbuch* (Leipzig, 1te Folge, 1830~1839)
Reclus, E., *Primitive Folk* (New York, 1891)
Regnard, P., *Les Maladies epidémiques de l'esprit* (Paris, 1887)
Reich, H., *Der Mimus* (Berlin, 1903)
Reichel, O. J., *Canon Law: I. Sacraments* (London, 1896)
Renan, E., *Averroes et l'Averroisme* (Paris, 1861)
Rerum Script. Ital. → Muratori를 볼 것.
Retzius, G., *Finska Kranier* (Stokholm, 1878)
Revue de l'École d'Anthropologie de Paris
Rheinisches Museum
Ridgeway, W., *The Origin of Metallic Currency and Weight Standards* (Cambridge, 1892)
Risley, H. H., *Census of India*, 1901: I, *Ethnographic Appendices* (Calcutta, 1903)
Rockhill, W. W., *Mongolia and Thibet in 1891~1892* (Washington, 1894, and Smithsonian Report for 1892, p. 659)
Rockhill, W. W., trans. of William of Rubruck's Journey to the Eastern Parts of the World, 1253~1255 (Hakluyt Society, 2nd Series, No. 4. London, 1900)
Rodbertus, *Die agrarische Entwickelung Roms unter den Kaisern* (Hildebrand's Jahrbücher, II, 206, and following articles)
Rogers, R. W., *Babylonia and Assyria* (New York, 1901)
Rohde, E., *Psyche* (2te Ausg. Freiburg, 1898)

Rohlfs, G., *Reise durch Nord-Afrika von Tripoli nach Kuka* (Gotha, 1868) *Petermann's Geographischen Mitteilungen*, Ergaenzungsheft, XXV.

de Rojas. → Mabbe를 볼 것.

Romaunt de la Rose. → Lorris를 볼 것.

Rosenbaum, J., *Die Lustseuche* (Halle, 1892)

von Rosenberg, S. B. H., *Reistochten naar de Geelvinkbaai op Nieuw Guinea, 1869~1870* ('s Gravenhage, 1875)

Rossbach, A., *Römische Hochzeits- und Ehe-Denkmäler* (Leipzig, 1871)

Rossbach, G. A. W., *Die Römische Ehe* (Stuttgart, 1853)

Rossbach, J. J., *Geschichte der Familie* (Nordlingen, 1859)

Roth, H. Ling, *Natives of Sarawak and British North Borneo* (New York, 1896)

Roth, H. Ling, *The Aborigines of Tasmania* (London, 1890)

Roth, W. E., *The Northwest Central Queensland Aborigines* (Brisbane, 1897)

Rothe, T., *Nordens Staatsverfassung vor der Lehnszeit* (aus dem Dänischen. Leipzig, 1784~1789, 296)

Rousseau, J. B., Œuvres (IV, 305, trans. of Machiavelli's "Mandragore") (Paris, 1820)

Rubruck. → Rockhill을 볼 것.

Rudeck, W., *Geschichte der oeffentlichen Sittlichkeit in Deutschland* (Jena, 1897)

Russian Ethnography: The Peoples of Russia (published by the Journal "Nations and Peoples," St. Petersburg, 1878) (in Russ.)

de Saint Genois, J., *Sur des Lettres Inédites de Jacques de Vitry écrites en 1216* (in *Nouveaux Mémoires de l'Académie Royale des Sciences, Lettres, et Beaux Arts de Belgique*, XXIII, 1849)

Salviani Opera Omnia (Vindobonae, 1883) (Corpus Script. Ecclesiast., VIII)

Sarassin, P. and F., *Die Weddahs* (Wiesbaden, 1893)

Sarpi, Fra Paolo, *Della Inquisizione di Venezia* (in Vol. IV of his Opere)

Savigny. → Petri를 볼 것.

Schaafhausen, *Menschenfresserei und das Menschenopfer* (*Archiv für Anthropologie*, IV, 245)

von Schack, A. F., *Geschichte der Dramatische Literatur und Kunst in Spanien* (Frankfurt, 1854)

Schallmeyer, W., *Vererbung und Auslese* (Jena, 1903)

Scheltema, J., *Volksgebruiken der Nederlanders bij het Vrijen en Trouwen* (Utrecht, 1832)

Scherillo, M., *La Commedia dell'Arte in Italia* (Torino, 1884)
Scherr, J., *Deutsche Frauenwelt* (Leipzig, 1898)
Scherr, J., *Deutsche Kultur- und Sittengeschichte* (Leipzig, 1879)
Schmidt, C., *La Société Civile dans le Monde Romain et sa Transformation par le Christianisme* (Strassbourg, 1853)
Schmidt, E., *Ceylon* (Berlin, 1897)
Schoemann, G. F., *Griechische Alterthümer* (Berlin, 1897)
Schomburgk, R., *Britisch Guiana in 1840~1844* (Leipzig, 1847)
Schotel, G. D. J., *Het Oud-Hollandsch Huisgezin der Zeventiende Eeuw* (Haarlem, 1867)
Schotmüller, K., *Untergang des Templer-Ordens* (Berlin, 1887)
Schrader, E., *The Prehistoric Antiquities of the Aryan Peoples* (trans.) (London, 1890)
Schultz, A., *Das Höfische Leben zur Zeit der Minnesinger* (Leipzig, 1879~1880)
Schultz, A., *Deutsches Leben in XIVten und XVten Jahrhundert* (Cited D. L.) (Leipzig, 1892)
Schultze, *Psychologie der Naturvölker*
Schurz, H., *Entstehungsgeschichte des Geldes* (*Deutsche Geographische Blätter*, XX, Bremen, 1897)
Schwaner, C. A. L. M., *Borneo* (Amsterdam, 1853)
Schweinfurth, G., *The Heart of Africa* (trans.) (New York, 1874)
Scientific American
Scribner's Magazine
Scripta Historica Islandorum: II. Historiae Olavi Trygvii (Hafniae, 1827)
Seeck, G., *Untergang der antiquen Welt* (Berlin, 1895)
Selenka, E., *Der Schmuck des Menschen* (Berlin, 1900)
Semon, R., *In the Australian Bush* (New York, 1899)
Semper, K., *Die Palau Inseln* (Leipzig, 1873)
Seneca, *De Ira*
Seneca, *Letters*
Seneca, *Opera*
Serpa Pinto, *Como eu atravassei Africa* (London, 1881)
Seuberlich. → Nekrassow를 볼 것.
Sibree, J., jr., *The Great African Island* (London, 1880)
Sieroshevski, V. L., *Jakuty* (in Russ.) (St. Petersburg, 1896)
Sieroshevski, V. L., *Twelve Years in the Country of the Yakuts* (Polish version of

the last with revision and additions) (Warsaw, 1900)
Simkhovitsch, W. G., *Die Feldgemeinschaft in Russland* (Jena, 1898)
Simrock, K., *Das Nibelungen Lied* (Stuttgart, 1890)
Smith, A. H., *Chinese Characteristics* (New York, 1894)
Smith, W. Robertson, *Kinship and Marriage in early Arabia* (Cambridge, 1885)
Smith, W. Robertson, *Religion of the Semites* (London, 1894)
Smith, William (ed.). *Dictionary of Greek and Roman Antiquities* (London: John Murray)
Smithsonian Institute, Reports of the,
Smithsonian Contributions to Knowledge
Smyth, R. B., *The Aborigines of Victoria* (Melbourne, 1878)
Snouck-Hurgronje, C., *De Atjehers* (Leyden, 1894~1895)
Snouck-Hurgronje, C., *Mekka* (Haag, 1889)
Snyder, W. L., *The Geography of Marriage* (New York, 1889)
Sohm, R., *Trauung und Verlobung* (Weimar, 1876)
Southey, R., *History of Brazil* (London, 1822)
Spencer, B., and Gillen, F. J., *Native Tribes of Central Australia* (New York, 1899)
Spencer, H., *Principles of Sociology* (New York, 1905)
Spiegel, F., *Eranische Alterthumskunde* (Leipzig, 1871~1878)
Spix, J. B., und Martius, C. F. P., *Reise in Brasilien, 1817~1820* (München, 1831)
Sprenger, A., *Die Alte Geographie Arabiens* (Berlin, 1875)
Sprenger, F. J., *Malleus Maleficarum* (Venici, 1576)
Stammler, C., *Stellung der Frauen* (Berlin, 1877)
Starcke, C. N., *The Primitive Family* (New York, 1889)
von den Steinen, K., *Naturvölker Zentral Brasiliens* (Berlin, 1894). Shingu Tribes (Berlin Mus., 1888)
Steinmetz, S. R., *Endo-Kannibalismus, Mitteilungen der Anthropologischen Gesellschaft in Wien,* XXVI
Stengel, P., *Die Griechischen Kultusalterthümer* (München, 1898)
Stevens, H. V., *Frauenleben der Orang Belendas, etc.* (*Zeitschrift für Ethnologie*, XXVIII, 163)
Stieda, L., *Die Infibulation* (Wiesbaden, 1902)
Stiles, H. M., *Bundling in America* (Albany, 1869)
Stoll, O., *Suggestion und Hypnotismus in der Völkerpsychologie* (Leipzig, 1904)
Strabo, *Geographica*

Strange, Sir W. T., *Hindu Law* (London, 1830)
Strauss, A., *Die Bulgaren* (Leipzig, 1898)
Strong, J. C., *Wakeenah and her People* (New York, 1893)
Stubbs, W., *Constitutional History of England* (Oxford, 1874)
Stubbs, W., *Select Charters* (Oxford, 1874)
Stuhlmann, F., *Mit Emin Pascha ins Herz von Afrika* (Berlin, 1894)
Suetonius, *De XII Caesaribus*
Surtees Society (Vols. LIX and LX), *Manuale et Processionale ad usam insignis Ecclesiae Eboracensis* (Edinburgh, 1875)
Susemihl, F. K. E., *Geschichte der Griechischen Literatur in der Alexandriner Zeit* (Leipzig, 1891~1892)
Symonds, J. A. → Gozzi를 볼 것.
Symonds, J. A., *The Catholic Reaction* (London, 1886)
Symonds, J. A., *The Renaissance in Italy* (London, 1875)
Symonds, J. A., *Autobiography of Cellini* (New York, 1888)

Tacitus, *Germania*
Tacitus, *Annals*
Temesvary, R., *Volksbräuche und Aberglaube in der Geburtshilfe* (Leipzig, 1900)
Tertullian, *de Anima*
Tertullian, *Apologia*
Tertullian, *de Spectaculis*
Tertullian, *ad Nationes*
Thayer, W. M., *Marvels of the New West* (Norwich, Conn., 1888)
Thomae Aquinatis Opera Omnia jussu impensaque Leonis XIII, P. M. (Rome, 1892)
Thomae Aquinatis Opuscula Omnia (Paris, 1534)
Thomson, J., *Illustrations of China* (London, 1873)
Thruston, Gates Phillips, *The Antiquities of Tennessee and the Adjacent States and the State of Aboriginal Society in the Scale of Civilization Represented by Them.* (Cincinnati, Ohio: The R. Clarke Company, 1897)
Tiele, C. P., *Geschichte der Religion im Alterthume* (Gotha, 1896)
Times, The New York
Todd, J. H., *Life of St. Patrick* (Dublin, 1864)
Tornauw, *Das Moslimische Recht* (Leipzig, 1855)
Trevelyan, G. M., *England in the Age of Wycliffe* (New York, 1899)

Two Ways, The. → Apostolic Constitutions를 볼 것.
Tylor, E. B., *Anthropology* (New York, 1881)
Tylor, E. B., *Early History of Mankind* (London, 1865)

Ueberweg, F., *History of Philosophy* (trans.) (New York, 1873)
Uhland, *Geschichte der Dichtung und Sage* (Stuttgart, 1865)
Umschau, Die

Valerius Maximus, *Factorum et Dictorum Memorabilium libri novem*
Vambery, H., *Sittenbilder aus dem Morgenlande* (Berlin, 1877)
Vanutelli, L., e Citerni, C., *L'Omo* (Milano, 1899)
de Varnhagen, F. A., *Historia Geral do Brazil* (Rio de Janeiro, 1854~1857)
Venetian Ambassadors. → Alberi를 볼 것.
Veth, P. J., *Borneo's Wester-Afdeeling* (Zaltbommel, 1856)
Vinogradoff, P. G., *Villainage in England* (Oxford, 1892)
Vissering, W., *On Chinese Currency* (Leiden, 1877)
Vitry. → Saint Genois를 볼 것.
Volkens, G., *Der Kilimandscharo* (Berlin, 1897)

Wachsmuth, *Bauernkriege* (Räumer, *Historisches Taschenbuch*, V)
Waitz, F. T., *Anthropologie* (1859~1872)
Wallon, H. A., *L'Esclavage dans l'Antiquité* (Paris, 1847)
Weinhold, K., *Die Deutschen Frauen in dem Mittelalter* (Wien, 1882)
Wellhausen, J., *Die Ehe bei den Arabern* (Göttingen, 1893)
Wellhausen, J., *Skizzen und Vorarbeiten* (Berlin, 1887)
Wellsted, J. R., *Travels in Arabia* (London, 1837)
Westerhout, R. A., *Het Geslachtsleven onzer Voorouders in de Middeleeuwen* (Amsterdam, no date)
Westermarck, E., *Human Marriage* (London, 1891)
Whitmarsh, H. P., *The World's Rough Hand* (New York, 1898)
Whitney, W. D., *Language and the Study of Language* (New York, 1867)
Wiklund, K. B., *Om Lapparna i Sverige* (Stockholm, 1899)
Wilken, G. A., *Huwelijks- en Erfrecht bei de Volken van Zuid Sumatra* (Bijdragen tot T. L. en V.- kunde van Indie, XL)
Wilkins, D., *Concilia Magnae Britanniae et Hiberniae, 446~1717* (London, 1737)

Wilkins, W. J., *Modern Hinduism* (London, 1887)
Williams, S. W., *The Middle Kingdom* (New York, 1883)
Wilson, C. T., and Felkin, R. W., *Uganda and the Egyptian Sudan* (London, 1882)
Wilutsky, P., *Mann und Weib* (Breslau, 1903)
Winckler, H., *Die Gesetze Hammurabis* (Leipzig, 1902)
Winter, E. → Jastrow, J.를 볼 것.
Wisen, T., *Om Qvinnan i Nordens Forntid* (Lund, 1870)
Wissowa, G., *Religion und Kultus der Römer* (München, 1892)
Wobbermin, G., *Beeinflussung des Urchristenthums durch das Mysterienwesen* (Berlin, 1896)
Woodford, C. M., *A Naturalist among the Headhunters* (London, 1890)
Wüllestorff und Urbair, *Reise der Novara um die Erde, 1857~1859* (Wien, 1861~1865)
Wundt, W., *Ethik* (Stuttgart, 1892)

Xenophon, *Economicus*
Xenophon, *Symposium*
Xiphilin, *The History of Dio Cassius abridged* (trans. by Dr. Manning) (London, 1704)

Yriarte, C., *La Vie d'un Patricien de Venise* (Paris, 1874)
Yule, H., *Mission to Ava in 1855* (London, 1858)
Yule, H., *The Book of Ser Marco Polo* (London, 1903)

Zappert, G., *Das Badewesen* (*Archiv für Kunde oesterreichischer Geschichtsquellen*, XXI)
de Zarate, A. Gil, *Literatura Española* (Madrid, 1874)
Zay, E., *Histoire Monétaire des Colonies Françaises* (Paris, 1892)
Zeitschrift für Ethnologie
Zeitschrift für Vergleichende Rechtswissenschaft
Zeitschrift für Völkerpsychologie
Zeitschrift für Volkskunde
Zimmer, H., *Altindisches Leben* (Berlin, 1879)

| 찾아보기 |

ㄱ

가공품 / 219
가마우지 / 204
가변 자본 / 274
가변성 / 137
가우초 / 232
가톨릭 / 158
가톨릭교회 / 26
간다르바 결혼 / 180
갈라족 / 241
감탄사 / 229
강경증 / 40
개구음 / 231
개성 / 42, 73
개인 / 35
개인주의 / 161
개혁가 / 193
거북등 / 209
게르만족 / 134
결혼 / 7, 89, 90, 111
경쟁 / 29
경향 / 2
계층 / 66, 67, 72
고고학자 / 208, 209
고기잡이 / 201
고정 자본 / 274

곡물법 / 187
골튼(Galton) / 67
공화제 / 284
과격한 공화주의 / 284
과학 / 275
과학적 세계관 / 130
관례 / 89
관례화 / 111, 112
관습 / 4, 5, 11
관습법 / 91
광고 / 41
교육 / 85, 112, 191
교의 / 12, 138
교조 / 56
교착어 / 234
교환 / 261
교회법 / 135
교훈 / 110
구슬 / 247
구약성서 / 113, 260
구타페르카 / 248
국가 / 26
국민 / 84
국민성 / 120
국민의 정신 / 121
군국주의 / 161, 270
군주제 / 284

군중 / 33, 35, 36, 39
굴절어 / 234
굶주림 / 32
권력 / 82, 107, 268
권리 / 50, 107, 268
귀게스 / 15
귀신 홀림 / 40
귀족 / 152, 155, 274, 280
귀족정치 / 126
귀쿠르족 / 230
규약 / 127
규율 / 106
그랜드 바삼 / 242
그리스 / 169, 173
그린란드 에스키모 / 23
그림(Grimm) / 18
극장 / 113
금권주의 / 253
금기 / 46, 49, 52, 53
금언 / 138
금욕주의 / 271
금지 입법 / 189
기독교 / 26, 102
기술 / 219
끈끈이 덫 / 198

ㄴ

나쁜(ill) / 14
나폴레옹 / 142, 283
낙태 / 175
남북전쟁 / 127

네메시스 / 15
노동 / 269
노동 계층 / 280
노동조합 / 157
노동조합주의 / 88
노르만법 / 137
노예제 / 66, 147, 180
노인살해 / 180
놋쇠 동전 / 250
농노 / 280
농노제 / 139, 147, 279
농업 / 7
누마 / 140
뉴기니 / 233
뉴브리튼 / 233, 252
뉴사우스웨일스 / 198
뉴잉글랜드 / 140
니베디타 / 119, 150
니시남족 / 256
니암니암 / 246
니제르강 보호령 / 220
니코바르 제도 / 43

ㄷ

다듬돌 / 207
다야크족 / 237
대용화폐 / 242
대장장이 / 205
대중 / 70, 75, 97
대중현상 / 32, 40, 57
던드레리 / 71

도덕 / 50, 62
도르도뉴 / 208
독재정치 / 126, 145, 147
돌 화폐 / 251, 254
돌도끼 / 206, 210, 216
돗자리 화폐 / 249
동족결혼 / 44
동질화 / 190
동화 / 77
두려움 / 32
드레스덴 박물관 / 206

ㄹ

라오족 / 238
라프족 / 23
라피타우(Lafitau) / 214
란사로테 / 202
러스킨(Ruskin) / 79
러시아 / 121, 145
레오니다스 / 179
로마 / 134, 169, 173
로마 제국 / 165
로마법 / 134, 135
로어노크 / 258
뤼순항 / 116
르 무스티에 동굴 / 208
르네상스 / 77, 153
리빙스턴 정책 / 184
리쿠르고스 / 140
링컨 / 148

ㅁ

마녀 / 36, 39
마녀 박해 / 97
마노 / 239
마누 법전 / 91
마다가스카르 / 43
마르티니크섬 / 128
마코롤로족 / 233
마흐디 / 86
막피 / 211
만단족 / 132
말도니우스 / 179
말라카반도 / 44
말레이영어 / 233
망령 / 3, 49, 51, 54
망상 / 56
매너 / 62, 63, 155, 277
먼로주의 / 103
메디치(Gian Angelo Medici) / 194
메로빙거 왕조 / 162, 164
멜라네시아 / 251
멜란테우스 / 178
모라비아 교도 / 159
모레스 / 4, 6, 37, 47, 52, 62, 93, 94, 95
모방 / 6, 33, 36, 37
모세 / 133, 140
모세 5경 / 154
모헤스인 / 256
목축 / 7
몸짓 / 99

무굴족 / 120
무능자 / 69
무산 계급 / 70, 280
무어족 / 102
무함마드 / 46
문명 / 89
문명국가 / 44
문명인 / 44
문화변용 / 218
미개 사회 / 2, 19, 100
미개인 / 2
미국 / 104
미케네 / 260
민속지학(ethnography) / 2
민습연구(ethology) / 62
민족 / 72
민족심리학 / 33, 64
민주국가 / 104
민주주의 / 126, 161, 275

ㅂ

바빌론 유수 / 129
바수토족 / 185
바탁족 / 54
반투 / 185
발화 / 225
방식 / 226
방언 / 231
범례 / 19
법률 / 89, 91, 92
베네치아 / 104, 120

베다 / 258
베세머(Bessemer) / 221
벨렌다 / 44
벼락부자 / 277
벽옥 / 239
변이 / 137, 190
보도쿠도족 / 198
보상 / 17
보야르 / 276
보조금 제도 / 168
보헤미아 / 248
보호관세 / 286
보호무역 / 188
복리 / 4, 38, 55, 88, 95
본능 / 3
봉건제도 / 135
부 / 268, 272
부랑인 / 69
부르주아지 / 285
부시먼 / 43, 46
부싯돌 / 207
부정 / 44
불교 / 192
불길한 예감(omen) / 35
불멸성 / 17
불문법 / 91
불운 / 9, 12
불행 / 9, 14
브라만교 / 101
비스콘티(Gian Galeazzo Visconti) / 105
비유 / 235

비잔틴 제국 / 162, 164
비판 / 41, 42
빈곤 / 268
빈민 / 69

ㅅ

사도헌장 / 269
사모예드 / 232
사변철학 / 142
사신(邪神) / 18
사제 대용화폐 / 247
사형(私刑) / 35, 41
사회 계층 / 275
사회 관리 / 192
사회 변동 / 88
사회 복리 / 4, 49, 52, 53, 54
사회 정책 / 83
사회 환경 / 111
사회과학 / 58
사회적 가치 / 68
사회적 낙오자 / 69
사회적 응결 / 59
사회적 힘(social force) / 3, 274
사회 정책 / 160
사회정책학 / 64
산업 조직 / 278
산업주의 / 121
삶의 방식 / 8
상 / 39
상류 계층 / 76, 77, 78
상상력 / 55

상업주의 / 161
상징 / 39, 85, 99
생 아슐 / 208
생존 경쟁 / 7, 27
생활 방침 / 8, 50, 110
생활 수준 / 288
샬메이어(Schallmeyer) / 149
서로마 제국 / 191
서사시 / 172
서아시아 / 169
선 / 12, 14
선거 / 108
선결문제 요구의 오류 / 160
선교사 / 177, 252
선동 / 86, 87
선동가 / 38
성공 지침 / 56
성욕 / 32
성적 부도덕 / 175
성직자 / 113, 152, 285
성직자 제도 / 134
세계관 / 9, 14, 50, 51, 58
세계동포주의 / 121
세리족 / 24, 30, 208, 220
세속 / 170
섹(Seeck) / 168
셈어 / 234
셈족 / 169
셸리언기 / 206
솔론 / 140, 173
쇼비니즘 / 27
수렵 / 223

쉐이커 교도 / 159
슈타믈러(Stammler) / 137
스링킷족 / 201
스미소니언 박물관 / 209
스톨(Stoll) / 194
스파르타 / 175
스펜서(Spencer) / 11
스포츠 / 114
슬라브 / 192
습관 / 4, 5
습속 / 3, 13, 37, 45, 49, 54, 58, 93, 97
시대정신 / 64
시민 / 111
시민법 / 136
시민적 자유 / 81
시민전쟁 / 277
시행착오 / 2, 9
식민지 / 275
신념 / 161
신대륙 / 275
신도 / 150, 205
신분 / 110
신약성서 / 133
신호 / 99
신화 / 23, 48, 54, 112, 113
신화적 세계관 / 52
신흥 국가 / 275
신흥 종교 / 77
실정법 / 91
십일조 / 136
싱구 / 199, 202

싸움용 도끼 / 207

ㅇ

아라와크족 / 230
아르마딜로 / 199
아르멩골 / 255
아먼(Ammon) / 67
아비폰족 / 200
아시리아 / 61
아우구스투스 / 165
이피게네이아 / 24
아이누족 / 23, 202
아이스킬로스 / 179
아킬레우스 / 178
악(evil) / 14
안다만족 / 250
알렉산드르 2세 / 147
알비파 / 144
암시 / 33, 34, 36, 41, 56
암시 감응성 / 34, 36
앙시앵 레짐 / 283
애국심 / 25, 26
야쿠트족 / 44, 139
야훼 / 17
어드미럴티 군도 / 214
언어 / 223
에스키모 / 43
에우리클레이아 / 178
에우리피데스 / 24
에우메니데스 / 179
에토스 / 62, 63, 115

에티켓 / 99
엘리사 / 16
연금 제도 / 286
연속성 / 59
열광 / 37, 39
염세주의 / 169, 171
예수회 / 142
예술 / 7
예언자 / 168
예휴 / 16
오디세우스 / 178
오디세이 / 178
오레스테스 / 179
오로모족 / 241
오이디푸스 / 17
올보스 / 171
왐펌피그 / 258
왕 / 275
요술(witchcraft) / 95, 187
요제프 2세 / 124, 151
용례 / 49, 62, 89, 94, 98
우랄 알타이어 / 232
우로 / 256
우리 집단 / 19, 20
원시 농경 사회 / 272
원시 종교 / 100
웨스트민스터 법령 / 137
유로크족 / 199
유목 / 46
유스티니아누스 법전 / 91, 135
유아살해 / 95, 180
윤리 / 61, 62

윤리 지침 / 56
윤리학 / 63
융합 / 190, 191
은(銀) 선동 / 86
은어 / 38, 236
은유 / 224
은행 / 89
음바야족 / 22
음절 / 228
응결성 / 59
의례 / 14, 106, 132
의례적 용례 / 6
의성어 / 229
의식 / 100, 134
이교도 / 36, 157
이득 / 32
이로쿼이족 / 103
이상 / 55
이스트레이크(Eastlake) / 79
이슬람 / 26, 101
이신론자 / 152
이에야스 / 149
이익 / 32
이집트인 / 192
이탈리아 / 166
이해 관심 / 4, 47, 57, 68, 103
인격 / 73
인공 도끼 / 206
인구통계학 / 160
인도 / 46, 115
인도주의 / 47, 66
인디언 / 177

인류학 / 2
인생관 / 57
인종 / 72, 73
인품 / 42
일관성 / 59, 65
일리아드 / 178
일본 / 115
일부다처제 / 125
일부일처제 / 125

ㅈ

자기 암시 / 33
자민족중심주의 / 21
자본 / 285
자본가 / 274
자연 / 36
자연권 / 281
자연인 / 23, 44, 227
자연적인(natural) / 48
자유 / 111, 116
자유무역 / 187, 189
작센 법전 / 135
잠언 / 269
재능 있는 사람 / 70
저주 / 44
적대적 협동 / 27, 30, 31
전도사 / 184
전사 / 285
전쟁 / 7, 60
전통 / 19, 49, 76, 77
절대군주 / 151

점성술 / 37
접사 / 229
정당 / 31, 108
정치경제학 / 63
정치철학 / 107
제국주의 / 162
제도 / 89, 90, 92
제휴 / 29
조개껍데기 / 246, 251
조로아스터교 / 140, 270
조직 / 29, 89
조합 / 229
족내혼 / 274
족외혼 / 20
족장 / 105, 272
종교 / 7, 66, 89, 90
종족 / 72
좌우명 / 36
주물 숭배 / 209
주술 / 7, 10, 225
주술사 / 272
주술의 / 105
주화 / 237
중간 계층 / 84, 85, 285
중국 / 115
중산 계층 / 279
중세 교회 / 116
지배 관념 / 227
지배 물품 / 250, 262
지배계층 / 285
지배적 화폐 대용품 / 241, 244
지속성 / 137

지시사 / 229
지식 / 13, 33, 55
진보 / 36
집단 / 102
집단 간 화폐 / 242
집단 내 화폐 / 242
집단 심리학 / 121
집시 / 186

ㅊ

차다크 / 260
차르 / 145
창의력 / 200
천공 도구 / 221
천재 / 70
철학 / 61
청교도 / 154, 158
청정 의식 / 205
체사레 보르자 / 105
초기 기독교 / 77
초자연적인 존재에 대한 믿음 /
　　10, 45, 51, 56
최빈치 / 83
추론 / 58, 187
추장 / 251
축칩 / 191
충동 / 34, 85

ㅋ

카록족 / 257
카르마 / 119

카르타고인 / 134
카리브 / 23, 230
카스트 / 47
카피르족 / 181
칼데아 / 61
캐롤라인 제도 / 204
코라리마 / 241
코펜하겐 박물관 / 206
퀘이커교도 / 159
퀴로스 / 16
크로이수스 / 15, 16
크루족 / 243
크리스천(Christian) / 231
크세르크세스 / 179

ㅌ

타라우마라족 / 199, 237
타로 토란 / 204
타인 집단 / 19, 21
타키투스 / 165
타타르인 / 145
태고의 우매성 / 7
태즈메이니아 / 207
테르툴리아누스 / 165
테쿰세 / 103
토베 / 246
토지 / 272, 275
토템 동물 / 46
토템 신앙 / 46
통각 / 228
통발 / 201

통치자 / 272
투척검 / 200
투척봉 / 200
투피족 / 21, 231
퉁구스족 / 23, 139
튜튼 / 192
트란스발 / 246
티뷰론 / 220

ㅍ

파(Farr) / 75
파르티아 / 165
파벌 / 31, 287
파생 / 229
파생어 / 229
파우사니아스 / 178
파탄족 / 120
파트로클레스 / 178
파파게리아 사막 / 29
팔라우 제도 / 239
팔로메타 / 200
페르난도 포 / 246
펠로폰네소스 / 173
편견 / 35, 37
편의 / 32, 52, 58
평행론 / 218
포교 / 183
포나페이아어 / 231
폰 괴첸 / 247
폰티악 / 103
폴뤼크라테스 / 15

폴리네시아 / 202
폼므롤(Madame Pommerol) / 31
표트르 대제 / 121, 145
풍속 / 11
풍습 / 60
풍자 희극 / 63
프랑스 혁명 / 88, 282
프리드리히 2세 / 143
프리드리히 2세(프로이센) / 153
플리니우스 / 170
피지 제도 / 245
핀란드 / 232
필리프 4세(미남왕) / 39
필요 / 2, 167

ㅎ

하드리아누스 / 169
하렘 / 183
하워드 시대 / 188
하월 / 256
하위 집단 / 66, 72, 288
하위문화 / 66
하층 계급 / 47
한사상속 / 279
한자 / 104
해방 / 111
행복 / 9, 12, 14
행운 / 9, 12, 13, 14
허영 / 32
헤로도토스 / 172
혁명 / 141, 142

혁명가 / 283
협력 / 65
형이상학 / 64
호메로스 / 177
홀 / 222
화살촉 / 215
화폐 / 236
확률 오차 곡선 / 68

후파족 / 256
흑요석 / 214
히즈키야 / 17
힌두 / 48
힌두스탄 / 46, 238
힌두인 / 112, 150
힘(force) / 105

절번호 찾아보기

1권

절번호	쪽
1.	2
2.	3
3.	5
4.	6
5.	8
6.	9
7.	11
8.	11
9.	12
10.	15
11.	17
12.	19
13.	19
14.	20
15.	21
16.	22
17.	23
18.	24
19.	25
20.	27
21.	27
22.	32
23.	33
24.	34
25.	37
26.	40
27.	41
28.	42
29.	45
30.	48
31.	49
32.	50
33.	51
34.	52
35.	52
36.	54
37.	55
38.	56
39.	57
40.	58
41.	60
42.	62
43.	63
44.	64
45.	65
46.	66
47.	67
48.	68
49.	68
50.	71
51.	72
52.	75
53.	78
54.	78
55.	80
56.	81
57.	83
58.	84
59.	85
60.	87
61.	89
62.	91
63.	92
64.	93
65.	95
66.	97
67.	98
68.	101
69.	102
70.	103
71.	105
72.	107
73.	110
74.	111
75.	114
76.	115
77.	119
78.	119
79.	120
80.	124
81.	127
82.	128
83.	129
84.	131
85.	132

86. ⋯⋯ 135	120. ⋯⋯ 190	154. ⋯⋯ 261
87. ⋯⋯ 136	121. ⋯⋯ 192	155. ⋯⋯ 263
88. ⋯⋯ 137	122. ⋯⋯ 198	156. ⋯⋯ 265
89. ⋯⋯ 140	123. ⋯⋯ 201	157. ⋯⋯ 268
90. ⋯⋯ 141	124. ⋯⋯ 203	158. ⋯⋯ 269
91. ⋯⋯ 143	125. ⋯⋯ 204	159. ⋯⋯ 270
92. ⋯⋯ 145	126. ⋯⋯ 205	160. ⋯⋯ 272
93. ⋯⋯ 146	127. ⋯⋯ 206	161. ⋯⋯ 273
94. ⋯⋯ 148	128. ⋯⋯ 210	162. ⋯⋯ 274
95. ⋯⋯ 149	129. ⋯⋯ 212	163. ⋯⋯ 276
96. ⋯⋯ 150	130. ⋯⋯ 215	164. ⋯⋯ 278
97. ⋯⋯ 151	131. ⋯⋯ 216	165. ⋯⋯ 280
98. ⋯⋯ 153	132. ⋯⋯ 218	166. ⋯⋯ 282
99. ⋯⋯ 155	133. ⋯⋯ 220	167. ⋯⋯ 285
100. ⋯⋯ 156	134. ⋯⋯ 221	168. ⋯⋯ 288
101. ⋯⋯ 158	135. ⋯⋯ 222	169. ⋯⋯ 289
102. ⋯⋯ 160	136. ⋯⋯ 225	
103. ⋯⋯ 162	137. ⋯⋯ 225	2권
104. ⋯⋯ 164	138. ⋯⋯ 230	170. ⋯⋯ 3
105. ⋯⋯ 167	139. ⋯⋯ 232	171. ⋯⋯ 3
106. ⋯⋯ 168	140. ⋯⋯ 233	172. ⋯⋯ 6
107. ⋯⋯ 171	141. ⋯⋯ 234	173. ⋯⋯ 7
108. ⋯⋯ 171	142. ⋯⋯ 236	174. ⋯⋯ 9
109. ⋯⋯ 173	143. ⋯⋯ 239	175. ⋯⋯ 10
110. ⋯⋯ 175	144. ⋯⋯ 241	176. ⋯⋯ 11
111. ⋯⋯ 175	145. ⋯⋯ 244	177. ⋯⋯ 12
112. ⋯⋯ 176	146. ⋯⋯ 246	178. ⋯⋯ 14
113. ⋯⋯ 177	147. ⋯⋯ 247	179. ⋯⋯ 15
114. ⋯⋯ 180	148. ⋯⋯ 250	180. ⋯⋯ 16
115. ⋯⋯ 183	149. ⋯⋯ 251	181. ⋯⋯ 16
116. ⋯⋯ 184	150. ⋯⋯ 253	182. ⋯⋯ 18
117. ⋯⋯ 186	151. ⋯⋯ 256	183. ⋯⋯ 19
118. ⋯⋯ 188	152. ⋯⋯ 258	184. ⋯⋯ 20
119. ⋯⋯ 190	153. ⋯⋯ 258	185. ⋯⋯ 21

186. ·············· 22	220. ·············· 80	254. ·············· 132
187. ·············· 23	221. ·············· 81	255. ·············· 133
188. ·············· 25	222. ·············· 84	256. ·············· 135
189. ·············· 28	223. ·············· 85	257. ·············· 136
190. ·············· 30	224. ·············· 86	258. ·············· 136
191. ·············· 32	225. ·············· 89	259. ·············· 138
192. ·············· 34	226. ·············· 90	260. ·············· 140
193. ·············· 35	227. ·············· 92	261. ·············· 141
194. ·············· 36	228. ·············· 97	262. ·············· 142
195. ·············· 39	229. ·············· 99	263. ·············· 144
196. ·············· 40	230. ·············· 100	264. ·············· 146
197. ·············· 41	231. ·············· 100	265. ·············· 147
198. ·············· 44	232. ·············· 102	266. ·············· 149
199. ·············· 46	233. ·············· 104	267. ·············· 151
200. ·············· 48	234. ·············· 106	268. ·············· 153
201. ·············· 49	235. ·············· 108	269. ·············· 154
202. ·············· 49	236. ·············· 109	270. ·············· 158
203. ·············· 50	237. ·············· 110	271. ·············· 159
204. ·············· 50	238. ·············· 112	272. ·············· 161
205. ·············· 52	239. ·············· 114	273. ·············· 164
206. ·············· 53	240. ·············· 114	274. ·············· 166
207. ·············· 57	241. ·············· 118	275. ·············· 168
208. ·············· 58	242. ·············· 118	276. ·············· 173
209. ·············· 59	243. ·············· 120	277. ·············· 173
210. ·············· 61	244. ·············· 121	278. ·············· 176
211. ·············· 61	245. ·············· 122	279. ·············· 179
212. ·············· 63	246. ·············· 124	280. ·············· 180
213. ·············· 65	247. ·············· 125	281. ·············· 186
214. ·············· 67	248. ·············· 127	282. ·············· 186
215. ·············· 68	249. ·············· 128	283. ·············· 187
216. ·············· 72	250. ·············· 128	284. ·············· 189
217. ·············· 74	251. ·············· 129	285. ·············· 190
218. ·············· 76	252. ·············· 130	286. ·············· 194
219. ·············· 79	253. ·············· 131	287. ·············· 196

288. 198	322. 259	356. 314
289. 201	323. 261	
290. 203	324. 262	3권
291. 205	325. 265	357. 2
292. 206	326. 265	358. 2
293. 208	327. 268	359. 4
294. 209	328. 272	360. 5
295. 211	329. 273	361. 7
296. 212	330. 274	362. 8
297. 215	331. 275	363. 9
298. 217	332. 279	364. 10
299. 220	333. 279	365. 12
300. 221	334. 280	366. 13
301. 222	335. 285	367. 17
302. 227	336. 287	368. 18
303. 227	337. 288	369. 20
304. 230	338. 292	370. 21
305. 232	339. 292	371. 22
306. 233	340. 295	372. 25
307. 237	341. 296	373. 27
308. 238	342. 299	374. 31
309. 239	343. 299	375. 34
310. 239	344. 300	376. 36
311. 240	345. 301	377. 37
312. 242	346. 303	378. 39
313. 243	347. 304	379. 40
314. 248	348. 305	380. 41
315. 248	349. 306	381. 45
316. 250	350. 307	382. 46
317. 250	351. 309	383. 47
318. 251	352. 309	384. 49
319. 253	353. 310	385. 50
320. 254	354. 311	386. 51
321. 257	355. 312	387. 53

388. ⋯⋯ 54	422. ⋯⋯ 99	456. ⋯⋯ 142
389. ⋯⋯ 55	423. ⋯⋯ 99	457. ⋯⋯ 144
390. ⋯⋯ 55	424. ⋯⋯ 100	458. ⋯⋯ 145
391. ⋯⋯ 56	425. ⋯⋯ 101	459. ⋯⋯ 146
392. ⋯⋯ 58	426. ⋯⋯ 103	460. ⋯⋯ 148
393. ⋯⋯ 59	427. ⋯⋯ 103	461. ⋯⋯ 149
394. ⋯⋯ 59	428. ⋯⋯ 104	462. ⋯⋯ 152
395. ⋯⋯ 60	429. ⋯⋯ 106	463. ⋯⋯ 153
396. ⋯⋯ 61	430. ⋯⋯ 106	464. ⋯⋯ 155
397. ⋯⋯ 63	431. ⋯⋯ 109	465. ⋯⋯ 156
398. ⋯⋯ 64	432. ⋯⋯ 110	466. ⋯⋯ 158
399. ⋯⋯ 65	433. ⋯⋯ 111	467. ⋯⋯ 160
400. ⋯⋯ 67	434. ⋯⋯ 113	468. ⋯⋯ 162
401. ⋯⋯ 67	435. ⋯⋯ 115	469. ⋯⋯ 165
402. ⋯⋯ 68	436. ⋯⋯ 116	470. ⋯⋯ 166
403. ⋯⋯ 69	437. ⋯⋯ 117	471. ⋯⋯ 167
404. ⋯⋯ 69	438. ⋯⋯ 120	472. ⋯⋯ 168
405. ⋯⋯ 70	439. ⋯⋯ 120	473. ⋯⋯ 169
406. ⋯⋯ 71	440. ⋯⋯ 122	474. ⋯⋯ 172
407. ⋯⋯ 73	441. ⋯⋯ 123	475. ⋯⋯ 173
408. ⋯⋯ 75	442. ⋯⋯ 123	476. ⋯⋯ 174
409. ⋯⋯ 77	443. ⋯⋯ 125	477. ⋯⋯ 175
410. ⋯⋯ 80	444. ⋯⋯ 129	478. ⋯⋯ 177
411. ⋯⋯ 81	445. ⋯⋯ 130	479. ⋯⋯ 179
412. ⋯⋯ 81	446. ⋯⋯ 131	480. ⋯⋯ 180
413. ⋯⋯ 86	447. ⋯⋯ 133	481. ⋯⋯ 181
414. ⋯⋯ 86	448. ⋯⋯ 134	482. ⋯⋯ 183
415. ⋯⋯ 88	449. ⋯⋯ 135	483. ⋯⋯ 184
416. ⋯⋯ 89	450. ⋯⋯ 136	484. ⋯⋯ 185
417. ⋯⋯ 90	451. ⋯⋯ 137	485. ⋯⋯ 186
418. ⋯⋯ 93	452. ⋯⋯ 139	486. ⋯⋯ 188
419. ⋯⋯ 94	453. ⋯⋯ 139	487. ⋯⋯ 189
420. ⋯⋯ 96	454. ⋯⋯ 141	488. ⋯⋯ 190
421. ⋯⋯ 97	455. ⋯⋯ 142	489. ⋯⋯ 192

490. ·············· 193	524. ·············· 240	558. ·············· 278
491. ·············· 194	525. ·············· 241	559. ·············· 278
492. ·············· 196	526. ·············· 241	560. ·············· 279
493. ·············· 197	527. ·············· 241	561. ·············· 281
494. ·············· 198	528. ·············· 242	562. ·············· 283
495. ·············· 200	529. ·············· 242	563. ·············· 284
496. ·············· 200	530. ·············· 243	564. ·············· 284
497. ·············· 204	531. ·············· 244	565. ·············· 285
498. ·············· 207	532. ·············· 246	566. ·············· 286
499. ·············· 208	533. ·············· 247	567. ·············· 287
500. ·············· 210	534. ·············· 250	568. ·············· 290
501. ·············· 211	535. ·············· 250	569. ·············· 291
502. ·············· 213	536. ·············· 251	570. ·············· 293
503. ·············· 213	537. ·············· 252	571. ·············· 294
504. ·············· 215	538. ·············· 253	
505. ·············· 216	539. ·············· 253	4권
506. ·············· 217	540. ·············· 254	572. ·············· 2
507. ·············· 218	541. ·············· 255	573. ·············· 3
508. ·············· 224	542. ·············· 255	574. ·············· 4
509. ·············· 225	543. ·············· 257	575. ·············· 5
510. ·············· 226	544. ·············· 258	576. ·············· 7
511. ·············· 227	545. ·············· 259	577. ·············· 9
512. ·············· 228	546. ·············· 260	578. ·············· 10
513. ·············· 229	547. ·············· 262	579. ·············· 12
514. ·············· 230	548. ·············· 265	580. ·············· 12
515. ·············· 231	549. ·············· 266	581. ·············· 13
516. ·············· 232	550. ·············· 267	582. ·············· 14
517. ·············· 233	551. ·············· 268	583. ·············· 17
518. ·············· 234	552. ·············· 270	584. ·············· 18
519. ·············· 235	553. ·············· 272	585. ·············· 22
520. ·············· 237	554. ·············· 273	586. ·············· 22
521. ·············· 237	555. ·············· 274	587. ·············· 23
522. ·············· 238	556. ·············· 276	588. ·············· 24
523. ·············· 239	557. ·············· 276	589. ·············· 26

590. 28	624. 77	658. 121
591. 29	625. 80	659. 122
592. 29	626. 82	660. 124
593. 33	627. 83	661. 124
594. 34	628. 86	662. 125
595. 38	629. 86	663. 126
596. 38	630. 87	664. 127
597. 39	631. 91	665. 128
598. 43	632. 92	666. 129
599. 44	633. 94	667. 130
600. 44	634. 95	668. 132
601. 45	635. 95	669. 134
602. 47	636. 97	670. 135
603. 47	637. 98	671. 135
604. 48	638. 99	672. 138
605. 51	639. 99	673. 139
606. 52	640. 100	674. 141
607. 53	641. 101	675. 142
608. 55	642. 104	676. 143
609. 56	643. 104	677. 144
610. 58	644. 105	678. 145
611. 58	645. 105	679. 146
612. 59	646. 106	680. 147
613. 61	647. 107	681. 149
614. 65	648. 108	682. 152
615. 65	649. 109	683. 152
616. 67	650. 110	684. 154
617. 69	651. 113	685. 154
618. 70	652. 114	686. 155
619. 72	653. 116	687. 156
620. 73	654. 117	688. 160
621. 73	655. 117	689. 161
622. 75	656. 119	690. 161
623. 76	657. 120	691. 162

692. ············ 164	705. ············ 185	718. ············ 198
693. ············ 164	706. ············ 186	719. ············ 199
694. ············ 164	707. ············ 187	720. ············ 200
695. ············ 167	708. ············ 187	721. ············ 201
696. ············ 170	709. ············ 188	722. ············ 203
697. ············ 170	710. ············ 189	723. ············ 205
698. ············ 172	711. ············ 189	724. ············ 206
699. ············ 174	712. ············ 192	725. ············ 211
700. ············ 176	713. ············ 193	726. ············ 214
701. ············ 177	714. ············ 193	727. ············ 214
702. ············ 180	715. ············ 195	728. ············ 216
703. ············ 182	716. ············ 196	
704. ············ 184	717. ············ 196	

| 옮긴이 해제 |

사회진화론에 대한 일반적인 비판을 윌리엄 섬너의 입장에도 적용할 수 있는가?[1]

I. 서론

사회진화론(Social Evolutionism)은 자연계에 적용되는 진화론을 인간 사회에도 적용하는 일련의 이론을 지칭하는 단어다. 이러한 이론은 19세기 말 다윈의 진화론이 커다란 반향을 일으키고 난 후 스펜서(Herbert Spencer)를 위시한 여러 학자가 다양한 형태로 제시하면서 한 시대를 풍미했다. 하지만 사회진화론은 얼마 있지 않아 철학적으로 미성숙한 이론이라는 판정을 받게 된다. 그런데 이보다 더 문제가 되었던 것은 사회진화론이 제국주의 침략을 옹호하고 인종 차별 등 각종 불평등의 불가피성까지도 옹호하고 있다는 의심이 제기되었다는 점이다.[2] 이러한

---

[1] 「사회진화론에 대한 일반적인 비판을 윌리엄 섬너의 입장에도 적용할 수 있는가?: 그의 주저『습속』을 중심으로」, 2017.09, 동서철학연구 85호, 동서철학회, 517~540쪽.

[2] Peter Munz, "Darwinism" in D. Callahan & R. Chadwick ed., *Encyclopedia of*

문제로 어떤 이론이 사회진화론으로 분류된다는 것은 곧 그러한 이론이 심각한 문제가 있음을 뜻하게 되었다.

이 글에서 검토해 보고자 하는 섬너(William G. Sumner)는 스펜서의 영향을 받은 사회진화론자로 알려진 미국의 사회학자이자 경제학자다. 이와 같은 평가는 사실상 섬너에게도 사회진화론자가 일반적으로 받는 비판이 그대로 적용됨을 의미한다. 다시 말해, 그 또한 진화론을 적자생존의 과정으로 보았을 뿐만 아니라 이를 옳다고 생각했으며, 이를 바탕으로 각종 차별을 정당화했다는 것이다.[3] 하지만 이와 같은 비판은 적절한가?

이하에서 필자는 사회진화론에 제기되는 일반적인 비판이 섬너의 입장에도 적용될 수 있는지를 검토해 보고자 한다. 이를 위해 우선 사회진화론의 일반적인 특징을 일별하고, 그러한 입장에 대한 일반적인 비판을 정리해볼 것이며, 이를 기준으로 섬너 또한 같은 비판을 받아야 하는지를 확인해볼 것이다. 필자는 섬너가 적어도 자신의 주저인 『습속』에서는 이와 같은 비판을 벗어나 있으므로, 따라서 사회진화론에 대한 일반적인 비판을 감수해야 할 이유가 없다고 생각한다.

II. 사회진화론과 허버트 스펜서

사회진화론은 생명의 기원과 발달에 대한 진화 이론을 인간이 이룬

Applied Ethics Vol. I, Academic Press, 1998, 711~713쪽.

[3] Chris MacDonald, "Evolutionary Perspectives on Ethics" in D. Callahan & R. Chadwick ed., *Encyclopedia of Applied Ethics Vol. II*, Academic Press, 1998, 191쪽.

사회를 설명하는 데까지 확대 적용하고자 하는 일군의 이론을 말한다. 이러한 이론이 가장 주목받던 시기는 다윈이 자연선택을 통한 진화론을 주창한 19세기 말에서 20세기 초반이었으며, 그 후 이러한 이론은 최근에 이르러 거의 자취를 감추고 만다.

이와 같은 사회진화론은 진화를 이용해 인간 사회를 설명한다는 사실 외에는 구체적인 특징을 획일적으로 규정하기가 힘들다. 그 이유 중 하나는 진화의 기작이 무엇인지에 대한 생각이 학자마다 다르기 때문이다. 예를 들어 진화를 자연도태의 과정으로 보고 이를 옹호하는 자들만을 사회진화론자라고 부를 경우 스펜서는 포함되겠지만 크로포트킨(Peter Kropotkin)이나 줄리앙 헉슬리(Julian Huxley) 등은 사회진화론자에서 제외될 것이다. 반면 사회진화론자를 우리가 진화 과정에 순응해야 한다고 주장하는 자로 한정한다면 토머스 헉슬리(Thomas Huxley)가 제외될 것이다. 이처럼 무엇을, 어떻게 강조하느냐에 따라 사회진화론으로 묶인 사상의 구체적인 특징은 다르다고 해야 할 것이다.

이와 같은 차이에도 사회진화론이라면 사람들은 거의 예외 없이 부정적인 생각을 떠올린다. 그 이유는 이러한 이론이 가지고 있는 부정적인 정치적 함의 때문이며, 철학적 미숙함 또한 사회진화론을 곱지 않은 시선으로 바라보게 되는 커다란 이유다. 이 중에서 부정적인 정치적 함의란 사회진화론이 다양한 불평등한 요소를 불가피한 것으로 여기며, 약소국가에 대한 제국주의적 침략 등 온갖 잘못된 관행의 정당화에 기여하는 이데올로기로 기능했다는 것이며, 철학적 미숙함이란 진화 과정 자체를 정당하다고 생각함으로써 사실의 문제와 가치의 문제를 구별하지 못하는 소위 '자연주의적 오류'(naturalistic fallacy)를 범하고 있다는 것이다. 이뿐만 아니라 비판자에 따르면 사회진화론자는 진화가 구체적으로 무엇을 의미하며, 이러한 진화가 어떻게 이루어지는지, 그 적용 범위가 어떻게 되는지 등에 대해서도 오해를 하고 있기도 하다. 한마디로 사회진화론은 총체적인 난국을 벗어날 수 없다는 것이다.

이러한 사회진화론을 대표하는 사상가는 스펜서다. 그는 사회진화론의 창시자며, 사회진화론에 대한 비판은 그와 그를 추종하는 사상가가 공통적으로 갖추고 있는 일반적인 특징 때문이라고 해도 과언이 아니다. 이렇게 본다면 사회진화론에 대한 일반적인 비판은 사실상 스펜서의 입장에 대한 비판이라고 해도 그리 잘못은 아닐 것이다. 스펜서의 입장은 다윈의 진화론과 구별되는 다음과 같은 특징을 가지고 있었다고 일컬어진다. 첫째, 다윈의 진화론이 자연계의 설명에 머물러 있었던 것과는 달리, 스펜서는 진화 원리를 확대 적용하여 이를 인간 사회를 포함한 모든 영역에 적용하고자 했다. 다윈은 단순히 어떻게 생명이 진화했는가에 대한 이론을 제시하는 데 머물러 있었다면 스펜서는 우주를 관장하는 힘으로서의 진화가 삼라만상에 영향을 두루 미치고 있다고 생각했다. 이로 인해 스펜서는 자연과학에서 형이상학으로 이행하게 된다.

둘째, 다윈과 달리 스펜서는 진화를 발전의 원리라고 생각했다.[4] 그는 자연을 포함한 사실상 모든 곳에서 다양하고 복잡한 형태로의 끊임없는 진보의 법칙을 확인할 수 있다고 주장했다. 또한, 다윈이 진화에서 이루어지는 경쟁을 의식적이지 않고 맹목적이라고 생각했지만 스펜서는 진화가 복잡함과 완벽함이라는 궁극적인 목표를 향해 나아가는 의도적인 운동으로 보았다. 그에게는 이와 같은 진화가 진보인 동시에 선(善)이었다. 인류는 이를 목표로 나아가는 진화를 방해해서는 안 되

---

[4] Herbert Spencer, *The Data of Ethics*, Wentworth Press, 2016 Chap. III, sect. 8 참조.

며, 우리는 진화 과정의 촉진을 삶의 목표로 삼아야 한다.

셋째, 스펜서는 '적자생존(survival of the fittest)'을 진화의 근본 원리라고 생각했다는 점에서 '자연선택(natural selection)'을 이야기하는 다윈과 차이가 있다.[5] 스펜서에 따르면 인간 사회는 적자생존이라는 자연법칙이 지배하는 장소로, 만인 대 만인의 투쟁이 벌어지는 전쟁터다. 여기에서 살아남는 것은 강자이며, 이러한 싸움에서 약자는 자연스레 사라지고 만다. 이와 같은 결과는 그 자체가 선(善)인 자연적 진화 과정의 산물이므로 국가 등이 개입하여 시정하려 해서는 안 된다.

III. 스펜서의 사회진화론에 대한 비판[6]

스펜서의 의견을 정리한다면 그는 '적자생존'을 삼라만상을 관장하는 근본적인 진화의 힘으로 파악했으며, 적자가 살아남는 것이 선(善)인 동시에 발전이라고 생각했다고 말할 수 있을 것이다. 이러한 입장에 다음과 같은 반론이 제기될 수 있다. 첫째, 진화 과정 자체는 선일 수도 발전일 수도 없다. 둘째, 진화는 최적자만이 살아남는 과정이 아니다. 셋째, 사회진화론은 자칫 약육강식의 이데올로기를 정당화할 수 있다.

---

[5] Herbert Spencer, *The Principles of Biology* Vol. 1, Nabu Press, 2011, 444쪽.
[6] 여기서 정리하고 있는 스펜서 비판에 반론을 제기하는 사람이 있을 수 있다. 하지만 이 글은 스펜서 이론 자체에 천착보다는 스펜서로 대표되는 사회진화론에 '일반적인' 비판이 어떻게 이루어지고 있는지를 보여주고, 이를 기준으로 보았을 때 섬너의 비판이 적절하지 못한 것에 초점을 맞추고 있다. 따라서 스펜서에 대한 비판의 적절성을 여기서 논의할 필요는 없을 것이다.

1. 진화 과정 자체는 선일 수도, 발전일 수도 없다.

진화 과정이 선일 수 없음은 일찍이 토머스 헉슬리가 비판을 제기한 바 있다. 그는 진화를 토대로 한 새로운 윤리를 발견하고자 하는 스펜서의 노력에 회의적인 눈길을 보낸다. 그에 따르면 '사회의 진화'는 '종의 진화'와는 전혀 다른 과정이다. 그가 생각하는 두 가지 세계, 즉 '우주의 진행 과정'과 '윤리적 진행 과정'은 심각한 투쟁을 벌이는 중이다.[7] 이 중 생물의 세계인 우주의 진행 과정에서는 이기적이고 파괴적인 활동이 대부분을 차지한다. 이러한 과정에서 생명체는 지속적으로 인간 윤리체계와 도덕적 감성을 침해하는 활동에 관여한다. 이렇게 볼 때 자연은 모방의 대상이라기보다는 비난의 대상이다.

헉슬리에 따르면 인간의 삶의 의미는 우주의 진행 과정을 따르기보다는 이에 대항하여 싸우는 데에서 발견된다.[8] 이러한 맥락에서 헉슬리는 문명을 찬양한다. 그 이유는 문명이 근본적인 자연 원리를 깨뜨리고 있기 때문이다. 인간은 자신의 도덕적 기준을 견지하고자 진화 법칙을 거슬러야 하며, 이를 통해 약한 자들이 제거되도록 방치하는 대신, 그들을 적극적으로 보호해야 한다. 그에 따르면 우리는 진화 과정에 대항하여 싸움을 벌여야 하는데, 그 목적은 인간의 윤리적 과정으로 진화적 과정을 대체하는 데 있다. 이러한 대체에 성공하면 우리는 적자(適者)로 살아남게 될 것이고, 궁극적으로는 최고로 윤리적인 인간들의 생존이 보장될 것이다. 반면 진화 과정에 복종하고, 거기에 내재된 가치를 내면화하면, 우리에게는 장래에 대한 희망이 완전히 사라져 버리게 될

---

[7] Thomas Huxley, "Evolution and Ethics" in M. Nitecki & D. Nitecki ed., *Evolutionary Ethics*, State Univ. of New York Press, 1993, 44쪽.

[8] Thomas Huxley, "Evolution and Ethics", 68쪽.

것이다.

 헉슬리의 이러한 입장은 진화 과정이 선일 수 없음을 적절히 지적한다고 말할 수 있다. 그럼에도 헉슬리의 생각은 자칫 진화 과정을 부정적으로 평가할 여지가 있다. 다시 말해 우주의 진행 과정으로서의 진화를 선이 아닌 악으로 보게 될 수가 있다는 것이다. 이 또한 잘못인데, 진화는 선하지 않을 뿐 아니라 악하지도 않다. 진화는 생물이 태초부터 이제껏 살아온 과정에 대한 설명으로 그 자체는 가치중립적이다. 자연이 가치를 가진다고 생각하는 것은 자연에 평가자 자신의 가치를 투사하는 것일 뿐이다.

 그런데 만약 진화가 선하지도 악하지도 않은 중립적인 것이라면, 진화가 곧 발전일 수도 없을 것이다. 그 이유는 발전이란 긍정적인 가치가 함축된 개념이기 때문이다. 가령 샤르댕(Teilhard De Chardin)은 진화의 과정에서 인간이 정점(頂點)을 차지한다고 주장하며, 진화가 곧 진보임을 말하고 있다.[9] 하지만 인간이 진화의 피라미드에서 가장 높은 자리를 점한다는 주장은 샤르댕 자신이 만들어낸 형이상학에 불과하다. 한마디로 이는 샤르댕의 감정 이입적인 세계 해석이다.

 무어(George E. Moore)는 '자연주의적 오류'를 들어 이와 같은 입장의 잘못을 지적하고 있다.[10] 주지하다시피 '자연주의적 오류'란 영역이 구분되는 사실과 가치의 경계를 인정하지 않고 사실에서 임의로 가치를 연역해냈을 때 생기는 오류를 말한다. 이러한 기준으로 볼 때 스펜서는 분명 자연주의적 오류를 범하고 있다. '진화가 이루어진다'는 것과 '진

---

[9] Peter Bowler, *Evolution – The History of an Idea*, University of California Press, 1984, 309쪽.
[10] Michael Ruse, *Darwinism Defended: A Guide to the Evolution Controversies*, The Benjamin/Cummings Publishing Company, 1982, 268~269쪽.

화가 이루어져야 한다'거나 '우리가 이에 따라야 한다'고 말하는 것은 엄연히 구분되는 것이다.

2. 진화 = 적자생존?

스펜서에 대한 두 번째 비판은 진화의 기작이 구체적으로 무엇인가의 문제와 관련된다. 스펜서가 밝힌 것과는 달리, 진화는 만인 대 만인의 투쟁을 핵심으로 하는 상호 경쟁의 과정을 통해서만 이루어지는 것이 아니다. 이는 당대에 크로포트킨(Peter Kropotkin)이 문제점을 지적한 바 있다. 크로포트킨에 따르면 진화는 상호 살벌한 경쟁을 통해 이루어지지 않고 상호 협조를 통해 이루어진다.[11] 그가 전적으로 경쟁을 부정한 것은 아니었다. 하지만 경쟁은 오직 종간(種間)에만 일어나는 것이며, 집단 내(內), 특히 인간의 경우는 상호 간의 조화와 신뢰가 진화의 주요 요소가 된다. 이렇게 볼 때 진화의 과정에서 적자가 되는 것은 투쟁에서 최종적으로 승리를 거둔 자가 아니라 오히려 서로의 협조 관계를 유지한 자이다.[12] 물론 이와 같은 크로포트킨의 입장이 전적으로 옳다고 말할 수는 없다. 그럼에도 진화가 경쟁으로만 이루어지지 않으며, 진화를 이루려면 경쟁 외에도 협조 및 이타적 행위가 필요하다는 지적은 타당하다 할 것이다.

경쟁 외에 협동 또한 진화를 이루는 중요한 요소라는 지적과 별개로 생각해봐야 할 점은 경쟁의 의미다. 미즐리(Mary Midgley)에 따르면 '경쟁'

---

[11] Peter Kropotkin, *Mutual Aid: A Factor in Evolution*, CreateSpace Independent Publishing Platform, 2014, 1~2장 참조.
[12] Alan Urbanek, "Evolutionary Origin of Moral Principles" in Nitecki and Nitecki ed. *Evolutionary Ethics*, SUNY Press, 1993, 327쪽.

이라는 단어는 구분할 필요가 있다. 자연에서 이루어지는 경쟁은 의식적이지 않고 맹목적이지만 인간 사이에 이루어지는 경쟁은 다분히 의지가 개입되는 의도적인 경쟁이다.[13] 이렇게 보았을 때 인간 사회에서의 경쟁과 자연계에서의 경쟁은 분명 다르다고 해야 한다. 그럼에도 경쟁, 그리고 이에 따른 적자생존의 법칙을 인간과 자연계 모두에 동일하게 적용하는 것은 잘못이다.

다음으로 언급해야 할 것은 다윈이 말하는 진화는 '적자생존'보다는 '자연선택'의 과정을 거치면서 이루어지며, 오늘날 진화의 기작에 대한 설명으로 설득력을 인정받고 있는 것은 후자라는 점이다. 다윈의 자연선택 이론에 따르면 진화란 매우 서서히 진행되어 가는 과정으로, 특정 생명체는 그 과정에서 주변 환경이 유리하게 작용함으로써 우연히 살아남은 것일 뿐, 그 생명체가 다른 생명체보다 도덕적으로 우월하거나 강자이기 때문에 지금껏 생존하고 있는 것은 아니다. 다윈의 생각에 따르면 적자는 단지 상황에 따라 결정되는 우연의 산물일 따름이다.

마지막으로 지적하고 싶은 것은 다윈 진화론의 핵심인 자연선택마저도 진화가 어떻게 이루어지는지를 설명하는 포괄적인 이론적 틀일 뿐이며, 우리에게 필요한 것은 이보다 훨씬 상세한 설명이라는 점이다.[14] 그리고 설령 상세한 설명이 제시되더라도 그것을 따라야 한다거나 이의 진행을 방해해서는 안 된다는 이야기를 한다는 것은 또 다른 문제이다. 자연선택이건 적자생존이건 진화의 기작을 포괄적으로 나타내고

---

[13] Mary Midgley, "The Origin of Ethics" in Peter Singer ed., *A Companion to Ethics*, Blackwell, 1993, 5쪽.
[14] Arthur L. Caplan, "Say It Just Ain't So: Adaptational Stories and Sociobiological Explanations of Social Behavior" in Michael Ruse ed., *Philosophy of Biology*, Macmillan Publishing Company, 1989, 265쪽.

있는 이러한 단어는 생명계가 이제껏 살아온 복잡한 인과적 상호작용을 요약한 용어에 지나지 않는다. 이러한 의미에서 에른스트 마이어(Ernst Mayer)는 "특이성(uniqueness)이야말로 진화 생물학의 특징이며, 고전 역학에서와 같은 일반 법칙으로 이와 같은 독특한 현상을 나타낼 수 없다"고 한 것이다.[15] 이렇게 보자면 자연선택, 적자생존 등의 단어를 통해서는 진화의 기작을 상세하게 드러낼 수 없으며, 이를 따라야 한다고 생각할 수도 없다.

지금까지의 논의를 사하키안(William Sahakian)의 질문에 답하면서 정리해 보도록 하자. 그는 다음과 같이 사회진화론에 의문을 제기하고 있다: "진화 과정의 모든 결과는 다 좋은 것인가? 그 과정의 각각의 단계는 모두가 완전성으로 향하는 움직임인가? 그리고 생물학적인 진보는 필연적으로 도덕적 진보인가?"[16] 이에 우리는 다음과 같이 답할 수 있을 것이다. 첫째, 진화 과정의 모든 결과는 옳고 그름과 무관하며, 굳이 이에 윤리적 판단을 내리려면 또 다른 윤리 원리의 도움을 받아야 한다. 둘째, 진화는 완전성으로 향하는 움직임과는 무관하다. 이는 상황에 따라갈 방향이 정해지는 우연적인 움직임이다. 셋째 진화와 도덕적 진보는 전혀 별개의 문제다. 진화는 사실의 영역이며 여기에는 어떤 가치도 포함되어 있지 않다.

---

[15] 위의 책, 266쪽.
[16] W. 사하키안, 『윤리학의 이론과 역사』, 송휘칠·황경식 공역, 박영사, 1986, 263쪽.

3. 스펜서의 입장은 약육강식 이데올로기 정당화에 이용될 소지가 다분했다[17]

일상적으로 철학자가 다양한 오류를 범한다는 점을 감안할 때 스펜서가 범한 오류는 특별한 예외는 아니다. 문제는 그의 입장이 당대의 사회에 엄청난 파문을 일으키면서 신뢰성을 획득한 진화론을 이용하고 있었다는 것이고, 이러한 진화론이 왜곡되어 활용되었다는 것이다. 더군다나 진화론을 널리 보급하는 데 힘썼던 스펜서가 당대에 가졌던 영향력을 고려해볼 때 그의 입장이 미치는 사회적 폐해는 적지 않았다. 이렇게 말하는 이유는 스펜서가 적자생존으로서의 진화 과정이 선인 동시에 발전이라고 생각했기 때문이다. 이러한 입장은 사실상 강자는 성공하고 약자는 도태되는 것이 당연하며, 이는 그 자체가 선(善)인 자연법칙의 결과이기에 우리가 개입해서는 안 된다는 것을 시사하는 듯했다.

사실 앞에서 살펴본 크로포트킨 또한 진화가 선이라고 주장하고 있는 오류를 범한다는 점에서 스펜서와 크게 다를 게 없다. 하지만 그는 진화가 이루어지는 기작을 상호부조로 파악했기에 이를 우주의 법칙으로 확대 적용해도 오류를 범할지언정, 커다란 해악을 미치지 않을 수 있었다. 하지만 스펜서의 사회진화론은 적자의 생존을, 그리고 이것이 정당하다고 말하는데, 이는 그의 의도와 무관하게 약육강식을 정당화하는 논리가 되어버린다. 만약 인간을 배제한 채 자연을 바라보는 시각에만 머물렀다면 스펜서가 범한 오류는 논리적으로 문제가 되었을지언정 사회적으로는 별다른 부정적인 영향을 미치지 않았을 것이다. 하지

---

[17] 정연교, 「진화론의 윤리학적 함의」, 『철학적 자연주의』, 철학과 현실사, 1995, 277쪽.

만 이러한 입장이 인간 사회에까지 적용됨으로써 그의 이론은 힘없는 인종과 빈자 등의 약자들에 대한 차별, 제국주의와 식민주의 등 강자들의 횡포에 대한 정당화의 논리로 활용될 수 있었다. 이러한 우려는 현실로 나타났는데, 스펜서의 주장은 그의 실제 의도와 무관하게 사실상 강자의 번영과 약자의 파멸을 정당화하는 개념으로 그 영향력을 발휘했다. 예컨대 스펜서가 살아있을 당시 여러 인종의 정신적 특성에 관한 연구가 많이 이루어졌는데, 보아스(Franz Boas)에 따르면 "이들은 모두 유럽인이 최고의 인종이라고 먼저 가정하고, 따라서 유럽인들과 구별되는 모든 차이점은 곧 낮은 정신적 능력을 드러내는 흔적으로 해석"[18]한다. 그런데 스펜서의 입장은 이러한 해석에 정당성을 부여하고, 이러한 차별을 정당화하는 데 이용하기에 안성맞춤이었던 것이다.[19]

IV. 『습속』으로 본 섬너의 사회진화론

섬너는 스펜서를 계승하여 그의 입장을 미국에 널리 퍼뜨리는 데 기여한 사회진화론자로 알려져 있다. 일반적인 비판에 따르면 섬너는 스펜서와 마찬가지로 진화론을 적자생존의 과정으로 보았을 뿐만 아니라 이를 옳다고 생각하기도 했으며, 이와 같은 근본 신념을 바탕으로 각종 차별과 침략 등을 정당화하기도 했다.

---

[18] Franz Boas, *The Mind of Primitive Man*, The Macmillan Company, 1938, 16쪽.
[19] Talcott Parsons, *The Structure of Social Action*, Free Press, 1968, 3쪽. 이러한 비판을 정당하다고 생각했기 때문인지 사회진화론은 한동안 자취를 감추었고, 국내에서도 현재 이에 대해 연구를 하는 학자들은 거의 없다고 해도 과언이 아닐 정도다.

이러한 평가는 섬너가 스펜서와 다를 바 없는 비판을 받아 마땅하다는 것인데, 이러한 비판은 적어도 섬너의 주저인 『습속』에서만큼은 적절하지 않을 수 있다. 섬너는 앞에서 정리한 스펜서에 대한 비판을 바탕으로 사회진화론에 제기되는 일반적인 비판을 어느 정도 벗어나 있다. 『습속』에서 그는 습속과 모레스에 대한 정의에서 출발하여 노동, 부, 노예제도, 식인 풍습, 원시적 정의, 성, 결혼제도, 스포츠, 드라마, 교육과 역사에 이르기까지의 폭넓은 사회현상을 스펜서의 입장과는 상당히 다른 관점에서 설명하고 있다. 『습속』을 통해 보았을 때, 섬너는 다음과 같은 점에서 스펜서와는 입장을 달리한다.

1) 섬너는 진화가 아닌 '습속' 또는 '모레스'에 초점을 맞추어 사회 변화를 설명하고 있다.
2) 그가 말하는 진화는 형이상학적인 개념이 아니며, 진화 과정이 곧 발전도 아니다. 이는 단지 사회현상을 개괄적으로 설명하는 데 활용하는 설명틀일 뿐이다.
3) 그가 사회변화를 설명하는 데 활용하는 개념은 '적자생존'이 아닌 '자연선택'이다.
4) 섬너는 약육강식의 이데올로기를 정당화하지 않는다.
5) 섬너는 습속이나 모레스 자체를 선(善)이라 생각하지 않는다.

만약 섬너의 입장이 이와 같다면 그가 스펜서와 다를 바 없는 사회진화론자로 불리면서 비판을 받아야 할 이유는 없을 것이다. 이하에서는 방금 정리한 내용을 섬너의 주저인 『습속』을 통해 상세히 살펴보도록 하자.

1. 사회를 관장하는 힘으로서의 습속 내지 모레스

섬너가 인간 사회와 생물계의 진화를 이야기하고 있음은 분명하지만 그가 초점을 맞추는 대상은 진화 자체가 아니다. 스펜서와 달리, 그가 초점을 맞추는 것은 삼라만상에 내재된 진화의 힘을 들추어내는 것이 아니다. 『습속』에서의 그의 관심은 사회 변화를 이끄는 힘으로서의 습속과 모레스의 특징을 규명하고, 이의 실재함을 다양한 사례를 통해 보이는 것이다. 그는 지극히 상식적인 의미에서의 '습속'과 '모레스'의 흥망성쇠에 관심을 집중하고 있는데, 이는 『습속』의 부제인 '용례, 매너, 관습, 모레스, 그리고 도덕의 사회학적 중요성'에서도 어느 정도 드러난다.

섬너가 이처럼 습속 내지 모레스에 초점을 맞추고 있다고 해서 그가 진화에 관심이 없는 것은 아니다. 그럼에도 그의 관심은 진화 자체가 아니라 자연계의 진화 과정과 유사한 과정을 거치는 습속이나 모레스의 진화다. 습속이나 모레스가 개인에게 미치는 영향이라는 측면에서 보자면 섬너의 입장은 진화를 이야기하지만 오히려 문화 결정론자로 일컬어지는 보아스(Boas)의 입장에 가깝다. 양자가 차이가 없는 것은 물론 아니다. 보아스는 문화의 상대성에 매료되어 심지어 문화마다의 공통성이 전혀 없다는 극단적 상대주의적 입장에 도달하지만 섬너는 인간이 가진 공통적인 특징을 인정함으로써 보아스와 같은 입장에까지 이르고 있지 않다. 그럼에도 개인에게 미치는 문화의 영향, 섬너의 입장에서는 습속이나 모레스의 영향의 중요성을 감안한다면, 그래서 문화에 의해 인성이나 품성이 좌우된다는 점을 양자 모두가 강조하고 있음을 감안한다면 섬너는 진화 결정론자보다는 문화 결정론자에 가깝다고 생각해야 할 것이다. "인간은 모레스를 만들 수 없다. 인간은 모레스에 의해 만들어진다."[20] 이러한 주장으로 미루어 보았을 때 그에게는 미국의 스펜서가 아닌 미국 사회학의 창시자라는 별칭이 훨씬 잘 어울린다고 말할 수 있다.

2. 사회현상을 설명하는 데 활용되는 틀로서의 진화

섬너가 말하는 진화는 보이지 않는 추진력을 갖춘 형이상학적 원리가 아닌, 상식적인 의미에서의 '습속'과 '모레스'의 흥망성쇠다. 그는 습속이 사회와 그 안에 사는 개인에게 미치는 힘, 습속의 변화 과정 등을 현실적인 관점에서 상세하게 설명하고자 할 뿐이며, 이를 관장하는 보이지 않는 힘을 상정하고 이를 설명하지는 않는다. 이는 스펜서와의 근본적인 차이점이다.

섬너가 말하는 사회는 자연계와 유사한 방식으로 진화가 이루어지지만 그렇다고 양자가 같은 것은 아니다. 습속이 자연계와 다른 방식의 진화를 거치는 이유는 습속이 유기적인 것이거나 물질적인 것이 아니며, 자연현상과는 별개 차원의 사회현상이기 때문이다. "이는 관계와 관례, 그리고 제도적 장치로 이루어진 초유기적 시스템에 속해"[21] 있다. 이에 따라 섬너는 양자를 관장하는 같은 진화의 힘을 상정하고 있지 않은데, 심지어 그는 진화론의 이론적 틀을 인간 사회의 변화를 설명하는 데 차용하고 있을 뿐 그 이상의 역할을 진화에 부과하고 있지 않다. 심지어 그는 양자 간의 유사성이 중요하지 않다고 지적을 하기도 한다. "모레스의 지속성 못지않게 주목해야 할 특징으로 들 수 있는 것은 모레스의 가변성과 변이성(variation)이다. 비록 **그 유사성이 중요한 것은 아**

---

[20] *Folkways*, 478.
[21] *Folkways*, V.

니지만(강조는 필자) 우리는 여기서 생명계의 유전과 변이와의 흥미로운 유사성을 발견할 수 있다."[22]

이러한 주장은 그의 진화 개념 활용이 사회 내에서의 다양한 변화나 현상 등을 설명하고자 편의적으로 차용한 데 머물고 있으며, 그 이상도 그 이하도 아니라는 점을 보여준다. 그는 형이상학자가 아닌 사회학자로서 진화 개념을 활용하고 있는 것이다. 이처럼 섬너는 진화론의 기본적인 이론 틀을 이용해 습속의 특징을 설명하는 데 머물고 있지, 그 범위를 확장하고 있지는 않다.

3. 최적자 생존이 아닌 자연선택을…

섬너가 스펜서와 다른 또 다른 점은 진화의 기작이 되는 원동력에 대한 견해에서도 찾아볼 수 있다. 스펜서는 경쟁에서 싸워 이기는 '최적자의 생존'(survival of the fittest)을 통해 진화가 이루어진다고 생각했고, 이를 정당한 것으로 파악했다. 반면 섬너는 '최적자 생존'을 이야기하지 않고 다윈 진화론의 핵심이라 할 수 있는 자연선택을 사회 변화를 설명하는 이론적 틀로 활용하고 있다. 이는 (1) 그가 '최적자의 생존'보다는 '선택'이라는 표현과 '변이' 등의 용어를 사용한다는 점, (2) 상황에 따라서, 우연적으로 사회선택이 이루어짐을 강조한다는 점, (3) 진화를 발전 과정이라고 생각하지 않는다는 점, 그리고 (4) 경쟁 외에 협동에 대해서도 관심을 가진다는 점 등을 통해 확인할 수 있다.

먼저 섬너가 스펜서의 최적자 생존보다는 다윈의 자연선택 개념에 충실하고 있음은 그가 책에서 사용하고 있는 진화와 관련된 개념들을

---

[22] *Folkways*, 85.

통해 확인된다. 예를 들어 그는 '생존을 위한 투쟁'을 이야기하지 '최적자의 생존'을 언급하고 있지 않다. 또한 그는 가변성과 변이(variation), 그리고 '선택'(selection)[23]을 말하며, 그리고 필연성이 아닌 우연성에 초점을 맞추기도 하는데, 이는 그가 스펜서보다는 다윈의 자연선택의 개념에 충실하고 있음을 시사한다. 그는 사회 진화를 이야기하면서 자연선택 개념을 활용하고 있는 것이다.

다음으로 섬너는 습속이 "인간의 의도나 지혜의 산물이 아니며",[24] "우연에 의해 형성"[25]된다고 주장한다. 이처럼 그는 다윈이 자연선택을 이야기할 때와 마찬가지로 상황에 우연적인 적응을 강조하고 있으며, 특정한 상황에서 사람들이 이루고자 하는 목적에 얼마만큼 부합되는지가 습속의 존속 여부를 결정한다고 생각한다. "습속의 성공 여부는 항상 소기의 목적에 얼마만큼 적절히 적응했는지에 좌우된다."[26] "생존을 위한 투쟁은 삶의 여러 조건에서, 그리고 살아가려고 치루는 경쟁과 연결되어 이루어짐이 분명하다. 삶의 조건은 가변적인 환경 요소에 좌우된다."[27] 습속은 이와 같은 상황을 적절히 반영하여 모양새를 갖추게 되는데, 여기에서 핵심은 그 과정과 결과의 우연성이다.

이와 같은 생각에 일관되게 섬너는 상황에 따르는 습속의 적응 방식이 항구적으로 유효한 것이 아니라고 생각한다. 왜냐하면 적절한 적응 방식은 상황에 따라 달라질 수 있기 때문이다. 그리고 이와 같은 이유로 상황에 대한 적응 방식으로서의 습속은 필연적으로 흥망성쇠의 과

---

[23] 예를 들어 *Folkways* 제5장의 제목은 사회선택이다. *Folkways*, 174.
[24] *Folkways*, 5.
[25] *Folkways*, 25.
[26] *Folkways*, 6.
[27] *Folkways*, 16~17.

정을 겪는다. 이는 자연선택에 의한 진화의 산물로서의 개체가 우호적인 상황에서 흥했다가 적대적인 상황을 맞으면서 사라지게 되는 경우와 다를 바 없는 것이다. 이러한 진화는 누군가의 의도와 무관하게, 우연히 이루어진다. 그리고 이러한 진화를 이야기하고 있다는 것은 섬너나 스펜서가 아닌, 다윈이 말하는 자연선택에 의한 진화에 충실하고 있음을 보여준다.

세 번째로 섬너가 최적자의 생존이 아닌 자연선택을 진화의 요체로 간주한다면 그는 진화가 곧 발전이라고 생각하지 않았을 것이다. 실제로 그는 이와 같은 입장을 견지하는데, 그리하여 시간이 흐름에 따라 습속이 오히려 퇴보할 수 있음을 이야기한다. "모레스가 시간이 흐르면서 점차 세련되어 간다는 견해(이러한 입장은 모레스가 스스로, 혹은 어떤 고유한 경향성에 의해 그러한 방향으로 진행되어 간다고 가정한다)는 전혀 근거가 없다."[28] 이러한 모레스는 시대적 요청에 따른 결과물일 뿐 최적자이기 때문에 살아남은 것이 아니며, 이것이 발전 또한 아니다.

이와 관련한 섬너의 구체적인 언급을 두 가지만 인용해보자. 섬너에 따르면 '인도주의'는 사람들이 새로운 땅을 획득함으로써, 또한 기술이 진보함으로써 자연을 통제하는 인간의 힘이 더욱 증진됨에 따라 탄생한 이념일 뿐, 인간이 이러한 힘을 갖출 수 없는 다른 상황이었다면 '인도주의'가 아닌 다른 이념이 지배적인 이념으로 자리 잡았을 것이다. 섬너의 생각에 따르면 인도주의는 하필이면 인류가 특정한 발달 과정을 거쳤기 때문에 요청되었을 뿐, 어떤 역사적인 과정을 거쳤다고 해도 그와 상관없이 인도주의가 시대의 지배 이데올로기가 되지는 않

---

[28] *Folkways*, 117.

앉을 것이다.[29]

이러한 생각은 민주주의에 마찬가지로 적용된다. 그는 민주주의가 절대적이면서 영원한 진리를 담는 것은 아니라고 생각한다. 이는 "지구의 인구가 과소하여 사람에 대한 경제적 목적의 수요가 있을 경우"[30]에 요청되는 이데올로기일 뿐 이러한 상황이 바뀔 경우 민주주의에 대한 평가도 달라질 수 있으며, 그러한 상황에 부합하는 이데올로기가 민주주의의 자리를 대신하게 될 것이다.

마지막으로 섬너는 진화가 이루어지려면 단지 경쟁만이 아니라 협동도 필요하다고 주장한다. "모든 자연이 투쟁과 경쟁의 무질서 상태에 놓여 있다고 생각하는 것은 잘못일 것이다. 제휴와 협력은 어떤 경우에도 필요하다."[31] 이와 같은 협동이 필요한 이유는 먼저 사람 간의 이익이 지나칠 정도로 충돌하면 모두가 실패하게 될 수 있기 때문이고, 둘째, 그들이 제휴하여 협력하면 자연에 대항하는 노력을 더욱 강력한 힘으로 승화시킬 수 있기 때문이다.[32] 섬너는 이러한 상황에서의 협력을 '적대적 협동'(antagonistic coöperation)이라고 불렀는데, 이러한 협동은 "더욱 큰 공동의 이익을 충족시키기 위해 결합하면서 이루어지며, 이렇게 하면서 세세한 이익 충돌이 억제된다."[33]

만약 지금까지 정리한 내용이 섬너의 입장을 적절히 반영하고 있다면 우리는 섬너가 '사회'의 진화를 이야기한다는 점에서 스펜서 쪽에 가까운 면도 있지만 사회의 진화를 자연선택을 통해 설명하고 있다는

---

[29] *Folkways*, 40.
[30] *Folkways*, 195.
[31] *Folkways*, 16.
[32] *Folkways*, 18.
[33] *Folkways*, 18~19.

점에서 오히려 다윈의 입장을 충실히 반영하고 있다고 봐야 할 것이다.

4. 차별의 논리?

이처럼 섬너가 다윈의 자연선택 개념을 채택하여 사회의 변화 추이 등을 설명한다면 그가 각종 차별과 약육강식 등의 논리를 정당화한다는 주장은 근거가 없다. 이는 자연선택을 받아들이는 데 따른 논리적 귀결로서의 그의 주장으로도 확인할 수 있다. 예를 들어 그는 "어떤 국가에 속하는 사람은 '그 국가'를 혹은 군국주의, 상업주의, 혹은 개인주의를 신봉한다. 그들이 생각하기에 다른 나라 사람은 감정적이고, 신경질적이며, 미사여구를 좋아하고, 집단적 자만심으로 가득하다."[34]라고 하면서 쇼비니즘을 비판하고, "1898년 미국의 대중은 미국이 필리핀 군도를 점령하고, 그곳에서 지배를 받는 것이 아니라 그곳의 지배자가 되길 원했다. … 권력의 정당성을 지탱하는 원천으로서의 위대한 주의(主義)가 순식간에 밟혀 뭉개졌다."[35]라고 주장하면서 제국주의적 침략을 비판하며, "주인 때문에 아기 엄마가 된 노예 여성에 대한 이슬람 율법은 대부분의 기독교인을 부끄럽게 하는 규정 중의 하나다."[36]라는 주장을 통해서는 기독교중심주의 내지 자문화중심주의의 잘못을, "어느 한 집단도 다른 집단을 자신의 모레스로 개종할 합리적 근거를 전혀 갖지 못한다는 말을 듣는 어떤 집단은 충격을 받을 것이다. (왜냐하면 이것은 그들의 습속이 다른 집단의 습속보다 좋은 것이 아니라는 것을 함축하는 듯이 보이기 때문이다. 그러나 사실은 그렇지 않다.) 그

---

[34] *Folkways*, 99.
[35] *Folkways*, 168.
[36] *Folkways*, 304.

러나 이 말을 하지 않을 수 없다. 왜냐하면 그것은 진실이기 때문이다."[37]라는 주장으로는 모레스나 습속의 우열을 가릴 수 없음을 이야기하고 있다. 이처럼 그는 약육강식과 차별 등에 부정적인 견해를 보이는데, 이는 그가 "우리는 선이고 타인은 악이라는 주장은 절대로 참이 아니다"[38]라고 밝히는 데서도 극명하게 드러난다.

『습속』에서 강자의 논리를 정당화하는 듯이 보이는 대목 중의 하나는 그가 노예제를 비윤리적이라고 비난하지 않는 듯한 주장을 하는 데에서 찾아볼 수 있다. 가령 그는 다음과 같이 말한다. "노예제로 여성의 지위가 상승했고, 짐수레 끄는 동물 사육으로 노예들의 지위가 상승했다."[39] "노예 자신의 바람과 무관하게 그를 무조건 내쫓아야 한다는 명령을 내리는 인도주의적 견해는 분명 합당하지 않다."[40]

하지만 노예제에 전반적인 입장을 통해 보았을 때 섬너는 노예제에 분명 비판적인 견해를 보인다. "노예제는 탐욕과 허식에서 탄생한 만큼 사람들의 기본 동기에 부합되었고, 곧바로 이기심과 다른 근본적인 악덕과 뒤얽히게 되었다."[41] "우리는 노예제가 서비스를 약속했지만 결국 주인이 되어버린 끔찍한 악마였음을 알게 될 것이다."[42] 등의 주장은 섬너가 노예제를 어떻게 파악하는지를 확인할 수 있는 대목이다. 그렇다면 오해의 여지가 있는 그의 주장은 어떻게 받아들여야 할까?

이에 대한 적절한 견해를 보이려면 그가 옹호하는 듯한 노예제에 관한 주장이 '특정 환경 속에서 나타난 현상에 인과적 설명과 그에 따른

---

[37] *Folkways*, 474~5.
[38] *Folkways*, 16.
[39] *Folkways*, 306.
[40] *Folkways*, 307~8.
[41] *Folkways*, 280.
[42] *Folkways*, 264.

결론'임을 인지할 필요가 있다. 다시 말해 그는 노예제가 발생하게 된 사회적, 역사적 맥락이 있으며, 이러한 맥락을 고려하여 그 적절성을 판단해야 함을 이야기하는 것이다. 예를 들어 섬너는 "노예제가 문명사에서 좋은 역할을 했다고 해서 노예제가 영원히 지속되어야 한다고 말할 수는 없다."[43]라고 주장하고 있는데, 이는 한편으로는 전후 상황을 고려해보았을 때 노예제가 어떤 특정한 상황에서 일정한 역할을 한 경우가 있음을 인정하면서도, 다른 한편으로는 노예제가 시대 상황과 무관하게 그러한 역할을 할 수 없음을 이야기하는 것이다. 이 상황에서 그는 노예제가 정당하다고 하기보다는 특정 상황에서 노예제가 그 시대의 상황을 타개해 나갈 방법으로 부득이하게 노예제가 활용되었음을 이야기하고 있을 뿐이다.

섬너는 습속을 통틀어 일관되게 이러한 견해를 보인다. 가령 그는 "일반적으로 낙태, 유아살해, 그리고 노인살해는 개인의 직접적인 이기심 때문에 시행된다. 그럼에도 여기에는 사회 복리가 무엇을 요구하는지에 대한 판단의 요소가 다수 포함되어 있다."[44]고 이야기하고 있는데, 이것이 곧 이들 관행이 정당하다는 주장은 아니다. 다만 그는 이러한 관행이 이루어질 수밖에 없는 불가피한 상황과 맥락을 고려해볼 필요가 있음을 말하고 있을 뿐이다. 섬너가 생각하기에 현상에 대한 심층적인 이해를 도모하면, 우리는 이들에 인간의 사악한 측면만이 포함되어 있는 것은 아니며, 더욱 커다란 재앙을 피하기 위한 고민의 흔적을 발견할 수 있을 것이다.

그렇다면 섬너가 스펜서 등의 사회진화론자와 마찬가지로 제국주의

---

[43] *Folkways*, 267.
[44] *Folkways*, 310.

적 침략 등을 정당화하는 이론가로 비판을 받는 이유는 무엇일까? 아마도 그 이유 중 하나는 습속이나 모레스가 그 자체로 정당하다고 주장하는 것처럼 보이는 구절이 그의 저서에서 눈에 띄기 때문일 것이다. "사회는 무엇보다 방해꾼들에게서 자유로울 필요가 있다. - 다시 말해 그냥 혼자 내버려 둘 필요가 있다."[45] 이러한 주장은 사회진화론에 대한 일반적인 비판이 섬너에게 적용할 수 있다는 생각을 갖게 할 수 있다. 다시 말해 섬너가 진화 과정에 놓여 있는 습속이나 모레스 자체가 선(善)이요 정당성을 가지기 때문에 우리가 여기에 개입해서는 안 된다는 생각을 갖게 할 수가 있다는 것이다.

5. 진화 = 선?

지금까지의 논의를 정리해보면 섬너는 습속의 흥망성쇠를 이야기하고 있으며, 이러한 추이는 우연의 산물이지 필연 법칙의 소산이 아니라고 생각하고 있다. 또한, 그는 이와 같은 흥망성쇠 자체가 습속의 발전을 함의하는 것도 아니라고 생각한다. 그럼에도 그가 진화 자체를 선이나 악이라고 생각하는 것은 아닌가? 이 질문에 답하려면 먼저 섬너에게서 '진화'가 말 그대로 '진화 자체'를 이야기하는지, '진화 과정의 산물'을 말하는지, 아니면 '진화를 이끄는 힘'을 말하는지부터 정리해볼 필요가 있다.

먼저 섬너가 진화 자체를 이야기하면서 이를 선하다고 생각하고 있지 않음은 분명하다. 만약 섬너가 사회의 진화 자체를 선이라고 생각했

---

[45] William Sumner, *The Challenge of facts and Other Essays*, Forgotten Books, 2012, 25쪽.

다면 그는 어떤 경우에도 사회현상을 비판하지 않았을 것이고, 이에 정당성을 부여했을 것이다. 사회의 진화는 어떤 경우에도 옳을 것이기 때문이다. 하지만 섬너는 습속에서 그와 같은 견해를 보이지는 않는다. 앞에서 언급된 여러 인용문에서 확인해볼 수 있는 바와 같이 그는 기존의 사회현상에 비판의 칼을 휘두르고 있다.

다음으로 '진화 자체'를 '진화의 산물', 다시 말해 이를 진화의 산물로서의 습속이나 모레스로 파악하고, 이들을 선하다고 생각했을 가능성을 고려해보자. 섬너가 습속 내지 모레스가 진화 과정을 거친다고 생각하고 있음은 분명하다. 하지만 그가 이들이 진화 과정의 산물이기 때문에 선하다고 생각했을 가능성은 거의 없다. 그 이유는 진화 과정을 거쳤다는 이유만으로 습속이나 모레스가 선하다고 이야기할 수는 없을 것이기 때문이다. 이는 진화를 매개로 탄생하게 되었다고 해서 진화의 산물로서의 특정 동물을 선하다고 할 수 없다는 점을 생각해보면 쉽게 이해할 수 있을 것이다. 도대체 진화 과정을 거쳤다는 사실이 그 결과로서의 산물을 선하게 만드는 이유가 무엇인가?[46]

남은 것은 섬너가 '진화를 이끄는 힘'을 진화 자체로 생각했을 가능성이다. 다시 말해 섬너가 진화를 이끄는 힘으로서의 습속이나 모레스를 선이라고 생각했다는 것이다. 하지만 이처럼 해석하면 이들은 적어도 우주의 변화를 관장하는 힘이 될 수는 없을 것이다. 심지어 이는 자연계의 진화를 관장하는 힘마저 될 수 없다. 왜냐하면 습속이나 모레스는 오직 인간 사회에서만 확인되는 사회현상이기 때문이다. 실제로 섬너는 습속이나 모레스가 우주를 변화시키는 역할을 한다고 생각하지

---

[46] 그럼에도 자연의 진화와는 달리, 습속 변화의 산물인 '현재의 습속'을 그 자체로 선이며, 더 이상의 정당화는 불가능하다고 생각할 수 있는 여지는 있다. 이는 소위 윤리적 상대주의자인 관례주의자들(conventionism)이 취하는 입장이다.

않는다. 이들은 오직 사회의 진화에만 관여한다.

 이와 같은 문제가 있음에도 섬너가 '사회' 진화를 이끄는 힘인 습속 내지 모레스가 선하다고 생각했을 가능성을 고려해보자. 만약 섬너가 사회 진화를 추진하는 힘으로서의 습속이나 모레스를 그 자체로 선하다고 생각한다면 우리는 섬너가 사회 진화론에 대한 일반적인 비판, 다시 말해 진화 내지 진화를 이끄는 힘 자체를 선이나 악이라고 생각했다는 비판을 근본적으로 벗어나지 못했다고 보아야 할 것이다.

 습속과 모레스 중에서 섬너가 그 자체로 선이라고 생각했을 것으로 예상되는 후보는 습속보다는 모레스다. 물론 언뜻 보기에 섬너가 습속이 선이라고 주장한다고 판단할 수 있는 구절이 있다. 예를 들어 섬너는 "습속은 옳다",[47] "습속은 참이다"[48]와 같은 주장을 하고 있는데, 이들은 섬너가 습속 자체를 선이라고 생각했다고 읽힐 수 있는 구절이다. 하지만 이는 오해인데, 그 이유는 그가 습속은 '옳다'라고 하면서 구체적으로 제시하고 있는 내용을 살펴보면 '상황에 적절하다고 여겨지는 일반적인 행동 방식들'을 언급하고 있음을 확인할 수 있기 때문이다. "사냥을 할 때, 아내를 구할 때, 자신의 모습을 나타낼 때, 질병을 치료할 때, 망령을 경외할 때, 동료나 모르는 사람을 대할 때, 아이가 태어났을 때, 출정 길에 오를 때, 회의를 할 때의 행동 등 있을 수 있는 모든 경우에 대한 올바른 방식이 있다."[49] 이와 같은 올바른 방식은 특정 상황에서 적절하다고 여겨지는 편의적인 것이지 결코 도덕적인 옳고 그름은 아니다. 이들은 습속이긴 하지만 그 자체를 '도덕적인' 선으로 판정할 수 없는 것이다.

---

[47] *Folkways*, 30.
[48] *Folkways*, 29.
[49] *Folkways*, 29.

섬녀가 습속을 선이라 생각하지 않았다고 말해야 하는 또 다른 이유는 그가 일부 습속을 나쁜 것으로 판정 내리기도 하기 때문이다. "전통적인 습속이 이성적 혹은 윤리적 검토의 대상이 되면, 이들은 더 이상 소박하고 무의식적인 것이 아니게 된다. 이때 우리는 이들이 조악하고, 터무니없으며, 적절치 못했던 것임을 발견할 수 있다."[50]

만약 습속이 선이 아니라면 모레스는 어떠한가? 섬녀의 모레스에 대한 정의로 미루어 볼 때 그가 모레스를 선이라고 생각했을 가능성이 있다. "참됨과 옳음이라는 요소가 복리에 관한 교의로 발전하게 되면, 습속은 또 다른 국면으로 접어들게 된다. 이때 습속은 추론을 제시할 수 있게 되고, 새로운 형태로 발전을 이루며, 인간과 사회에 건설적인 영향력을 널리 발휘하게 된다. 우리는 이들을 모레스(mores)라고 부른다."[51] 또한 그는 "모든 사람은 습속을 강제로 따라야 하고, 습속은 사회생활을 지배한다. 이 경우 습속은 참되고 옳은 것으로 보이며, 복리를 지향하는 규범으로서의 모레스로 부상한다."[52]라고 주장하기도 하는데, 이는 섬녀가 모레스가 곧 선이라고 생각했다고 볼 수 있는 대목이다. 그 밖에 섬녀가 "한 시대와 장소에 있는 사람의 입장에서는 그들 자신의 모레스가 항상 좋은 것이며, 자신들이 받아들이는 모레스의 좋고 나쁨은 의심의 여지가 없는 것이다",[53] "어떤 시간과 장소에서 채택되고 있는 모레스 안의 모든 것은 그 시간과 장소에서는 정당한 것으로 간주해야 한다",[54] "모레스는 무엇이든 올바른 것으로 만들고 또 무엇

---

[50] *Folkways*, 69.
[51] *Folkways*, 31.
[52] *Folkways*, 39.
[53] *Folkways*, 59.
[54] *Folkways*, 59.

에 대한 비난이든 방지할 수 있다'[55]와 같이 주장하고 있음을 고려한다면 우리는 그가 모레스 자체를 선한 것으로 보았다고 생각해볼 수 있을 것이다.

하지만 습속에 제기한 의문과 마찬가지로, 섬너가 모레스를 곧 선이라고 생각했는지에 같은 의문이 제기될 수 있다. 예를 들어 그는 "마녀 박해는 모레스의 극단적인 어리석음, 사악함, 그리고 터무니없음을 보여준다."[56]라고 주장하는데, 이는 그가 마녀 박해를 모레스라고 생각하지만, 그럼에도 이러한 박해를 잘못이라고 판단하고 있음을 보여준다. 그는 모레스가 어떤 경우에도 선임을 인정하고 있지 않은 것이다. 그런데 우리는 이러한 섬너의 태도를 모순적이라고 생각해볼 수 있다. 어떻게 모레스가 특정 시간과 장소에서 정당한 것으로 간주해야 한다고 하면서 마녀 박해를 비판할 수 있을까? 마녀 박해는 특정 시대의 모레스이고, 이에 따라 그 자체가 선으로 파악해야 하는데 말이다.

이와 같은 일관되지 못한 태도는 섬너가 모레스 자체를 '정당하다'고 생각한 것이 아니라 그러한 모레스를 수용하고 있는 사람이 이를 정당하거나 선하다고 '생각'할 따름이며, 이에 따라 당대에 받아들이는 모레스가 '실제로' 선한 것이라고 생각하지 않았다고 이해함으로써 해소할 수 있을 것이다. 바꾸어 말해 마치 과거의 사람들이 천동설을 믿었지만 그것이 옳지 않았듯이, 설령 특정 시대 사람들이 모레스 자체의 정당성을 의심하지 않았다 해도 그것 자체가 모레스의 '실질적인' 정당성을 보장하지는 않는다고 이해하는 것이다. 이 경우 우리는 섬너가 다음과 같이 생각하고 있는 것으로 판단해볼 수 있다. '설령 당대의

---

[55] *Folkways*, 521.
[56] *Folkways*, 60.

사람들이 모든 모레스가 선하다거나 정당성을 갖는다고 생각한다고 해도 모든 모레스가 '실제로' 정당한 것은 아니며, 모레스 중 일부만을 그렇게 파악할 수 있다.' 이와 같은 방식으로 우리는 섬너가 마녀 박해도 '설령 모든 사람이 당대의 모레스인 마녀 박해가 정당하다고 생각했어도 그러한 박해가 실제로 정당한 것은 아니며, 이는 비판적인 통찰을 통해 그 어리석음과 사악함 등이 드러날 것이다.'라고 생각했다고 이해할 수 있을 것이다. 이처럼 해석하면 우리는 섬너가 모레스가 곧 선이 아니라 모레스 일부를 선이라고 생각한다고 이해할 수 있게 되며, 섬너가 주장하는 바의 모순을 해소할 수 있게 된다.

실제로 섬너는 모든 모레스를 선하다고 생각하지 않았는데, 이와 같은 이유로 섬너는 진정으로 선한 모레스와 그렇지 않은 것을 선별해내야 하며, 이를 위해 치열한 노력을 해야 한다고 주장한다. "우리가 잘못되었다고 판단하는 현행 모레스의 특정 부분에 저항하려면 용기를 가지고 분투해야 한다."[57]

이를 위해 섬너가 초점을 맞추는 것은 우리의 비판 능력이다. 그는 이러한 능력을 통해 모레스를 객관적으로 검토할 수 있어야 한다고 강조한다. "우리는 전통적인 모레스에 대한 자유롭고 이성적인 비판이 사회 복리를 위해 필수불가결하다고 생각해볼 수 있을 것이다."[58] 그런데 섬너에게 이러한 비판 능력을 이용해 우리가 진정한 선이라고 생각해야 할 모레스가 무엇인지, 이러한 생각을 근거 짓는 기준은 무엇이며, 어디에서 유래했는지를 물으면, 그는 이 모든 것의 답을 당대의 습속이나 모레스 안에서 찾아야 한다고 말할지도 모른다. 하지만 그의 구체적

---

[57] *Folkways*, 119.
[58] *Folkways*, 96.

인 답변이 무엇인지를 떠나 적어도 우리가 말할 수 있는 것은 섬너가 사회 진화의 엔진인 습속이나 모레스 자체를 선이라고 생각하지 않았다는 점이다.

V. 나가며

지금까지 우리는 스펜서에 대한 비판에서 비롯된 사회진화론에 일반적인 비판을 섬너에게 적용하는 것은 재고의 여지가 있음을 확인해보았다. 섬너는 사회진화론자이기보다는 진화론의 일부 이론적 틀을 활용한 사회학자이며, 스펜서와 다윈 중에서 후자의 입장에 더욱 가까운 것처럼 보인다. 이렇게 생각하는 이유는 섬너가 진화보다는 습속을 이야기하고 있고, 최적자의 생존을 통해 진화가 이루어지지 않고 자연선택으로 이루어진다고 생각하고 있기 때문이며, 이와 더불어 진화를 선도 악도 아니며, 발전을 함축하고 있다고 생각하고 있지 않기 때문이다. 이렇게 보았을 때 섬너를 온갖 차별과 제국주의 침략 등을 정당화하는 '못된' 사상가로 판단하는 것은 재고의 여지가 있다. 섬너에 대한 일반적인 비판은 대체로 허수아비 논증에 해당한다고 해야 할 것이다. 적어도 섬너의 주저인 『습속』의 경우는 그러하다. 만약 그의 주저인 『습속』을 기준으로 판단하는 것이 잘못된 시각이 아니라면 섬너를 스펜서주의로 부르면서 일반적인 사회진화론에 대한 비판 도구를 잣대로 판단하는 것은 재고해 보아야 할 태도라 할 것이다.

지은이 윌리엄 그레이엄 섬너(William Graham Sumner, 1840~1910)

윌리엄 그레이엄 섬너는 1872~1909년에 예일(Yale)대학교 교수를 지낸 미국의 사회학자이자 경제학자이다. 미국 사회학의 창시자로 불리기도 하는 그는 집단이 공유하고, 사회의 유지·발전에 힘이 되는 '습속'(folkways)이라는 단어를 최초로 사용했으며, 다윈 진화론의 기본 틀을 개인뿐만 아니라 사회를 설명하는 데 적용한 것으로도 널리 알려져 있다. 대표적인 저술은 『Folkways(1906)』이며, 이외에도 『Andrew Jackson as a Public Man(1882)』, 『What social class owe to each other(1883)』 등이 있다.

옮긴이 김성한

전주교대 윤리교육과 교수. 관심 분야는 함께 살아가는 삶, 채식, 진화론 등이고, 저서로는 『나누고 누리며 살아가는 세상 만들기』, 『어느 철학자의 농활과 나누는 이야기』, 『왜 당신은 동물이 아닌 인간과 연애를 하는가』, 역서로 『채식의 철학』, 『동물해방』, 『사회생물학과 윤리』, 『프로메테우스의 불』, 『동물에서 유래된 인간』, 『섹슈얼리티의 진화』 등이 있다.

옮긴이 정창호

고려대학교 영어영문학과를 거쳐 고려대학교 대학원에서 서양철학을 공부하였고 독일 함부르크 대학에서 철학교육학 박사학위를 취득하였다. 고려대학교 교육문제연구소 연구교수를 역임하였고, 현재 경기대학교 교직학부 초빙교수로 재직 중이며 고려대, 중앙대, 경희대에 출강하고 있다. 역서로는 존 듀이의 『공공성과 그 문제들』(이유선과 공역) 등 다수가 있고, 다문화교육, 인성교육 등의 분야에서 다수의 논문과 글들을 발표하였다.

한국연구재단 학술명저번역총서 서양편· 783

습속
용례, 매너, 관습, 모레스, 그리고 도덕의 사회학적 중요성
제1권

1판 1쇄 발행 2019년 10월 10일
원　　제 | Folkways: A Study of Mores, Manners, Customs and Morals
지은이 | 윌리엄 그레이엄 섬너(William Graham Sumner)
옮긴이 | 김성한· 정창호
펴낸이 | 김진수
펴낸곳 | 한국문화사
등　　록 | 1991년 11월 9일 제2-1276호
주　　소 | 서울특별시 성동구 광나루로 130 서울숲 IT캐슬 1310호
전　　화 | 02-464-7708
팩　　스 | 02-499-0846
이메일 | hkm7708@hanmail.net
웹사이트 | www.hankookmunhwasa.co.kr

ISBN 978-89-6817-807-8 94380
　세트 978-89-6817-806-1 94380

· 이 책의 내용은 저작권법에 따라 보호받고 있습니다.
· 잘못된 책은 구매처에서 바꾸어 드립니다.
· 책값은 뒤표지에 있습니다.

· 이 도서의 국립중앙도서관 출판예정도서목록(CIP)은 서지정보유통지원시스템 홈페이지
　(http://seoji.nl.go.kr)와 국가자료종합목록 구축시스템(http://kolis-net.nl.go.kr)에서
　이용하실 수 있습니다.(CIP제어번호 : CIP2019035785)
· '한국연구재단 학술명저번역총서'는 우리 시대 기초학문의 부흥을 위해
　한국연구재단과 한국문화사가 공동으로 펼치는 서양고전 번역간행사업입니다.